·国际海洋法律治理丛书·

北极治理法律问题研究

袁 雪 编著

哈爾濱工程大學出版社
Harbin Engineering University Press

内容简介

2018年1月26日,《中国的北极政策》白皮书发布,表明了中国本着“尊重、合作、共赢、可持续”的基本原则,倡导构建人类命运共同体,积极参与北极治理的态度。我国虽然不是北极国家,但是近北极国家和北极利益攸关方,应当积极参与北极治理,维护我国在北极的安全利益和人类共同利益。基于此,本书收录了编者及其研究团队在北极治理法律领域的部分论文,从北极水域船舶航行安全、《极地规则》法律适用、北极水域环境保护、北极环境影响评估、北极国际海底区域法律治理、北极海洋划界争端解决、北极海运黑碳排放法律治理、北极海洋保护区、北极 BBNJ 法律治理、北极渔业资源管理,以及北极哺乳动物保护等领域,探究北极法律治理和中国的参与问题。

本团队将近几年在北极治理法律领域辛勤耕耘的研究成果付梓面世,希望能丰富我国海洋法学的研究,同时也能给对北极法律问题感兴趣的研究者提供参考和帮助。

图书在版编目(CIP)数据

北极治理法律问题研究 / 袁雪编著. — 哈尔滨:哈尔滨工程大学出版社, 2021.1
ISBN 978-7-5661-2878-2

Ⅰ. ①北… Ⅱ. ①袁… Ⅲ. ①北极-管理-海洋法-研究 Ⅳ. ①D993.5

中国版本图书馆 CIP 数据核字(2021)第003075号

选题策划 张志雯
责任编辑 张 彦 章 蕾
封面设计 李海波

出版发行 哈尔滨工程大学出版社
社　　址 哈尔滨市南岗区南通大街145号
邮政编码 150001
发行电话 0451-82519328
传　　真 0451-82519699
经　　销 新华书店
印　　刷 北京中石油彩色印刷有限责任公司
开　　本 787 mm×1 092 mm 1/16
印　　张 26.5
字　　数 424千字
版　　次 2021年1月第1版
印　　次 2021年1月第1次印刷
定　　价 142.00元
http://www.hrbeupress.com
E-mail:heupress@hrbeu.edu.cn

目　　录

第一篇

极地规则

《极地水域船舶作业国际规则》的法律属性析论*

袁　雪，童　凯

提　要：《极地水域船舶作业国际规则》（简称《极地规则》）是国际海事组织为极地水域船舶航行安全与防止环境污染制定的技术性国际规则。该规则的体系构成是以 MARPOL、SOLAS 和 STCW 三大公约修正案为基础，因此其对缔约国具有强制约束力，并沿袭了技术性、前瞻性等属性。从普适性角度衡量，该规则因为制定主体、立法结构与实际履约等问题尚不足以构成“一般接受的国际规则和标准”。我国应当吸取其中的先进立法理念，并积极加强国内履约，为即将到来的北极航运高峰做准备。此外，鉴于《极地规则》与《联合国海洋法公约》的冰封区域条款之间相对独立，我国在遵守沿海国单边立法的同时应积极倡导在极地地区使用以《极地规则》为核心的统一标准。我国对北极航道的使用呈逐年增加的趋势，这势必要求厘清《极地规则》的法律属性以维护我国的北极航运利益。

关键词：《极地规则》；《联合国海洋法公约》；冰封区域条款；一般接受的国际规则和标准；目标型标准

基金项目　国家海洋局海洋发展战略研究所项目、中央高校基本科研业务费项目（HEUCFP201831）、黑龙江省哲学社会科学规划项目（17FXB07）、黑龙江省哲学社会科学规划项目（16FXB01）。

作者简介　袁雪，女，1972 年生，黑龙江省黑河市人。法学博士，哈尔滨工程大学人文社会科学学院法学系副教授，硕士生导师，主要研究方向为国际法、海洋法、海商法。童凯，哈尔滨工程大学法学硕士研究生。

* 本文发表于《极地研究》2019 年第 3 期。

Analysis of Legal Attributes of *the International Code for Ships Operating in Polar Waters*

Yuan Xue, Tong Kai

Abstract: *The International Code for Ships Operating in Polar Waters* (referred to as *Polar Code*) is a technical international rule established by the International Maritime Organization for the safety of shipping in polar waters and the prevention of environmental pollution. The system of the code is based on the amendments of MARPOL, SOLAS and STCW conventions, the rules inherits the technical and forward-looking attributes. And in the perspective of universality, the code can not be regarded as "generally accepted international rules and standards" due to the rule maker, legislative structures and actual implementation issues. China should absorb the advanced legislative concepts and actively strengthen the domestic implementation to meet the requirement of upcoming Arctic shipping peak. In addition, given the relative independence between the *Polar Code* and "ice-scovered areas" clause of the *United Nations Convention on the Law of the Sea*, China should actively advocate the application of the Polar Code as the core standard in the polar regions while complying with the unilateral legislation of coastal countries. China's usage of the Arctic passage is increasing year by year, which require us to clarify the legal attributes of the *Polar Code* to safeguard China's Arctic shipping interests.

Key words: *Polar Code*; *United Nations Convention on the Law of the Sea*; "icc-covered areas" clause; generally accepted international rules and standards; Goal-Based Standards

引言

2014年11月，国际海事组织（IMO）海上安全委员会（MSC）第94次会议通过了《极地水域船舶作业国际规则》（the International Code for Ships Operating in Polar Waters，Polar Code）安全措施部分（第Ⅰ部分）[①]和相应的《国际海上人命安全公约》（SOLAS）修正案[②]；2015年5月，IMO海洋环境保护委员会（MEPC）第68次会议通过了《极地规则》防污染措施部分（第Ⅱ部分）[③]和相应的《国际防止船舶造成污染公约》（MARPOL）修正案[④]；2016年11月末至12月初，MSC第97次会议通过了与《极地规则》相关的《海员发证、考试和值班标准国际公约》（STCW）修正案[⑤]。至此，自2009年MSC第86次会议与MEPC第59次会议同意制定《极地规则》以来，历时7年的《极地规则》制定工作告一段落。《极地规则》的出台弥补了极地区域尤其是北极地区强制性国际法律规范的空白，时至今日，三大公约修正案均已生效（SOLAS修正案与MARPOL修正案于2017年1月1日默认生效，STCW修正案于2018年7月1日默认生效）。

随着近年来北极话题的持续升温，国内学者掀起了极地相关法律与规章研究的高潮，主要集中于《极地规则》的制定进程、特点、具体技术内容、国际地位及对国际航运业和我国航运业影响等方面。多数研究是从造

---

① International Maritime Organization, "MSC. 385(94)", accessed April 15, 2018, http://www.imo.org/en/KnowledgeCentre/IndexofIMOResolutions/Maritime-Safety-Committee-(MSC)/Documents/MSC%20385%2094.pdf#search = MSC%2E385%EF%BC%8894%EF%BC%89.

② International Maritime Organization, "MSC. 386(94)," accessed April 15, 2018, http://www.imo.org/en/KnowledgeCentre/IndexofIMOResolutions/Maritime-Safety-Committee-(MSC)/Documents/MSC%20386%2094.pdf#search = MSC%2E386%2894%29.

③ International Maritime Organization, "MEPC. 264(68)," accessed April 15, 2018, http://www.imo.org/en/KnowledgeCentre/IndexofIMOResolutions/Marine-Environment-Protection-Committee-(MEPC)/Documents /MEPC. 264(68). pdf#search = MEPC%2E264%2068.

④ International Maritime Organization, "MEPC. 265(68)," accessed April 16, 2018, http://www.imo.org/en/KnowledgeCentre/IndexofIMOResolutions/Marine-Environment-Protection-Committee-(MEPC)/Documents/MEPC. 265(68). pdf#search = MEPC%2E265%2068.

⑤ International Maritime Organization, "MSC. 416(97)," accessed April 16, 2018, http://www.imo.org/Pages/PageNotFoundError.aspx? requestUrl = http://www.imo.org/en/KnowledgeCentre/IndexofIMOResolutions/Maritime-Safety-Committee-(MSC)/Documents/MSC. 416(97). pdfDocuments.

船业和航运业角度结合《极地规则》的具体规定分析极地作业船舶在航行安全、环境保护、海员培训管理等方面的技术性要求。另外，还有部分社会科学学者从《极地规则》出台对北极航运治理的价值和意义角度进行了研究。刘惠荣教授对冰封区域条款研究起步较早，首先在条款文本解析的基础上，提出以区域性海洋环境保护模式对冰封区域条款加以完善；其次从加俄北极航道管制入手，讨论《极地规则》背景下的沿海国单边立法管辖权。① 白佳玉教授通过对《极地规则》形成与发展过程的研究，总结出规则构建的价值基础，认为目标导向型标准与分阶段战略性目标的运用有利于实现《极地规则》的价值追求。② 我国作为北极事务的参与者，应积极参与北极航行规则的制定和完善国内法治。③ 李伟芳教授从《极地规则》的船旗国履约的角度对我国参与极地航运治理提出建议。④ 郑雷教授从航行自由原则出发，探讨了应当以《极地规则》为契机敦促加拿大对西北航道进行更加科学的环境管理。⑤ 国外学者对《极地规则》的研究相对较多，研究视角主要集中于《极地规则》在北极治理问题上的应用、《极地规则》与《联合国海洋法公约》（以下简称《公约》）的关系问题，以及俄罗斯、加拿大关于东北、西北航道的国内立法与《极地规则》的协调问题。Øystein Jensen 教授对《极地规则》的制定历程及内容进行概括，认为其是《公约》的外部规则。⑥ Ted L. Mc Dorman 教授通过分析《维也纳条约法公约》第 30 条“关于同一事项先后所订条约之适用”以论证《极地规则》

---

① 刘惠荣、李浩梅：《北极航行管制的法理探讨》，《国际问题研究》2016 年第 6 期，第 90 - 105 页；刘惠荣、李静：《论〈联合国海洋法公约〉第 234 条在北极海洋环境保护中的适用》，《中国海洋大学学报》（社会科学版）2010 年第 4 期，第 8 - 13 页；刘惠荣、李浩梅：《北极航线的价值和意义：“一带一路”战略下的解读》，《中国海商法研究》2015 年第 2 期，第 3 - 10 页。

② 白佳玉、李俊瑶：《北极航行治理新规则：形成、发展与未来实践》，《上海交通大学学报》（哲学社会科学版）2015 年第 23 卷第 6 期，第 14 - 23 页。

③ 白佳玉：《积极参与北极航行法律规则构建》，《中国社会科学报》2016 年 9 月 7 日第 5 版；白佳玉：《北极航行：需多维度分析法律对策》，《中国海洋报》2016 年 11 月 16 日第 2 版。

④ 李伟芳、黄炎：《极地水域航行规制的国际法问题》，《太平洋学报》2017 年第 25 卷第 1 期，第 75 - 84 页。

⑤ 郑雷：《北极西北航道：沿海国利益与航行自由》，《国际论坛》2017 年第 19 卷第 3 期，第 39 - 46 页、第 80 页；郑雷：《“一带一路”视野下北极西北航道的航行自由问题》，《中国远洋海运》2018 年第 3 期，第 80 - 82 页。

⑥ J. Øystein, “The International Code for Ships Operating in Polar Waters: Finalization, Adoption and Law of the Sea Implicatioins,” *Arctic Review on Law and Politics* 7 (2016): 60-82.

与冰封区域条款之间的关系。①

当前，学界对于国际海事公约体系中《极地规则》的法律属性问题的研究略显匮乏。笔者将“一般接受的国际规则和标准”置于《极地规则》法律属性研究之中进行适格性研究，再通过分析《极地规则》密不可分的 MARPOL、SOLAS、STCW 三大公约的特质，试剖析《极地规则》与冰封区域条款之间的关系，力图为维护我国北极航运利益提出一定合理的建议。

与其他国际海事公约相比，《极地规则》制定和应用的过程均展现出其作为针对极地区域的强制性法律规则的区域性特点。作为近北极国家，我国一直以来高度关注北极地区的发展与治理，积极参与北极事务，于 2007 年成为北极理事会永久观察员国。《极地规则》的出台为我国理解、掌握参与北极事务的规则提供了重要契机。2018 年 1 月 26 日，中华人民共和国国务院新闻办公室发表《中国的北极政策》白皮书。② 在此背景下，理解与掌握《极地规则》的内容并进一步对《极地规则》的法律属性进行研究，将有利于我国认识北极、保护北极、利用北极和参与治理北极。

一、《极地规则》的基本属性——技术性

作为联合国的专门机构，IMO 是国际航运领域航行安全与环境保护的全球性标准制定机构，其主要职责是为航运业创建一个公平有效、能被普遍采用与实施的国际监管框架。③ 换言之，IMO 的作用是通过设置船舶航行安全与环境保护的最低要求，为国际航运经营者创造一个公平的竞争环境。全球性标准的制定依赖于精准的技术，因此，IMO 同样是一个技术性组织。④ IMO 从成立时就以制定和修改公约作为主要工作，这一工作使得 IMO 记录和见证了国际航运业的进步和发展。例如，1960 年的《国际海上人命安全公约》（SOLAS1960）（1965 年 5 月 26 日生效）是 IMO 建立后的

① “A Note on the Potential Conflicting Treaty Rights and Obligations between the IMO’s Polar Code and Article 234 of the Law of the Sea Convention,” *American Journal of Reproductive Immunology* 14, no. 4 (2015): 141-159.

② 参见新华网，《中国的北极政策》白皮书。

③ International Maritime Organization, “Introduction to IMO,” accessed May 2, 2018, http://www.imo.org/en/About/Pages/Default.aspx.

④ Ibid.

第一项主要成果，提出了大量商业船运规定的更新建议，以保持公约与行业新技术、新规程相同步。虽然 SOLAS1960 距 1948 年的《国际海上人命安全公约》（SOLAS1948）只有 12 年，但科技的发展和进步，促成了其重大改变。IMO 也会根据航运界出现的新情况，在每次大会拟订的工作计划中提出制定新的公约草案或审议一项公约制定的可能性。《极地规则》正是 IMO 在国际航运界重视气候变化对极地通航带来的强大影响的背景下，综合现有的极地船舶建造与航行技术所制定的最新国际规则，具有很强的技术性。

《极地规则》的制定涉及 MSC 和 MEPC 两大委员会和几乎所有的技术分委会，包括船舶系统和设计分委会（SSE），船舶设计与结构分委会（SDC），航行、无线电、搜寻和救助分委会（NCSR），污染防止和反应分委会（PPR），货物运输分委会（TOC），履行 IMO 法律文件分委会（III），人为因素、培训和值班分委会（HTW）。MSC 是 IMO 的最高技术机构，其主要职责是研究 IMO 范围内有关助航设备、船舶建造和装备、海员配备、避碰规则、危险货物装卸、海上安全、航道信息、航海日志、航行记录、救助救生、海上事故调查，以及直接影响海上安全的任何其他事宜；MEPC 的主要职责是审议 IMO 范围内有关防止和控制船舶所造成的污染问题，为大会通过的有关公约、规则及其修正案制定实施措施。此外，提供各国有关防止和控制船舶对海上污染的科学技术实用资料，提出有关建议和拟定指导原则，以及组织区域性合作和其他国际组织的合作，以防止和控制船舶对海上的污染。① MSC 与 MEPC 均被定义为“技术机构”，而国际船级社协会（IACS）作为 IMO 认可的技术咨询机构同样参与了《极地规则》的制定，从制定主体的角度分析，《极地规则》必然带有很强的技术性。

从《极地规则》的内容来看，其也体现了较强的技术性。其主体包含两大部分（第Ⅰ部分与第Ⅱ部分）。第Ⅰ部分涉及船舶设计、建造和装备（主要包括认证和测量、船体结构、分舱和稳性、水密和风雨密完整性、机器设备、消防安全/防火、救生设备和装置）、操作（主要包括极地水域操作手册、航行安全、通信、航次计划）及海员（主要包括配员和培训）；

① 参见 IMO 海事信息交流网，IMO 组织机构。

第Ⅱ部分包括防止油污染、控制散装有毒液体物质污染、防止海运包装有害物质污染、防止船舶生活污水污染、防止船舶垃圾污染。[①] 与大多数注重维护国家间的政治妥协仅约定彼此承认的事项或者分配权力一般规则的国际公约不同，《极地规则》更加具体地规定了船舶航行过程中涉及的诸多技术性要求。尽管 IMO 开始在海事立法领域将基于安全水平法的目标导向型标准（Goal-Based Standards，GBS）作为船舶建造标准，但也仅是为达到目标而使用的替代方法[②]，不改变其依然是技术性规定的基本性质。例如Ⅰ－A 部分除第 1 章，每章分为“目标”“功能性要求”“规定”，而各章中“目标”和“功能性要求”又可以作为解释技术性规则“规定”的背景。

截至目前，IMO 已推动通过约 50 项公约和议定书，并通过了关于海上安全航行、防止污染和有关事务的 1 000 多条规则和建议。[③] 《极地规则》与 IMO 制定的其他海事公约一样，都是维护国际航行安全与环境保护的关键工具，技术性是这些公约的基本属性。IMO 制定的海事公约主要包括 1966 年的《国际船舶载重线公约》（LL 1966）、1972 年的《国际海上避碰规则公约》（COLREG 1972）、1969 年的《国际船舶吨位丈量公约》（TONNAGE 1969）、1965 年的《国际海上交通便利化公约》（FAL 1965）、1969 年的《国际油污损害民事责任公约》（CLC 1969）、1971 年的《特别贸易客船协议》（STP 1971）等。而且，正因 IMO 制定的公约和议定书具有极强的技术性，IMO 才专门设立了技术合作委员会（TC）负责协调本组织在海事领域的技术援助工作，特别是向发展中国家提供技术援助。

二、《极地规则》的普适性——从“一般接受的国际规则和标准”的角度考量

《极地规则》出台之后，其法律地位能否与作为其基础的 MARPOL、

---

① International Maritime Organization, “RESOLUTION MSC. 385 (94),” accessed May 20, 2018, http://www.imo.org/en/KnowledgeCentre/IndexofIMOResolutions/Maritime-Safety-Committee-(MSC)/Documents/MSC. 385 (94). pdf.

② 刘正江、吴兆麟、李桢：《国际海事组织海事安全类公约的最新发展》，《中国航海》2012 年第 1 期，第 61－65 页。

③ International Maritime Organization, “IMO What it is,” accessed May 2, 2018, http://www.imo.org/en/About/Documents/What%20it%20is%20Oct%202013_ Web. pdf.

SOLAS、STCW 三大公约保持一致？MARPOL、SOLAS、STCW 三大公约均已应用多年，并经历多次修正才得以普遍适用。《极地规则》因其适用地区的独特性，能否得到北极国家之外多数非北极国家的承认与实践，是其成为“一般接受的国际规则和标准”的关键。

（一）一般接受的国际规则和标准

“一般接受的国际规则和标准”（generally accepted international rules and standards）这一概念主要应用于《公约》第十二部分“海洋环境的保护与保全”中，包括第 211 条第 2 款和第 5 款、第 6 款 c 项，第 226 条第 1 款 a 项。另外，第 21 条第 2 款使用的是“一般接受的国际规则或标准”，与其他条款使用的“一般接受的国际规则和标准”存在一字之差，但这个区别可以忽略，第 21 条第 2 款与第 211 条第 6 款 c 项实质上是处理同样的问题。[①]《公约》第十二部分力图平衡沿海国、港口国和船旗国之间的利益，这种平衡既要保护沿海国专属经济区的资源利益，以及防止、减少和控制海洋环境污染，又不能过度干涉《公约》中赋予其他国家的权利（如航行自由等）。[②] 因此，《公约》的起草者故意使用了一些模糊的概念，“一般接受的国际规则和标准”就属于这样的概念，其适用于所有国家。

国际法协会分委会之一的沿海国家海洋污染管辖委员会于 2000 年起草的《伦敦会议报告》中对“一般接受的国际规则和标准”做出说明：作为 1982 年《联合国海洋法公约》的缔约国，各国通过以一般接受的国际规则和标准的内在概念为基础，掌握法律技能来制定法律。因此，《公约》在某些情况下不仅仅是提供直接适用于缔约国的规则和规章，也可作为一个总体框架提供一般规则并分配权利，将技术规则和规章留给已经存在或仍等待被制定的相关公约。[③] 不论其采用何种形式，船旗国、沿海国和港口国均可执行一般接受的具体国际规则和标准，因其已被所有《公约》缔约

---

① Vukas B, “Generally Accepted International Rules and Standards,” *Law of the Sea Institute Proceedings* 23 (1990): 410.

② Dzidzornu DM, “Coastal State Obligations and Powers Respecting EEZ Environmental Protection Under Part Ⅻ of the UNCLOS: A Descriptive Analysis,” *Colorado Journal of International Environmental Law and Policy* 8 (1997): 285.

③ “Committee on Coastal State Jurisdiction Relating to Marine Pollution of the International Law Association (ILA) International Law Association London Conference (2000),” accessed May 2, 2018, http://www.ila-hq.org/.

国一致接受并同意。

"一般接受的国际规则和标准"主要规定了国家的立法管辖权，对于船旗国而言，形成了强制性的最低标准；对沿海国而言，则为最大限度的容忍。[①] 例如，关于沿海国有权根据《公约》或其他的国际法规则出台有关无害通过的法律和规章，但根据《公约》第 21 条，这些法律或规章不应用于外国船舶的设计、构造、人员配备或装备，除非它们符合一般接受的国际规则或标准。若一项规则或标准被视为"一般接受"，则将适用例外情形。因此，如果《极地规则》能称为"一般接受的国际规则和标准"，其将为沿海国的立法内容规定上限，并将成为沿海国为在其领海航行的外国籍船舶设立法规的参考因素。关于船舶污染，《公约》第 211 条第 2 款规定，各国应制定法律和规章，防止、减少和控制悬挂其旗帜或在其国内登记的船只对海洋环境的污染，这种法律和规章至少应具有与通过主管国际组织或一般外交会议制定的一般接受的国际规则和标准相同的效力。如果《极地规则》能称为"一般接受的国际规则和标准"，其将为船旗国的立法规定下限，并为船旗国有义务制定的法律与规章提供参考，沿海国也能执行符合"一般接受的国际规则和标准"的国内法规。

（二）《极地规则》能否成为"一般接受的国际规则和标准"

在《公约》相关规定生效的前提下，《极地规则》中的条款能否成为"一般接受的国际规则和标准"？对于这一问题，可以从三个角度进行分析：第一，制定这种国际规则或标准的主体；第二，这一类规则或标准的适用范围；第三，《极地规则》处于何种阶段可被称为"一般接受"。

第一，制定这种国际规则或标准的主体。

《公约》中与"一般接受的国际规则和标准"相关的五个条款，只有第 211 条第 2 款和第 5 款涉及制定者——"主管国际组织或一般外交会议"。《极地规则》是由 IMO 制定的，因此仅需探讨 IMO 是否可以被称为"主管国际组织"。《公约》仅提到 IMO 一次（《公约》附件Ⅷ第 2 条第 2 款）。一般情况下，均是呼吁"主管国际组织"制定有关航行安全和环境保护的规则和标准，又或者通过"一般外交会议"来制定。"主管国际组织"意味着某一组织在航运管理方面可能具有一定的管辖权，但具备管辖

① 傅崐成：《海洋法专题研究》，厦门大学出版社，2004，第 65 页。

权的不止 IMO 一个组织，还包括国际劳工组织（ILO）和国际原子能机构（IAEA）等国际组织，但 IMO 作为航行安全和防止船舶造成海洋污染方面的主管国际组织是被广泛接受的[1]，同时 IMO 作为航运管理方面的主管国际组织也符合第三次联合国海洋法会议（UNCLOS Ⅲ）体现的公约制定者的意图[2]。

一般情况下，规则和标准的制定主体应当体现大多数国家的利益与意志。然而，《极地规则》的制定主体不完全是 IMO，其部分条款采纳了非政府组织——国际船级社协会（IACS）的技术标准。虽然 IACS 的标准被《极地规则》参考而不是直接纳入，但该标准与《极地规则》的条款直接相关，被称为“本组织接受的标准”，即 IMO 接受的标准。《极地规则》第 3.3.2 条规定：“为符合上述 3.2.2 的功能要求，适用下列要求：①A 类船舶的结构尺寸应经主管机关或其接受的被认可组织批准，并考虑到本组织接受的标准或具有同等安全水平的其他标准；②B 类船舶的结构尺寸应经主管机关或其接受的被认可组织批准，并考虑到本组织接受的标准或具有同等安全水平的其他标准。”通过脚注，明确该章节的技术要求考虑“IACS UR S6《各种船体构件钢级的使用—船长 90 m 及 90 m 以上船舶》（最新版本）和 IACS URI《极地船级的相关要求》（最新版本），如适用”。同样，对于安全措施部分第 6 章关于机械安装的规定，6.3.2.3 条规定：“为符合上述 6.2.1.2.2 的功能要求，暴露的机器及其基座的材料应经主管机关或其接受的被认可组织批准，并考虑到本组织接受的标准或具有同等安全水平的基于极地工作温度的其他标准。”这里所指的“本组织接受的标准”便是指 IACS 的相关标准。

在某些方面，这些技术标准较之法律规范可能更具体实用。例如，在船舶结构方面被认为可接受的最低值取决于 IACS 的规范。因此，《极地规则》的部分条款不是由国家政府制定的，也就是说《极地规则》并非完全由“主管国际组织”和“一般外交会议”制定的，但各国均接受了在《极地规则》条款中对 IACS 规范的参考引用，表明与 IACS 有关的部分目

---

① E. J. Molenaar, "Coastal State Jurisdiction Over Vessel-Source Pollution," *Kluwer Law International* 8, no. 1 (1998): 7-11.

② M. H. Nordquist, *United Nations Convention on the Law of the Sea, 1982* (Berlin: Springer, 1985), p. 15.

前已经得到各国的实际认可。

第二，这一类规则或标准的适用范围。

关于“一般接受的国际规则和标准”的适用范围，与 SOLAS 和 MARPOL 性质相同。纳入具有强制约束力的 SOLAS 和 MARPOL 等公约的《极地规则》中的强制性条款部分（即第Ⅰ－A 和Ⅱ－A 部分）将毋庸置疑地成为“一般接受的国际规则和标准”，但《极地规则》中的建议部分（即第Ⅰ－B 和Ⅱ－B 部分）尚未纳入 SOLAS 和 MARPOL，因此并不具有约束力。“一般接受的国际规则和标准”中使用的术语“rules”（规则）和“standards”（标准）的区别在于，“standards”应当包括了更广泛的来源[①]，因为这个术语不一定指向一些对主体有约束力的东西，也可以是被认可的、默认接受的习惯，但总体来说，对于这个术语涵盖的范围依然存在争议。虽然建议部分的制定主体也是 IMO，其起源亦同样可以追溯到通过主管国际组织行使职能的国家，但这些建议性的条款并没有约束各国的意图，同时更易于被各国接受。《极地规则》单独列出第Ⅰ－B 和第Ⅱ－B 部分的目的，首先是对具有约束力的第Ⅰ－A 和第Ⅱ－A 部分予以内容上的补充论证；其次，Ⅰ－B 与Ⅱ－B 部分包含了部分因过于严苛而在世界范围内难以达成统一意见的规则或标准，这些规则或标准有待于技术成熟或者经济发展到一定程度后得到缔约国的接受。理所当然，这些建议性规定并不能被视为“一般接受的国际规则和标准”。

因此，就《极地规则》而言，“一般接受的国际规则和标准”的适用范围局限于具有强制约束力的第Ⅰ－A 和Ⅱ－A 部分，且还要排除第Ⅰ－A 和Ⅱ－A 部分中参考引用 IACS 的部分规定。

第三，《极地规则》处于何种阶段可被称为“一般接受”。

《极地规则》的两大主体部分分别对应 SOLAS 与 MARPOL 两大公约，其强制力的获得也基于此，在探讨其性质时亦将其与其他海事公约置于相同的地位，因此在探讨《极地规则》处于何种阶段可被称为“一般接受”时，应当参考 IMO 公约的起草、通过、批准到生效、修正这一连续的过程。[②]

---

① K. E. Skodvin, *Freedom of Navigation in the Exclusive Economic Zone under the LOS Convention: Balancing Coastal and Maritime State Interests* (Bergen: University of Bergen, 2013), p. 261.

② 鲍君忠：《国际海事公约概论》，大连海事大学出版社，2016，第 11 页。

首先，在《极地规则》的起草与通过过程中，最早由丹麦、挪威与美国提出关于“极地导则强制应用”的提案（MSC 86/23/9），MSC 第 86 次会议同意该提案和 SSE 第 52 次会议关于增加“制定极地水域船舶操作规则”议题的草案，并指示 SSE 分委会负责《极地规则》的制定。这一过程仅有部分 IMO 成员国参与，也仅能代表部分国家的立场，不能保证最终通过的草案一定能获得多数国家的接受。因此，《极地规则》在起草与通过阶段，显然不可被称为“一般接受”。

在批准与生效阶段，特定文件若要生效需要一定数量的生效批准书。就 SOLAS 而言，与《极地规则》相关的修正案于 2016 年 7 月 1 日被各国视为默认接受，除非在上述日期之前，有超过 1/3 的公约缔约国政府或合计商船吨位不少于世界商船总吨位 50% 的缔约国政府对修正案提出反对意见，如到期未有异议，该修正案将于 2017 年 1 月 1 日生效。① 截至 2018 年 3 月 20 日，SOLAS1974 共有 163 个缔约国，其商船总吨位约占全世界商船的 99. 17% 。② 同样，MARPOL 修正案于 2016 年 7 月 1 日被各国视为接受，除非有超过 1/3 的缔约国或合计商船吨位不少于世界商船总吨位 50% 的缔约国提出反对意见，否则，MARPOL 修正案也将于 2017 年 1 月 1 日生效。③ 然而，与 SOLAS 不同，MARPOL 修正案分散在不同的附件中，并不是所有附件都被相同数量的国家批准。截至 2018 年 3 月 20 日，已有 156 个国家批准了附件 I 和附件 II，这些国家的商船总吨位约占全世界商船的 99. 42% ；附件 III 已得到 148 个国家的批准，其商船总吨位约占全世界商船的 98. 81% ；附件 V 已得到 153 个国家的批准，其商船总吨位约占全世界商船的 98. 97% ；④ 尽管批准通过附件 IV 的缔约国数量最少，但这些国家的商船总吨位所占比重仍然超过了 90% 。

---

① International Maritime Organization, “Res. MSC. 385 (94) ,” accessed May 10, 2018, http://www. imo. org/en/KnowledgeCentre/IndexofIMOResolutions/Maritime-Safety-Committee-(MSC)/ Documents / MSC. 385(94). pdf.

② International Maritime Organization, “Status of Treaties,” accessed May 10, 2018, http://www. imo. org/en/About/Conventions/StatusOfConventions/Documents/StatusOfTreaties. pdf.

③ International Maritime Organization, “Res. MEPC. 265 (68) ,” accessed May 10, 2018, http://www. imo. org/en/KnowledgeCentre/IndexofIMOResolutions/Marine-Environment-Protection-Committee-(MEPC)/Documents/MEPC. 265(68). pdf.

④ International Maritime Organization, “Status of Treaties,” accessed May 15, 2018, http: //www. imo. org/en/About/Conventions/StatusOfConventions/Documents/StatusOfTreaties. pdf.

上述两大公约修正案得到的批准书数量远远高于实际生效标准所需的批准书数量，表明这些公约修正案及《极地规则》对应的部分将在生效后得到充分的认可与接受。这一事实有力地促进了《极地规则》成为“一般接受的国际规则和标准”，但并非充分条件。因“实际接受”与“一般接受”并非同一概念，如果《极地规则》成为“一般接受的国际规则和标准”在《公约》中得到确认，则其应在所有《公约》缔约国中强制应用，不论其是否已经以生效公约的形式被批准或被实际接受。因此，可得出结论，《极地规则》的批准与生效并不能直接使其成为“一般接受的国际规则和标准”，但可以促进其成为“一般接受的国际规则和标准”。

另外，“一般接受的国际规则和标准”还需要在遵守国内程序的前提下对缔约国具有强制力。“一般接受的国际规则和标准”应当在世界绝大多数国家内已经采取执行步骤后才可以判断，国家是否切实履行义务，以及今后是否持续履行将是决定性的因素。① 由于《极地规则》的技术性较强，各国能否实际遵守将是一项艰巨的任务，故《极地规则》生效后，将在《公约》相关条款的背景下，通过一定时间的缔约国国内履约阶段，才能真正衡量《极地规则》能否成为“一般接受的国际规则和标准”。

若相关修正案生效并被各国持续履行后，《极地规则》中纳入 SOLAS 和 MARPOL 的强制性法规（第Ⅰ－A 和Ⅱ－A 部分）应被视为“一般接受的国际规则和标准”（其中还应当排除以 IACS 标准作为参照的部分）；《极地规则》的建议部分，不应被视为“一般接受的国际规则和标准”。此外，从《极地规则》的修改来看，其若要成为“一般接受的国际规则和标准”，势必应具有一定的稳定性，以避免频繁修改产生的履约困难。《极地规则》采用的目标型标准与默认修改形式有利于增强其稳定性。

三、《极地规则》的前瞻性

国际海事立法通常滞后于海洋相关产业的发展和技术创新。从国际海事立法的历史演进上看，许多国际海事公约往往在重大海难事故发生之后才会被制定或修订。例如，1914 年《国际海上人命安全公约》出台的起因

---

① B. H. Oxman, “The Duty to Respect Generally Accepted International Standards,” *New York University Journal of International Law & Politics* 24 (1991): 109-159.

是1912年著名的“Titanic”号轮船碰撞冰山沉没事件；1969年《国际油污损害民事责任公约》和1971年《建立国际油污损害赔偿基金公约》的出台起因是1967年发生的“Torrey Canyon”号油轮漏油事件。在国际海上运输中发生的船舶事故，一般会造成比较严重的人身伤亡和财产损失，甚至导致严重的海洋环境污染。而一直以来国际海事立法的滞后性往往导致海难事故发生之后，或者没有合适的规范；或者虽然有相应的国际规范，但其内容尤其是关于损害赔偿责任方面的规定相对落后，无法对受害人的人身伤亡和财产损失给予充分、合理的赔偿和救助，更不用谈海洋环境补偿了。这一现象促使国际组织和各国积极采取预防行动，制定完善的国际船舶航运安全法律规范，并采取更快捷、高效的修订程序。

IMO汲取了多年的立法经验，考虑到极地地区自然环境的高风险性与脆弱性，特别制定了《极地规则》。在制定过程中，IMO对极地水域航行的危险源进行评估，采用基于安全水平法的GBS、操作限制等多种方法，并奉行软硬相结合的立法理念，从而避免《极地规则》出现严重的滞后性。

（一）基于安全水平法的GBS

GBS的应用有利于《极地规则》在各国共同追求的目标下稳定沿用。目标型标准最早由巴哈马与希腊在2002年11月IMO第89次理事会会议上提出，被称为“规范的规范”，它强调规范应达到的目标并将达到目标的方法赋予规范的制定者，这是技术标准制定方法论上的重大变革。[①] 2007年，MSC第83次会议决定以修订SOLAS公约的方式使GBS成为强制性标准。GBS的应用为IMO制定公约提供了更多的灵活性与创新性，也有利于解决船级社之间标准不统一的问题。

安全水平法（Safety Level Approach，SLA）曾被称为风险基础法（Risk-Based Approach），其作为一种分析和解决问题的模式被应用到海事领域的目的，是将船舶安全目标以风险水平的方式来表述。制定《极地规则》的主要原则便是使用风险基础法确定范围，并采取一种全面的方法减少已识别的危险（《极地规则》序言第7条）。在《极地规则》制定的前

① J. Øystein, “The International Code for Ships Operating in Polar Waters: Finalization, Adoption and Law of the Sea Implicatioins,” *Arctic Review on Law and Politics* 7 (2016): 75-76.

期阶段，IMO 通过 SLA 评估出极地水域航行的十大危险源，即海冰、船体表面积冰、低温、长时间的黑暗与日照、高纬度、位置偏远、海员缺乏经验、缺乏合适的应急反应设备、恶劣的天气、环境脆弱敏感。针对这些危险源，确定极地水域航行需要达到的安全与环保的总体目标，即为 GBS 设定的总体目标，再通过 GBS 的总体目标提出下一步的功能性要求，然后进一步分解到规定与具体要求中。例如《极地规则》第 3 章船体结构中，3.1 条设立了船舶材料和结构尺寸保持其完整性的目标，3.2 条为了实现 3.1 条所设立的目标提出了船舶使用的材料需满足极地服务温度与结构设计能承受全部或局部结构荷载的功能要求，3.3 条为了满足 3.2 条的功能做出了更详细的规定。然而 3.3 条的规定并非具有唯一指向性的，“主管机关核准或被主管机关认可的组织接受，并考虑本组织接受的标准或其他极地服务中具有等效安全水平的标准”均视为符合规定，即替代设计和布置视为等效。

《极地规则》采用 GBS，既鼓励了技术创新也降低了履约难度，使缔约国能根据自身的国情采取恰当的方式达成“总体目标”。《极地规则》中相对位于下层的具体规定可能被船舶工业的发展与技术创新所改变，但《极地规则》中相对位于上层的目标、功能性要求则相对趋于稳定，避免了规则的频繁修改，彰显了一定的前瞻性。

（二）软硬结合的结构

《极地规则》软硬结合的结构使得暂时难以得到全球一致认同的规范或标准以建议性指南的形式逐渐得到接受。《极地规则》主要分为两大部分——航行安全与环境保护，每部分同时又分为强制性部分（Ⅰ-A 与Ⅱ-A）与建议性部分（Ⅰ-B 与Ⅱ-B），建议性部分主要为引言与强制性部分中的条款提供附加指南。STCW 公约同样采用了这一结构，1995 年修正案保留了 STCW1978 公约正文内容，全面修改了公约的附则，新增了与公约和附则对应得更为具体的《海员培训、发证和值班规则》，其中 A 部分为强制性标准，B 部分为建议和指导。《极地规则》选择与 STCW 公约相同的结构，其优势是能够顾及不同国家与地区之间经济发展的差异，以及船级社之间技术标准的区别，为那些目前尚难得到国际统一的规则或标准设置一个缓冲期。极地地区环境的脆弱性与高风险性对航行安全与环境保护的要求更加苛刻，使得各国难以形成统一的规则或标准。对这些尚难得到国际统一但同时可能具有较强先进性的规则或标准而言，以指南或建议的形式规定下来更容易被各国接受，从而能使其顺利进入公约体系，也是检验其适用性与实用性的最佳手段。若参考这些规则或标准的缔约国数量达到一定程度，有利于其进一步成为强制性规则或标准。对缔约国来说，降低了履约要求的同时增加了更多的选择性与灵活性，在实际履行公约的过程中选用建议性指南，有利于其参与将来的公约修订工作。故《极地规则》选用软硬结合的结构对其将来的修订与发展不失为一个明智的选择。

（三）默认接受的修订方式

《极地规则》的修订方式便捷、高效，避免了一定的滞后性。上文已提及，与《极地规则》相关的 MARPOL 修正案和 SOLAS 修正案分别于 2016 年 7 月 1 日与 2017 年 1 月 1 日被视为接受，除非在上述日期之前，有超过 1/3 的公约缔约国政府或合计商船吨位不少于世界商船总吨位 50% 的缔约国政府对修正案提出反对意见。这种对公约修订默认接受的方式，避免了以往争得广泛的缔约国同意的漫长等待，很大程度上简化了公约修订程序，有利于新修订的内容及时、有效地得到履行。鉴于《极地规则》与 MARPOL 和 SOLAS 两大公约的关系，这种默认接受的修订方式同样适用于《极地规则》，将会加快《极地规则》未来的修订与生效进程。

四、《极地规则》与冰封区域条款的关系

《公约》第十二部分“海洋环境的保护与保全”第八节“冰封区域”中的第 234 条是关于部分或全部专属经济区海域被冰区覆盖的沿海国管辖权的特别规定，该条款被称为冰封区域条款。《极地规则》是 IMO 为极地水域专门制定的多边国际规则，与《公约》中的冰封区域条款所指向的冰区覆盖的专属经济区存在重叠，多边国际规则与冰封区域沿海国单边管辖权之间可能存在潜在的冲突，因此有必要厘清《极地规则》与冰封区域条款之间的关系。

（一）从规则冲突的角度分析两者之间的关系

《公约》第 211 条第 5 款规定，沿海国可以制定法律、规章来防止、减少和控制来自船只的污染，其前提是这些国家的环境措施必须符合 IMO 的或外交会议通过的一般接受的国际规则和标准。若《极地规则》成为

“符合主管国际组织审核通过或外交会议确定的一般接受的国际规则和标准”，则沿海国将能够直接援引《公约》第 211 条第 5 款作为制定防止专属经济区受到来自船只污染的国内法律和规章的基础，而无须援引冰封区域条款。但如上文分析，《极地规则》尚不能被称为“一般接受的国际规则和标准”，因此，冰封区域条款目前仍然是《公约》中专属经济区范围内的冰封区域环境保护措施可援引的最重要的法律基础，亦是俄罗斯与加拿大两国制定东北与西北航道相关国内法律和规章的主要国际法依据。然而《极地规则》为极地水域船舶航行安全与防止环境污染制定了严格的技术性规则，其适用区域与冰封区域存在重叠，产生了管辖权冲突。

为了处理与其他相关条约的规定，一般的国际条约中通常都包含与其他相关条约相关联的条款。《公约》中就存在这样的条款，如第十二部分第 11 节“关于保护和保全海洋环境的其他公约所规定的义务”中第 237 条第 1 款规定：“本部分的规定不影响各国根据先前缔结的关于保护和保全海洋环境的特别公约和协定所承担的特定义务，也不影响为了推行本公约所载的一般原则而可能缔结的协定。”以及第十七部分“最后条款”中第 311 条“同其他公约和国际协定的关系”的第 2 款规定：“本公约不应改变各缔约国根据与本公约相符合的其他条约而产生的权利和义务，但以不影响其他缔约国根据本公约享有其权利或履行其义务为限。”这两条规定都意识到了不论先前、之后制定的其他条约对于海洋法发展的重要性，以及《公约》自身的原则性特点，对于产生冲突后的优先适用权选择进行了模糊化的处理，很难从中找到解决管辖权冲突的方法。①

《极地规则》的条款集中于技术性规则，目前规则中并没有明确的关系条款。但可试从《极地规则》产生基础的 MARPOL、SOLAS 与 STCW 三大公约中寻找相关依据。MARPOL73/78 的第 9 条关于“其他条约与解释”中指出，MARPOL 的任何内容，不得影响联合国海洋法会议对海洋法的编纂和制定，也不得影响任何国家目前或未来就海洋法，以及沿海国和船旗国管辖权的性质和范围所主张的要求和法律观点。STCW1978 第 5 条第 4 款规定：“本公约的任何规定，均不得损害根据联合国大会 C（XXV）第

① T. L. Mcdorman, “A Note on the Potential Conflicting Treaty Rights and Obligations between the IMO's Polar Code and Article 234 of the Law of the Sea Convention,” *American Journal of Reproductive Immunology* 14, no. 4 (2015): 149.

2750 号决议召开的联合国海洋法会议对海洋法的编纂和发展，也不得损害任何国家目前和今后就海洋法，以及沿海国和船旗国的管辖权的性质和范围所提出的要求和法律上的意见。”SOLAS1974 中并没有这样的适用于整个公约的关系条款，但在专为《极地规则》新增的第十四章第 2 条第 5 款中说明：“本章的任何内容均不得损害各国政府根据国际法所具有的权利或义务。”虽然表述方法不同，但制定者的意图在三个公约中依然得到了表达，即《极地规则》的规定与执行并不影响各国享有及行使其他国际法所规定的权利和义务，此处当然包括《公约》及其中包含的冰封区域条款，因此，该规则与冰封区域条款应当是相对独立的，二者并不存在法定的补充解释关系。MARPOL、SOLAS 和 STCW 三大公约在遇到适用冲突时，应当《公约》优先适用。

尽管《极地规则》的内容是以 MARPOL、SOLAS 和 STCW 三大公约为基础，但在其序言第 2 条中规定，极地水域的作业可能会对船舶及其系统和操作产生附加要求，因而规则做出了超出现行具有约束力的 IMO 文件要求的规定，故《极地规则》与三大公约之间具有相对的独立性。至于《极地规则》与三大公约之外的国际规则之间的关系问题，在今后规则修订中应当考虑，即或者沿袭 MARPOL、SOLAS、STCW 三大公约中处理规则之间关系的条款，或者制定更为明确的关系条款以对抗冰封区域条款。

（二）从适用角度分析两者之间的关系

专属经济区内可能存在冰封区域的国家主要为北极八国，均为 MARPOL、SOLAS、STCW 三大公约的缔约国，自《极地规则》及相应的修正案生效后均应将《极地规则》作为极地地区船舶航行与环境保护的基本准则。《极地规则》设置的船舶设计建造技术标准成为这些国家制定国内法律或规章的最低要求。

若沿海国需要制定比《极地规则》所要求的环境措施更为严格的规范，应当援引冰封区域条款。冰封区域条款所指的法律法规不仅限于 IMO 核准通过，还应当“适当顾及航行和以现有最可靠的科学证据为基础对海洋环境的保护和保全”，这就为沿海国制定更为严苛的法律和规章提供了依据。尽管制定《极地规则》的谈判建立在良好的科学基础之上，但也代表了一定的政治妥协，仍存在一部分条款不够严格的情况，因此该规则并不是能够确保极地水域航运得到充分监管的完美法规。冰封区域条款可以为这种情况提供法律保障，使得沿海国在这些条款的基础上提高航行安全和环境保护的水平。但鉴于航行自由的原则，各国在制定比《极地规则》更为严苛的法律和规章时，应当对原因予以说明举证。目前，冰封区域条款仍需要作为比《极地规则》的要求更为严格的替代性法律基础而继续存在。①

《极地规则》的出台建立在IMO多年的理论与实践基础上，运用了国际认可的前沿科学技术，如果《极地规则》被视为“顾及航行”“以现有最可靠科学证据为基础”的极地水域航行安全和环境保护的国际规章，是否意味着冰封区域条款的解释也将受到IMO与《极地规则》的影响？换言之，冰封区域条款的解读可能依赖于IMO制定的公约与标准，以及IMO后续的发展。事实上，IMO作为国际航运领域航行安全与环境保护的全球性标准制定机构，其制定的国际公约或规则是沿海国依据冰封区域条款制定的法律和规章的潜在影响因素之一。《公约》第234条并没有引用“符合通过主管国际组织或一般外交会议制定的一般接受的国际规则和标准”或类似的措辞，表明影响第234条解释的因素不仅仅包含IMO制定的公约或规则，还可合理参考IMO制定的建议性指南、与IMO无关的国际习惯法、最新的国际认可的科学成果，以及沿海国专属经济区范围内冰封区域的实际环境因素等。因此《极地规则》虽然在一定程度上会影响对冰封区域条款的解释，但这种影响在IMO早前制定公约、规则和建议性指南时便已然存在。《极地规则》的出台使得这种影响扩大化，使得沿海国在援引冰封区域条款制定国内法律和规章时负有更严苛的说明举证责任，否则将难以得到国际社会尤其是船旗国的承认。

五、厘清《极地规则》法律属性对维护我国北极航运利益的启示

2018年1月26日，中华人民共和国国务院新闻办公室发表《中国的北极政策》白皮书，指出中国是“北极事务的重要利益攸关方”“近北极国家”“北极事务的积极参与者、建设者和贡献者”；中国的北极政策目标

---

① J. Øystein, “The International Code for Ships Operating in Polar Waters: Finalization, Adoption and Law of the Sea Implicatioins,” *Arctic Review on Law and Politics* 7 (2016): 77.

是认识北极、保护北极、利用北极和参与治理北极，维护各国和国际社会在北极的共同利益，推动北极的可持续发展。①《极地规则》是我国参与北极治理最基础的理论工具，对其法律属性进行研究将有利于维护我国的北极利益，有利于迎接即将到来的北极航运高峰期。笔者在对《极地规则》法律属性分析的基础上提出以下建议。

（一）学习与引入 IMO 先进的海事立法理念

自 2002 年巴哈马与希腊的提案将 GBS 概念引入海事界以来，GBS 逐渐在多个海事立法领域得到应用，该理念将是未来国际海事公约的最显著特点。与 GBS 紧密相关的 SLA 亦借由日本、丹麦、德国、挪威和瑞典等国通过 IMO 提案（MSC 81/6/2、MSC 85/5/3、MSC 81/6/8、MSC 88/5/1）的形式应用到海事领域中。除了 GBS 与 SLA，先进的海事立法理念还包括综合安全评估（formal safety assessment，FSA）与人的因素。部分国家对于先进的海事立法理念较为关注，且已有一定的研究成果，并通过 IMO 大会提交相关的提案，可获取 IMO 一定的话语权，得以最终适用契合自身利益的立法理念与方法。我国作为 IMO 的 A 类理事国，在制定海事公约的事项中略显被动，并未完全发挥出世界航运大国在国际海事规则制定上的重要作用。因此，我国应当借鉴 IMO 的先进海事立法理念，将其应用于对国际海事规则的制定和修改的参与、国内海事规则的制定和修订，以及参与的国际海事规则在国内的履约过程中。

（二）强化《极地规则》在我国国内履约的理论研究与实践

截至 2018 年 10 月，我国仅有“雪龙”号与中远航运股份有限公司的船舶完成过北极航行。尽管数量在逐年增加，但我国尚未形成北极航道规模性的通航。《极地规则》在我国海事界与航运界的影响仍然十分有限，而相关的学术研究基本集中于《极地规则》出台的意义等方面，对于进一步的实践内容（例如与《极地规则》相关的港口国监督检查）尚缺乏一定数量的学术性的研究与技术性的探讨。预计于 2019 年全部建成的中俄北极油气资源项目——亚马尔液化天然气项目，将促成一定规模的 LNG 运输船往返于东北航道，这无疑对中国船舶极地航行的安全性与环保性提出了挑战，对此，强化《极地规则》在我国国内履约的理论研究与实践迫在眉

① 中华人民共和国国务院新闻办公室：《中国的北极政策》，人民出版社，2018，第 8 页。

睫。在《极地规则》的未来修订中，我国应当通过积极的履约行动提出相应的提案，力图为包括我国在内的非北极国家争取更多的北极权益。同时，我国也应加强规则的国内履约，因为国内履约情况将是判断《极地规则》能否成为一般接受的国际规则和标准的重要因素。

（三）尊重并遵守沿海国的单边立法，倡导以《极地规则》为核心的统一标准

冰封区域条款规定沿海国有权制定更为严格的国内法以防止、减少和控制船只在专属经济区范围内冰封区域对海洋的污染。分析《极地规则》与冰封条款的关系，并非间接强调北极航道沿岸国单边立法的重要性，而是阐明沿海国单边立法的国际法根据，指出当前冰封区域条款存在的必要性，是其对专属经济区范围内存在冰封区域的沿海国利益提供的最高程度的保护。俄罗斯与加拿大作为与北极东北航道和西北航道关系最紧密的国家，均已出台管制相邻北极航道的国内立法，其初衷除了加强对航道航行安全与环境的保护，也试图实际控制航道，为自身谋取更多的利益。俄罗斯、加拿大的行为体现了冰封区域条款在实际适用过程中存在着一定程度的被滥用，《公约》及冰封区域条款本身并未设定有效的权利限制条款，甚至将“冰封区域”设定的裁量权赋予沿海国，无须任何国际组织审核鉴定，这就为沿海国实际扩张其专属经济区的权利提供了法律依据。这对中国在内的享有北极通行权的国家而言是十分不利的，国际法赋予的航行自由权受到了限制，并增加了北极航行的时间与经济成本。冰封区域条款制定的初衷是考虑到极地地区特殊的环境情况，法律与规章若仅达到一般的国际标准可能无法实现保护海洋环境的目的，因此赋予沿海国制定更为严格的国内法律与规章的权利。然而，随着《极地规则》的出台，极地地区已存在专门的具有强制约束力的环境保护规则，其环境保护力度也达到国际认可与接受的水准，沿海国制定更严格的国内法律或规章的必要性应当减弱并被重新评估。考虑到《极地规则》在未来的适用和发展，其规则与标准将会越来越严格，也有可能达到比之更严格的国内法律或规章的程度。因此，《极地规则》也有可能取代冰封区域条款，成为极地水域船舶航行安全与环境保护的一般接受的国际规则和标准，这不仅符合极地航运发展对于船舶设计和建造技术标准的要求，也符合《极地规则》制定者之所以选择将 IMO 三大公约作为其制定依据的初衷。就目前阶段而言，我国

仍需以自身航行利益为重，避免涉及与北极沿岸各国的立场冲突，尊重并遵守沿海国的单边立法，但同时也应支持以《极地规则》为核心的北极地区统一的国际规则和标准，为我国将来利用北极航道降低难度，从而更好地维护我国的北极利益。

北极水域航行安全法律制度研究

赵宇鹏

摘　要：在全球气候不断变暖的背景下，北极冰层大面积融化，这使北极航线的大规模开发和利用成为可能。为了更好地应对极地地区复杂多变的气候和加强对船舶航行的管理，国际海事组织出台了《极地水域船舶作业国际规则》（简称《极地规则》），于2017年1月1日正式实施。《极地规则》将《国际海上人命安全公约》（SOLAS）和《国际防止船舶污染公约》（MARPOL）中诸多关于极地航行安全和防止污染的法律法规进行整合，形成了一个具有强制力的针对船舶极地航行的技术性国际法律规范。在《极地规则》的大背景下，本文针对我国如何利用和应对北极航运发展进行了分析和研究。

关键词：极地水域；航行安全；极地规则；极地船舶；环境保护

Research on the Legal System of Navigation Safety in Arctic Waters

Zhao Yupeng

Abstract: Under the background of global warming, the Arctic ice layer melts in large area, which makes the large-scale development and utilization of Arctic routes possible. In order to better deal with the complicated and changeable climate in polar regions and strengthen the management of ship navigation, the International Maritime Organization issued the international rules for the operation of polar waters of ships (hereinafter referred to as the polar rules) and officially implemented on January 1st, 2017. The polar rules integrate many laws and regulations on the safety of polar navigation and pollution prevention in SOLAS and MARPOL, which form a technical international legal norm with compulsory force for polar navigation of ships. Under the background of polar rules, this paper analyzes and studies how to use and deal with the development of Arctic shipping in China.

Key words: polar waters; navigation safety; polar rules; polar ships; environmental protection

引言

北极航线作为连接大西洋北部和太平洋北部的潜在最短航线，由于其气候环境极为特殊，所以一直以来都无法实现全线通航。随着全球气温上升、气候变暖，北极冰层融化的速度不断加快，这使得北极航线的开通成为可能。《极地规则》制定的主要目的是分析和整合那些与北极航行相关的法律法规、公约和指南，是强制用于北极水域航行船舶的技术性国际规则。“试水北极”、开辟北极新航线是我国成为海洋大国、海洋强国、海运强国要面临的挑战。本文对《极地规则》的相关资料进行查阅分析，对于我国开发利用北极航线具有一定意义上的参考价值。

随着我国“海洋强国”战略和“一带一路”倡议的发展及推进，拓宽国际贸易运输渠道特别是海运渠道成为重中之重。北极航线作为“海上丝绸之路”的重要组成部分，其在路程、时间、安全上的航运价值优势不容小觑。北极航线运输具有传统航线无法比拟的优势：第一，航运距离短；第二，航运时间少；第三，运输成本低；第四，航程安全性高且无海盗掠夺。但是北极地区的航行环境极为恶劣，生态环境单一而脆弱，一旦发生事故对环境几乎是毁灭性危害，所以IMO对极地航行船舶的安全性做出了极为严格的规定，需要每个参与国家严格遵守。与北极沿岸国家相比，我国对北极航线的利用远远不够，再加上我国参与国际制度时间短，对国际机制认识不深，所以维护我国有关北极航线的利益困难重重。因此，我们应积极行动起来，通过加入相关国际组织，提高自身话语权，促进有关北极航线航行规则国际立法；通过与北极国家的合作，建立双边甚至多边友好关系，避免被边缘化。

一、北极水域航行的法律变迁和航行安全的提出

（一）北极航行国际立法的变迁

1. 国际公约类

（1）《斯瓦尔巴条约》

1920 年 2 月 9 日，英国、美国、丹麦、挪威、瑞典、法国、意大利、荷兰及日本等 18 个国家，在法国巴黎签订了《斯匹次卑尔根群岛行政状态条约》，即《斯瓦尔巴条约》。该条约于 1925 年 8 月 14 日生效。这是北极地区出现的第一个国际性条约，开启了北极地区国际立法的先河。1925 年，中国、苏联、德国、芬兰、西班牙等 33 个国家也参加了该条约，成为《斯瓦尔巴条约》的签署国。《斯瓦尔巴条约》使斯瓦尔巴群岛成为北极地区第一个非军事区。条约承认挪威“具有充分和完全的主权”，各缔约国的公民可以自由进入，在遵守挪威法律的范围内从事正当的生产和商业，以及科学考察等活动（通行权和经济开发权为签署条约国家共享），无须得到挪威的签证许可。

（2）《国际海上人命安全公约》（SOLAS）

国际海事组织（IMO）于 1974 年 11 月 1 日召开的国际海上人命安全会议通过了《国际海上人命安全公约》，并于 1980 年 5 月 25 日生效。

2014 年 11 月，IMO MSC 第 94 次会议通过的新的 SOLAS 修正案，成了《极地规则》序言、引言和第 I 部分安全措施的强制性规则的来源，于 2017 年 1 月 1 日默认生效。其在立法上表现为以下三个特点：第一，在缔约国政府、海事和港口主管机关、航运业、货主和相关的国际组织之间形成了紧密的国际合作框架；第二，将海上保安这一特殊的法律范畴用修正 SOLAS 的方式来实现，大大加快了保安立法进程，为有效实施保安措施提供了更为快捷的途径；第三，使 SOLAS 的法律性质发生了变化，即在纯技术和管理性的国际公约中加入了包含政治妥协的管理措施。

（3）《国际防止船舶造成污染公约》（MARPOL）

该公约于 1973 年 2 月 17 日签订，但当时并未正式生效，现行的公约包括了 1973 年公约及 1978 年议定书的内容，于 1983 年 10 月 2 日生效。

MARPOL 还有六个附则，分别对不同类型的船舶污染做出了相关规

定。这六个附则所针对的内容分别是：附则Ⅰ油类污染管控、附则Ⅱ散装有毒液体物质污染管控、附则Ⅲ海运包装中的有害物质污染管控、附则Ⅳ生活污水污染管控、附则Ⅴ垃圾污染管控、附则Ⅵ空气污染管控。

该公约经历了多次修订，2015 年 5 月，IMO MEPC 第 68 次会议通过的 MARPOL 修正案，成了《极地规则》序言、引言和第Ⅱ部分防污染措施的强制性规则的来源，于 2017 年 1 月 1 日默认生效。《极地规则》第二部分关于极地环境保护方面的内容，是以 MARPOL 为蓝本。

（4）《联合国海洋法公约》（UNCLOS）

《联合国海洋法公约》（United Nations Convention on the Law of the Sea）指 1982 年第三次联合国海洋法会议通过的海洋法公约。公约于 1994 年 11 月 16 日生效，截至目前，缔约国达 145 个。① 我国于 1996 年 5 月 15 日批准该公约，是世界上第 93 个批准该公约的国家。

为了平衡沿海国在其专属经济区内的冰封地区的国际航行利益，《联合国海洋法公约》第 234 条规定："沿海国有权制定和执行非歧视性的法律和规章，以防止、减少和控制船只在专属经济区范围内冰封区域对海洋的污染，这种区域内的特别严寒气候和一年中大部分时候冰封的情形对航行造成障碍或特别危险，而且海洋环境污染可能对生态平衡造成重大的损害或无可挽救的扰乱。这种法律和规章应适当顾及航行和以现有最可靠的科学证据为基础对海洋环境的保护和保全。"该条款是加拿大、苏联与美国三国之间进行谈判的结果，是其中极少数直接由国家经过多次谈判确立的、没有任何反对意见的条款之一。该条是唯一一条提出了关于北极海运治理的框架问题，也是公约第Ⅻ部分中唯一的一条授予沿海国只在其专属经济区范围内制定和执行无歧视的法规，以防止、减少和控制在专属经济区范围内的冰封水域中作业船舶对海洋的污染。

（5）《海员培训、发证和值班标准国际公约》（STCW）

为统一各国的海员培训、发证和值班标准，以确保海运船舶的航行安全，国际海事组织于 1978 年 6 月 14 日—7 月 7 日在伦敦召开海员培训与发

---

① 参见《联合国海洋法公约》，http：//Baikal. bailiff. com/link？url = vqH4ODFFkQBegDDQG2p1 LMjwi2EqHWC9OvsPdmqiE0X1Q9IZuXT0sMc9huj9jd7Y0TpXKOHg_ P7SI9JyIIyvEH7DfCYZHVo0506Rf_ lb1mfGS3mTkKshGDPDRsrNJ2YtzmySUhV4-iFsdJ2A7AW8MnMeT2 NcqSbTvG41WpiwpILfEK35fN_ z-skuPBdscnLi.

证国际会议，讨论通过了《海员培训、发证和值班标准国际公约》，以及有关推动海员培训工作的23项决议。公约包括17条法律条款和25条技术规则。这些技术规则对海员的值班职责和发证的标准及证书格式等均有详尽的规定。公约已于1984年4月28日生效。1981年6月8日，中国正式核准该公约，成为其缔约国。《极地规则》中“航行安全”部分关于海员培训和管理的内容就是参照该公约制定的，目前该公约正在修订过程中。

（6）《国际海事劳工公约》（MLC2006）

《国际海事劳工公约》是国际劳工组织于2006年2月23日在日内瓦召开的第94届国际劳工大会上通过的。按照规定，公约在合计占世界船舶总吨位33%的至少30个成员国批准书登记之日起12个月后生效。2009年，公约达到了33%总吨位的条件；2012年8月20日，随着菲律宾作为第30个国家向国际劳工局递交批约文书，公约生效的两个条件均已满足，并在一年后，即2013年8月20日正式生效。我国是《国际海事劳工公约》的发起国之一。自公约通过以来，我国相关海事机构，如中华人民共和国交通运输部及其直属的中国海事局，以及其他业界机构等一直在积极促成批准该公约。该公约已于2016年11月12日对我国生效。

《国际海事劳工公约》是当前国际海事界的四大国际公约之一。公约将海员权益纳入统一的国际标准，有利于实现海员在船上体面工作和生活。北极航行船舶的海员配备、管理和培训，以及海员权利保护均应当遵守该公约的规定。

2. 区域性协定类

区域性协定主要包含两大类，第一类是区域性“单边”协定；另一类是区域性“双边”协定。其中，区域性单边协定主要包括：

（1）《八国条约》

1990年，加拿大、丹麦、芬兰、冰岛、挪威、瑞典、美国和苏联共同签订了《八国条约》。这一条约主要规定的是各国在北极的科学研究行为规范和环境保护责任，并没有对各国领土和资源的分配做出界定，因此，各国均试图在混乱之际占得先机。该章程条款明确规定，只有国家级别的科学机构的代表才有资格代表其所属国家参加该委员会。1991年1月，该委员会在挪威的奥斯陆召开了第一次会议，并接纳法国、德国、日本、荷兰、英国、波兰6个国家为其正式成员国。①

（2）《伊卢利萨特宣言》

2008年5月27—29日，丹麦、俄罗斯、美国、加拿大和挪威北极五国部长级会议在格陵兰岛的伊卢利萨特召开，会议讨论通过了《伊卢利萨特宣言》。文中提及，“海洋法赋予了北冰洋各国重要的权利和义务，涉及大陆架边界划分、海洋（包括冰封海域）环境保护、航海自由、海洋科学研究及其他相关事务”，并且，海洋法框架也被认为是“五国和其他适用北冰洋国家有效管理的坚实基础”。

《伊卢利萨特宣言》涵盖了北极主权问题、北冰洋管理制度、环境监测与保护、航海安全、危机救援和科学合作等诸多内容，有重要的国际政治与国际法意义。宣言高度重视北极航运，其中第5段阐明了北极航运与北极生态系统的关系，提出将采取有效措施增强海运安全，减少海洋污染，防止灾难性事故的发生。

除此之外，北极的区域性物种保护条约有《国际捕鲸管控公约》《北极熊保护协议》等。这些条约对北极部分物种的保护具有重要意义，并对将来北极物种全面性保护措施的制定提供了参考。

而区域性双边协定包括：

（1）1973年加拿大与丹麦（格陵兰岛）签订的《大陆架边界协议》

1973年12月17日，加拿大与丹麦对于在格陵兰岛与巴芬岛、埃尔斯米尔岛之间，穿过戴维斯海峡、奈尔斯海峡和巴芬湾的大陆架边界达成了一致协议。该协议于1974年生效。该双边条约是在各国开始向海洋扩展管辖权之后，在北极海域所达成的第一个海洋边界条约。

（2）1978年苏联与挪威签订的《巴伦支海毗邻海域渔业临时适用协议》

较早之前，苏联与挪威在巴伦支海的海洋边界处，即北部的瓦伦格峡湾达成了海洋边界协议。1975年，两国在签署的渔业合作协议的基础上建立了“苏联－挪威渔业委员会”（Soviet-Norwegian Fishery Commission），为两国在巴伦支海的渔业捕捞的数额谈判和管理提供了“对话”途径。1976

① 阎铁毅：《北极航道所涉及的现行法律体系及完善趋势》，《学术论坛》2011年第2期，第4页。

年，基于 200 n mile 专属经济区或渔业区的双边渔业协议生效，两国在各自海域的渔业权得到了充分保障。

在 2010 年 9 月 15 日，俄罗斯、挪威两国签署了《俄罗斯联邦和挪威王国关于在巴伦支海和北冰洋海域划界与合作条约》。依据该条约，俄罗斯和挪威海域边界从巴伦支海进入北冰洋，西侧由挪威管理，东侧由俄罗斯管理。两国同意采用详细规则和程序来确保在油气资源跨越海上分界线时，实施有效和负责任的油气资源管理。

（3）1980 年、1981 年挪威（扬马延群岛）与冰岛签订的《专属经济区（渔业区）和大陆架边界协议》

冰岛是个主要依赖渔业资源的岛国，为了保护和利用近海的渔业资源，其不断扩大领海的宽度和渔业区的范围，一度对挪威的渔业区产生了极大的威胁。后双方经过协商，于 1980 年 5 月 28 日达成了《渔业与大陆架问题协议》（Agreement on Fishery and Continental Shelf Questions），在扬马延群岛与冰岛之间确立了各自的专属经济区或渔业区。同时约定对于大陆架的划分应共同指定一个“调解委员会”（Conciliation Commission）。1981 年 10 月 22 日，冰岛与挪威接受了“调解委员会”的建议，最终达成了《冰岛与挪威（扬马延群岛）的大陆架协议》（Agreement on the Continental Shelf Between Iceland and Jan Mayan）。

（4）1990 年苏联与美国签订的《苏维埃社会主义共和国联盟与美利坚合众国的海洋边界协定》

在经过了近 9 年的谈判和协商之后，苏联和美国终于在 1990 年 6 月 1 日达成了《苏维埃社会主义共和国联盟与美利坚合众国的海洋边界协定》。与此同时，两国政府签署了《执行协议》，声明：“不管协议生效与否，两国政府同意从 1990 年 6 月 15 日起遵守该协议。”依据此协议，以65°30′N、168°58′37″W 的起点为坐标，向北穿过白令海和楚科奇海进入北冰洋的中间线（168°58′37″W）；向南连接按照协议所划定的测量点，构成了苏美两国在白令海和楚科奇海的海洋边界线。此外，该协议还设立了“特殊东部区”和“特殊西部区”，允许另一国政府在此特殊区域可以充分行使专属经济区和大陆架的资源使用权。

（5）1995 年丹麦（格陵兰岛）与挪威（扬马延群岛）签订的《大陆架和渔业边界协议》

自 1980 年起，丹麦和挪威就一直试图通过谈判来解决格陵兰东岸与扬马延西岸海域之间的渔业区和大陆架划界争端，均未能达成一致。于是丹麦在 1988 年 8 月 16 日单方面向国际法院起诉，请求国际法院根据国际法，用一条单一线划分格陵兰岛和扬马延群岛之间的大陆架和渔业区。1993 年，国际法院做出了判决。在该判决中，国际法院没有接受任何一方的观点，相反，判定扬马延群岛与格陵兰岛之间的界线应在两者的中间线与沿东格陵兰岛的基线所划定的 200 n mile 范围之间划定。在国际法院判决之后，1995 年 12 月 18 日，两国在扬马延群岛与格陵兰岛之间达成了《大陆架和渔业边界协议》。

（6）1997 年丹麦（格陵兰岛）与冰岛签订的《大陆架和渔业区边界协定》

1997 年 12 月 11 日，丹麦与冰岛达成了在格陵兰岛与冰岛之间的《大陆架和渔业区边界协定》，1998 年 5 月 27 日此边界协定生效。该界限是基于沿格陵兰岛和冰岛的海岸线的中间线划定的。在同一时间，丹麦（格陵兰岛）、冰岛和挪威（扬马延群岛）三方就在该海域鳞鱼的捕捞量达成了协议。

另外，关于北极的双边条约还有美国与英国 1913 年签订的《保护北极和近北极迁徙鸟类协议》、苏联与美国 1976 年签订的《保护北极候鸟及其依存环境协定》、挪威与俄罗斯 2010 年签订的《挪威与俄罗斯在巴伦支海进行环境管控的协议》、加拿大与丹麦 2010 年签订的《加拿大丹麦关于海洋环保的合作协议》等。

（二）北极国家的北极立法和政策

利用北极航线首先要解决的就是其法律地位的认定问题。对其法律地位的认定，决定着沿岸国国内法律制度的制定和实施。若北极航线所经水域被认定为内水，则沿岸国有关航线的法律必将严格限制该水域的利用。本部分就俄罗斯、加拿大、美国等北极国家相关法律及政策进行介绍，并对其进行简要分析。

1. 加拿大北极立法及其政策

加拿大于 1948 年加入国际海事组织，并且是《联合国海洋法公约》

的缔约国。加拿大于 1970 年制定和颁布了《北极水域污染防治法》，许可各类船舶在其专属经济区海域范围内通行，但不能影响和破坏水域环境。

“极地海”号事件之后，1985 年 9 月 10 日，加拿大联邦政府宣布，从 1986 年 1 月 1 日起，加拿大对北极群岛水域及西北航线的基本立场为：基于历史性权利，北极群岛水域为加拿大内水，因而加拿大可对其享有全部主权权利，而西北航线横穿北极群岛水域，认为其既不是公海，也不是国际海峡，而应属其内水。但由于其依据并不充分有力，而且受到了美国在内的多国强烈反对。所以现阶段外国船只通过西北航线只有一个基本前提——必须符合加拿大国内的过境通行和环保标准，不得造成沿线水域的环境污染和破坏。

2. 俄罗斯北极立法及其政策

俄罗斯于 1958 年加入国际海事组织，1997 年批准加入《联合国海洋法公约》。国内法层面，其先后颁布了大陆架主权权利、专属经济区的法律，并且依照直线基线法在其大部分北冰洋沿岸海域确定了领海基线，从而将大部分东北航线划入其内水范围内。同时于 1991 年颁布了《北方海航线航行规章》，宣称对东北航线拥有管辖权，并且编制印发了《北方海航线航行指南》，递送给相关国家。

与加拿大在北极群岛划定基线的做法相似，俄罗斯也是沿着北极群岛岛屿的外缘边界划定的，而划定基线的法律结果是曾经被认为是领海或公海的海域，现在成了内水，国家的主权得到了扩展，从而进一步限制了北极海域的航行。

3. 美国北极立法及其政策

美国于 1950 年加入国际海事组织，至今尚未批准加入《联合国海洋法公约》。2013 年 5 月，奥巴马政府发布了《北极地区国家战略》，明确指出美国在北极地区有五个方面的核心利益，包括保障美国的安全、保证资源与商业的自由流通、保护环境、解决原住民需求，以及加强科学研究。

美国对北极航线的基本立场是：东北航线和西北航线应属适用于国际航行的海峡，并且适用于过境通行制度，外国船只享有过境通行权，不需提前告知或者申请，反对加拿大和俄罗斯单方面对北极航线设立的排斥其他国家航行和通过的法律和管辖制度。

4. 其他北极国家的北极立法和政策

（1）挪威北极立法及其政策

挪威是采取直线基线最早的国家之一，而作为1951年“英挪渔业案”（United Kingdom V. Norway）的一方当事者，为直线基线成为国际习惯法更是起到了奠基的作用。1812年，挪威根据国王法令确立了4 n mile的领海范围；1869年、1881年、1889年的国王法令及官方的解释都延续了1812年的测量方法。根据1935年7月12日的国王法令，挪威采用了比以前更为详细的直线基线制度，为此，英国对新的直线基线方法的有效性提出了质疑。后来英国单方面向国际法院提起了诉讼。国际法院在该案的判决中认定，如果“地理特征使得其他划界方法不适用的话”，使用直线基线并不违反国际法。①

挪威对北极事务的法律态度集中体现于1920年的《斯瓦尔巴条约》。该条约是迄今为止北极地区首个，也是仅有的官方国际性条约。该条约赋予了挪威就斯瓦尔巴群岛“具有充分和完全的主权”，但同时斯瓦尔巴群岛“永远不得为战争的目的所利用”，各个缔约国、协约国公民可以自由进入和逗留，但前提是不得违反挪威的国内法律和破坏群岛环境。

（2）丹麦北极立法及其政策

丹麦位于北欧地区，与法罗群岛和格陵兰岛共同组成丹麦联合王国。丹麦领土三面都是海洋，是有名的海洋低地国家。丹麦领海基线采用直线基线。丹麦颁布了《丹麦国王渔业领土法》，建立了200 n mile渔业区。1996年颁布了《专属经济区法》，并主张其适用于格陵兰岛。

二、《极地规则》对航行安全的具体要求

（一）《极地规则》总则对航行安全的规定

1. 影响极地航行安全的危险源

船舶在北极航行，其危险源主要来自低温和船体结冰。船体结冰会影响船体结构、航行中的稳性特征、机械动力系统应用、室外工作环境、维修应急部署任务，以及安全设备和系统的失效；低温环境会影响工作环境和人的工作效率、维护保养和应急部署任务、船舶建造的材料性能和设备

---

① 伊恩·布朗利：《国际公法原理》，法律出版社，2007，第163页。

功效、生存时间及安全设备和系统性能。此外，随着季节变化而出现的极昼或极夜现象，也可能影响航行和海员的工作效率；由于极地航行纬度高，磁场等自然因素会影响航行系统、通信系统和冰况图像信息的质量。

2. 《极地规则》对海冰的划分

《极地规则》对海冰的划分见表 1。

表 1　《极地规则》对海冰的划分

海冰发展阶段	特　　性	航行影响
新冰	厚度一般不超过 10 cm。新冰的初期发展阶段主要是冰泥、冰屑、冰针和油脂状冰，后期发展成尼罗冰	冰级船舶基本无影响，可正常航行
初期冰	厚度一般为 10 ~ 30 cm。初期冰又可分为两个阶段：灰冰（10 ~ 15 cm）、灰白冰（15 ~ 30 cm）	冰级船舶基本无影响，可正常航行
一年冰	厚度大于 30 cm，一般不超过 200 cm。根据厚度的不同，一年冰又可分为一年薄冰（30 ~ 70 cm）、一年中厚度冰（70 ~ 120 cm）、一年厚冰（大于 120 cm）	冰级船舶航行受影响，但可航行
陈冰	厚度没有限制，至少经历过一个融冰季节，分为两年冰（250 cm）、多年冰（300 cm）	冰级船舶航行困难，一般无法航行

船舶在极区航行时，对航行安全威胁最大的应当为海冰。

3. 《极地规则》对冰区船舶的界定

《极地准则》规定，“在南北极划定水域内”航行的船舶应申请极地船舶证书，该证书将船舶分为 A、B、C 三类并标识相应冰级，即 A 类至少能在中等当年冰（也可能包括陈冰）的极地水域航行，满足国际船级社协会（IACS）极地级规范 PC1 – 5 冰级标准；B 类能在当年薄冰（也可能包括陈冰）的极地水域航行，满足 IACS 极地级规范 PC6 – 7 冰级标准；C 类能在开敞水域或者冰况没有 A、B 两类严重的水域中航行，可以无冰级，也可以有冰级，后者应满足主管机关认可的相应冰级标准。

破冰型船舶破冰，需要考虑其破冰时的阻力与撞击，冰区加强型船舶要考虑在冰的撞击与挤压及碎冰中的阻力，二者船型选择上都具有与水域中航行船舶不同的地方。首先，极地船舶与普通船舶一样，在实船建造前，需要进行模型试验；其次，极地船舶的设计和船用设备制造技术的研究与发展密不可分。在极地地区航行时，船上动力及推进系统将会经受严酷的环境考验，均需满足极地地区航行的要求。

（二）《极地规则》对船体总体结构的强制性法律规定

《极地规则》Ⅰ－A 第 3 章对船舶船体结构做了以下规定：对拟在低温中营运的船舶，所使用的材料应该适用于船舶在极地工作温度下的营运。船舶暴露在外部环境中的结构的材料应该经过主管机关的批准，或被主管机关认可的组织接受，并且考虑 IACS 关于不同船体标准，或者其他极地工作温度并具有等效安全水平的标准。①

1. 船舶极地航行结构设计

冰区航行船舶设计首先需要考虑的就是破冰。在低温多冰、气候恶劣的两极地区进行科学考察、资源开发及商业航行等活动均需要适应两极航行的船舶——极地船舶这一重要工具。极地船舶与普通船舶在作业环境、工作方式、设计建造要求等方面有着明显不同。因此，极地船舶对船舶设计和建造公司的要求较高。极地船舶技术含量高，风险性大，挑战性大。

因此，极地船舶的设备必须进行特殊的设计、制造才能安全可靠地在低温条件下使用。双动系统、破冰技术、全方位推进器、冰区管理和动力定位等技术促进了极地船舶的快速发展。船舶设计者必须长期致力于极地船舶设计的创新与努力，做好极地船型储备和研发工作。

总布置设计是船舶总体设计中相当重要的一部分内容，它是后续其他各项设计和计算的主要依据，对船舶的各种性能有着十分重要的影响。在总布置设计中，除了应注意各类船舶布置上的特殊要求外，还应遵循促使船舶优化和适航的可抵达性等一系列基本原则。

2. 船舶极地航行材料选取

在极地低温、多海冰的环境中航行，除船舶设计需考虑破冰因素外，

---

① 参见《极地水域船舶作业国际规则》3.1。

建造极地航行船舶的选材也有严格限制。材料特性的参照温度，定义为至少低于船舶预定航行极地水域的区域和季节的10年温度数据统计的最低日最低温度10 ℃的温度，这使得船舶材料选择和设备耐低温性能要求更加严格。《极地规则》要求低温航行船舶上的设备和系统均具备在极地工作温度环境下正常运行的功能。

首先是要耐低温，普通钢板在-50 ℃的环境中放一夜，第二天一个普通人都可以将其踩碎，而这对于极地航行船舶来说无疑是一种灾难。所以在选取材料的时候，尤其要注意材料低温下的韧性需要符合《极地规则》的标准。

其次是要坚固，船舶在极区航行，船体最容易撞到的就是浮冰，船首在设计时虽然大多采用破冰设计，但是两侧的船体却是薄弱环节，如果海冰撞击导致船体破损，对安全航行无疑是巨大威胁。

最后是材料易于修补，一旦发生破漏等情况，船上损管部门可以利用船上现有设备进行修补，确保安全航行。

3. 船舶分舱及稳性

在船体损害中，最为普遍的就是船体破损漏水入舱。在极区航行的船舶由于受海冰、浮冰、冰山的影响，这种危险系数大大提高。为了应对这种情况，《极地规则》对此也做出了详细规定。

《极地规则》在Ⅰ-A第4章专门规定了极地航行船舶的分舱和稳性要求，按照该规定，在2017年1月1日或以后建造的A类和B类船舶具有足够的剩余稳性以承受海冰引起的破损。《极地规则》4.1明确了极地航行船舶在完整和破损两种条件下应当具备分舱和稳性。为了达到分舱和稳性的目标，《极地规则》4.2规定了对于极地航行船舶分舱和稳性的功能要求，包括在完整条件下的船舶稳性和破损条件下的船舶稳性。

《极地规则》要求在船舶完整状态下稳性计算中结冰余量的计算方法为：暴露的露天甲板和舷梯上30 kg/m^2；水面以上船舶两舷的侧投影面积7.5 kg/m^2；无船帆船舶的栏杆、各种吊杆、桅桁（桅杆除外）和索具的不连续表面的侧投影面积，以及其他小物件的侧投影面积的计算，应将连续表面的总投影面积增加5%，并将该面积的静力矩增加10%。在可能发生积冰的区域和时期内航行的船舶应设计为可尽量减少积冰；配备主管机关要求的除冰设备，如电气和气动装置，或海员可以使用斧或木棒等专用工具将冰从舷墙、栏杆和上层建筑上去除。

从《极地规则》对船舶稳性的规定中可以看出，在设计建造极地船舶时，首先要充分考虑在低温环境下船舶航行过程中船体结冰时，冰的质量对船舶平稳航行的影响。《极地规则》中提到的在当年中等冰（或陈冰）和在薄冰（包括陈冰）中航行的 A、B 类船舶在设计建造时，需要考虑气温、降雪等可导致船舶表面积冰的因素，避免船体表面结冰进而影响船舶航行的稳性。《极地规则》要求极地航行船舶在设计时需要参考风向、日照等影响因素。在极地航行过程中，受光照、风向等影响，背阴、有风一侧结冰相较于向阳、无风一侧结冰现象更为严重。这就导致极地航行船舶各方向受力不均，影响船舶的稳性。因此，船舶在设计时，应尽量减少积冰面积，如保证甲板空旷、利用自然风减少结冰、舷梯设计为室内结构等。

4. 船舶水密和风雨密完整性

在现代船舶设计建造中，为了保证船舶密封完整，船上的舱门等都会有水密和风雨密装置，但是极区航行船舶由于航行作业环境特殊，气温低，多降雪，所以在水密和风雨密装置上容易出现积冰和积雪，为应对上述问题，《极地规则》做出下列要求：

对于在可能出现积冰的区域和时期内营运的船舶，应采取措施去除舱盖和门周围的积冰和积雪。此外，对拟在低温下营运的船舶，如果舱盖或门为液压操作，应采取措施防止液体冻结或黏度过大，因为如果黏度过大或者被冻住，将无法操作；海上航行时未设在宜居环境内且需进出的水密门和风雨密门、舱盖及关闭装置应设计为可由穿着厚重冬衣并带上厚连指手套的人员操作。

从《极地规则》中可以看出，由于极地航行船舶航行环境特殊，所以在设计时，应当考虑到如何可以尽快、高效地除去积雪、积冰。如在设备周围增加电加热系统，防止积雪、积冰等。

（三）《极地规则》对船舶安全设备的强制性法律规定

1. 消防设备系统

在船舶航行过程中，船舶自身的一大安全隐患就是失火。极地航行船舶在极区航行时，也同样会面临船舶失火的问题。但是相较于其他航区航行的船舶，极地船舶的消防设备也需要有特殊规定。北极地区的最大特点就是低温，这使得消防设备很容易结冰进而导致设备失灵。并且船舶灭火多采用以水泵吸取海水灭火的方式，但在极区环境下，进水口很容易被积冰堵塞，这就需要在设计时将取水口积冰清除因素考虑在内。

《极地规则》Ⅰ-A 第 7 章对此做如下规定：为了达到确保消防安全系统和设备在极地低温条件下有效运行，并且脱险通道保持任何时间可用于使船上人员能在预期的环境条件下安全和快速地撤离到救生艇和救生筏的乘登甲板上的目的，要求消防安全系统和设备如果安装在暴露位置，由于受到低温易造成其损毁，故其所有部件均应受到保护，以防止积冰和积雪；就地设备和机械控制装置的布置应避免冻结、积雪和积冰，并使其所在位置在火灾发生时均易于海员到达；由于在极区作业海员穿着必须保暖，所以消防系统和设备的设计应考虑到人员需要穿着体积大而笨重的防寒装；应采取措施去除或防止出入口处的积冰和积雪，并预留出足够的空间。

此外，拟在低温下营运的船舶，还适用下列要求：消防安全系统和设备的所有部件的设计应确保其在极地工作温度下的可用性和有效性；手提式和半手提式灭火器应尽可能位于不受冻结温度影响的位置，受冰冻影响的位置所配置的灭火器应能在极地工作温度下操作。

2. 通信设备系统

极地船舶在极区航行中，需要接收和发送各种信息，这对信息频道和信息设备来说也是有要求的。《极地规则》Ⅰ-A 第 10 章要求极地航行船舶在拟定营运航线上的所有位置提供船对船和船对岸双向语音和数据通信，船上的通信设备应具备船对船、船对岸的通信能力，并考虑到在高纬度和预期的低温条件下对通信系统的限制。由于船舶在极区航行时，会受到天气、水文的影响，以及能见度低，所以对航行作业区域的信息难以在第一时间得到，所以需要配备专用的频率可以与其他船舶和沿岸的导航站进行沟通联络，以便在第一时间获得信息。

同时，为了应对船舶救援和医疗救助问题，《极地规则》对此也做了特殊规定。对于航行船舶来说，应设有合适的通信装置，拟提供破冰护航的船舶应配备《国际信号规则》所述的一个面向船尾的声响信号系统，用以向跟随其后的船舶表明其护航和应急操纵；为符合应设有合适的通信设备以能在极地区域提供远程医疗援助的功能要求，船舶通信系统应能够提供与远程医疗服务（TMAS）进行双向语音和数据通信。

3. 救生安全设备系统

极地船舶在极区航行中，一旦发生重大事故，不得不采取弃船方式，对于海员的最后一道保险——海上救生系统就显得极为重要了。对极地航行船舶的救生设备，《极地规则》做了如下规定：为达到安全脱险、撤离和救生的目的，暴露在外的脱险通道应易于通行，并需要考虑结构可能结冰和积雪。通道需要随时去除积冰和积雪，并要保证不会妨碍身着厚重防寒服的海员通过；救生艇筏及集合和乘登区域的布置应能做到安全弃船，并考虑紧急情况下可能出现的恶劣环境条件。

此外，救生设备和相关属具应具备长时间在黑暗中操作的可能性，并应考虑拟定的航次；为符合上述功能要求，拟在漫长黑夜中营运的船舶应为每艘救生艇配备适于连续使用的探照灯以便发现冰区；救生艇上还应妥善保存有在极地条件下满足人体所需的食物。

（四）《极地规则》对海员配备与培训的强制性法律规定

《极地规则》Ⅰ－A 第 12 章规定，航运公司应确保极地水域营运船舶的船长、大副和负责航行值班的高级海员完成相应培训，以获得其应达到的且与拟履行的职责和责任相称的能力，具体培训要求见表 2。

表 2　海员培训要求

冰况	液货船	客船	其他船舶
无冰	不必适用	不必适用	不必适用
开阔水域	对船长、大副和负责航行值班的高级船员的基本培训	对船长、大副和负责航行值班的高级船员的基本培训	不必适用
其他水域	对船长和大副的高级培训；对负责航行值班的高级船员的基本培训	对船长和大副的高级培训；对负责航行值班的高级船员的基本培训	对船长和大副的高级培训；对负责航行值班的高级船员的基本培训

在无冰水域，液货船、客船和其他船舶的船长、大副和负责航行值班

的高级海员均不适用 2010 年马尼拉修正版 STCW 的规定。

1. 液货船海员执业资格规定

在开阔水域状态下，虽然海冰密集度小于 1/10 时船舶仍然可自由航行，但由于液货船货物的特殊性，这就要求船长、大副和负责航行值班的高级海员需要经过基本培训。液化气船的每名海员必须具有液化气船货物操作基本培训基础证书。船长、大副和负责航行值班的高级海员要进行基本培训。具体而言，在安全操作方面，需要熟悉液化气船的类型和构造、货物操作的基本知识，如管道阀门的操作、泵吸系统操作等；在采取预防措施和防止危害方面，需要具备防止危害的基本知识；在实行职业健康申请和安全预防措施方面，需要具备救生设备操作、呼吸装置和逃生设备操作等知识，并经过海事组织认可的船上培训和模拟演习训练，达到正确使用安全保护设施，遵守进入封闭区域的程序。

在其他水域，由于航行情况复杂，这就要求船长、大副和负责航行值班的高级海员进行高级培训。《极地规则》适用 2010 年马尼拉修正版 STCW 的规定。要求液货船船长和大副在复杂海况下，需要具备以下能力：

（1）安全地执行和检测货物装卸作业方面，需要了解液化气体运输船的设计和特点，如整体布局和结构、装卸设备和仪器、货物容纳系统，包括建造和绝缘材料，确保所有危险能及时被发现，所采取的行动符合既定程序，人员职责的分配和工作程序、标准的下达都考虑到个人因素，并符合安全操作方法。

（2）应对紧急情况方面，理解并掌握液化气体运输船的应急程序，包括船舶应急预案、货物操作中紧急停机程序、紧急货阀操作、货运中必不可少的系统和服务发生故障时应采取的行动、灭火器的使用、密闭舱室救助，以及根据医疗急救指南进行急救和解毒等知识。

2. 客轮海员职业资格规定

在开阔水域航行状态下，虽然海冰密集度小于 1/10 时对船舶自由航行安全威胁度较低，但由于客船旅客较多，一旦发生海难其生命损失极大的特殊性，要求对在开阔水域航行的客船船长、大副和负责航行值班的高级海员进行基本培训。《极地规则》适用 2010 年马尼拉修正版 STCW 的规定。在人群管理方面，需要了解救生设备和控制计划，包括关于应急部署表和紧急指示的知识，对紧急撤离出口位置的了解，限制使用电梯的知识。能够协助撤离的乘客集合并把他们带到登乘地点，包括在撤离过程中能够对旅客下达明确的指令；控制走廊、楼梯和通道里的乘客，保持逃生通道畅通。具有帮助残疾人士或其他需要帮助人员撤退的方法，能够确保乘客着装合理并正确穿上救生衣。

在其他水域航行时，由于海冰密度增加，对船舶安全航行的威胁也在增大。《极地规则》要求在此水域航行的极地航运客船上的船长、大副和负责航行值班的高级海员需要达到2010年马尼拉修正版STCW中对客船海员的高级培训规定要求。

（1）在组织船上应急程序方面要掌握以下知识：船舶的总布置图和布局、安全条例、紧急计划和程序，在发生紧急情况后可以熟练使用船上的应急程序，确保应对紧急情况。

（2）在应急管理方面，在紧急情况发生后，能够做出初步评估，根据既定程序提出有效的应急对策。

（五）《极地规则》对船舶管理的要求

1. 极区水域操作手册

《极地规则》要求极地航行船舶必须携带极区水域操作手册（PWOM），目的是向船东、船舶经营人、船长和海员提供足够的船舶操作技巧和操作限制的基本资料以支持其在航行时进行决策。在极地水域航行船舶正常操作中，以及为避免出现超出船舶能力的工况，手册应包含用于下列基于风险的程序：

（1）避开超出船舶设计能力或限制的冰区和/或低温的航次计划；

（2）接收环境条件预报的装置；

（3）处理可用的水文、气象和航行资料中所述任何限制的方法；

（4）本规则其他各章所要求的设备操作；

（5）在低温、水上部分结冰和出现海冰的状况下为保持设备和系统功能完好而执行的特殊措施。

极地航行船舶在极地水域发生突发紧急情况时，手册应包含用于下列基于风险的程序：与应急响应提供方联系，进行救助、搜救（SAR）、溢油响应等，以及按《极地规则》Ⅰ－A部分第3章要求进行冰区加强的船舶在长时间为冰所困情况下维持船上生命和船舶完整性的程序。

2. 航行计划

《极地规则》规定，为了确保向船公司、船长和海员提供足够的信息，使其能在进行操作时充分考虑到船舶和船上人员的安全以及环境保护（视具体情况而定），在起航之前需制订航行计划。在制订航行计划时，制订者应根据船舶特性、货物种类、人员素质、环境气候等方面因素考虑拟定航行的潜在危险。

三、我国应对北极航行安全规则挑战的法律措施

（一）北极航行安全规则带给我国的机遇与挑战

1. 北极航行安全规则给我国带来的机遇

目前，我国外向型经济快速发展，对外贸易总额稳步增长。海运已经是我国的主要对外贸易方式和能源运输生命线，对维护我国海上动脉的安全具有十分重要的战略价值。而北极航线的开通，对我国的海上运输将产生巨大影响。

首先，北极航运可显著降低我国海上运输成本，缩短海运时间，提高经济运行效率；其次，我国开通北冰洋能源运输线，有利于避开高风险传统航道（比如前几年闹得各国不得安宁的索马里海盗），缓解航运压力，提高我国战略能源交通线的安全性和可靠性；最后，深入研究完善《极地规则》，把握《极地规则》的目的指向，继而建立我国特有的极地船舶设计理念和船舶材料加工工艺，以及制定出我国的极地船舶海员培训制度。

2. 北极航行安全规则对我国的挑战

强制性《极地规则》的制定过程就是一个全面了解极地航行船舶的设计、建造、营运和管理特点的过程。通过全程参与该规则的制定，主动学习和摸索，从而掌握主动，为我国极地船舶的规范建造打下良好的基础。我国作为非极地国家，对于极地航行船舶的经验积累不够深入，在规范讨论和制定中应尽快学习和熟悉极地船舶相关规范，同时可适时强调我国的极地船舶特征，即“拥有较长航程的敞水航行和相对较短航程的极区航行”，既需要具备独立航行于极地的结构特征，又需要区别于环极地国家所拥有的长期航行于极地的这类船舶，在船舶分类和环保条款中争取单独分开并具体体现差异。从目前规则讨论的情况看，IMO 希望在类似《极地规则》这种新规则的文件制定中推行 GBS 的原则，个别掌握风险分析技术

的欧洲国家也想借此机会掌控《极地规则》的走向，继而控制国际海事界。我们当前的任务是深入学习，及时消化并举一反三，争取在新一轮的国际规则谈判中尽快掌握有关知识，为我国争取一定的切实利益。

因此，随着北极油气资源开发逐步开展，北极航运业的逐渐升温，A类和B类极地船舶需求逐步增多，我国作为造船和航运大国，有必要充分利用我国极地科考资源，有计划地开展极地区域环境条件研究，掌握极地环境基本数据，包括气温、冰情资料等。通过适当的国际合作开展冰区、低温技术研究，研究影响船舶操作安全的重要设备和系统的防寒措施，制定低温性能和试验标准，为我国造船业开发极地船型产品，为航运业极地航行提供技术支持，为迎接新的挑战做好充分准备。

（二）我国应对北极航行安全规则挑战的措施

1. 积极参与北极相关的国际海事立法

（1）积极参与相关国际公约的制定和修订

第一，积极参与IMO《极地规则》的修订，充分表达我国的观点和立场。我国对于南极和北极地区有着不同的利益诉求，北极地区存在公海，有油气资源，主要是能源资源运输畅通的利益；而南极主要是渔业捕捞利益。对于北极水域，我们主要的关注点在于对北极环境的保护。同时，由于我国是非极地周边国家，如果规则过分严格，将严重影响我国船舶在北极水域的通行航运成本。①

第二，加强对《极地规则》的总结和修订。《极地规则》的内容将会大大影响到在北极航道水域的航行制度，因此我国应加强对《极地规则》的研究，做好符合该规则要求的各项准备，同时需要总结出在实行中存在的问题，并在以后的修订会议中提出符合我国利益的提案。

第三，建立普遍参与的北极基础法律制度。目前，北极地区并没有建立起统一的法律体系。因此，国际社会应当共同努力，在现有的国际公约框架下共同制定北极航道的法律制度，以保证各国和平开发与利用，保障各国在北极航道的基本权利。

在中共十八届四中全会中“积极参与国际规则制定”这一政策的指导

① 吴春平：《IMO极地规则和未来极地船舶发展趋势分析》，《造船技术》2014年第2期，第4页。

下，我国应充分利用北极理事会正式观察员国的有利条件，在《南极条约》《联合国海洋法公约》的基础上，积极推动并参与北极地区目前以及今后可能存在问题的法律解决途径的制定，最大限度地维护我国在该区域的国家利益。

（2）充分利用北极理事会正式观察员国的身份参与北极治理

我国是联合国安理会常任理事国，已连续 14 次当选 IMO 的 A 类理事国，这是我国介入北极航道航行规则制定的有利连接点。2013 年 5 月，北极理事会外长会议正式决定接纳中国等六国为理事会正式观察员国。这为我国利用北极航道提供了国际组织基础。中国虽不是北极国家，但是在北极航道和北极资源利用方面，有权参与北极相关利益的开发，因为北极航道是人类的共同遗产，况且我国是近北极国家，受北极影响很大。中国可提议在《联合国海洋法公约》制度框架下，以联合国尤其是 IMO 等组织为平台，积极推动建立北极航道航行的协调机制。在立足本国利益和各国共同利益的平衡基础上，致力于制定完整统一的北极发展战略规划，从而促进北极航道开发方面的国际合作和相应协调机制的制定，进而为北极航道的和平开发和利用做出相应贡献。

（3）加强与其他国家的北极事务合作，推进统一北极立法进程

我国应时刻加强与环北极国家尤其是北极沿岸国的互动，积极加入北极理事会等北极沿岸国区域性协调机构。北极理事会作为区域性政府间组织对北极航道问题最具影响力，在协调北极科研、促进北极环境与可持续发展合作及北极航道航行规则的制定等方面发挥着重要作用，我国要继续争取尽快成为北极理事会永久观察员国家，以增加对北极航道有关航行准则决策的影响力。

2. 在 CCS《极地船舶指南》的指导下提高北极船舶设计和建造技术

（1）《极地船舶指南》概述

极地水域地理位置独特，环境条件特殊，船舶在极地水域航行时，因冰和寒冷气候的影响，以及其他不可低估的条件，存在附加风险，降低了船舶的安全性，如船冰碰撞影响船体结构强度，寒冷气候可能导致船舶稳性减弱，引起管路冰冻、航行设备失效和海员执行力下降等。为了应对《极地规则》对极地水域航行船舶的技术、结构和管理等方面的要求，中国船级社（CCS）在 2016 年 3 月 7 日颁布了《极地船舶指南》，并于 2016 年 4 月 1 日生效。该指南目的在于为实施 CCS 冰级规范和防寒规范、IMO

《极地规则》提供技术指导，保障极地航行船舶安全。《极地船舶指南》基本上参照《极地规则》制定，包括检验与发证、船体结构与设备、船舶稳性、机电设备、安全设备、极地水域操作六个主体章节。

（2）《极地船舶指南》的意义

由于《极地规则》只是提出极地航行船舶在极地水域安全航行的目的和目标，内容还较为笼统，安全航行部分只是提出了对极地船舶的要求，但没有具体设定标准。而我国船级社发布的《极地船舶指南》则在技术层面详细地提到了船舶设计结构，以及参照我国造船用钢规范所规定的极地航行船舶的材料选取，极地船舶配套设备正常使用的标准。

这对我国在未来安全进出极地，在关于极地事务的话语权上有重要作用。在未来的《极地规则》修订过程中，在提起议案审核时可以我国的设计建造标准为蓝本，使我国的造船标准为国际组织所认可，更加充分地维护我国利益；同时，我国制定的极地船舶设计建造流程，可以使我国造船企业建造的极地船舶得到国际船级社的肯定，进而得到世界大多数国家的认可。这将是我国造船业的一次机遇，实现我国从造船大国到造船强国的转变。

（3）提高北极航行船舶的设计和建造技术

在《极地规则》正式生效前，我国船级社参照其草案规定发布的《极地船舶指南》成了我国造船行业建造极地船舶的理论基础。在此基础之上，要提高我国的极地船舶布局结构设计理念，极地低温材料的选取、制造，以及加工工艺，降低造船成本，使我国建造的极地航行船舶更为国际社会所认可，提高我国在国际市场上的竞争力。

3. 完善我国海员培训及资格证书管理机制

（1）在《极地船舶指南》中增加极地航行海员管理与培训的规定

目前，关于海员培训和值班的规定主要体现在1978年的《海员培训、发证和值班标准国际公约》，以及其后的2010版马尼拉修正案中。但极地航行的特殊性（低温、强光照射等环境因素），使得这一公约并不能完全适用。由于极地水域航行船舶在极区航行时需要保证海员时刻在岗，对符合极地航行要求的海员需求量增加，所以要认识到这种培训的对象正逐步向普通海员普及，并且培训内容也会更加丰富与全面。这使得该项工作已经刻不容缓。所以笔者建议，在《极地船舶指南》中增加关于极地航行海员的培训、考试、资格认证、注册等条款，以此加强极地水域航行船舶海员的素质。

（2）完善极地海员培训、认证资格考试和证书发放制度

《极地规则》强制要求极区船舶操作人员进行必要的基本培训和高级培训。由于我国远离极区，具有冰区航行经验的海员很少，特别是在极区特有恶劣环境条件下的有资质海员更是屈指可数，因此无法满足北极航线开通和《极地规则》强制实施后我国商船对于此类人员配备的需求。我国在实施极区船舶操作人员培训的基础条件上欠缺较多。首先，我国应加快极区船舶操作人员培训课程的建立和评估工作，在极区航行课程设置方面可以借鉴国外的成功经验，从基本理论培训、陆地模拟训练和极地航行船舶船上实习等 3 个方面进行培训；其次，我国在极区培训课程中缺少冰区操纵模拟器等教学、实验设备及教学团队，建议相关教育、培训机构加大投入力度，由政府负责，借鉴国外发达国家场地及教学平台；最后，我国相关政府机构应结合国际公约和国际组织的要求，建立极地船舶海员课程的认证和海员培训发证制度。

（3）建立定期审核海员资格及资格取消制度

由于极地航行船舶的种类不断增多、设备不断更新换代，以及国际组织公约的不断修订，因此需要海员不断地学习，积累知识。这需要我国政府机构对极地船舶海员定期组织考核，考核通过者颁发新一年度的极地海员资格证书，对于考核不合格者，则取消其极地海员资格。此外，极地航行作业环境特殊，对海员身体素质也有较高要求，这就需要对海员进行定期体检，发现身体已不再适合极区航行的海员，要视情况取消其极地海员资格。

4. 加强我国极地航行船舶管理

（1）严格制订极地船舶航行航次计划

由于极区航行自然环境恶劣，水生物多样，在制订船舶航行航次计划时，要符合 IMO 颁布的《极地规则》和我国船级社颁布的《极地船舶指南》中对此的规定。

为避免船舶在极地水域航行时遭受超出其操作能力和限制的冰况及温度，在制订航次计划时，船东和船长需要对航区水域资料进行评估考虑，包括预定航线附近的冰况历史状态、限制和冰量、航行数据、应急处理措施等。

同时，我国应当建立极地航行船舶航次审核机构。在制订船舶航次计划后，对已经制订、上报审批的航次计划进行严格审查，监督其航次计划的制订是否符合《极地规则》和我国船级社的《极地船舶指南》的规定，

在航次计划中是否考虑到《极地规则》和我国船级社的《极地船舶指南》当中提及的考虑因素。在起航前派员随行监督航次计划执行情况，更进一步保证我国极地航行船舶的安全航行。

（2）严格审核极地船舶人员及设备配备情况

由于极地航行船舶在极地水域航行时自然环境恶劣，海况复杂，未知因素较多，船舶的配套设备处于低温环境下，对其需要严格检查，保证其设备按照《极地规则》的要求配备，并检查其保养情况，保证设备的正常使用。

四、结论

随着全球气候的变暖加剧，北极冰川不断融化，北极航道的开通利用已经逐渐引起了世界各国的关注。以北极资源的开发利用和北极航道的大规模商业化运营为基础，北极地区在世界地缘政治、经济格局中的地位将大幅提升，北极范围内的美国、加拿大、俄罗斯、挪威、瑞典、丹麦、芬兰、冰岛八国之间的相互联系会强化，同时包括中国在内的世界其他国家和地区同北极沿岸八国之间的经济交往和联系也会得到强化，所有的这一切都将为未来的国际关系格局增加新的变量。本文详细介绍和解读了《极地规则》对于极地船舶航行安全的具体技术性和管理性要求，及其对我国参与极地航行和开发利用带来的机遇和挑战，以及我国在参与北极立法、北极船舶设计建造、北极船舶海员培训与管理、北极船舶管理等方面提出了应对之策。

同时，由于我国属于非北极国家，在极地船舶的设计建造和材料选取方面，以及极区水域海员培训方面远落后于北极国家。在国内层面，我国应当建立起完备并且符合《极地规则》要求的极区船舶设计建造体系和极区水域海员培训考核发证制度，以及后期的审查监督制度；我国需要组织相关机构严格审核船舶在起航前制订的航次计划是否符合《极地规则》对船舶航次计划的要求和《极地水域操作手册》的制定、携带情况，以及极地航行船舶的极区海员配备情况和航行设备的配套、维护、使用情况。在国际层面，我国要充分利用好北极理事会正式观察员的身份积极参与国际海事组织的极地相关立法制定及修订，提出我国的主张，充分表达我国利益，并应积极地与北极友好国家签订双边协议，实现互利共赢，保证我国“一带一路”倡议和“海洋强国”战略的顺利实施，维护我国的北极安全利益。

第二篇

北极环境保护

北极海运黑碳排放的国际治理

——现状、挑战与制度构建*

袁　雪

摘　要：黑碳属于短期气候强迫因子，具备温室效应物质和大气污染物质的双重属性，对北极环境和生态系统危害极大。来自国际海运船舶的黑碳排放是导致北极气候变化和空气污染的主要来源，应当而且已经引起了国际社会的重视。国际海事组织、北极理事会等机构对黑碳减排的立法与实践的尝试，形成的是碎片化、约束力弱、框架性的国际海运黑碳法律治理现状。国际海事组织与北极理事会应当牵头制定"北极海运黑碳减排协定"，并将其作为统筹相关制度的基础，辅之以扩大排放控制区等措施。可通过"俱乐部"式的运行机制和设置权利与义务的方式保障协定的执行力，构建北极海运黑碳排放国际治理体系，最终实现黑碳减排与绿色发展的双赢。

关键词：黑碳；北极海运；气候变化；北极理事会；国际海事组织；国际治理

基金项目　自然资源部海洋发展战略研究所项目"中国参与北极地区软法治理机制的进路研究"、中央高校基本科研业务费项目"中国北极安全法律问题研究"（HEUCFP201831）、黑龙江省哲学社会科学规划项目"极地通航法律问题研究"（16FXB01）。

* 本文发表于《太平洋学报》2019 年第 7 期。

The International Governance on the Black Carbon Emissions from Arctic Shipping：

Situation，Challenge and Institutional Building

Yuan Xue

Abstract：Black carbon （BC） is a short-lived climate forcer with dual properties of greenhouse effect substances and atmospheric pollutants， and extremely harmful to the Arctic environment and ecosystem. BC emissions from international maritime shipping is a significant source of climate change and air pollution in the Arctic which has aroused heated attention of the international community. However， the attempts made by the International Maritime Organization （IMO）， the Arctic Council or other institutions on the legislation and practice of BC emissions reduction， have led to fragmented， non - binding， and framework-based international legal governance status of BC emissions reduction. The IMO and the Arctic Council should take the lead in formulating an Arctic Black Carbon Reduction Agreement in Maritime Shipping as a basis for coordinating related systems， supplemented by measures such as the expansion of ECAs. Through the clubs-like operating mechanism and the establishment of rights and obligations， the implementation of the agreement will be safeguarded， and an international governance system for BC emissions in the Arctic Ocean will be established， ultimately achieving win-win for BC emission reduction and sustainable development.

Key words：Black carbon；arctic shipping；climate change；the Arctic Council；International Maritime Organization；international governance

近年来，气候变化导致北极海冰加速消融，北极地区资源开发、旅游、新航线开通等人类活动逐渐增多，为国际海运带来更多机会的同时也对北极环境造成威胁。气候变化对全世界都有影响，北极地区相较于世界其他区域，生态系统和自然环境更加脆弱，更易受气候变化的影响。黑碳是一种短期气候强迫因子，是仅次于二氧化碳的第二大导致全球气候变暖的物质，同时也危害人类健康。研究表明，黑碳和其他短期气候污染物的排放是导致北极气候变暖较快的主要原因，减少人为黑碳排放将会有效缓解北极气候变化。国际海运船舶排放的黑碳是北极黑碳的主要来源。鉴于海运黑碳排放对北极日益恶化的生态环境的影响，国际社会迫切需要将海运黑碳排放问题纳入一个综合性的全球治理体系中。

一、黑碳研究文献综述

黑碳（black carbon），也称为黑碳气溶胶，是由化石燃料和生物质燃料等含碳物质不完全燃烧产生的一种无定型碳质，是大气气溶胶的重要组成部分，是其中最主要的光学吸收成分，对气候变化具有重要影响。① 黑碳气溶胶的潜在气候强迫效应已经成为对其气候效应研究中的一个重要内容，受到国际科学界的重视。政府间气候变化专门委员会（IPCC）在其发布的历次评估报告中，均强调了黑碳的气候强迫效应对气候变化的影响。1995 年《第二次评估报告》指出，黑碳气溶胶作为大气气溶胶中吸收太阳辐射的主体，与其他气溶胶混合存在，会大大增加对气候的正辐射强迫作用。② 2001 年《第三次评估报告》又强调了黑碳的正辐射强迫作用，尤其是在地表反照率较大的北半球地区更明显。③ 2014 年《第五次评估报告》指出，与二氧化碳相比，在柴油和海洋石油燃料燃烧过程中排放的黑碳和其他气溶胶只有几天到几周的寿命，但是可能具有显著的直接或间接的辐射效应和较大的区域性影响，其减排正在成为缓解气候变化的关键战略。④

国内学界关于黑碳问题的研究，从学科来看，绝大多数属于自然科学领域的研究，社会科学领域的研究则很少。其中，对于北极黑碳、北极黑碳来源，以及其对气候变化和人类健康的区域影响的研究，只有 10 篇左右

---

① 詹建琼等：《北极黑碳气溶胶研究现状和展望》，《极地研究》2010 年第 1 期，第 56－68 页。

② IPCC, *Climate Change 1995: The Science of Climate Change* (Cambridge University Press, 1995), pp. 113-114.

③ IPCC, *Climate Change 2001: The Scientific Basis, Radiative Forcing of Climate Change* (Cambridge University Press, 2001), pp. 25-26.

④ IPCC, *Climate Change 2014: Mitigation of Climate Change* (Cambridge University Press, 2014), pp. 571-657.

论文。国内外科学界对黑碳问题的关注，源自20世纪50年代的伦敦烟雾事件，起初是关注黑碳的环境影响。20世纪70年代开始，美国科学家开始进行黑碳气溶胶的系统测量。20世纪80年代，黑碳气溶胶的辐射强迫作用逐渐被重视，研究也逐渐深入。[①] 世界气象组织（WMO）的全球大气监测网从1989年起将黑碳气溶胶作为一个重要的监测项目开始观测。[②] 目前，科学界对黑碳气溶胶的研究主要是在其源排放、时空分布和环境气候效应等几方面。就其来源而言，黑碳气溶胶的排放包括自然和人为两种，自然来源包括火山喷发、森林火灾等，人为来源包括煤和石油等化石燃料燃烧、生物质燃烧，以及汽车尾气排放等。学者邦德（Bond）等通过绘制黑碳气溶胶年排放强度全球分布图，得出全球黑碳气溶胶排放四大来源区为中国东部、西欧、南美洲和非洲中部，[③] 认为大气中的黑碳能大量吸收太阳辐射，引起增温效应，同时对区域和全球气候产生较大影响。[④] 拉马纳山（Ramanathan）等学者认为，黑碳通过三种途径对气候产生影响：首先是"直接效应"，黑碳颗粒直接吸收太阳辐射，向空气中发出热量，从而产生升温效果；其次是"间接效应"，当黑碳颗粒沉积在雪或冰的表面时，会发生"雪/冰反照率"，从而使这些表面变暗并降低其反射率，间接影响气候系统；最后是"半直接效应"和"脏云效应"，即对云的形成产生影响，处于云层中的黑碳吸收太阳辐射，加热云层大气，导致气候变暖。[⑤] 雅各布森（Jacobson）认为，来自化石燃料和生物燃烧产生的黑碳会影响气溶胶的反射率，加深其颜色，从而使之吸收更多的太阳辐射。在某

---

① 秦世广等：《黑碳气溶胶及其在气候变化研究中的意义》，《气象》2001年第11期，第3-7页；许黎等：《黑碳气溶胶研究进展I：排放、清除和浓度》，《地球科学进展》2006年第4期，第352-360页；张华等：《黑碳气溶胶气候效应的研究进展》，《气候变化研究进展》2009年第6期，第311-317页；王敬涛等：《黑碳：区域气候变暖的重要角色》，《中国气象报》2011年12月21日第3版；等。

② 王敬涛等：《黑碳：区域气候变暖的重要角色》，《中国气象报》2011年12月21日第3版。

③ T. C. Bond, D. G. Streets, K. F. Yarber, et al, "A Technology-based Global Inventory of Black and Organic Carbon Emissions from Combustion," *Journal of Geophysical Research* 109, no. 14 (2004): 1-43.

④ T. C. Bond, S. J. Doherty, D. Fahey, et al, "Bounding the Role of Black Carbon in the Climate System: A Scientific Assessment," *Journal of Geophysical Research: Atmospheres* 118, no. 11 (2013): 5380-5552.

⑤ V. Ramanathan and G. Carmichael, "Global and Regional Climate Changes Due to Black Carbon," *Nature Geoscience* 36, no. 1 (2008): 221.

一段时间内，减少黑碳和有机碳排放比减少二氧化碳和甲烷排放更能减缓全球变暖。[①] 在北美、南美和欧洲，超过一半的黑碳排放来自汽车发动机中柴油燃料和其他重馏分燃料。亚洲、非洲和其他地区的生物质和煤炭燃烧的黑碳排放也很多，来自运输的排放预计将来会显著增长。[②]

黑碳排放具有较强的区域性影响。虽然目前黑碳测量方法还存在很大不确定性，其排放与全球变暖之间的关系及其气候效果尚需进一步实验和理论验证，但鉴于黑碳对大气污染和人体健康的影响，必须采取紧急措施减少并控制其排放。同时，黑碳是短期气候影响因子，在大气中的寿命远低于二氧化碳和甲烷，因此控制其排放比控制后两者效果要显著。[③]

二、北极海运与黑碳排放

（一）黑碳排放及其影响

2014 年政府间气候变化专门委员会《第五次评估报告》对黑碳的界定，是从操作性方面基于光吸收和化学反应性，以及热稳定性测量对气溶胶种类进行的。黑碳主要由化石燃料、生物燃料和生物质的不完全燃烧形成，它只在大气中停留数天或数周。它是颗粒物质中最强的光吸收成分，通过吸收热量进入大气并降低在冰雪上沉积时的反照率而使气温上升。[④] 在大气科学研究中，常用气溶胶代指大气颗粒物。黑碳是一种具有强大气候强迫能力的气溶胶，与大多数气溶胶相反，可通过吸收阳光和向大气中重新排放获取的热量导致气温上升。[⑤] 黑碳与温室气体的气候强迫影响相反，黑碳是通过吸收太阳辐射产生热量，温室气体则是吸收地球表面辐

① M. Z. Jacobson, "Control of Fossil-fuel Particulate Black Carbon and Organic Matter, Possibly the Most Effective Method of Slowing Global Warming," *Journal of Geophysical Research* 108, no. 24 (2003): 4410-4432.

② Marcel De Armas, Maria Vanko, "Mitigating Black Carbon As a Mechanism to Protect the Arctic and Prevent Abrupt Climate Change," *Sustainable Development Law & Policy* 8 (2008): 41-45, 67.

③ 白建辉等：《黑碳气溶胶研究新进展》，《科学技术与工程》2005 年第 9 期，第 585－591、607 页。

④ IPCC, *Climate Change 2014: Mitigation of Climate Change* (Cambridge University Press, 2014), p. 1254.

⑤ V. Ramanathan and G. Carmichael, "Global and Regional Climate Changes Due to Black Carbon," *Nature Geoscience* 36, no. 1 (2008): 221-227.

射。[①] 黑碳是一种短期气候强迫因子，与二氧化碳等温室气体在大气中停留时间长达数十年甚至上百年相比，其在大气中停留的时间十分短暂，仅数天到数周时间。就全球来说，有 54% ~57% 的黑碳来自化石燃料的燃烧，其他大部分来自生物质的燃烧。[②]

作为短期气候强迫因子，黑碳对气候变化具有很大影响。有学者认为黑碳总辐射强迫接近 +0.9 W/m^2，介于 +0.4 ~1.2 W/m^2，这意味着黑碳的变暖效应仅次于二氧化碳，其辐射强迫大约相当于二氧化碳的 55%。[③] 联合国环境规划署（UNEP）和世界气象组织（WMO）2011 年发布的《关于黑碳和对流层臭氧的综合评估报告》认为，针对这些空气污染物实施减排战略将极大地有利于减缓全球变暖，建议将黑碳、臭氧减排措施与二氧化碳减排措施结合在一起。[④] 同时，黑碳是一种可吸入的大气污染物，严重危害周围环境和人类健康。黑碳具有吸附性，其表面能够吸附其他污染物，可以通过呼吸夹带所吸附的有毒物质进入人体，从而引起呼吸系统疾病，以及心血管疾病、癌症等的发生，危害人类健康。

（二）北极海运中的黑碳排放

随着气候变暖，北极海冰急剧减少。根据美国科罗拉多大学博尔德分校国家冰雪数据中心（NSIDC）科学家 2007 年测得的数据，北极海冰在当年达到最低值，面积为 428 万平方千米（1970 年约为 1 000 万平方千米）。[⑤] 最新的数据是，北极海冰在 2018 年 9 月 19 日和 9 月 23 日达到了 459 万平方千米，与 2008 年和 2010 年一样达到了近 40 年来卫星记录的第六低值。[⑥] 由于近年来北极海冰融化导致北极航运的高增长，专家预计北极航运到 2030 年将达到全球航运的 2%，2050 年将达到 5%，目前通过苏

---

① Laura Boone, "Reducing Air Pollution from Marine Vessels to Mitigate Arctic Warming: is it Time to Target Black Carbon?" *Carbon & Climate Law Review* 6, no. 1 (2012): 13-20.

② 穆燕等:《黑碳的研究历史与现状》,《海洋地质与第四纪地质》2011 年第 1 期，第 143 - 155 页。

③ V. Ramanathan and G. Carmichael, "Global and Regional Climate Changes Due to Black Carbon," *Nature Geoscience* 36, no. 1 (2008): 222.

④ United Nations Environment Programme (UNEP) and World Meteorological Organization (WMO), *Integrated Assessment of Black Carbon and Tropospheric Ozone: Summary for Decision Makers* (Geneva: UNEP/WMO, 2011), pp. 1-5.

⑤ National Snow & Ice Data Center, "Arctic Sea Ice Shatters All Previous Record Lows," accessed October 1, 2007, http://nsidc.org/news/press/2007seaiceminimum/20071001ressrelease.html.

⑥ National Snow and Ice Data Center, "Arctic Sea Ice at Minimum Extent for 2018," accessed September 27, 2018, https://nsidc.org/news/newsroom/arctic-sea-ice-2018-minimum-extent.

伊士运河和巴拿马运河的航运容量不过各占全球航运总量的 4% 和 8%。[①] 随着北极航线逐渐开通，从亚洲到欧美的航程大大缩短，这将使北极航线的通航量大大增加。不可逆转的经济全球化浪潮使国家之间的经济贸易往来更加频繁，全球 90% 的贸易都通过海洋运输，如果没有海运，洲际贸易无法进行，世界经济将面临瘫痪。[②]

海运通常被认为是最高效、最清洁的货物运输方式，但船舶排放带来的大气污染问题不容忽视。北极海运的黑碳排放对北极冰雪融化速度影响很大。据统计，国际海运每年排放的黑碳量为 71 000 ~ 160 000 t，约占海运颗粒物排放总量的 15%，占全球所有黑碳排放总量的 2% 左右。[③] 清洁空气联盟（CSC）向国际海事组织散装液体和气体分委会第 15 次会议（BLG15）提交的文件指出，2004 年，杂货船、散货船、客船、油轮和集装箱船的黑碳排放量共占北极航运黑碳排放量的 95%，其中集装箱船对北极而言黑碳排放量最大。2004 年，北极海上航运黑碳排放量占全球黑碳排放量的 0. 6%，如果不采取控制措施，到 2050 年，比例可能会增加到 2. 3%。虽然目前北极航行船舶排放量在全球船舶排放中所占比重相对较小，但黑碳的区域性影响，使得其对加速北极变暖的影响很大。因为黑碳不仅吸收被冰雪反射的辐射加热周围空气，而且还沉积在冰雪表面，导致冰雪本身吸收更多的辐射，从而降低冰雪的反照率而产生辐射强迫，使得冰雪加速融化和温度升高。冰雪融化后露出深色的海洋或者陆地，反照率降低后会吸收更多的阳光，从而产生正反馈回路。[④] 因此，船源黑碳排放的增加将会进一步加速北极变暖。

三、北极黑碳国际治理的制度现状

国际海运一直处于国际贸易与气候变化的交会领域。尽管《联合国气

---

① James J. Corbett, et al. "Arctic Shipping Emissions Inventories and Future Scenarios," *Atmospheric Chemistry and Physics Discussions* 10, no. 4 (2010): 9689-9704.

② 贾宇：《关于海洋强国战略的思考》，《社会科学文摘》2018 年第 8 期，第 5 - 7 页。

③ J. J. Corbett, C. Wang, J. J. Winebrake and E. Green, *Review of Marpol Annex VI and the NO_x Technical Code: Allocation and Forecasting of Global Ship Emissions* (International Maritime Organization, London, UK, 2007), p. 27.

④ Daria Shapovalova, "The Effectiveness of the Regulatory Regime for Black Carbon Mitigation in the Arctic," *Arctic Review on Law and Politics* 7, no. 2 (2016): 136-151.

候变化框架公约》和世界贸易组织仍然是气候变化和国际贸易多边制度的核心，但是制度模式正在不断地发展变化，相关问题的国际治理制度格局变得更加多元化，带来了特殊的国际治理挑战。北极地区的黑碳排放目前就面临这样的挑战，而且由于其气候变化影响，迫切需要采取减排行动。特殊的地缘环境和自然地理条件决定了北极治理机制的多样化。相关条约和机构在不同的领域探寻着北极治理和国际合作。① 对于北极黑碳的国际治理挑战的核心部分，就是要确定哪些制度能够直接为缓解北极黑碳问题的国际努力做出建设性的贡献，或者至少是支持。

（一）国际海事组织对海运黑碳排放问题的关注及其解决进度

本文关注的重点是国际海运船舶黑碳排放及其对北极的影响，因此有必要将注意力转向国际海运业黑碳减排的发展。海运本质上是一项全球性活动，北极航行船舶从事的大多是国际海运活动，因此应当在全球背景下探讨国际海运黑碳排放问题。同时，应该鼓励地方性和区域性的黑碳减排策略的制定，不仅是因为这些区域性或地方性策略会影响更高层次的决策，更是由于空气污染物对地方和区域的影响更大。②

作为一个行业性的联合国专门机构，国际海事组织是管理海上航运贸易和气候变化问题的重要机构，其对海运黑碳排放的规制经历了与海运温室气体减排合并规制到独立规制的进程。虽然黑碳减排一直未被纳入国际海事组织相关立法的适用范围，但是，国际海事组织对于国际海运黑碳排放的关注和规制经历了漫长的发展历程，已经取得了较大的成果，其间也离不开许多非政府组织的督促和推动。③ 该组织对黑碳问题的关注最早来自 2008 年 7 月国际地球之友（FOEI）提交的一份名为《防止来自船舶的空气污染：船舶温室气体减排的机会》的文件，文件中对来自航运业有重大气候变化影响的排放物的各种减排方法进行总结和分析，其中包含有关黑碳排放影响的信息。④ 2008 年 10 月，国际海事组织海洋环境保护委员会

① 密晨曦：《新形势下中国在东北航道治理中的角色思考》，《太平洋学报》2015 年第 8 期，第 75 页。

② Arctic Council, "The Nuuk Declaration on the Occasion of the Seventh Ministerial Meeting of the Arctic Council," accessed May, 2011, http://library.arcticportal.org/1254/.

③ 姜斌、韩佳霖：《非政府组织在减少国际航运业黑碳排放方面的作用》，《中国海事》2015 年第 6 期，第 61－62 页。

④ 胥苗苗：《IMO“黑碳”减排行动》，《中国船检》2015 年第 3 期，第 49－51 页。

（MEPC）第 58 次会议讨论了该文件，开始正式关注黑碳排放问题。

2010 年 5 月，国际海事组织海洋环境保护委员会第 60 次会议就减少北冰洋地区航运黑碳排放是否需要采取单独行动，以及该问题与《国际防止船舶造成污染公约》（MARPOL）附则Ⅵ“防止船舶大气污染规则”之间的关系进行了讨论。各缔约国一致同意解决影响北极地区的船舶黑碳排放问题，并将其作为该委员会防止船舶大气污染及应对气候变化工作的重要组成部分。[①] 2010 年 10 月，该委员会第 61 次会议将黑碳议题从温室气体排放议题中独立出来。

2011 年 7 月 11—15 日，国际海事组织海洋环境保护委员会第 62 次会议根据挪威、瑞典和美国的建议，同意制订一个缓解船舶黑碳排放对北极影响的工作计划，要求国际海事组织散装液体和气体分委会第 15 次会议（BLG15）承担界定国际海运黑碳排放的定义、考虑和确定最适合的黑碳测量方法，以及制定控制措施的任务，并向海洋环境保护委员会第 65 次会议提交最终报告，工作计划的范围仅限于北极地区。

2013 年 3 月 18—22 日，国际海事组织船舶设计与设备分委会（DE）第 57 次会议（DE57）成立了由挪威牵头的极地工作组，将制定《极地水域船舶作业国际规则》作为一项重要议题讨论。会议讨论了由清洁海运联盟（CSC）等几个非政府组织提交的有关“极地水域船舶黑碳排放”的联合提案，提出在所有极地水域最大可行地减少船舶黑碳排放，支持在《极地水域船舶作业国际规则》中加入散装液体和气体分委会及海洋环境保护委员会正在讨论的相关内容。2014 年 2 月 3—7 日，国际海事组织污染预防及响应分委会第 1 次会议（PPR1）讨论了通讯小组关于“国际海运黑碳排放对北极的影响”的报告和黑碳的定义。经过多次争论，2015 年 5 月 11—15 日，国际海事组织海洋环境保护委员会第 68 次会议最终基于邦德（Bond）等人的定义确定了黑碳定义。[②]

2016 年 2 月 15—19 日，国际海事组织污染预防及响应分委会第 3 次

---

① 参见 IMO, *Report of the Marine Environment Protection Committee on Its Sixtieth Session*, Doc. MEPC 60/22（2010）。

② IMO, “Marine Environment Protection Committee (MEPC), 68th Session,” accessed May 11-15, 2015, http://www.imo.org/en/MediaCentre/MeetingSummaries/MEPC/Pages/MEPC-68th-session.aspx.

会议制定了“黑碳测量报告议定书草案”，提供了自愿收集黑碳数据的建议。目前，国际海事组织已基本形成了各种黑碳测量方法的报告格式，要求各测量研究单位按照测量报告的内容进行测量，同时尽可能完整地填写测量报告。[①] 同时邀请感兴趣的代表团使用该议定书，并将数据提交给污染预防及响应分委会第4次会议，以促进其进一步完善。2018年2月5—9日，污染预防及响应分委会第5次会议召开，专门讨论了国际海运黑碳排放对北极的影响，重点讨论船舶黑碳排放的测量方法和可能的减排措施，并形成了《黑碳数据收集自愿测量研究报告协议》。

2017年7月3—7日，国际海事组织海洋环境保护委员会第71次会议同意在其工作计划中增加讨论制定降低北极水域船舶使用和运输重油(HFO)作为燃料的风险的措施，这一新计划也在2018年4月该委员会第72次会议上提出。重油是石油冶炼之后的油质污泥，因成本低廉而使用普遍。根据国际清洁交通委员会(ICCT)的数据，2015年，北极地区船用燃料中重油比例颇高，几乎占总燃料的57%。另外，海运黑碳主要来自重油燃烧。根据国际清洁交通委员会的报告，2015年，在北极地区航行的船舶超过2 000艘，排放了193 t黑碳，总共有68%的黑碳来自燃烧重油。[②] 在2018年4月的海洋环境保护委员会第72次会议上，该委员会考虑进一步制定措施以降低北极船舶使用和运输重质燃油的风险，并通过了2019年污染预防及响应分委会第6次会议的会议议题。其议题包括界定重油的定义，编制减缓措施，经评估后，在适当的时间、范围内颁布禁止在北极水域使用和运输重油的禁令。[③] 目前，《国际防止船舶造成污染公约》和《极地水域船舶作业国际规则》禁止南极水域使用和运输重燃料油，建议各成员国在北极采取相同的做法。[④]

---

① Sub-Committee on Pollution Prevention and Response (PPR), “3rd session,” accessed February 15-19, 2016, http://www.imo.org/en/MediaCentre/MeetingSummaries/PPR/Pages/PPR-3rd-Session.aspx.

② 《重油使北极面临危险，会被禁止吗?》，《极地与海洋门户》2018年4月12日，https://http://www.polaroceanportal.com/article/2038。

③ IMO, “Marine Environment Protection Committee (MEPC), 72nd session,” accessed April 9-13, 2018, http://www.imo.org/en/MediaCentre/MeetingSummaries/MEPC/Pages/MEPC-72nd-session.aspx.

④ IMO, “International Maritime Organization Moves Ahead with Oceans and Climate Change Agenda,” accessed July 11, 2017, http://www.imo.org/en/MediaCentre/PressBriefings/Pages/17-MEPC-71.aspx

（二）北极理事会规制北极黑碳排放的步伐

1996 年成立的北极理事会是北极地区高级政府间论坛。俄罗斯、冰岛、丹麦、芬兰、美国、加拿大、挪威、瑞典八个国家是领土自然延伸到北极圈且环绕北冰洋的国家，都是北极理事会成员国，通常被称为北极国家或环北极国家。[①] 作为一个论坛性质的主体，北极理事会自成立以来，其决定通常以决议、指南等形式做出，约束力较弱，因此北极地区的治理机制往往被描述为“软法治理机制”。[②] 近年来，随着气候变化，北极开发利用的可能性增大，国际社会对北极事务愈发关注，北极理事会也不断地加强其自身能力建设。2009 年更新了《北极海上油气活动指南》，2015 年制定了“黑碳和甲烷减排加强行动框架”，尤其是 2011 年、2013 年和 2017 年，北极理事会先后主持制定了《北极海空搜救合作协定》《北极海洋石油污染预防与反应合作协定》和《加强北极国际科学合作协定》等三个有约束力的区域性协定，使其权威性得到了强化。事实上，作为一个知识传播机构，北极理事会成功地为决策者提供相关的北极科学数据，包括黑碳数据，为其他国际机构制定北极相关政策提供支持。

近年来，北极理事会越来越重视气候变化问题，成立了专门的工作组和专家组进行这方面的工作。2009 年北极理事会发布的《北极海运评估报告》（AMSA）中，已经列出了黑碳减排对于北极气候可能产生的益处。[③] 2009 年，在特罗姆瑟召开的部长级会议上，北极理事会首次承认了短期气候强迫因子（SLCF），并成立一个短期气候强迫工作组，[④] 最初的关注重点就是黑碳减排。工作组在 2011 年发布的《黑碳对北极气候的影响报告》，证实了黑碳在北极的地位，以及从黑碳这一污染物减排中获得大量短期利益的可能性。报告认为，北极理事会国家占该地区目前海运活动的

---

① 董利民：《中国“北极利益攸关者”身份建构——理论与实践》，《太平洋学报》2017 年第 6 期，第 65－77 页。

② Daria Shapovalova, “The Effctiveness of Current Regulatory Models of Gas Flaring in Light of Black Carbon Emissions Reduction on the Arctic,” in *Global Chanllenges in the Arctic Region: Sovereignty, Environment and Geopolitical Balance*, ed. Elena Conde and Sara Lglesias Sanchez (London: Routledge, 2017), pp. 365-388.

③ Arctic Council, *Arctic Marine Shipping Assessment 2009 Report* (Tromso: Arctic Council, 2009), pp. 140-142.

④ Arctic Council, “The Tromso Declaration on the Occasion of the Sixth Ministerial Meeting of the Arctic Council,” accessed April 29, 2009, http://library.arcticportal.org/1253/.

90%，因此，它们应当通过采取早期的自愿减排措施和参与国际海事组织等国际监管机制来影响未来北极海运黑碳排放的发展。

2013 年，该工作组被重组为“黑碳和甲烷行动任务组”（TFABCM）。在瑞典基律纳举行的部长级会议上，北极理事会要求各国将黑碳列入国内优先减排清单。2015 年 4 月，在北极冰层加速融化和科学评估黑碳和甲烷对气候影响的背景下，在加拿大伊魁特召开的部长级会议通过了《黑碳和甲烷减排加强行动框架》。该框架文件由正文和三个附件组成。文件明确了北极理事会成员国家对于黑碳和甲烷减排加强行动的共同愿景。首先，要求北极理事会成员国家承诺根据理事会框架下的共同愿景采取国家层面的减排行动；其次，要求在定期评估框架下加强集体行动，同时北极理事会成员国家应重视对黑碳和甲烷的科学研究和监测工作；最后，鼓励北极理事会观察员和其他利益相关者也参与框架执行，积极采取减排行动，同时加强北极理事会成员国家与这些主体的进一步合作。

该框架文件标志着北极理事会成员国家首次正式同意共同应对气候变化，表明减缓气候变化的责任既是全球性的也是区域性的。因为北极理事会的性质使然，该框架文件不具有强制约束力，也没有为北极理事会成员国家设置一个共同的黑碳减排目标，但以雄心勃勃的集体政治愿景的形式发出了一个强有力的政治信号，要求成员国要将其视为一个“可行的承诺”，履行框架文件中提出的要求，以确定影响北极的排放源，并报告他们的减排行动。北极理事会成员国家的这一举措为其他国家树立了一个榜样，希望能激励其他国家在地区和国际两个层面采取行动。这一点对于了解当前来源于北极以外地区的北极黑碳所占的份额尤为重要。因此，北极理事会成员国家应抓住这一机会，除了采取技术措施和营运减排措施以外，还应与国际海事组织等其他组织密切合作，共同应对气候变化。[①]

（三）《消除酸化、富营养化和地面臭氧的哥德堡议定书》将黑碳纳入调整范围

1979 年 11 月 13 日，34 个国家和欧洲共同体在联合国欧洲经济委员会（UNECE）主持下签署了《远距离跨境空气污染公约》（CLRTAP），公约

① Arctic Council, Arctic Council Task Force on Short-Lived Climate Forcers, *Progress Report and Recommendations for Ministers* (Tromso: Arctic Council, 2011), pp. 4-9.

于 1983 年 3 月 16 日生效。该公约是欧洲国家为控制、削减和防止远距离跨界空气污染而订立的，是全球第一个和唯一一个专门致力于以管理和控制跨界空气污染为目的的重要的区域性多边公约。[①] 通过降低空气中的污染物质，欧洲国家在减少空气污染方面取得了很大进展，尤其是在减少二氧化碳、二氧化氮，以及持久性有机污染物（POP）方面。多年来，该公约为欧洲国家就减少空气污染展开技术合作与政策协商提供了一个框架。

《远距离跨境空气污染公约》是一项具有法律约束力的国际协定，是《国际法院规约》确定的国际法来源。2009 年，《远距离跨境空气污染公约》的执行机构成立了一个黑碳特设专家组，着重关注黑碳在冰雪覆盖区域，包括北极地区，所起的独特作用。与北极理事会不同，《远距离跨境空气污染公约》不是专门针对北极环境问题而设计的国际规则，但是黑碳特设专家组的报告强调了黑碳对北极地区的重大影响。该公约为框架性公约，只规定基本原则和制度，对于特定空气污染物的控制由各议定书来解决。

1999 年，公约缔约国签署了《消除酸化、富营养化和地面臭氧的哥德堡议定书》（以下简称《哥德堡议定书》），该议定书于 2005 年生效，被视为首个基于多种污染物的具有法律约束力的文件。

2012 年修订的《哥德堡议定书》确定了减排目标，将 PM2. 5 或者直径小于或等于 2. 5 μm 的黑碳为其成分的颗粒物质纳入调整范围。[②] 因此，修订后的议定书扩大了原来的适用范围，是解决黑碳问题的一个重要的国际努力。2012 年 5 月各缔约国承诺在 2020 年之前将包括黑碳在内的小颗粒物排放（PM2. 5）削减到 2005 年的水平。需要强调的是，虽然《哥德堡议定书》是一项具有法律约束力的文件，但其关于黑碳的规定是自愿的、非强制性的，议定书通过使用诸如“应该”“一国认为适当”等特定的措辞，来强调这些条款的自愿性，使得该议定书框架下的黑碳条款更具有“软法”的特点。目前还没有充分的证据表明 2012 年《哥德堡议定书》

---

① Patricia W Birnie and Alan E Boyle, *International Law and the Environment*, 2nd ed, (Britain: Oxford University Press, 2002), p. 506.

② 参见 Executive Body of the CLRTAP, Decision 2012/2 Amendment of the Text of and Annexes II to IX to the 1999 Protocol to Abate Acidification, Eutrophication and Ground-Level Ozone and the Addition of New Annexes X and XI ECE/EB. AIR/111/Add. 1。

修正案是否会真正改变北极理事会成员国家关于黑碳减排的国内立法，虽然所有北极理事会成员国家都是《远距离跨境空气污染公约》的成员国，但目前只有加拿大、芬兰、瑞典和美国接受了该议定书。[①] 因此，《哥德堡议定书》中承诺的黑碳减排任重道远。虽然《远距离跨境空气污染公约》可能不是对抗北极黑碳最有效的工具，但它是国际社会进一步开展科学工作和减排战略的重要支持。随着北极理事会“北极监测和评估计划”（AMAP）对北极黑碳研究的深入，未来可能会有更大的成效。

（四）气候和清洁空气联盟的黑碳减排行动

气候和清洁空气联盟（CCAC）是2012年2月16日由美国、加拿大、墨西哥、瑞典、加纳、孟加拉国，以及联合国环境规划署（UNEP）联合发起、旨在遏制全球变暖的联盟，其成立是为了解决有关短期气候污染物问题，即采取行动减少黑碳、甲烷，以及氢氟碳化合物的排放。该联盟不是为某个国家设定某种目标的磋商机制，而是一种追求在相对短时间内取得明显效果的自愿伙伴关系。该联盟自成立起就将黑碳列入其议程。

气候和清洁空气联盟自成立以来，与多个合作伙伴就短期污染物减排开展了相关领域的合作，其成员和合作伙伴逐渐增多，影响越来越广泛，为减缓全球气候变暖、维护人类健康发挥了重要作用。

四、北极海运黑碳排放国际治理的碎片化是其面临的最大挑战

北极环境法律的碎片化状态直接导致了北极环境治理体系的碎片化和不成体系化。北极的环境保护是北极沿岸国家的专利，还是国际社会的责任？与北极沿岸国家一样，北极以外的国家在作为全球公域的北极地区有其合法权利与利益，有权利用北冰洋进行航行、勘探与开发资源，以及科学研究等活动。中国发布的《中国的北极政策》白皮书，明确了中国作为近北极国家和北极利益攸关方，应当积极参与北极事务。随着气候变化和北极海冰消融，日益增加的海运、资源开发、旅游、科学研究等人类活动不断地为北极环境保护带来影响和威胁，而海运带来的黑碳排放问题日益

---

① 截至2019年3月28日，美国、加拿大、瑞典和芬兰四个北极理事会成员国家接受了《哥德堡议定书》，参见联合国条约数据库网站，https：//treaties. un. org/Pages/ViewDetails. aspx?src = TREATY&mtdsg_ no = XXVII-1-k&chapter = 27&clang = _ en，访问日期：2019年3月28日。

突出。如上所述，目前北极海运黑碳排放的国际治理表现为碎片化和不成体系化，这是由北极海运黑碳排放的监管主体多元化和缺乏统一的国际监管法律文件等因素决定的。由于北极海运黑碳排放具有较强的地域性影响，因此减少北极海运黑碳排放应当是北极沿岸国家必须首先考虑的问题，但同时也需要北极以外国家和国际海事组织等机构的支持和参与。

（一）缺乏一个统一的有约束力的国际协议

《联合国气候变化框架公约》主要关注温室气体减排，而黑碳是颗粒物，不是气体，虽然其对气候具有较强的影响，但未被纳入当前应对气候变化的国际法律框架。当前的国际黑碳治理体系中，只有2012年修订的《哥德堡议定书》将黑碳纳入规制范围，但该议定书仅是一个框架性协议，没有赋予成员国强制性义务。同时，2015年北极理事会《黑碳和甲烷减排加强行动框架》虽是直接针对北极地区黑碳和甲烷减排的，但也是框架性的，只表明了北极理事会成员国家黑碳减排的政治意愿。虽然国际海事组织从2008年就开始进行国际海运黑碳治理工作，但目前并未形成任何关于黑碳减排的法律文件，仅仅确定了黑碳的技术定义，作为国际海事组织调整船舶污染的重要法律——《国际防止船舶造成污染公约》，并未将黑碳污染纳入规制范围。2017年生效的国际海事组织《极地水域船舶作业国际规则》是第一个为北极海运设置约束性规则的国际法律文件，第二部分为极地区域船舶活动提供了一个新的环境框架，但其只调整船舶海上运输行为，并未包括极地油气开发活动，而且也未涉及船舶黑碳、重油、灰水等问题。因此，如果想取得北极海运黑碳减排的实质性进展，不应仅停留在政治口号层面，必须采取具有可操作性的方法控制黑碳的不利影响。制度规范层面，国际社会应当制定一个综合性《北极海运黑碳减排协定》，就国际海运黑碳排放进行有效法律治理。

（二）存在治理主体多元化的局面

当前国际社会越来越重视黑碳对气候的变化影响，多个机构已经开始进行黑碳治理的立法和实践。国际海事组织、北极理事会、联合国欧洲经济委员会、气候和清洁空气联盟等很多机构均努力将北极黑碳问题列入议程中，形成了当前黑碳国际治理多元主体并存的碎片化治理格局。当前北极环境保护立法体系是由国际公约、区域性协定、国内立法，以及北极理事会的软法性规范组成的碎片化状态，黑碳的法律规制和国际环境法的体系一样，缺乏统一的制度化管理，国际层面的法律治理体系繁多且大不相同。上述机构当前缺乏共通的基础制度协调现存的规制体系，尽管它们之间尚未暴露过多的冲突，但如何协调这些机构在规制黑碳问题上所起的作用是探讨黑碳排放国际治理需要考虑的问题。

五、北极海运黑碳排放国际治理的制度构建

相比于地球其他区域来说，北极更易受到气候变化的影响。国际海运排放对气候变化有直接影响，从海运中找到黑碳解决方案可能是一种选择。与二氧化碳对气候影响的全球性相反，黑碳排放具有区域性，可通过制定与某一地区船舶营运有关的规范和标准减少该地区的排放，该地区将直接受益于减排效果，这样可以减少气候治理中的“搭便车”问题，也能为有关国家立即采取行动提供有力的激励机制。北极理事会只有八个成员国，海运业是一个独特的部门，通过立法和实践举措在区域层面寻求行业性的解决方案，应该比《联合国气候变化框架公约》这样广泛的、多边的、跨部门的选择更为适合。因此，有针对性地采取一些区域性的黑碳减排方案与国际层面和国内层面的对策相结合，将会取得最佳的效果。

（一）制定《北极海运黑碳减排协定》——北极海运黑碳排放国际治理的制度基础

1. 需要明确《北极海运黑碳减排协定》的制定主体

《北极海运黑碳减排协定》主要调整的是北极地区黑碳排放问题，是就单一污染物减排进行规制并适用于北极区域的法律文件，具有较强的客体单一性和适用范围的区域性特征。而且，由于北极黑碳的主要来源是船舶的海上运输行为，因此该协定主要规制的是与海上运输黑碳排放有关的事项，着重要求成员方从北极航行船舶配备、认证、海员培训等方面采取相应对策来防止或减缓船舶黑碳排放对北极的影响，具有较强的行业性特点。为此，国际海事组织和北极理事会应当作为牵头制定的主体，联合气候和清洁空气联盟、国际标准化组织、联合国欧洲经济委员会等机构共同制定《北极海运黑碳减排协定》。由于该协定主要应对的是北极地区海运黑碳排放问题，因此国际海事组织应当首先与北极理事会协调开展这一规范制定工作。在规范制定过程中，国际海事组织、北极理事会等组织应当广泛吸收北极理事会成员国、观察员国，以及观察组织等主体积极参与，

共同致力于北极黑碳减排，保护北极环境。

2. 需要明确《北极海运黑碳减排协定》的制度运行模式

由于该协定的行业性、区域性、适用客体单一性等特点，各主体可以采取类似“俱乐部”模式的国际合作形式，进行多边合作，共同致力于北极海运黑碳减排。在《联合国气候变化框架公约》的背景下，俱乐部式的国际协定可以激励成员参与和遵守。在比较严格的减排领域，一般要求减排主体为远期和不确定的收益支付前期成本，最好的方法就是所有参与者进行合作，而参与和遵守的激励机制可以促使参与者有强烈的动机来参与合作，从而避免承担过大的减排成本。① 由于北极海运黑碳减排行动具有地域性、行业性等特征，这种合作在更小的群体中推进更为适合，小型团队能更快提供解决问题的办法，尤其对于黑碳等短期气候污染物的减排可以在短期内获得明显的效果。俱乐部可以为参与者提供讨论和交流平台，想要享受这种合作模式利益的主体必须参与并遵守其规则。② 作为一种国际治理模式，这种安排具有通过“参与和遵守”来阻止“搭便车”行为的优势。

《北极海运黑碳减排协定》的制定和运行可以建立在北极理事会、国际海事组织已经开展和正在进行的黑碳排放数据分析、测量，以及可能的减排措施的基础上。该协定可以通过激励和遵守机制鼓励各成员之间的合作，为各成员进行北极黑碳减排设置基本的权利和义务，而不是仅仅提供一个框架模式。因此，在本协定中，参与者可以分享俱乐部合作模式的权利，同时也应当满足俱乐部对成员的要求，如需要履行为北极航行船舶安装和适当维护所需要的设备并满足北极船舶操作标准等义务。具体合作形式可以包括建立北极地区国际海运黑碳减排承诺，并采取国际技术转让流程来促进减排。当前，一些国家已经通过气候和清洁空气联盟开展了黑碳、甲烷、碳氢化合物的减排行动，在本协定框架下，也可以在此基础上开展合作。

---

① Victor, David G, “Join The Club: Group Approaches to Tackling Climate Change,” *BioResoures Technology* 9, no. 1 (2015): 18-19.

② Thomas L. Brewer, “Arctic Black Carbon from Shipping: A Club Approach to Climate-and-Trade Governance,” *ICTSD*, no. 5 (2015): 15-17, https://www.ictsd.org/sites/default/files/research/Arctic%20Black%20Carbon%20from%20Shipping%20-%20A%20Club%20Approach%20to%20Climate%20and%20Trade%20Governance%20-%20ICTSD2015_0.pdf.

3.《北极海运黑碳减排协定》的主要制度构成

（1）该协定中应当体现各成员之间许下的有条件的承诺

这样做，有助于锁定已经参与该合作模式的成员，同时也能促使这些成员在获得合作带来的利益时会承诺得更多。协定中应明确参与这种俱乐部式合作模式的好处，一是成员可以获得在北极水域营运的机会；二是成员可以获得技术转让的机会。关于成员参与合作的具体方案和权利义务内容，需要各成员在国际海事组织的组织和监督下进行协商，并需要得到来自各种组织的建议和操作支持。

（2）适用的主体和船舶范围

加入该协定后，特定船舶和船舶所有人或经营人可以享受协定带来的利益，即获得在北极营运的国际许可证，该许可证应当基于所需设备的安装和妥善维护并符合运营标准的认证签发。北极海运黑碳减排行动是国际海运业应对气候变化影响的行动，应该将国际海事组织作为一个中心论坛，此外，许多其他主体也应当与国际海事组织进行互动。特定的船舶、船舶所有人、船舶经营人、船舶登记国政府、所有北极理事会成员国、观察员国政府和国际组织，以及其他参加国际海事组织的国家政府和非政府组织等，都将是协定的参与者。在俱乐部式的合作模式中，这种参与将是“自愿的”，同时也将是船舶在北极地区营运的先决条件。协定适用的船舶范围，应包括所有类型的从事国际贸易的船舶。

（3）建立一个监管和强制执行体系

该协定虽然采用俱乐部模式，各成员自愿参与，但一旦参与，就应当履行合作的承诺，因此有必要建立一个协定监管和强制执行体系。国际海事组织作为联合国系统内国际海运业主管机构，应当根据协定与其他组织合作，共同建立一个协定运营管理和制度监管框架，并负责协调各组织之间的分工合作。首先，需要监管的是成员的船舶是否符合取得北极营运许可证的条件，同时持有许可证的船舶将会受到监督，以符合设备和营运标准；其次，成员的船舶应当安装卫星跟踪系统，任何进入或通过北极地区的船舶都需要保持其船上跟踪系统转发器的运行，以便能被跟踪到。另外，如果船舶在船舶所有人所在国以外的国家登记，而该国不是该协定成员国，会产生国际海运特有的监管和相关法律问题，其中包括方便旗问题。这些问题对该协定执行也会有影响，需要详细分析。

（二）坚持协同控制原则，采用可行的技术和营运减排策略

当前的国际海运减排框架主要建立在国际海事组织修订的《国际防止船舶造成污染公约》附则Ⅵ“防止船舶造成空气污染规则”的基础上，该附则包括了大气污染物排放和二氧化碳等温室气体排放的协同控制。由于黑碳不是温室气体，不在《联合国气候变化框架公约》及其《京都议定书》《巴黎协定》的减排框架范围内；同时，黑碳虽然是大气污染物，但也不在《国际防止船舶造成污染公约》附则Ⅵ规制的大气污染物范围内。但是，从黑碳的来源、成因、减排措施等方面看，其与其他大气污染物和温室气体具有类似的特征，都是以船舶为排放载体，都是来源于船舶发动机和锅炉的燃料不充分燃烧，减排措施都可以采取技术改进和营运管理等，因此，北极海运船舶黑碳排放可以与船舶温室气体和大气污染物排放进行协同控制。[①]《国际防止船舶造成污染公约》规定的船舶所有人、经营人等采取的针对减少船舶大气污染物和温室气体排放的技术和营运措施同样也会产生黑碳减排的效果，实现协同减排。由于 2017 年开始生效的《极地水域船舶作业国际规则》的“环境保护”部分是建立在《国际防止船舶造成污染公约》基础上的，经修订的附则Ⅵ的规定同样适用于北极水域航行的船舶大气排放的规制。

许多技术和营运措施可以减少国际海运颗粒物质和黑碳排放。从重质燃料油转换为馏分燃料是一种简单的替代方法，可以减少黑碳的排放，并符合国际海事组织排放规则。转向使用低硫燃料可以减少 30% ~80% 的海运黑碳排放。改进的燃料质量还可以使颗粒过滤器更好用于颗粒物质和黑碳减排。由于燃料成本上升，集装箱船舶所有人和经营人通常愿意采取降低船速和降低船级的方法，船舶减速航行与降低船级相结合可以减少 15% 左右的海运黑碳排放。废气洗涤器可以将黑碳排放减少 25% ~70% 。从长远来看，随着船舶燃料质量的提高，满足当前燃料的标准，柴油颗粒过滤器会变得可行，估计含有低硫燃料的柴油颗粒过滤器将减少 80% ~90% 的黑碳排放。[②]

---

① 袁雪、童凯：《中国船舶大气排放协同控制的法律规制探析》，《中国海商法研究》2017 年第 2 期，第 30 – 40 页。

② Alyson Azzara, Ray Minjares and Dan Rutherford, “Needs and Opportunities to Reduce Black Carbon Emissions from Maritime Shipping,” *International Council on Clean Transportation Working Paper*, accessed March 24, 2015, https://www.theicct.org/sites/default/files/publications/ICCT_black-carbon-maritime-shipping_20150324.pdf.

（三）在北极地区设置船舶排放控制区（ECA）

控制船舶燃油的硫含量是减少船舶发动机运行中硫氧化物和颗粒物排放的有效手段，也是当前国内外主要采取的针对船舶大气污染的控制方式。根据《国际防止船舶造成污染公约》，国际海事组织已经设立了北美海域、美国加勒比海域、北海海域和波罗的海海域四个排放控制区。另外，欧盟设立了欧洲海域排放控制区，美国设立了加利福尼亚排放控制区。通过规定船舶在排放控制区内外不同的燃料含硫量标准，从而减少船舶大气污染物的排放。2016 年 10 月，国际海事组织决定将根据《国际防止船舶造成污染公约》附则Ⅵ要求的原定 2025 年实施全球在排放控制区以外航行的船舶使用硫含量不高于 0.5% 的燃油提前到 2020 年实施，而在排放控制区以内，船舶使用的燃油含硫量不超过 0.1%。这一决定对全球航运业影响很大，船舶所有人或经营人需要及时决定是使用低硫燃油，如液化天然气（LNG），还是安装替代设备，如废气清洁系统等。炼油工业也要做出积极的应对，如是否能确保有数量充足的合规燃油可用。另外，如何监管以及谁来监管在排放控制区之外航行的船舶燃料使用问题，尤其是船舶在公海上航行的时候，这些问题都应当考虑。

为了应对北极船舶黑碳排放问题，有必要根据《国际防止船舶造成污染公约》在北极地区港口区域实施排放控制区制度，将北极区域港口纳入国际海事组织的排放控制区管辖范围，要求在北极区域航行的船舶符合相应规定。国际海事组织需要借鉴迄今为止建立的四个排放控制区船舶大气污染物减排的经验，与北极理事会合作，在《北极海运黑碳减排协定》框架下开展北极海运船舶黑碳减排行动，同时气候和清洁空气联盟的参与也非常重要。

当然，虽然黑碳排放具有很强的区域性特点，但不应仅局限于分析其对北极地区的影响，还应考虑其对世界其他地区港口区域的影响。海运业作为北极黑碳排放的关键领域，必须做得更多而且速度更快。随着北极海运增加，迫切需要让更多的国家实施排放控制区制度，尤其是北极沿岸国家和那些北半球高纬度地区的国家。

（四）实行国家海运黑碳排放报告制度

为了实现黑碳和甲烷减排目标，2015 年北极理事会制定的《黑碳和甲烷减排加强行动框架》实行黑碳排放报告制度。截至 2016 年 3 月，所有北极理事会成员国家、八个观察员国和欧盟都向理事会提交了报告。这些报告不是标准的排放数据表，而是包含减缓措施、与北极有关的项目描述、跨境合作范例和最佳做法的综合报告。[①] 八个观察员国和欧盟提交的报告虽然不像北极理事会成员国家那样详尽，但这一行动却是观察员国家在理事会中发挥更加包容性作用的重要一步。鉴于亚洲国家排放在北极的黑碳排放中占 43%，[②] 因此，这一进程对亚洲国家都具有重要意义。

北极理事会采用的黑碳报告的方法具有两方面优势：第一，体现了北极理事会对观察员国家的影响力。来自北极理事会成员国家的黑碳排放仅占该地区黑碳对气候变暖影响的三分之一，将其他国家纳入该框架有可能会促进技术转让，并能在相关情况下更好地协调国家政策。第二，北极理事会可以与《哥德堡议定书》协调黑碳排放报告。北极理事会允许这些国家向理事会秘书处提交“他们提交给《远距离跨境空气污染公约》的相同报告”，可以避免重复报告，减轻了负责编制和发送数据的各国国内机构的负担。[③]

在《北极海运黑碳减排协定》框架下的海运黑碳排放报告制度应当根据《黑碳和甲烷减排加强行动框架》附则 B 的指南由国际海事组织与北极理事会共同制定，成立专门的黑碳排放主管机关，要求协定各成员国船公司每年均需向船旗国主管机关提交经核实机构认可的排放报告，船旗国主管机关再将本国汇总后的排放报告提交协定的主管机关。船公司报告内容包括船公司和船舶的基本信息、船舶能效设计指数或指数估计值、向《远距离跨境空气污染公约》提供的当前黑碳排放总结及未来预测、所使用的监测方法等信息。船旗国向协定主管机关报告内容还应包括国家行动摘要、国家行动计划或行业减排策略、关键部门的最佳做法或经验教训、与北极相关的项目（如气候、健康、环境等），以及排放和减缓对经济的影响等信息。[④]

---

① Daria Shapovalova, “The Effectiveness of the Regulatory Regime for Black Carbon Mitigation in the Arctic,” *Arctic Review on Law and Politics* 7, no. 2 (2016): 136-151.

② 参见 AMAP, “*AMAP Assessment 2015: Black Carbon and Ozone as Arctic Climate Forcers*,” https: //arcticcouncil. longsight. com/handle/11374/1607。

③ “Annex 4. Iqaluit 2015 SAO Report to Ministers. Enhanced BC and Methane Emissions Reductions An Arctic Council Framework for Action,” accessed April 24-25, 2015, https: //oaarchive. arctic-council. org/handle/11374/610.

④ 参见 “Enhanced BC and Methane Emissions Reductions An Arctic Council Framework for Action,” Annex B, 2015, http: //www. arctic-council. org/。

(五)建立基于市场的国际海运减排机制

随着国际海运的快速发展，技术和营运手段已经不足以应对削减国际海运温室气体排放，因此基于市场的措施应运而生。基于市场的海运减排机制能激励国际海运业提高能效，并为其提供财政激励。国际海事组织应当充分利用已有的相对成熟的技术和营运机制，结合当前国际海运减排谈判的进展，建立符合海运发展要求的基于市场的措施，例如建立国际海运排放交易体系、征收国际海运船舶燃油税，以及建立国际海运船舶排放基金等，使其在坚持国际海事组织平等减排原则的基础上，体现共同但有区别的责任原则中对发展中国家特殊需要的考量，实现实质公平。北极地区由于其特殊和脆弱的生态环境，对海运的环保性要求更高。国际海事组织应当将成熟的海运减排措施推广适用于北极海运。

六、结语

全球变暖、北极海冰融化已成为不争的事实，以二氧化碳为代表的温室气体仍然是气候变暖的最大威胁，因此二氧化碳也应当继续成为应对气候变化所关注的焦点。需要强调，本文所提出的措施并非抑制全球变暖的撒手锏，削减黑碳排放不能代替二氧化碳长期减排。但作为短期气候强迫者，黑碳排放具有更强的区域性影响，尤其是北极海运黑碳排放对环境敏感、脆弱的北极地区气候变化的影响要远大于世界其他地区，而且黑碳减排能在短期内产生实质性影响的特点使其成为减缓全球变暖的最快途径。加之北极海运的预期大幅度增长趋势，国际海运业已成为北极黑碳排放的一个重要的来源，对北极船源黑碳排放进行法律规制能实现气候效益和可持续发展的双赢。即使气候变化迫在眉睫，但监管行动正如本文所述进展缓慢。虽然像《黑碳和甲烷减排加强行动框架》等这样值得鼓励的举措无疑是朝着正确的方向前行，但为了充分发挥这些措施的潜力并统筹碎片化的法律治理现状，必须尽快制定《北极海运黑碳减排协定》，作为北极海运黑碳排放国际治理的制度基础，并以技术与营运措施、增设排放控制区、实行国家海运黑碳排放报告制度、建立基于市场的国际海运减排机制等辅之。建立这样一个北极海运黑碳排放治理的约束性协定，既有利于提高各国对黑碳问题的认识和重视，鼓励各国开展研究和国内减排行动，又可以改善北极地区的合作状况。规制北极船源黑碳排放的法律路径因该问题的复杂性而任重道远，但利用减排带来绿色增长的双赢值得全球为之努力。

北极环境保护治理体系的软法局限及其克服

——以《北极环境保护战略》和北极理事会为例*

袁　雪，张义松

摘　要：国际软法理论远远晚于软法治理实践的发展，国内外学者对其定义众说纷纭，至今尚未有统一定论。北极环境治理体系发展过程中已形成了大量软法性质的文件，着眼于北极软法发展演变历程，可以将其划分为监测评估、初步执行和转型三个时期。解读《北极环境保护战略》的内容，发现其无强制性措施、缺乏行动力、涵盖面狭窄、缺乏财政资助等，在承继和发展基础上产生的北极理事会也面临着论坛性质、低政治领域、北极八国主导的瓶颈。致力于解决北极环境软法治理当下所面临的困境，可以通过制定统一的软法程序法、制定具有科学性和影响力的良性软法、提升成员国违反软法的成本等手段来增强北极软法的效力。

关键词：北极；软法；环境治理；北极理事会；北极环境保护战略

基金项目　中央高校基本科研业务费项目“中国北极安全法律问题研究”（HEUCFP201831）、黑龙江省哲学社会科学规划项目“北极水域航行海事安全法律体系构建及中国参与路径研究”（17FXB07）、黑龙江省哲学社会科学规划项目“极地通航法律问题研究”（16FXB01）。

作者简介　张义松，男，西安交通大学法学院硕士研究生，主要研究领域为国际法、海洋法。

* 本文发表于《边界与海洋研究》2019年第1期。

Limitation and Overcome of Soft Law in the Governance System Of the Arctic Environmental Protection:

Taking the AEPS and the Arctic Council as Examples

Yuan Xue, Zhang Yisong

Abstract: International soft law theory is far behind the development of soft law governance practice, domestic and foreign scholars have different opinions on its definition, and so far no unified conclusion has been reached. During the development of the Arctic environmental governance system, a large number of documents of soft law have been formed, focusing the development and evolution process of the Arctic soft law, which can be divided into three periods of monitoring and assessment, preliminary implementation and transformation. By interpreting the contents of the *Arctic Environmental Protection Strategy*, we find that it has no limitations, such as non-coercive measures, lack of action, narrow coverage and lack of financial support. The Arctic Council, which is based on inheritance and development, and also facing with the bottleneck of the nature of forum, low political areas and dominated by the eight Arctic countries. In order to solve the current difficulties faced by the soft law governance of the Arctic environment, we can strengthen the effectiveness of the Arctic soft law by formulating a unified soft law procedure, making a sound soft law with scientific and influential factors and raising the cost of violation of soft law of member states.

Key words: Arctic; soft law; environmental governance; the Arctic Council; AEPS

原则上，国际软法并不具有法律约束力，在实践中缺乏司法保障，但其仍具有实际效果并能得到有效遵守。[①] 具体而言，在理论层面上，学者们对软法存在较大争议；但在具体实践中，软法已取得了巨大的成效，尤其在国际环境治理中扮演着重要的角色。着眼于北极环境保护的软法治理历程，主要体现在以北极环境保护战略为基础而发展起来的北极理事会的治理机制上。本文基于对《北极环境保护战略》的具体内容，以及北极理事会当下发展的困境的分析，在剖析北极软法治理的局限性基础上，从软法自身内容、外在程序和事后保障三个方面提出相关克服北极环境保护治理体系的软法局限的建议，以保障北极软法效力的更好发挥。

一、软法的解读

（一）软法的含义

关于何谓“软法”，众说不一。国际法学者霍夫曼认为，软法是一种准法律性文件，其不具有任何约束力，或者解释为其比传统意义上硬法的约束力要弱很多。[②] 荷兰学者琳达·森登教授认为，软法也是以文件作为载体，但其并不具有法律意义上的约束力，仅可能是具有某些间接法律影响的行为规则，其将产生或者可能产生的实际成效作为目标。[③] 日本学者位田认为：“从形式上说，软法是指在没有法律约束力的国际文件中，实质上具有某种约束力，或者正在超越单纯的事实或者道德、政治层面的约束而成为硬法的那些规则。”[④] 《布莱克法律词典》将 soft law 定义为那些“规定了行动方式但不具有法律强制性的行动指南、章程或者某种政策性声明”。[⑤] 除此之外，也有学者对软法提出根本性质疑，最具代表性和影响力的是简·克莱伯斯的论述，其认为“法律的约束力只有‘有或无’，并

① D. J. Harris, “Cases and Materials on International law,” *Sweet & Maxwell* 6 (2004): 62.

② Marci Hoffman, Mary Rumsey, *International and Foreign Legal Research Basic Concept: A Course book* (Leiden: Martinus Nijhoff Publishers, 2007), p. 7.

③ Linda Senden, “Soft Law, Self-regulation and Co-regulation in European Law: Where do we meet?” *Electronic Journal of Comparative law* 9 (2005): 13.

④ Ryuichi Ida, “Formation des normes internationals dans un monde en mutation-Critique de la notion de soft law,” in *Le Droit International Au Service De La Paix, De La Justice Et Du Development: Melanges Offerts A Michel Virally* (Paris, Paris Pedone, 1990), pp. 333 330.

⑤ Bryan A. Garner, *Black's Law Dictionary*, 9th ed. (West Press, 1900), p. 1123.

没有‘多或少’的问题，因此‘软法’的称呼从本质上看就是有缺陷的”①。同时，他还认为“软法不具有坚实的理论基础，在国家实践和司法实践方面也少有支持，传统法律二元性的观念就能起到软法的作用，软法与法治理念是相冲突的，甚至无存在的必要”。② 此外，弗朗西斯·施耐德将软法定义为“原则上没有法律意义上的约束力，但实践中能够产生实际效果的行为规则”③。

在国内软法的研究中，罗豪才教授关于软法的定义得到学者的广泛认可，他认为，软法作为一种特殊的法律规范，其并不一定具有完整的效力结构，在实践过程中也并不需要国家强制力的保障，但其最终能够产生社会实效。④

虽然学者们对于“软法”的界定角度和措辞不同，但基本上都体现了软法“虽然不具有法律意义上的强制约束力，但又不是完全没有法律效果的规则”这一要旨。学者们对软法的研究正处于早期起步阶段，难以对其进行精准的定义，其最终的理论框架很大程度上依赖于在当下实践中的塑造，当学者对其理论层面的问题（如对象主体、结构要素等）均有显著成果后，才意味着软法趋于成熟。

（二）国际软法的局限性表现

第一，范围的不确定性。

对于国际软法的定义和范围，学界仍未形成统一的认识。当下，软法的辐射范围包括国际组织和国际会议的各种建议、声明、决议、决定、标准和宣言等。不同学者对软法范围千差万别的描述，以及软法内涵、外延所表现出的制定主体多元化、表现形式多样化，都会加剧“泛软法化”现象的发生，导致国际软法在适用上的混乱，对国际社会秩序产生严重影响。国际法体系固有的碎片化特点，导致其在适用过程中极易产生权利冲

① Jan Klabbers, “Redundancy of Soft Law,” *Nordic Journal of International Law* 65 (1996): 167-182.

② Jan Klabbers, “Undesirability of Soft Law,” *Nordic Journal of International Law* 67 (1998): 381-392.

③ 参见 Francis Snyder, *the Construction of Europe: Soft Law and Institutional Practice in the European Community* (1994), 第 198 页。

④ 罗豪才、宋功德:《认真对待软法——公域软法的一般理论及其中国实践》,《中国法学》2006 年第 2 期, 第 4 页。

突现象。基于国际软法范围的不确定性这一特点，其将会以不同的形式被制定出来，这在某种程度上将导致国际软法之间，以及国际软法和国际法之间形成新的权利冲突，加剧国际软法体系的碎片化趋势。同时，国际软法具体范围的不确定性引发的“泛软法化”现象和权利冲突问题，会严重影响自身效力的发挥。

第二，适用的不确定性。

国际软法灵活性较强，其具体内容具有模糊性和易变性的特征，具体表现为原则性理念较强，条文多是对订立意图、价值理念、实施原则的罗列，缺乏具有可操作性的实践条款，这最终导致其适用与否具有较大的自由裁量空间，存在极大的不确定性。根据语用学理论，无意中造成的语用模糊是有消极作用的，不利于交际的顺利进行，而有意识的或目的性很强的语用模糊则是一种积极有效的语用策略，有利于交际的动态性和丰富性。① 国际软法的这种模糊性是积极主动的结果，是各国在某些领域为了尽快达成共识，为了最大限度地被参与者所理解和接受而妥协的产物。在此基础上，国际软法的自由裁量具有合理性和必要性。同时，这种模糊性也是一把“双刃剑”，使得国际软法缺乏法律应有的指引、预测作用，并不具有现实的可操作性，使得一些国家可以任意逃避义务，增加了行为的随意性。这种规定的模糊性会严重削弱和制约软法效用的发挥，在某种程度上体现出适用不确定的局限性。

第三，效力的不确定性。

强制约束力的有无是区分软硬法的重要标准，强制约束力的缺乏也是软法发挥效力的最大束缚所在，使得软法在实践中的效力具有很大的不确定性。具体来说，国际社会是一个无政府的自治体系，是一个较为原始的“丛林状态”，国际法也被一些学者称为“原始法”②。具体来说，在国际社会中软法的实施并没有相关组织予以保障，而践行者也大都是各缔约国，因此，各缔约国相互间的影响力，以及各国对此的主观意向便成为国际软法能否发挥效力的重要因素。国际关系本质上是国家间力量的角逐，国家存在强弱之分，国家之间由于实力悬殊而形成非对称性格局，弱国出

① 鲁苓：《多元视域中的模糊语言学》，社会科学文献出版社，2010，第134页。

② 汉斯·凯尔森：《法与国家的一般理论》，沈宗灵译，中国大百科全书出版社，1996，第373页。

于安全和实力的考虑，对强国确立的一些规范不得不遵从。[①] 国际社会规则的制定体现大国的意志，[②] 可能成为大国政治的工具。

国际软法并不像国际条约和国际惯例一样，违反会产生强制的法律后果，当软法符合自身利益时，就会积极去支持拥护，反之，则会以软法没有强制约束力为由来反对别人的主张，此时国力强弱反而成为软法能否发挥效力的重要因素。因此，大国强权无约束的发展对于国际秩序非常不利。[③] 从现实主义的角度来分析，理性地遵从是国际软法发挥效力的重要保障，现实中，有些国家经常由于经济利益而怠于具体实施“软法”要求，也会借口国家安全的理由而“婉言拒绝”。[④] 而当理性与现实的威胁相比较，所谓的理性、价值取向就变得很渺小，国家就会基于“威胁”去实施软法，这种“威胁”所产生的效果可能远远超过自觉地遵从。从经济学的角度分析，国家的生存与发展可以视为最重要的利益，其足以与其他任何利益相抗衡，在此情形下，一国对软法的遵守可能是基于“威胁”产生的。强国凭借自身实力可以选择对其有利的软法，而弱国则没有选择权，大都是在遵从软法中的义务性规定，当国家实力的对比发生明显变化后，基于各种利害考量后，不同国家的遵守情况也不尽相同。同时，这也与特定的历史时期、特定的实施领域等因素密切相关。

二、北极环境软法治理现状

当前，北极环境治理机制包括全球、区域和次区域等多个层次，而其软法性主要体现在区域治理的层面上，其中最有特色的治理机制则是在《北极环境保护战略》基础上发展起来的北极理事会，其最有望成为北极地区的综合治理平台，因此，对其软法规制现状的梳理有利于我们对北极软法治理的发展趋势有更深刻的理解和认识。

从其软法治理的历程来看，按照影响程度和表现形式可以将北极环境治理机制软法性的体现划分为三个阶段。第一个阶段是从北极冷战结束之后，到北极理事会成立之初，在这一阶段中，主要是在《北极环境保护战

① 何志鹏：《国际法的遵行机制探究》，《东方法学》2009 年第 5 期，第 34 – 35 页。
② 何志鹏：《国际法治：良法善治还是强权政治》，《当代法学》2008 年第 2 期，第 60 页。
③ 同上书，第 59 页。
④ Samantha Smith, “Ministerial with Only Three Ministers,” *WWF Arctic Bulletin* 4 (2000): 4.

略》的基础上形成的《努克宣言》《伊努维克宣言》，以及各种污染物的监测评估报告等系列软法文件。这一时期可以称之为监测评估时期，软法仅用于对污染物的监测评估，为后续各国进行北极环境治理提供知识储备。第二个阶段主要从1996年北极理事会成立后到2011年首个具有约束力的合作协定的签署。这一时期可以称之为初步执行时期，北极理事会承继并发展出了强大而又极具权威性的研究和评估能力，在科学研究基础上发布了一系列评估报告，例如《北极人类发展报告》《北极地区污染报告》《北极气候影响评估报告》等文件。除此之外，北极理事会又相继出台了一些具有一定实践参考价值的文件，例如《北极污染物行动计划操作指南》《北极油气活动指南》《北极水域溢油反应现场处理指南》《紧急预防、准备与应对指南》等文件。虽然这些文件在具体规定上过于原则性，且在具体实践操作中少有执行力，但较之于之前的纯评估性质的文件，已经有了明显的进步。第三个阶段是自2011年签署的首个具有约束力的合作协定至今。北极理事会已相继出台了三个具有约束力的合作协定，具体包括《北极航空和海上搜寻与救援合作协定》《北极海洋油污预防与反应合作协定》《加强北极国际科学合作协定》。这一时期可以称之为转型时期，北极环境治理中的软法文件以一种全新的形式表现出来，较之于以前，其具有了一定的约束力，且纠纷解决机制也经历了从无到有的过程，虽然目前仅限于双方谈判调解的机制。气候变化和环保问题仍是北极理事会加强北极治理的主要依托，而从搜救协定到航运规则及大规模资源开发（涉及海洋石油泄漏的预防与处理、黑碳排放标准的设定等）的能力建设则是其未来治理机制架构日趋完善的发展方向。① 今后，北极理事会作为北极事务首要合作平台的作用会进一步加强，将从环境与发展论坛向具备决策能力的政治组织逐步转变。②

三、北极环境软法治理的典范——《北极环境保护战略》解读

国际软法是在权衡各方利益、维护最低限度秩序的基础上各方妥协的产物，由于北极地区复杂的地缘政治特性，各方矛盾尖锐，在环境治理过

① 程保志：《北极治理论纲：中国学者的视角》，《太平洋学报》2012年第10期，第60页。
② 同上。

程中软法的应用便具有了天然的优越性和必然性。《北极环境保护战略》(AEPS) 在北极环境保护中发挥了巨大作用，被誉为北极环境治理中最具影响力和代表性的软法规范。1991 年 6 月，由芬兰政府倡议，北极八国共同签署了 AEPS。① 据此，八国做出了为保护北极环境而进行合作的承诺，并将治理因持久性有机物、石油、重金属、放射性物质及酸化等引起的环境问题确定为联合行动的优先领域。② 1993 年，北极八国在第二次部长级会议上成立了可持续发展工作组，与之前成立的四个工作组共同构成 AEPS 的基本框架。

(一) 北极监测与评估计划 (AMAP)

该工作组的主要目的是监测人为污染物的水平，并评估其对北极环境的影响程度。③ 其主要任务包括编制北极生态系统现状和趋势的综合评估报告、确定促使环境改变的因素、检测新型环境问题及成因，并对北极生态系统的潜在风险进行评估，这也是其后续提出相关建议和采取相关必要行动的基础。④

AMAP 分别于 1997 年、1998 年发布了两个关于北极环境保护的报告，第一份总结报告为相关政策制定者提供了数据参考⑤，第二份报告是长达 800 多页的对与 AMAP 有关的所有调查数据的全面的技术和科学性评估⑥。基于此，AMAP 提出了一个从 1998 年到 2003 年的“新战略计划”。同时，由于平流层臭氧耗竭导致北极生态环境的改变，各部长在 1997 年 6 月举行的第四届部长级会议上，赞同延续 AMAP 的监测和数据收集活动，并对各种污染物的影响和传播途径等相关数据进行交换共享。此外，又设立了五个优先事项来指导 AMAP 的相关工作，包括继续监测和评估，具体为：①

---

① E. C. H. Keskitalo, *Negotiating the Arctic*: *The Construction of an International Region* (New York: Talor & Francis Books, 2004), p. 56.

② 孙凯、郭培清:《北极治理机制变迁及中国的参与战略研究》,《世界经济与政治论坛》2012 年第 2 期，第 118 - 121 页。

③ “Arctic monitoring and assessment program, about AMAP,” accessed December 31, 2017, http: //www. amap. no/about. htm.

④ 邵子桐、王梦森、张义松:《“人类命运共同体”下的北极水域环境软法治理》,《法制博览》2018 年第 19 期，第 37 页。

⑤ 参见 *Arctic monitoring and assessment program* 第 3 页。

⑥ 参见 *Arctic monitoring and assessment program*, *AMAP Assessment Report*: Arctic Pollution Issues (1998)。

污染物的水平、趋势，以及其对人类和环境的影响；②气候和紫外线辐射改变所造成的影响；③污染源和受害体的关系；④人类健康；⑤提供全面、完整的信息交流。[①]

自北极地区的环境状况报告发布后，AMAP 的主要焦点便转向研究人类健康和北极污染物之间的联系，以及特定污染物（如多氯联苯）的进一步检测上。

虽然 AMAP 在对北极地区污染物水平的评估方面已成为最重要的国际机构，但一直以来，其预算是非常有限的。例如，1994—1996 年，AMAP 仅得到 387.52 万美元的资金支持，资金的缺乏成为其面临的最主要问题。AMAP 完成相关的监测和评估工作需要非常高的水准，但资金的匮乏仅允许其协助参与北极污染物的研究活动，并不会在先进科技上获得支撑，更不会在解决相关问题方面做出多大的努力。

（二）北极海洋环境保护计划（PAME）

该工作组的宗旨是“描述北极海洋环境面临的威胁，并审查现有的与北极环境有关的国际文件是否充分”。[②] 通过对陆地和海上污染源的现有国际文书的审查，明确认定目前没有任何一个单独的组织能够完全解决与北极陆地污染源有关的问题。为了实现在 AEPS 中确定的优先领域，1993 年，在努克举行的部长级会议上成立了该工作组。1996 年，在伊努维克举行的部长级会议上，该工作组被授权开展一项有关北极海洋环境保护的陆地行动计划和制定海上石油活动指南。1998 年，在伊卡卢伊特举行的部长级会议上，其被授权评估现有和潜在的航运活动，以确定是否需要在北极采取额外的运输措施。同时，参与者们为该工作组建立了五个目标：①防止陆上活动造成海洋污染；②防止海洋石油和天然气活动的海洋污染；③防止船舶污染航运活动；④执行国际协议并评估采取进一步行动或措施的必要性；⑤促进实施有效益的综合性活动。[③]

2002 年，在伊纳里举行的部长级会议上，该工作组被授权制定一项保

---

① “Arctic monitoring and assessment program, AMAP Report 99: 6, AMAP Strategic Plan: 1998-2003,” pp. 1-17, accessed December 31, 2017, http: /Avww. amap. no/ol-docs/strplan. pdf.

② Protection of the arctic marine environment, “Work plan for the Protection of the Arctic Marine Environment 2000-2002,” p. 1, accessed December 31, 2017, http: www. grida. no/pame/PAME work%20_ plan_ 2000-2002. doc.

③ Ibid, p. 3-7.

护北极海洋环境的战略计划，为应对北极沿海和海洋环境的挑战采取更协调和综合的办法奠定基础。2009 年，PAME 制订的工作计划包括三个主要目标：①提高对北极海洋环境的认识，并根据现有知识采取行动；②确定其履行所承担的义务的能力并促进其实施；③在各方合作中建立伙伴关系和得到技术性支持。①

目前，工作组的主要任务是执行对保护北极海洋环境免受陆地活动影响的区域行动纲领。PAME 处理近海污染源的努力往往局限于研究和调查目前有关航运和海洋石油、天然气的活动，它的一个主要作用是为监测和观察国际海事组织（IMO）在制定北极冰封水域上的船舶操作指南方面做出的努力。

（三）应急保护、预备和响应计划（EPPR）

EPPR 的任务是由 AEPS 确定的，最初定位是交换紧急预防和应急领域相关问题的信息，建立预防通报重大意外污染威胁的系统。在伊努维克部长级会议上，EPPR 的工作任务被增加，并要求其尽快完成北极预防、防备和应急指南的编制，这项要求还包括进一步制定北极地区石油和天然气意外泄漏的预防、缓解和应对措施，这是与其他工作组重叠的政策领域。部长级会议确定的其他优先事项包括分析现有事故报告系统的效力，完善对北极环境威胁的风险评估，并分析北极现有国际协定和安排的充分性和有效性。

该工作组的工作重点是对威胁北极的风险评估和制定北极紧急预防、备灾和应对指南。正如其战略行动计划所述：北极国家和永久参与者在工作组内开会，讨论有关协调、合作和交流信息的事宜，并开展对应项目，以提高北极地区污染事件的预防、准备和应对能力。EPPR 工作组是一个注重最优方案的专家论坛，虽然工作组不对紧急情况做出直接反应，但它可以作为在重大紧急情况下酌情提供咨询建议或援助的机制。EPPR 工作组处理的是意外泄漏之类的人为事件，而纯粹的自然灾害并不是该工作组计划的一部分，尽管核问题是工作计划的一部分，但目前还没有专门针对

---

① Protection of Arctic Marine Environment of the Arctic Council, "'PAME Work Plan 2009-2011,' and 'Tentative List of Deliverables 2009-2013', 'Assessments'," accessed December 31, 2017, http: //arctic-council. org/filearchive/amap_ draft_ work_ plan_ 2009_ - _ 2011. pdf.

该问题的倡议。[1]

在环境突发事件发生时，EPPR 的主要职能是制定指导方针并协助会员国处理紧急情况，它没有授权或亲自行动的能力。然而，当一个国家对紧急情况做出反应时，它主要侧重于对由此产生的危机做出反应并立刻得到相关援助，因此，EPPR 在实际的紧急情况下的用处并不大。

（四）北极植物和动物群保护计划（CAFF）

AEPS 在认识到经济发展项目、污染物的长期移动和栖息地退化对北极植物和动物构成了严重威胁[2]，并确定大多数现有的保护动植物的协定没有具体关注北极后，其开始着手创建一个由科学家、北极原住民和动植物保护者组成的、可以交流和共享有关物种和栖息地的数据和信息的论坛。为此，AEPS 于 1992 年成立该工作组，并于 1993 年的北极环境与发展大会上通过《努克宣言》，予以正式确认。[3]

1996 年，CAFF 的优先事项在伊努维克部长级会议上被确认，主要任务是创建一个极地区域保护关系网络，[4] 同时，会议要求 CAFF 制定与联合国《国际生物多样性公约》目标有关的北极战略草案。1998 年，伊卡卢伊特部长级会议认可了 CAFF 的北极生物多样性保护总体框架战略计划，但其要通过创建更详细的工作计划来实现；部长级会议也接受了其关于北极生态系统、栖息地和物种变化的现状和趋势的概述；会议还要求该工作组来确定极地生物多样性监测的必要条件，并联同 AMAP 监测和评估气候变化和 UV - B 辐射对北极生态系统的影响。

由于其之前的框架性、宏观性计划一直未得到有效落实，2009 年之后，其工作计划逐渐被修正，主要包括通过北极生物多样性评估（ABS）和北极圈生物多样性监测计划对北极气候影响评估（ACIA）开展相关后续

---

① "Emergency prevention, preparedness & response, strategic plan of action for the arctic emergency prevention, preparedness & response working group," Aug 18 (1998): 5, accessed December 31, 2017, http://eppr. arctic-council. org/strat-plan. html.

② 参见 *The Arctic Environmental Protection Strategy* 第 9 页。

③ 参见 *Nuuk Declaration on Environment and Development in the Arctic* 第 2 条，发布于 1993 年 9 月 16 日。

④ 参见 CAFF, "Circumpolar Protected Area Network (CPAN): Strategy and Action Plan (1996)," http://arcticportal. org/en/caff; 参见 Timo Koivurova, *Governance of Protected areas in the Arctic 5 Utrecht L. R.* 44。

行动，CAFF 各个专家组的后续工作，以及与国际公约、协定和组织的相关合作的准备。

（五）可持续发展工作组（SDWG）

1993 年，AEPS 建立了可持续开发利用的专案组（SDU），随后转到北极理事会名下，并改名为可持续发展工作组（SDWG）。1998 年，伊魁特部长级会议采纳了其提出的可持续发展项目计划，并于 2000 年的巴罗部长级会议上通过了可持续发展框架文件，其确定了可持续发展方案的六个优先事项，包括：①健康问题和北极地区人们的福祉；②可持续经济活动和社区繁荣；③教育和文化遗产；④儿童和青少年；⑤对自然资源的管理；⑥基础设施的发展。[①]

2004 年，SDWG 发表了《北极人类发展报告》（AHDR），其确定了各方面的主要差距，包括文化身份和社会福利的累积变化、工业影响社区生存能力和治理安排，以及北极创新等方面。[②] 1999 年，在阿拉斯加举行的第一次会议上，加拿大官员将捕获海洋哺乳动物作为一个议题的努力付诸东流，在任何文件中都未曾提及海洋哺乳动物，随后，工作组把注意力集中在健康、渔业、生态旅游，以及北极儿童和青年的健康和福祉问题上。[③]

四、北极理事会的发展瓶颈

AEPS 是基于特定环境下产生的，虽然其相关内容不断在调整，但其仍具有较大的局限性。首先，AEPS 只是北极国家间的一项协定而非条约，并没有法律的约束力，也缺乏履行协定的强制性措施；其次，该战略只是就北极环境保护达成的一种领域性的多边协定，涵盖面狭窄，未涉及政治、经济和社会等层面；最后，该战略更加关注的是对北极环境的研究和协商，但缺乏行动力，各国对该战略的财政资助也不足，这既严重影响到其实施和作用的发挥，也与北极急剧变化的复杂局面不相适应。为进一步

---

① 参见 *Barrow Declaration* 第一条。

② “Arctic Human Development Report（2004）,” accessed December 31, 2017, http://www.svs.is/AHDR/AHDR%20chapters/English%20version/Chapters%20PDF.htm.

③ David Vander Zwaag, Rob Huebert, Stacey Ferrara, “The arctic environmental protection strategy, arctic council and multilateral environmental initiatives: tinkering while the arctic marine environment totters,” in *The law of the Sea and Polar Mari-time Delimitation and Jurisdiction* eds. Alex G. Oude Elferink and Donald R. Rothwell (London: Martinus Nijhoff Publishers, 2001), pp. 225-248.

应对可持续发展所带来的挑战，1996 年 9 月，北极八国在加拿大渥太华共同发布《成立北极理事会宣言》，成立北极理事会，将 AEPS 的所有工作纳入北极理事会的工作中。① 作为一个区域性的国际论坛，北极理事会以促进北极环境保护和可持续发展作为目标，在 AEPS 基础上提高了原住民组织的地位，以及观察员国的积极参与性，又增设新的工作机构（工作组、常设秘书处、副部长级会议等），并出台相关法律文件，使得北极地区国际治理的制度化程度大幅提升。北极理事会在成立以来的 20 多年来，通过加强五个工作组的工作对北极环境保护和可持续发展做出了重要的贡献。但是，AEPS 的软法属性也不断地加速其向北极理事会过渡。2011 年 5 月北极理事会首个正式的具有法律约束力的文件《北极搜救协定》的出台，一定程度上反映了北极理事会未来由“软法”向“硬法”转变的方向，但由于北极地区复杂的地缘政治属性，从“软法”到“硬法”的飞跃性发展将是一个缓慢的过程。② 除此之外，这种发展也仅仅局限在“低政治”领域中，因此，当下以及未来相当长一段时间内，各个工作组的软法机制仍具有举足轻重的作用。

（一）高级论坛性质的困扰

《关于成立北极理事会的声明》（亦即《渥太华宣言》）明确规定：“北极理事会是一个新的政府间高层论坛，旨在就北极共同事务特别是北极的可持续发展和环境保护问题，在北极原住民团体和北极其他居民的参与下，为北极国家提供一个促进合作、协调和互动的平台。”③ 与此同时，在北极八国此后发表的声明文件中，均一致强调其论坛性，且表达出不愿将其构建成具有法律约束力的北极治理组织的共识。例如，丹麦发布的相关北极政策文件强调，应当重视北极理事会相关机构的建设，以及其影响力的扩大，最终使其成为在北极问题方面达成国际共识的最大的协商论坛；④ 瑞典的相关北极政策文件则表示，要努力发挥北极理事会的多边论

① 参见 *Ottowa Declaration on the Establishment of the Arctic Council*（1996），第 3 页。

② 孙凯、郭培清：《北极理事会的改革与变迁研究》，《中国海洋大学学报》（社会科学版）2012 年第 1 期，第 7 页。

③ 参见“Arctic Council, Declaration on the Establishment of Arctic Council, Ottawa, 1996,” http://www.arctic-council.org/index.php/en/docment-archive/category/4-founding-documents。

④ “Kingdom of Denmark's Strategy for the Arctic 2011-2020,” http://um.dk/en/~/media/UM/English-site/Documents/Politics-and-diplomacy/Arktis_Rapport_UK_210x270_Final_Web.ashx.

坛的作用，逐步加强北极理事会的机构功能;[①] 芬兰相关北极政策文件也指出北极理事会应是处理北极事务的主要合作平台;[②] 美国在相关北极政策文件中则更为直接地声明，应当清楚认识到北极理事会作为一个高级论坛的性质和职能，其在此基础上应当继续保持而非进一步成为一个正式的国际组织。[③] 虽然北极理事会近几年致力于机制化、法律化的发展，也实施了具体措施和出台了相应法律文件，但其高级论坛的性质决定了它不具有制定硬法性文件的权限，所谓的具有法律约束力的文件也只能当作软法在当今时代的新表现形式。

（二）治理领域的低政治性

从 AEPS 单纯出于环境保护的目的，到当下北极理事会将环境保护与可持续发展作为共同发展目标，表面上看北极理事会增加了治理领域，扩展了经济、文化、社会等新的内涵，但从其具体执行效果和具体的软法文件来看，北极理事会的治理领域依然停留在低政治层面，其治理范围的扩展也只不过是徘徊在环境保护之外的其他低政治层面，而在更高层面的军事、国家安全等治理领域难以实现。虽然北极理事会软法治理表现出新的形式，正朝法律化方向迈进，但对于军事、国家安全等层面的软法规定仍然处于“原始状态”，且近几年此方面的发展并未有实质性突破，未来很长一段时间内北极理事会在此方面的进展可能也不会很多。究其原因，主要可以从两方面来分析：一是军事、国家安全等“高政治”领域与环保、旅游、科研等“低政治”领域固有的差异，“高政治”领域的治理一般体现在成熟的国际组织中，而北极理事会的独立性较差，目前并没有强有力的组织能力来实现该领域的治理；二是北极地区特殊的地缘政治属性引发的对北极资源、领土等激烈争夺，同时，在历史残留的冷战思维的干扰下，俄罗斯在相关北极活动中与其他国家存在严重隔阂，相互间的默契和信任度不佳，而且未来各国对北极战略地位的重视程度不断提升，会加剧北极八国之间的利益分歧。

---

① 参见“Sweden's Strategy for the Arctic region,” http://www.government.se/content/1/c6/16/78/59/3baa039d.pdf。

② 参见“Finland's Strategy for the Arctic Region,” http://www.geopoliticsnorth.org/images/stories/attachments/Finland.pdf。

③ 参见 National Security Presidential Directive, Homeland Security Presidential Directive [66], [25]. U. S Arctic Policy 2009。

（三）环北极八国的主导性

北极环境治理软法的制定，基本都是北极八国主导的，虽然北极理事会在改革发展过程中不断提高原住民组织地位、扩大观察员国的范围和权限，但从其相关规定来看，其开放程度远远满足不了时代发展需要。观察员手册明确规定："北极理事会所有层级的决定权是北极八国的排他性权利和责任，永久参与者可以参与其中。所有决定均基于北极国家达成的共识。观察员的基本作用就是观察理事会的工作。同时，理事会鼓励观察员继续通过参与工作组层面的事务来做出相关贡献。"① 在高官文件和观察员手册中也明确规定了外部影响力输入的标准、方式、路径。② 非北极国家要成为观察员国首先要承认北极国家主权、主权权利和司法管辖权，提出的治理主张也不得超越北极国家和永久参与者的政策目标，不得挑战北极理事会已经确立或承认的法律框架。③ 在具体操作层面上，观察员国的提议权需经过北极国家间接递交，项目资助贡献不得超过北极国家，其参与的资格并非长久不变，而需不断审议。④ 基于此，国内有学者认为："这标志着'北极版门罗主义'出笼，北极国家在向世人宣布：北极是'北极国家'的北极，它们反对北极是全人类共同财产，希望通过门罗主义进行域内利益分割，削弱域外国家的参与权利。"⑤ 总之，北极理事会发展至今仍带有强烈的传统国家合作色彩，具有一定的排他性和狭隘性，在其未来发展中这种特性仍有加强的趋势，这种由北极八国主导的半开放或封闭式开放状态对北极理事会的机制化发展会产生巨大的阻碍。

五、北极软法局限性的克服

（一）制定良性软法

从软法自身角度来说，应当制定良性软法，少一些原则性的规定，多

① 参见 Arctic Council, "Observer Manual for Subsidiary Bodies," *Document of Kiruna-ministerial-meeting*, 2013, http://www.arctic-council.org/index.php/en/document-archive/category/425-main-documents-from-kiruna-ministerial-meeting#。

② 参见 The Seventh Ministerial Meeting of the Arctic Council, *Nuuk Declaration*, (Nuuk, Greenland, May 12, 2011)。

③ 杨剑：《域外因素的嵌入与北极治理机制》，《社会科学》2014 年第 1 期，第 11 页。

④ 参见 Arctic Council, "Observer Manual for Subsidiary Bodies," *Document of Kiruna-ministerial-meeting*, 2013, http://www.arctic-council.org/index.php/en/document-archive/category/425-main-documents-from-kiruna-ministerial-meeting#。

⑤ 郭培清：《应对北极门罗主义的挑战》，《瞭望》2011 年第 42 期，第 72 页。

一些具体的制度规定，可以减少各缔约方行为的随意性和软法适用的不确定性；少一些强权政治的意识形态干预，多一些多元价值观的融合，可以提升北极软法自身的内在理性，从而增强其认同度，有利于各国在北极环境治理中对软法规定的自觉遵守。北极软法应当在多元发展的基础上建构正义，坚持以多元的价值观为基础，以人本主义为价值尺度，突破国家中心主义藩篱和当下北极理事会的狭隘性，使得北极软法规制更多体现国际社会的共同正义理念。

具体来说，首先，发展壮大科学家组织在北极环境治理方面的作用，在科技成果与国家政策，及各国政府之间架起一座通向有效环境治理的桥梁，尤其是在专业领域相关软法的内容制定中，科学家的加入能够更好地促进北极软法规定的具体化，削弱意识形态的严重干涉，有利于增强其在北极环境治理实践中的可操作性，同时注意建立其全球的规范和道德；其次，良性软法的形成停留在每年撰写北极地区发展报告的层面是远远不够的，在北极相关软法适用过程中应当定期组织修订，不断将当初各缔约方未达成共识的议题纳入其中，同时，对北极软法实践过程中发现的问题加以弥补，使得软法保持良性发展，这在某种意义上来说也是软法“硬法化”的一种重要途径；最后，应当扩大北极软法的制定主体，在北极八国绝对决策权的基础上，尝试吸纳其他参与主体的合理决策。

（二）制定统一的软法程序法

从软法创制的外在因素来看，应当制定统一的软法程序法，即通过制定硬法来规范北极软法的制定程序。程序正义影响着实体正义，在某种程度上，程序正义的价值高于实体正义，没有正当的立法程序作为保障，立法内容很难具有公信力和执行力。通过硬法来对北极软法的制定原则予以明确，使得北极软法的制定程序符合现代法治理念的要求，从而使其朝着有利的方向发展。

北极软法的制定程序必须坚持公开、公正和民主的原则。在立法过程中，应注重公开机制，向国际社会公开整个创制流程，以便于第三方的监督和参与；应注重公正机制，经有效的渠道充分表达意见，尊重永久参与者和观察员国对相关意见的看法，扩大除成员国以外各方的参与程度；应重视民主机制，注重汲取北极理事会永久参与者、观察员国等多方对国际治理的经验，广泛地征求相关意见。

（三）提升违反软法的成本

在北极软法治理体系中，其惩戒措施从无到有、由弱变强，在 AEPS 治理阶段，其具体内容主要是监测评估，当发展到北极理事会的阶段时，其主要行动集中在协调、磋商及集体合作上，因此，其惩治措施也经历了从无到双方谈判解决争端的过程，随着未来其执行力的不断增强，对各国的依赖性会逐渐减弱，惩戒措施由弱变强也具有了必要性和可行性。

国际软法没有法律约束力是其最根本的缺陷，但我们仍可以通过一定的方式来提升其违反软法的成本，以加强其惩戒力度。在全球化影响下，各国之间的交流日益频繁，完全独立于全球化市场之外的国家是无法生存和发展的。因此，各国在交往过程中都十分重视自身的国际形象和国际评价。在面对没有法律约束力的国际软法时，虽然各国违反软法的成本很低，但其对该国的国际声誉和形象会造成一定的影响，这在很大程度上会提升其违反国际软法的成本，有助于弥补软法没有法律约束力这一根本性的缺陷。

除了降低声誉之外，我们也可以通过报复机制来弥补软法无法让违反者强制承担责任的问题。报复是指一国对另一国的国际不法行为采取与之相应的措施作为回应①，是 WTO 争端解决的重要措施之一，当涉及经贸往来时，其毫无疑问可以引用，当涉及北极的相关利益时，我们也可以考虑采用这种报复机制，给予具有利害关系的国家或北极相关组织采取对等措施的权利。对于北极相关组织来说，目前主要是相对于北极理事会而言，如，对违反者在北极地区的相关科研、资源开发及航运等活动给予一定程度的限制。虽然当下北极理事会缺乏强有力的执行力及相关授权能力，但考虑到其未来的发展方向，赋予其类似的权利显得尤为必要。这种报复机制的存在无疑会提升其违反软法的成本，减少各国违反北极相关软法规定的行为，从而有助于提升软法的效力。

六、结语

软法理论尚无统一定论，但其“无法律强制约束力，同时又有一定效力”的特征毋庸置疑，据此，其在范围、适用和效力三方面存在极大不确

① 陈立虎：《试析 WTO 法律中的贸易报复制度》，《法治研究》2012 年第 12 期，第 31 页。

定性。软法在北极环境治理过程中发挥了重要作用，就其影响力和表现形式来看，可以将北极软法规制划分为监测评估、初步执行、转型三个阶段。作为北极环境治理的软法典范，AEPS 仍呈现出无强制性措施、缺乏行动力、涵盖面狭窄、缺乏财政资助等诸多局限性，而在其基础上发展起来的北极理事会虽有所创新，正朝着机制化、法律化的发展方向努力，但北极理事会当下面临着高级论坛性质、治理的低政治性，以及北极八国主导下的狭隘性的发展困境，这就决定了其未来发展将面临巨大阻力，可谓是“任重而道远”。对北极软法制定统一程序法、良性软法和提升违反成本的相关建议会为未来北极软法的发展提供坚实的基础保障。

北极水域环境保护法律问题研究

黄彦珏

摘　要：气候变暖对北极地区环境带来的影响十分巨大，温度升高使得长期覆盖在北极海面的海冰逐渐消融，从而使得船舶航行的区域和季节限制减弱，由此带来了巨大的贸易利益和资源利益。但资源勘探和商业航行等大规模的人类活动也使得海洋污染的风险日益突出。北极地区长期被冰覆盖，大气温度比其他海洋的温度低，从而影响了海水自身的降解和清洁能力，一旦发生船舶排污、船舶碰撞、船舶溢油等事件，其产生的海洋污染将会对脆弱的北极水域环境造成严重的威胁。近年来，随着北极地区在国际政治中的地位日渐上升，国际社会对北极水域环境的保护问题也越来越重视。北极地区的环境保护问题已经不再是一个区域性的问题，而逐渐上升为一个全球性的问题。

关键词：北极水域；环境保护；法律冲突；软法；硬法

Study on the Legal Issues of Environmental Protection in the Arctic Waters

Huang Yanjue

Abstract: The impact of climate warming on the environment of the Arctic region is very dramatic. The rising sea level temperature gradually melts the sea ice covering the Arctic sea surface for a long time, thus weakening the regional and seasonal restrictions of ship navigation, and thus bringing huge trade benefits and resource benefits. However, large-scale human activities such as resource exploration and commercial navigation also make the risk of marine pollution increasingly prominent. The Arctic region has been covered by ice for a long time, and the atmospheric temperature is lower than that of the ordinary ocean, thus affecting the degradation and cleaning capacity of the sea water itself. Once ship discharge, ship collision, ship oil spill and other events occur, the marine pollution generated will pose a serious threat to the fragile environment of the Arctic waters. In recent years, with the rising status of the Arctic region in international politics, the international community has paid more and more attention to the protection of the Arctic waters. Environmental protection in the Arctic region is no longer a regional issue, but gradually becomes a global issue.

Key words: Arctic waters; environmental protection; conflict of laws; soft law; hard law

近年来，北极地区的海冰因为气候变暖，经历着重大的变化。海冰的融化和航海技术的进步使得新的航线不断被发现，阻碍北极航行的关键性因素——海冰大面积减少使得北极地区的航行区域变大、航行时期变长。北极航道的通行量迅速增长产生了巨大的贸易利益，而且北极地区还存在巨大的资源利益。但大规模的人类活动使得海洋污染的风险也日益突出。近年来，随着北极地区在国际政治中的地位日渐上升，北极地区的环境保护问题也已经不再是一个区域性的问题，其逐渐上升为一个全球性的问题。

在处理北极环境保护问题时，法律起着至关重要的作用。但是现有的关于北极水域环境保护的规范大都分散于各个国际公约和国内法中，尽管《联合国海洋法公约》得到广泛的认同，但其对北极环境保护也仅仅是一个框架性的规定，并没有出于北极环境特殊性的考虑而制定专门的完整的法律制度规范，其他专门针对北极环境保护的法律也并不多见。此外，现有的北极环境保护有关法律采取软硬兼施的治理模式，缺乏约束力。在环境保护问题引起高度重视的今天，存在这一系列问题的北极水域环境保护法律无疑亟待完善。

中国属于近北极国家，是北极理事会的永久观察国，有权参与北极事务，同时我国一直倡导构建人类命运共同体。《中国的北极政策》白皮书的发布更是表达了我国愿为北极地区的和平稳定发展贡献出中国智慧和中国力量的态度。对北极水域环境保护的研究不仅有利于深化对北极地区的了解，而且为我国参与北极事务、加强与北极国家的交流和合作提供基础，还有利于提高我国自身面对北极地区环境变化带来的挑战与机遇的应对能力。

一、北极水域环境法律保护概述

（一）北极水域环境保护相关概念的界定

大众较为接受的北极地区的范围一般以地理学定义为主，其范围就是北极点以南、北极圈以北的所有区域。该地理区域包括了北冰洋的绝大部分，以及北美大陆和欧亚大陆的北部边缘地带及格陵兰岛在北极圈以内的陆地。

北极地区的绝大部分是海洋，在本文中将之称为“北极水域”。如同北极地区一样，北极水域也没有一个明确的定义，而曾经唯一对北极海域的范围进行过定义的是国际水道测量组织（the International Hydrographic Organization）。1953 年，国际水道测量组织对北极水域的定义是：“美国、加拿大、丹麦、挪威、俄罗斯的最北部边界向海洋一面的所有水域，包括冰封或无冰的海域。”此定义其实主要是指北极海域最主要的海洋主体——北冰洋。位于 66. 5°N 的北极圈内、四周由大陆环绕、近于半封闭的北冰洋，面积大约 1 475 万平方千米，约占世界海洋总面积的 4. 1%，是世界四大洋中面积最小、平均水深最浅的一个海洋。在北冰洋外围还有 10 个附属海及一些海峡，它们与北冰洋一同构成“北极海域”。作为北极海域主体的北冰洋正是通过挪威海、格陵兰海、加拿大北极群岛间各海峡和巴芬湾同大西洋连接，以狭窄的白令海峡沟通太平洋。

（二）北极水域环境保护问题的提出

从 19 世纪末开始，曾经一片冰封的北极地区越来越多地被人们涉足，航行和资源开采甚至北极科考活动都不同程度地影响着北极环境，尤其是北极水域环境。《北极气候影响评估》预计 100 年以后北极地区陆地平均气温将上升 3. 89 ℃ ~7. 22 ℃，海上年平均气温将上升 7. 22 ℃ ~10 ℃。[①] 北极地区相较其他区域的脆弱性和敏感性，更易受到二氧化碳的影响，造

① 孙凯、郭培清：《北极环境问题及其治理》，《海洋世界》2008 年第 3 期，第 65 页。

成气温升高，导致污染物高度集中。同时，北极寒冷的气候条件使得人们对北极地区的污染救治工作开展困难，效率低下。据调查，北极水域污染更多的因素来自北极区域之外的地区。目前北极水域环境问题主要有以下表现。

1. 石油泄漏和船舶航行造成的其他污染

石油泄漏的污染问题不仅仅是北极水域面临的主要污染问题，石油泄漏带来的巨大、严重的海洋污染问题在全世界都十分严峻。北极地区极寒的气候和冰封的海域使得石油污染问题在这片水域表现得更为严峻。石油泄漏使得石油在海面上形成一个油膜，阻碍了大气与海洋之间的气体交换，影响水体复氧作用；覆盖在北极冰面上的油膜还会增强冰块吸热能力，从而加速冰层融化，使得北极水域的淡水含量增加，改变了长久以来北极水域海洋动植物的生存环境。油类还会附着在鱼鳃、藻类植物和一些浮游生物上，造成这些生物的死亡。船舶在北极航行风险变大，低气温环境使得传统的防泄漏技术不能充分发挥作用，使得石油泄漏事件发生概率增加。一旦发生石油泄漏事件，由于北极地区气候条件不佳，基础设施建设落后，石油回收清洁工作开展更加困难，使得造成的灾害和损失进一步扩大。除了石油泄漏污染外，船舶日常航行产生的生活垃圾、含油污水也会对北极水域造成污染。随着冰层融化、北极航道航行期增加，船舶航行给北极水域环境带来的压力也越来越大。

2. 持续性有机污染物质污染

持续性有机污染物质是指一类会持续阻碍污染物质正常分解的有毒物质，这类物质广泛存在于农药、杀虫剂、燃烧物质，以及一些工业混合物质中，并且可以通过大气和海洋进行传播。持续有机污染物具有高度脂溶性，容易聚集在人类、海洋哺乳动物的脂肪内，并且一旦聚集便难以依靠生物自身的免疫循环系统进行消除。这类有毒物质还会从脂肪逐渐进入器官，进而影响生物的生存和繁殖。

（1）放射性物质污染

放射性物质污染是指人体肉眼无法观测到的、有向外辐射的能力、发出射线的一类物质造成的污染。这类物质主要是人工放射性物质，它们可以由多种途径进入人体，并破坏人体的细胞组织甚至影响人体的心血管系统、神经和内分泌系统，影响人体健康，严重的可能造成死亡。北极地区的放射性污染有三个源头：其一是冷战期间，美苏两国核潜艇在北极海域航行产生的液体辐射废物中的液体辐射废料污染；其二是俄罗斯海军向俄罗斯西北部的北极水域倾倒的固体辐射废物；其三来自核电站爆炸、核潜艇事故，以及其他可能产生核泄漏的事故产生的放射污染，例如苏联切尔诺贝利核电站核反应堆爆炸产生的核泄漏。

（2）重金属污染

重金属污染是指由于人类活动导致环境中的重金属含量超过必要范围而直接威胁到人类健康，导致环境恶化的一种环境污染。重金属本身的富集性，使其很难通过自然界本身的净化作用在环境中降解。它会被鱼类和贝类的体表吸附，和持续有机污染物相似，经由食物链进入人体内，对人类健康构成威胁。人体本身是需要一些微量的金属元素的，但一旦金属含量超过合理范围便会对人体构成危害。在北极地区存在三种过量的、人体非必需且有毒的重金属，分别是汞、镉和铅。由于体内重金属含量严重超标而被称为“世界上污染最严重动物”的白鲸，就是生活在北极水域中的圣劳伦斯河口，斯瓦尔巴群岛早在20世纪就已经开始煤矿开采活动，是北极地区污染最严重地区。

（三）北极水域环境保护相关法学基础理论

1. 环境正义理论

环境正义最早是在美国的“环境正义运动”中提出的。环境正义是指不同国家、地区在环境保护领域享有的权利和承担的义务、收获的利益和付出的成本应当是相对公平的，避免任何形式的歧视和偏见。环境正义要求人类在促进地球可持续发展的目标下，保持着为人类生存发展负责任的态度使用资源，强调人们要在确定保障所有人的生存权利的同时，对破坏环境的行为进行补救，以切实有效的行动解决环境保护中的不平等问题。环境正义包含了三大原则——平等、平衡、共赢。平等原则是基础，平衡原则是补充，强调大自然存在一个自平衡机制，衍生出一种承认差别和不完全平等的秩序，人类可以在这个秩序的约束下达成一些谨慎、适度、合理的欲望。通过万物的平衡规律便可以实现人类利益最大化，达到共赢，实现正义最优化。

2. 可持续发展理论

可持续发展理论最早是在1980年《世界自然保护大纲》中提出的，

强调人类对生物圈的利用除了满足当代人的需求，还要满足后代人的需求。北极水域环境保护的可持续发展，一方面要在宏观上保持整个北极地区的长期和平与稳定，避免军事冲突，促进多方合作，共同关注北极水域环境问题；另一方面要建立长期的监测评估体系，对北极地区的气候变化、污染状况、生物发展都要进行长期的监测，预防北极水域环境变化可能带来的不稳定性和风险。此外，可持续发展还强调环境保护和经济发展协调一体化，经济发展不能以牺牲环境为代价，也不能一味地强调环境保护，使经济发展停滞，必须找到两者之间的平衡点。

3. 条约冲突理论

条约冲突的定义，主要是各国国际法学者在其著作中的描述。总体来说，对条约冲突的定义可以分为两类：狭义的条约冲突和广义的条约冲突。本文更加赞成广义的条约冲突定义，因为其对条约冲突的覆盖面较广。对于狭义的条约冲突，詹克斯认为条约冲突是指："当两个条约的同一缔约国无法同时履行这两个条约规定的义务时，即存在严格意义上的冲突。"① 而宾德认为："当一国履行所缔结条约中的义务与其先前缔结条约中对另一国负有的义务不一致时，就产生了条约冲突。"② 广义的条约冲突则认为条约冲突不仅包括条约义务的冲突，还应该有条约权利的内容。并且根据《维也纳条约法公约》第 30 条的规定："就同一事项先后所订条约缔约国之间的权利、义务应依下列各项确定之……" 其中使用的 "缔约国之间的权利、义务" 的措辞可以看出该公约也是站在广义的条约冲突定义的立场的。

4. 国际软法理论

软法并没有一个普遍认同的明确定义，通常是指公约之外的任何在其内容中包含有原则、规范、标准或其他对所期待的行为的描述的国际文件。通俗一些的理解是指不具有严格的约束力，同时还具有一定的法律效果的规则。

软法具有三个特点：其一，软法没有强制约束力。软法没有约束力是

---

① 参见 C. Wilfred Janks, "The Conflict of Law-making Treaties," in *30 British Yearbook OfInternationalLaw* (1953)，第 426 页。

② Guyora Binder, *Treaty Conflicts and Political Contradiction: the Dialectic of Duplicity* (Westport: Praeger Publishers, 1988), p. 7.

与硬法具有约束力相对而言的，大部分情况下，硬法都被认定为国际条约，因为国际条约具有强制约束力。如果一项规则的法律形式是条约，那么其一定不是软法，但反之结论并不成立。一项涉及多个国家的协议，虽然名称是协议而非条约，但其仍可能是具有约束力的；其二，软法一般由原则性规定而非规则构成。规则是指详细规定的某项具体义务，但是软法一般是由一些内容更加宽泛、笼统的原则性规定构成的；其三，软法的执行依靠自愿，基本上不能通过有约束力的争端解决机制来强制执行。

二、北极水域环境保护立法现状

（一）与北极环境保护有关的国际法律文件

1.《联合国海洋法公约》

北极地区目前并没有一个专门针对北极法律问题的国际条约。在众多相关的国际条约中，《联合国海洋法公约》（UNCLOS）是极具影响力和权威性的。UNCLOS 对海洋环境保护的规定主要集中在第 12 章，其中第 8 小节第 234 条被称为“冰封区域”条款①，虽然该条款没有明确指出是专门适用于北极区域的，但是由于冰封的情形主要就是出现在南北极这种特殊地理位置，而南极地区又多为大陆，没有海洋，因此该条款被认为是公约中唯一一条专门针对北极地区的条款，对北极水域环境保护具有重要意义。该条款赋予了沿海国在本国专属经济区为了保护海洋环境、防止船舶污染而制定和执行国内法来控制和管理途经其专属经济区的船舶，同时对该项权利行使的空间和程度加以限制。条约赋予了沿海国为保护北极水域环境制定相应的法律规章的权利，应该认识到此类法律规章所采用的标准应不低于国际标准，而且出于对北极水域脆弱性和特殊性的考虑，这些标准甚至可以比国际标准更为严格，并且这类规定应该是非歧视性的，对于不同国籍的船舶都应一视同仁。但是“冰封区域”条款在不断的实践中也体现出了一些弊端，如何避免沿岸国依据此条款滥用权力，切实保护北极

① 该条款规定：“沿海国有权制定和执行非歧视性法律法规，以防止、减少和控制船只在专属经济区范围内冰封区域对海洋的污染，这种区域内的特别严寒气候和一年中大部分时候冰封的情形对航行造成障碍或特别危险，而且海洋环境污染可能对生态平衡造成重大的损害或无可挽救的扰乱。这种法律规章应当照顾到航行，并且以现有最可靠的科学证据为基础，目的是要对海洋环境进行保护和保全。”

水域环境，仍是我们需要不断研究的问题。

2. 《斯瓦尔巴条约》

1920 年的《斯瓦尔巴条约》作为一个政府性条约，是目前国际社会中为数不多专门以北极区域作为规制对象的国际条约。①《斯瓦尔巴条约》赋予了挪威政府对该群岛的充分的主权。但其实质上并不是一个完整的主权，因为该条约在规定群岛主权属于挪威政府的同时，还规定了该条约缔约国国民有权以渔业、工业、矿业、商业为目的进入该区域进行活动。但该公约为斯瓦尔巴群岛的环境保护责任提供了明确的依据。其赋予挪威政府采取相关措施保护群岛环境的权利，挪威政府可以出于保护本国沿海岸海洋环境的目的，在不与条约规定的内容冲突的情况下，制定相关法律法规，且缔约国必须遵守。

3. 《伊卢利萨特宣言》

2008 年 5 月，由北极沿岸五国（俄罗斯、美国、加拿大、丹麦和挪威）举行的部长级会议通过了《伊卢利萨特宣言》，该宣言强调北极沿岸五国在处理北极地区存有的问题和面临的挑战中具有特殊地位，并认为《联合国海洋法公约》在相关问题的规定上已经十分全面具体，无须一个综合的国际制度来适用于北冰洋的管理。该宣言的环境保护方面十分注重航运与环保的关系，高度重视海运安全，提出应当采取有效措施对航运进行管理，防止或减少航运事故的发生，从而减少航运对海洋的污染。

4. 《极地水域船舶作业国际规则》

近年来，国际海事组织（IMO）就极地水域船舶航行的相关问题制定了相关的规定和指南，但随着北极冰层融化和极地水域船舶航行的增加，制定一套完善的极地水域船舶航行安全和防污染标准逐渐成为国际海事界的共识。于是，在原有相关建议性文件的基础上，IMO 海上安全委员会（MSC）和海洋环境保护委员会（MEPC）于 2014 年 11 月及 2015 年 5 月分别通过修订《国际海上人命安全公约》（SOLAS）和《国际防止船舶污染公约》（MARPOL），形成具有强制性的《极地水域船舶作业国际规则》（简称《极地规则》），该规则已于 2017 年 1 月 1 日生效。《极地规则》主

① 参见“Pedersen, Torbjorn: The Svalbard Continental Shelf controversy: legal disputes and political rivalries,” in *Ocean Development & International Law* 4 (2006), 第 341 页。

体包括航行安全和环境保护两部分。与其他规则不同的是，《极地规则》明确禁止任何船舶排放油类或者油性混合物来避免油污染，除此之外，还要求船舶必须提供可以接收油污水和残油的设施，例如接收油类物质的油罐及接收废弃物的储存罐等。船舶产生的污水和垃圾也必须在远离陆地的特定位置才能进行排放。

（二）北极国家保护北极环境的相关法律制度

1. 俄罗斯的法律制度

《俄罗斯联邦宪法》对环境保护有总则性的规定，而环境保护的单行法则是俄罗斯联邦在 1991 年颁布的《俄罗斯联邦环境保护法》。除此之外，与北极环境保护相关的法律还有 1984 年的《加强毗邻苏联北方沿海地区和极北地区环境保护的法令》（又称《1984 年环保法》）、1990 年的《〈1984 年环保法〉实施法》、1985 年的《苏联专属经济区海洋环境保护与养护法》和 1989 年的《改善苏联北方沿海附近海域和极北地区生态状况的措施》。① 这些法律制度都是当时苏联借助环保立法的手段来加强对北极地区的权利行使。1991 年，在 UNCLOS 的框架下，俄罗斯针对自己享有主权的北极航道内的污染防治出台了《北冰洋航道航行规章》，规章规定了所有进入俄罗斯管辖水域范围内的船舶都必须遵守俄罗斯生物相关环保要求。在水域污染方面出台了《有关外海污染防治规则》和《有关外海给水海域污染防治的卫生标准》。要求船舶航行中大肠杆菌菌群的污染指标应为 1 m^3 1 000 个以下，禁止在海中投放废弃物，不能造成对冰的污染和冰上存储废物。② 被称为俄罗斯“北极宪法”的《2020 年前俄罗斯联邦北极地区国家政策原则及远景规划》，把保护“北极地区独特的生态系统”作为其核心理念之一，强调了北极环境的独特性。另外《2020 年前俄罗斯联邦北极地区发展和国家安全保障战略》也将“生态体系和自然资源的合理利用”列为保障俄罗斯联邦国家安全的重要内容。③ 该政策中提到了对北极水域内核动力船舶的环境无害化处理，体现了俄罗斯对于核污染防治的

① 参见“Francks E.: Legal Regime of Navigation in the Russian Arctic,” in *Journal of Transnational Law & Policy* 18（2009），第 327 页。

② 杨凡：《北极生态环境保护法律研究》，博士学位论文，中国海洋大学，2010 年 3 月，第 53 页。

③ 郭培清，曹圆：《俄罗斯联邦北极政策的基本原则分析》，《中国海洋大学学报》（社会科学版）2016 年第 2 期，第 11－12 页。

重视。2013 年颁布的《北方海航道水域航行规则》也明确规定了在其北方海域内航行的船舶设备中必须配备相应储存箱用以收集废弃物。此外，俄罗斯还规定了相当严苛的海洋环境污染损害赔偿制度。

2. 美国的法律制度

美国与北极水域环境保护密切相关的法律制度主要有：①1980 年的《阿拉斯加国家重要土地保护法案》，该法案是对地质勘测部门在北极地区的职能行使进行限制。②1983 年的《美国北极政策指令》，这是美国最早的北极战略，重点对资源开采中的环境污染问题做出规定。③1990 年的《石油污染法》，该法律的适用范围包括阿拉斯加在内，是美国在北极地区的专属经济区。该法律规定了进入阿拉斯加的威廉王子湾可航水域的邮轮标准，以及造成石油污染后的责任承担，其严格的责任条款包括责任方认定、赔偿责任的范围，以及后续的监督与执行整个体系。该法于 2005 年进行了修订，建立了作用于规划和协调石油污染预防工作的石油应急处理办公室，此外还明确规定了美国海岸警卫队作为该法律实施机构的职责和目标。④1994 年的《美国北极政策指令》，该项指令建立了专门处理北极问题的北极政策委员会，并开启了北极环境影响的评估程序。⑤1999 年的《保护栖息地紧急法》，该法案是对北极地区冻原生物进行保护的规定，由于猎杀一种名为“春雪鹅”的候鸟可以保护其栖息地，并对未来物种多样性的发展有重大意义，因此，法案允许在传统的狩猎季节过后，仍可以继续捕获该候鸟。⑥2009 年的《北极地区安全指令》，这是美国对北极地区所有政策的一个综合评价性文件，突出了美国作为环北极八国在北极地区享有的各项权利和利益，表达了美国认为没有必要参照南极条约制定一个北极条约的态度，对环境保护的措施主要体现在能源开发政策上。但在这一政策中，美国明确地表示要在北极水域内放置核动力船舶，这一举措不仅加剧了北极地区的军事紧张局面，更对北极水域的核污染防治带来了巨大威胁。⑦2013 年的《北极地区的国家战略》，该战略主要包括美国国家安全、保护北极环境、加强北极地区的合作三个方面。

3. 加拿大的法律制度

加拿大十分重视国家的海洋环境保护立法工作，在北极水域环境保护方面制定了多部成熟的法律规范，相较其他北极国家来说，专门针对北极环境保护问题的国内法律更多，体系更加完善，主要有：①《北极船舶污染防治法规》，该法规于1978年2月24日颁布，对进入北极地区航行的船舶各项标准进行了详细的规定，还对航行时间进行了限制。对于船舶造成的污染损害，要求承运人和托运人承担严格的有限责任。②《北极海域污染防治条例》，该条例于1978年6月30日颁布，该条例主要包括两个部分：一部分是对处理可能造成北极水域污染的各类废弃物和危险物的规定；另一部分是对详细的举证责任和赔偿金额的规定。③《北极水域污染防治法》，该法于1970年6月颁布，1985年修订。该法规定，北纬60°以北的100 n mile区域内所有船舶的行为都要受到加拿大的规制，完全禁止废弃物的排放，扩大了加拿大对于海洋污染防治的管辖权。④《北极环境战略》，该战略是1991年提出的国内计划，主要从废弃物处理、淡水资源保护、污染物防治及可持续发展四个方面详细地规划了北极环境保护的实施计划。⑤《加拿大海洋战略》，于2002年颁布，是加拿大所属北极海域的海洋战略计划框架，该战略中提出在北极水域划定五个规划区域，对其内的环境污染问题优先、统一进行治理。⑥《加拿大船运法案》，于2007年颁布，该法案将原来受加拿大政府规制的60°N以北的100 n mile区域扩大到200 n mile，管辖权的范围直接扩大到了加拿大的整个专属经济区。

加拿大国内法关于海军的规定也体现了其对北极水域环境严格的保护。海军条例要求加拿大海军在北极地区的航行和训练中不得将未经处理的污染物直接向海洋排放，含油类的污水则更为严格，除非污染物会对海员的安全健康产生威胁，否则这类污水绝对禁止在海洋航行中处理排放，一律在甲板上保留至上岸后再加以处理。对所有固体物都尽可能做到减少使用或是循环使用，固体废弃物都要求收集和分类，以减少人类活动对北极水域环境造成的负面影响。

4. 其他国家的法律制度

北极地区最大的岛屿——格陵兰岛所属丹麦，丹麦关于北极环境保护的国内立法都是通过对格陵兰岛的立法展开的。丹麦的环保立法主要是《格陵兰岛自然保护法案》，该法案注重石油和天然气引发灾难的应急处理能力对环境污染的管控。此外，丹麦还通过伊卢利萨特会议来强调自身的环保主张。

挪威外交部于2006年11月发布了《挪威政府高北战略》，该战略中首先强调了在经济发展和环境保护发生冲突时，环境保护摆在优先地位，也涉及了高北地区的具体环境保护问题，比如高北地区的石油开采资格制度、巴伦支海和斯瓦尔巴群岛地区的生态综合治理等。此外，挪威政府除了对北极区域内的所有的人为活动进行管理外，还针对其中一些环境尤其是特殊或脆弱的地区建立了特别条款，规定更为严苛的环保责任。2009 年挪威发布了《北方的新问题：挪威北极战略的下一步》，该战略尤其注重对环境污染的监测和预防，建立了专门的研究中心，对北极水域污染进行全面而持续的监督，加强对各类污染事件的应急处理能力。

瑞典存在众多环境法律与规章，相互交织，不可避免地造成相互冲突。瑞典将之前存在的 15 部与环境保护相关的法律梳理整合，形成了《瑞典环境法》，北极圈之内的瑞典领土的环境保护问题就由该法典进行规制。该法律还特别指出了三种可能造成北极水域环境污染的活动，要求进行这些活动的主体必须在取得相应的许可证之后才可以在北极地区进行相关作业。除此之外，对于北极生物多样性的保护还有《驯鹿管理法令》和《森林法》。《瑞典外交部长在北极理事会上的发言》是瑞典北极政策的重要部分，与其他国家不同的是，瑞典的北极政策更为关注北极的生态平衡和气候问题。

芬兰在 1991 年通过《荒地保护法令》，将其北极圈范围内的 12 处芬兰领土界定为荒地，与美国的荒地政策以荒地本身的自然状态为基础制定政策不同的是，芬兰的荒地政策考虑的是荒地的人文特征，该法令支持在不破坏环境的基础上进行商业开发。2010 年的《北极地区战略》提出了加强生态环境保护和核安全，并且呼吁加强国家之间的合作，鼓励欧盟对北极地区的密切关注。

冰岛十分肯定 UNCLOS 在北极环境问题上的灵活适用，认为在国内法管辖范围外的北极环境问题应在现有的法律框架内解决。冰岛虽然暂未出台明确针对北极环境的相关国内法，但是通过冰岛的一系列国际层面的发言和行动可以看出，冰岛十分重视北极环境的可持续发展。

三、北极水域环境保护存在的法律问题

（一）“软硬兼施”的治理模式存在缺陷

北极水域环境保护现有的治理模式是既有 UNCLOS、《斯瓦尔巴条约》等国际条约所代表的硬法构成整个环境保护法律规制的框架，又有北极理

事会、国际海事组织、欧盟等国际组织制定的指南、议定书等没有强制执行力的软法作为内在补充规定。

尽管UNCLOS对北极水域环境保护做出了框架性的规定，其内容的模糊性，各缔约国都可以基于本国利益的考量对高度概括性的概念或条款做出不同的解读，这就导致了条约适用上的矛盾和不确定性。《极地规则》尽管为防止船源污染做出了统一而明确的规则，但在填补水域环境保护漏洞空白等方面仍然存在着不足，对黑碳排放、重油问题、“灰水”排放等方面的问题都没有做出规定。这些问题与水域环境污染联系紧密，并且其执行机制也一直饱受诟病，可见《极地规则》可能并没有完全达到制定之初所预期的效果。各国际组织对北极水域环境保护的规定都只有建议性，没有强制执行力。北极水域环境保护的国际条约不成体系，不同条约的适用主体和范围对相关权利义务方面的规定都不尽相同。这就导致了条约适用的冲突和混乱，影响条约适用的实际效果，大大减损了条约对其各缔约主体的约束力。

北极八国的国内法都不可避免地突显自己国家的主张，维护本国的权利，并且在法律适用上也仅限制定国的领土范围内，就算是存在两个以上主权国家订立的关于北极水域环境保护的双边或多边条约，其效力范围也仅限于缔约国，不具有普遍约束力，更何况这些双边和多边协定中专门针对北极水域环境保护的又少之又少。北极理事会、国际海事组织、欧盟等国际组织制定的指南、宣言、议定书等虽然在北极水域环境保护中发挥着越来越重要的作用，但其仍旧是没有强制执行力的软法，约束力有限。

（二）法律规范存在冲突

北极地区最为典型、最具代表性的条约冲突是UNCLOS和《斯瓦尔巴条约》，二者在缔约主体、适用范围和缔约国权利三个方面都有冲突问题。《斯瓦尔巴条约》于1920年2月9日在巴黎签订。而截至2010年12月31日，除美国外，所有的《斯瓦尔巴条约》的缔约国都是《联合国海洋法》的缔约国，美国拒绝批准UNCLOS是造成两个国际条约在缔约主体之间存在冲突的主要原因。

《斯瓦尔巴条约》规定了群岛主权属于挪威政府，但同时该条约缔约国国民有权以渔业、工业、矿业、商业为目的进入该区域进行活动。关于该区域范围的界定，1935年7月12日，挪威国王颁布敕令，确定了挪威渔区的基线，还确定了挪威领海的外部界限是距离这条基线 4 n mile、与其平行的一条线。[①] 作为 UNCLOS 的缔约国，根据 UNCLOS 规定，[②] 挪威已于 2002 年 6 月 14 日颁布了关于领海宽度为 12 n mile 的皇家法令。相关利益国家也开始主张自己基于《斯瓦尔巴条约》赋予的部分权利，之前该条约的适用范围仅限于群岛及其周围 4 n mile，在 UNCLOS 生效后，《斯瓦尔巴条约》的适用范围是否随之拓宽就产生了争议。

同时北极地区的八个国家都有权制定自己囊括其北极领土范围的环境保护法律。国内法制定的目的主要在于本国维护自身权利，因此不可避免地会与以维护国家间利益平衡为前提的国际条约发生冲突。随着北极环境保护相关法律越来越多，国际条约的数量也同样会不断增加。生态环境问题是全球性的问题，相关法律调整对象不断重叠也导致北极地区法律冲突日益加剧。加拿大是北极八国中相当重要的国家。西北航道通过加拿大沿岸的大片水域，加拿大早已不断通过国内政策和立法的方式加强对其控制。其中《服务区规章》依据 UNCLOS 第 234 条而制定，但却对本国和外国船舶区别对待，有违无歧视性原则。并且，第 234 条适用的对象是一年中大部分时候冰封的区域，而如今北极海冰消融，一部分地区冰封时间减少，加拿大划定的航行安全控制区是否都符合 234 条的适用条件也存在疑问。

（三）缺乏统一的司法机构

当前北极水域的环境保护急需一个特定的法律实施机构统领北极水域环境保护的工作。北极地区存在的司法机构除了北极沿岸八国的国内司法机构之外，还包括国际法庭和国际司法机构，而这些机构大多数都是依附于某个国际组织。这些国际组织包括联合国在内的各类可在北极区域内适用的国际条约制定方和一些区域性组织，都是为了解决全球性的环境问题而设立的，与北极地区没有直接联系，仅仅是因为其规制的环境具有全球性的特点，而北极又没有专门的立法司法机构，因此其对北极区域环境享有管辖权。随区域性组织的增多，这种多种司法机构重叠、缺乏完整的组织机

---

① 北极问题研究编写组：《北极问题研究》，海洋出版社，2011，第 342 页。

② UNCLOS 确立沿海国可以确定的领海宽度最大为 12 n mile，专属经济区的宽度为从基线起 200 n mile 内，大陆架为领土的自然延伸，沿海国在领海海域内享有完全主权，对专属经济区区域内的自然资源享有主权权利，对大陆架区域的自然资源享有勘探和开发的权利。刘艳蕊：《北极航道利用的法律冲突与协调》，硕士学位论文，北京交通大学，2016，第 28 页。

构或者是机构功能有限，不具备执行力的现状，反而会严重影响法律的适用。

北极水域环境保护的立法、司法机构多样，包括国家、国际组织、区域性组织和非政府组织在内的多个机构在国际社会中享有平等的地位，任何一方没有凌驾于另一方的权利，不同的立法机构根据自身制定的不同法律规范赋予不同机构对北极水域环境问题的管辖权。各个不同的机构所设立的宗旨不同、管辖的范围不同、构成组织的成员也是各不相同，因此不同机构所订立的与保护北极水域环境相关的法律、公约、条约，以及宣言、议定书、指南等软法的适用范围、适用对象、规定的权利义务的内容也不尽相同，每个立法机构都宣称其立法的目的是保护北极环境，但其实更多的是基于自身利益的考虑，这些原因都会造成各类法律规范之间的冲突。一旦就北极水域环境保护问题发生争议，并没有一个具有权威性的司法机关来对该项争议进行审判和裁决，大都是通过国际之间或者国际组织之间不具强制性的协商来解决，在实践中的执行效力必然存在折扣，这直接影响了条约、规则等制定之初的预期效果。除此之外，对北极环境保护的争议还会交由一些全球性或是区域性的司法机构来解决，不同国际组织之间的管辖不一致性又会导致其下属的司法机构产生管辖权冲突，导致同一案件在不同的司法机构可能会做出并不一致甚至相互矛盾的判决。

（四）缺乏固定的资金来源

北极水域环境保护的成本分担是有差别的，发达国家应该比发展中国家承担更多的责任。一方面，北极水域环境受到的压力大多还是来自发达国家的工业化进程；另一方面，发达国家较发展中国家而言，掌握着更多的经济优势和技术优势。发达国家应该对北极水域环境保护做出实质上的努力，并对发展中国家提供资金和技术上的支持，以提高发展中国家的环保能力，共同致力于北极水域环境的保护。发展中国家也不能因为缺乏资金和技术就怠于履行对北极水域环境的保护义务，应根据自身情况做出善意而积极的努力。

除了需要固定的实施机构，充足的资金也是保证公约得到有效实施的重要方面，是缔约各方遵守公约各项规定的物质基础。北极地区环境特殊，对其进行危险防范与救助的成本十分高昂，侵害者可能因为巨大的资金压力难以补偿，从而导致环境破坏难以补救，为了更好地对北极水域环境进行保护，充足而稳定的资金是必要的。北极水域环境问题是一个全球性的问题，因此，其所需要的资金也必须是跨越国家和种族界限的。发展中国家和发达国家之间就环保成本分担一直没有达成广泛共识，造成这种分歧的根本原因还是在于各自代表的不同利益。发达国家希望各发展中国家能广泛参与北极水域环境的治理，从而减轻发达国家在这方面的资金负担。而发展中国家积极参与北极水域环境治理，一方面是希望更好地了解北极水域环境，争取更多的话语权；另一方面是希望从发达国家那里得到资金援助，获取一系列相关先进技术，除此之外，发展中国家内部也存在资金分配的矛盾。为解决这些利益冲突，一个恰当的资金机制十分重要。通过资金机制来对资金进行整合分配，可以在一定程度上缓和国家之间的冲突，并且有利于其他国际组织参与到北极水域环境保护中来。

四、北极水域环境保护法律治理的完善建议

（一）选择软法模式作为北极水域环境保护的治理模式

1. 环北极八国国内立法模式的局限性

目前，环北极八国都以制定国内法的形式对北极水域环境进行了保护，大部分都取得了不错的预防和惩治污染的效果，但国内立法始终有众多局限性，无法成为北极水域环境保护的治理模式的选择。

第一，各国的国内法虽然都宣称其立法的目的是保护北极环境，但其实质仍旧是为了自身的国家利益，想要打着保护北极水域环境的旗号，来确定其对北极某部分水域的管理权，为取得该水域内的丰富自然资源提供合理的借口，从而不断扩张自己的利益范围。

第二，各国制定的国内法的适用范围是本国的专属经济区内，除了对本国的船舶有权管理之外，对进入其管辖范围的船舶造成的水域环境污染也享有管理权也是无可厚非。但是不同国家对同一污染案件的处理方式必然不尽相同，如果由于船舶航行或者资源开采等事件造成的水域污染案件发生在公海范围内，仍由国内法进行规制的话，究竟应该适用哪一国的国内法必然产生争议，此类冲突和矛盾的加剧并不利于北极水域环境的保护。

第三，北极水域环境的污染除了人类在北极的航行、开采、科考等活动造成的以外，还有一部分是由其他地域的水域污染造成的。众所周知，海水具有流动性，除环北极八国外的其他国家造成的污染可能会随着海水

的流动进入北极地区，这种情况下，如果以环北极国家的国内法对其他国家的行为进行规制显然在实践中是不可行的。

第四，北极水域环境问题不再是一个区域性问题，而是一个全球性的问题，单靠环北极八国自身的力量可能无法得到有效的解决。并且，北极环境的特殊性和脆弱性对北极地区的水域环境保护提出了更高的要求和标准，对北极地区的船舶航行和资源开发的法律规制应当更加严格。而当前的实际情况是，除了美国和俄罗斯以外，大部分的环北极国家制定的船舶航行和资源开发的相关标准都普遍低于国际海事组织设立的标准。这种情况下，一旦以环北极八国的国内法作为北极水域环境保护治理模式的话，很难保证北极国家会按照更高、更严格的标准加强对北极水域环境的保护力度。

综上所述，依靠环北极八国的国内立法来治理整个北极水域环境是不可取的。

2. 《联合国海洋法公约》治理模式的局限性

在众多与北极环境保护相关的国际条约中，UNCLOS 是极具影响力和权威性的。但其只是一个框架性规定，并没有针对北极水域环境的保护做出专门详尽的规定，因此以 UNCLOS 作为北极水域环境保护治理模式也有一定的局限性。

第一，UNCLOS 的制定目的是对全球内的海洋环境进行保护，难以将每个水域内的特殊性都考虑进去来制定详尽的法律规范，因此，公约中大多数的条文都是一般性、原则性的规定，为后面陆续出台的各大国际条约奠定框架、指明方向。海洋问题的表现形式复杂多样，公约难以囊括众多复杂多样的海洋污染问题，也难以针对北极水域环境的脆弱性和敏感性做出特殊的规定，并不能妥善地解决北极地区日益复杂和多样的水域环境保护问题。

第二，UNCLOS 于 1982 年通过，当时，北极水域还在被大量海冰覆盖，北极航道也并没有开通，因此，北极地区当时的立法争议焦点并不在环境保护问题上，而是更多地关注于北极地区的法律地位、专属经济区的纠纷等问题上。因此整个公约与北极地区密切相关的条款只有一条，即“冰封区域”条款。而随着全球变暖的加剧，广泛的冰层融化开通了北极航道，北极的水域环境保护问题日益得到重视，仅仅只靠一个“冰封区域”条款来对北极水域环境进行规制未免显得有些心有余而力不足。

第三，UNCLOS 虽然有 160 多个缔约国，但仍有部分国家并非其缔约国，其中就包括环北极八国之一的美国，一旦使用该公约来治理北极水域环境问题，作为非缔约国的美国就可以不遵守公约的规定而采用本国国内法的规定，这势必又造成国际条约和国内法之间的冲突，不利于北极水域环境的保护。

3. 制定“北极条约”的治理模式的局限性

早在对北极水域环境保护开始重视之前，人们已经就南极的环境保护制定了一个《南极条约》，并在南极地区形成了以《南极条约》为中心，1964 年的《保护南极动植物议定措施》、1972 年的《南极海豹保护公约》、1980 年的《南极海洋生物资源保护公约》、1988 年的《南极矿物资源活动管理公约》、1991 年的《关于环境保护的南极条约议定书》，以及南极环境评估、南极动植物保护、南极废物处理与管理、防止海洋污染和南极特别保护区 5 个附件等共同构成的一个完整的“南极环境保护法律体系”。[①] 一部分组织和国家认为南北两极具有相似的地理位置，应该参照《南极条约》制定一个相似的“北极条约”来对北极环境保护进行规制。诚然，《南极条约》中的一些措施对目前北极各类条约之间相互冲突的情况有一定的借鉴作用，但就目前北极的局势而言，制定一个类似于《南极条约》的“北极条约”还是行不通的。

第一，虽然南北两极是地球的两个极端，在地理位置上具有一定的相似性，但南极是完全被水包围的区域，它不与周围任何一个国家接壤，因此是地球上唯一一个无主地。无主地的性质使得任何一个国家都不可以对其主张权利，国际社会便可以顺利地通过一个国际条约来确定南极地区的法律地位，进而对南极地区的环境进行保护。而北极地区则是被环北极八国包围，每个国家都可以在北极内自己的海域主张权利，出于对各自利益的考虑，难以在短时间内达成一个让各方都满意的国际条约。

第二，目前大陆架范围造成的争议导致环北极八国在海域权属上仍有争端。《斯瓦尔巴条约》制定之时尚不存在专属经济区和大陆架的概念，

---

① 阮振宇：《南极条约体系与国际海洋法：冲突与协调》，《复旦学报》（社会科学版）2001 年第 1 期，第 133 页。

在 UNCLOS 生效后拓宽的领海范围和专属经济区、大陆架是否适用《斯瓦尔巴条约》一直存在争议。目前国际社会对如何划定大陆架的问题还没有达成一致意见，就目前海域权属争端愈演愈烈的形势来看，短期内国际社会也很难在这一问题上达成共识。而“北极条约”必定是在明确各国享有主权权利的海域范围基础上制定的，这样才能发挥条约的约束力。绕开权属问题的条约很难得到环北极八国的认同，这样的条约也是形同虚设，难以发挥应有的作用。

第三，《伊卢利萨特宣言》已经表明了北极沿岸国在处理北极地区存在的问题和面临的挑战中的态度，并认为目前《联合国海洋法公约》在相关问题的规定上已经十分全面具体，无须一个新的国际条约来对北极环境进行管理。这种态度说明了环北极国家并不希望出现一个新的国际条约，只希望通过完善现有的法律制度来对北极地区环境进行保护。制定“北极条约”很难得到这些国家的认同，这样的条约就算制定出来恐怕也很难顺利执行。

第四，《南极条约》中的“非军事化”难以在北极地区实现。在《南极条约》制定之时，南极地区并没有发生过战争；而北极地区则不同，除了斯瓦尔巴群岛是非军事区之外，北极地区的军事活动一直不断。现在北极冰层融化，大量自然资源的开采变得可能，各国不可能放弃巨大的资源利益，放弃军事化活动。

4. 北极软法治理模式的优势

在北极水域环境保护问题上，由于各国利益存在差距，在利益争夺的背景下想要就环境问题达成共识、形成国际条约十分困难，且条约的缔结程序又冗长复杂，立法成本高昂。而软法这一内容多样、形式灵活的治理模式就恰好可以解决目前北极水域环境保护治理模式选择的难题。通过软法对北极事务进行规制避免了各国漫长的谈判协调过程，又能在面对北极水域环境变化的不确定因素时进行灵活应对，减少复杂的修改程序，还有利于对各国行为产生影响，加强各国在北极水域环境保护问题上的合作。软法的优势在于：

第一，不具有强制约束力的协议更能得到各国的支持和认同。世界各国必然是以自身利益为前提去缔结国际条约，有时一些国家会因为某些条约损害国家利益而拒绝签订条约，转而以一些宣言或者声明的方式传达自身意思，建立相应的准则规范，这种不具强制约束力的协议文件更能使得各方利益最大化，得到大多数国家的接受和认同。

第二，无强制约束力的软法形成时间较短，可以更快地为保护北极水域环境提供支持。众所周知，每个国际条约的签订背后，由于各方利益难以平衡，都需要大量的时间供各国商讨、谈判、决议，往往会因为某一点就耗费大量的时间来达成共识，更不论之后还有漫长的签署、批准等程序。现在北极地区领土、资源争端不断，各国很难在短时间内就北极地区的各类问题达成共识，因此各国就北极水域环境保护问题也更愿意采取保守的方式进行协商，而拒绝缔结相关国际条约。北极水域环境污染问题日益突出，环境保护迫在眉睫、刻不容缓，采用软法的方式能够省略国际条约一系列烦琐的步骤，加快各国加入的时间，更早更快地为北极水域环境保护贡献力量。

第三，软法的内容多样，可以全面完整地对北极水域环境进行保护。现有的有关北极水域环境保护的软法具有数量众多、涵盖面广的优势，规制的内容包括了船舶航行、陆地活动、污染治理、生物多样性保护等多个方面，能够全方位地对北极水域环境进行保护。

第四，软法形式灵活，更易根据实际发展情况进行调整。目前北极航道刚刚开通，船舶航行量较低，日后船舶航行量上升等会使水域环境发生改变，而根据现在北极地区的实际情况进行的水域环境保护措施可能不再适用。北极水域环境的复杂性和法律规范的滞后性决定了规制北极水域环境的法律规范必须因势利导，具有灵活性。而非拘束性法律文件易于调整，可以根据现有实际情况调整出最适宜的法律规范措施。软法的此种灵活性正好解决了北极水域环境的不确定性。

第五，软法虽然不具有强制执行力，但它仍然起到了呼吁全球对北极水域环境加以重视，行动起来保护环境的作用。北极环境是世界环境的一部分，并且对世界环境的影响越来越大。北极水域环境问题已经不仅仅是环北极八国需要面对的问题，而是全人类发展的问题。北极的水域环境治理要求跨越民族和国家的障碍，开展更加广泛和深入的合作。

（二）解决北极水域环境保护法律冲突问题

1. 运用条约解释规则，解决现有的相关法律冲突

造成相关法律规范冲突问题的实质其实是国际法不成体系的特性。国

际法本身就不是一个统一的有组织的法律体系，因此，并非在北极问题上存在法律规范不协调的情况。这种冲突问题早已得到了国际社会的重视，并已经为解决国际法律规范冲突问题做出了种种努力。1969 年和 1986 年的《维也纳条约法公约》便是这种努力的集中成果，该公约包含了三种对条约进行解释的方法：第一，善意解释。这是根据《奥本海国际法》中道德法律化的概念提出的，表现在条约冲突中，就要求对条约的解释要更偏向于善意一方的利益，并且作为条约冲突的各方应该积极促成利益各方的协商，达成一个得到共识的冲突解决办法。第二，约文解释。要求按照词语通常的意思来解释条约内容，在通常意义并不是缔约国缔约当时所要表达的意思时，就需要参考缔约前的准备资料进行解释。第三，上下文解释。即通过词语的上下文内容来确定词语的意思。此外，该公约包括的整合原则、特别法原则、后法原则、等级原则等在内的一系列规范冲突解决的原则手段也同样适用于针对北极环境问题的国际条约冲突解决问题。

2. 加强北极地区国际组织和国家之间的相互合作

为避免或减少未来北极环境保护相关公约和国内法律之间的冲突，必须加强相关国际组织的合作，尤其是在立法阶段的协调互通。当前的国际法规则大多是在国际组织的主持下制定的，如果在未来的北极环境保护相关规则的制定阶段，国际组织之间能相互协调合作，就能避免新缔结的条约与现有的条约冲突；或者规则的内容与其他国际组织权限范围内的管辖事项重合；或者某一国际组织在缔结新的条约时，应当将既有的对同一问题的规定或是其他国际组织对同一事项的规定进行整合，将多项国际规则统一起来，避免出现同一事项重复立法的情况。鉴于国际立法活动的特殊性，即容易受多方面利益和信息不对等因素的影响，在条约的制定阶段容易不可避免地出现冲突。这时候就必须强调国际组织之间在条约实施阶段的协调合作，对于可预见的冲突可提前约定以其中一个条约的规定为准，避免之后可能造成的冲突；对于不可预见的冲突可以采取事后补救措施，产生冲突的不同国际组织可以根据自身的规则修改机制进行协商修订，解决某一规则冲突问题。除了各国在立法阶段的相互协调之外，国家也是法律秩序的维护者，具有强制执行力，在法律实施层面也需要国家之间的合作。

3. 转变国家立法的价值取向，更深度地参与北极事务

除了国际组织间的相互协调，国家之间的相互合作也是解决冲突规范的重要手段。国际公约是各方利益博弈的产物，国际法规范的冲突本质在于不同国家利益的不一致性。大国在领土、能源、资源和航道问题上的争议都是可能破坏北极地区环境的因素。因此，解决规则冲突问题的根本方法应该是通过转变国家的立法价值取向，不仅仅是单纯考虑自身的利益，而应该以共同治理的角度，认识到环境是人类赖以生存的基础。北极环境问题是全人类共同面临的问题，为实现环境保护的最终目的，需要各国之间的协调达成一致，而不是单纯依靠立法技术、适用法律技巧等手段解决。而且不仅仅是北极八国，每个国家都应该意识到在北极环境保护领域产生的法律规范冲突最终危害的是北极的环境，每个国家都应当承担起保护北极环境的责任，付出持续且善意的努力，以缓解目前北极环境保护相关法律规范相互冲突的状况。

4. 努力构建以框架性公约为核心的北极水域环境保护法律体系

如前文所述，现有的适用于北极环境保护的国际立法种类繁多，涉及范围包含了船舶污染、大气污染、生物多样性保护等多个方面。但现有的公约、条约和环北极八国的国内法都没有站在整个北极环境的全局角度考虑问题，只是简单地强调对某一特定污染的治理或是某一特定资源的开发利用，忽略了整个北极环境体系的整体性和关联性。因此，建立一个具有全局性眼光的框架性公约十分重要。但是基于目前的国际情况，各国尤其是环北极八国对北极航道的主权争夺十分激烈，其他国家出于对北极航道利用和北极资源开发的考虑，也积极参与到北极事务中。出于不同国家利益的考量，短时间内很难就北极管理的各项事务达成共识，从而制定一个详细、具体的专门条约。虽然 UNCLOS 是一个国际认可度较高的框架性公约，但其毕竟不是针对北极环境问题专门制定的。我们可以在借鉴 UNCLOS 的基础上，提出一系列原则性的规定，这些原则性的规定应该是缔约国在北极环境保护问题上的一些共识，为北极环境保护提供一个方向性的指引。这类原则性规定不涉及具体问题的操作，至于对某一具体问题的规定，可以通过某一具体问题涉及的利益各方的协商，以框架条约下的议定书的形式解决。北极地区的环境复杂，目前人类对其研究仍不完全，北极环境的治理仍然存在不确定性，加之法律本身就具有滞后性，因而过

早规定好的具体问题的解决方式，随着北极环境的变化肯定会逐渐不适于调整其所针对的问题。到时又不可避免地要利益各方重新协商制定新的规范，立法的成本也将上升。而框架性公约正好可以解决这类问题。框架性公约包含了利益各方已经认可的一些基本理念，并且为北极环境治理提供了一个明确的方向。框架性公约对所有缔约国都具有约束力，缔约国之间的双边协定、多边协定和缔约国的国内法的制定都应该在不违反框架性公约规定的基础之上，这样不仅可以减少条约规定之间相互冲突的现象，还有利于保护不同发展阶段的国家的利益。

（三）将北极理事会作为北极水域环境保护的司法机构

1. 当前专门针对北极环境保护设立的国际组织概况

虽然目前北极地区还没有一个具有足够权威性的能对北极所有事务起统一领导作用的组织，但北极地区仍拥有众多涉及北极水域环境保护的国际组织。就目前北极地区的实际情况而言，绕开现有的国际组织建立一个新的环境保护的国际组织是难以实现的。因此在现有的国际组织中，选择一个对北极水域环境有足够了解、有一定能力对北极水域环境做出规定并且能够得到广泛认同的组织来作为北极水域环境保护的司法机构是比较现实的选择。

现有的针对北极环境保护的国际组织主要有国际北极科学委员会、北极理事会、北冰洋科学研究委员会、新奥尔松科学管理委员会、北极研究管理者论坛等。国际北极科学委员会是由北极八国科研组织的代表成立的一个非政府组织，是目前在北极科学研究方面最为活跃的一个组织。该组织的主要活动是在“交流、科学、协调”的宗旨下对各国在北极地区的科考活动进行指导，为重大科学问题的国际合作提供平台，同时在环境保护方面具有制定相应规范的权利。该组织的最大特点在于其开放程度，即对所有在北极地区开展重要科研活动的国家开放，既包括环北极国家，也包括其他非北极国家。北冰洋科学研究委员会也是一个非政府组织，该组织向所有从事北冰洋及其附近海域研究的国家开放，资金主要来源于美国国际科学基金会，致力于提供自然科学和工程技术方面的支持以确保北极科学界内部的互动。新奥尔松科学管理委员会是北极研究中唯一一个国际研究站，成立的目的是加强在挪威新奥尔松地区开展科学研究的国家之间的交流合作。北极研究管理者论坛是从事北极科学研究的国家的相关物流管理者共同建立的一个国家间论坛，宗旨在于促进和优化物流管理以支持北极科学考察活动。

通过设立的宗旨可以发现，这些国际组织的成立大多以北极科学考察为主，以探索北极资源为目标，大部分活动都以科学研究为主，缺乏保护北极水域环境的实质性行动。而北极环境保护战略是一份非约束性的环境保护文件，由成员国出资，难以承担起北极水域环境保护的责任。

2. 北极理事会作为北极水域环境保护的司法机构的可行性

第一，北极理事会是由环北极八国组成的政府间国际组织，环北极国家在一定程度上已经认可该组织。作为北极水域环境保护的司法机构的组织得到环北极国家的认可是前提条件，其他国际组织未必都能得到环北极国家的认可。并且，环境问题是世界性问题，不受政治意识形态的影响，北极八国的政治主权与北极水域的环境治理就产生了矛盾，由于北极水域环境不断恶化，国际社会一直在对北极八国施加压力，通过各种条约、协定等对北极八国对北极水域的管辖权加以限制。在这种情况下，想要保证北极国家在北极的主权，又能在一定程度上缓和主权的专属性和环境的跨界性矛盾，北极国家就必然要让渡部分主权，给予其他行为体合法性，共同参与北极水域环境的治理。北极八国让渡部分主权是为了保障司法机构设立的有效性，能够对各国产生约束力，这就要求该司法机构是他们熟悉的且在一定程度上能够被他们所控制，这样该组织的相关举措才能得到环北极八国的认同和支持。

第二，北极理事会的国际合作主体具有广泛性。环北极八国是北极理事会的正式成员国，除正式成员国之外，北极理事会的组织成员还包括永久参与方和观察员，一共有 13 个非北极国家、13 个国际组织和 12 个非政府间组织作为北极理事会的观察员。观察员的身份赋予了这些非北极国家和国际组织、非政府间组织参与北极事务的权利和机会，扩展了北极事务的国际合作主体。但北极理事会又对这些观察员的准入资格进行了严苛的规定，这些非正式成员国身份的参与主体在北极事务上不具有主导性，不享有表决权，且北极理事会的所有决策都必须由享有决策权的正式成员一致通过，这就在侧面上承认了北极八国绝对话语权地位基础上又提高了其他国家在北极事务上的参与度。

第三，北极理事会较其他国际组织更具有专属性。北极理事会是“北极环境保护战略”的继承者，是专门针对北极地区的各项事务成立的组织，是北极八国在北极问题上的唯一官方对话机制，且北极理事会的宗旨和目标都把环境保护摆在了重要的位置，注重协调和可持续发展。北极理事会已成立多年，对北极水域环境保护相关问题有比较全面和充分的了解，在此基础上提出的相关建议和措施都具有较高的专业性和科学性，易得到更好的环境保护的效果。

第四，北极理事会是软法向硬法模式过渡的最佳选择。虽然以目前北极的实际情况而言，在复杂政治环境下软法模式治理北极是最佳选择，但面对日益严峻的北极水域环境问题，软法模式只能作为一个过渡而非最终手段，制定具有强制执行力的、权利义务规定清晰明确的硬法必将是北极水域环境治理的发展趋势，其作为司法机构确保之后硬法的有效实施，也是对该机构的应有要求。不同于其他组织的是，北极理事会目前已经具备了包括权力机关、执行机关和各类常设机构的完整组织结构。北极理事会分别在 2011 年和 2013 年部长级会议上通过了两部具有法律效力的条约——《北极海空搜救合作协定》和《北极海洋油污预防与反应合作协定》，这不仅表明了北极理事会执行能力的增强，也表现出未来有确保相关硬法有效实施的能力。

（四）北极水域环境保护的资金来源建议

1. 北极生态保险制度的构建

生态保险，顾名思义，是将某一个体风险事件带来的环境损失通过保险制度在全球范围内予以稀释，由无数个体分担，大大减少单一个体的负担，能有效地对受损方给予补偿。北极生态保险分为两种形式：一种是生态自然保险制度，另一种是生态责任保险制度。前者是指将由不可抗力造成的环境损失在国际社会上予以分摊，在现行保险法上并没有明确规定。后者是指由保险法进行规制的，被保险人因为自身原因造成的北极环境破坏而承担的责任为保险标的，由保险人承担环境损害赔偿和补救责任的保险。

目前，由法律明确规定的生态责任保险并不多，主要有 UNCLOS、《国际油污损害民事责任公约》《关于消耗臭氧层物质的蒙特利尔议定书》《联合国气候变化框架公约》等。北极地区的生态保险制度可以依托现有国际条约的规定，发挥联合国作为有影响力的国际组织的作用，建立并完善与北极生态保险相关的制度，同时联合北极区域内的保险机构，鼓励北极国家、船舶企业和可能会造成北极环境破坏的各方进行保险，共同实施、推动北极生态保险制度。

2. 北极生态基金制度的构建

虽然生态保险通过风险分散的机制缓解了侵害者难以负担高昂的北极水域环境风险的防范和补救费用的问题，但是生态保险有严格的适用条件和范围限制，一些不在保险范围内的环境破坏问题如何进行救助也是需要考虑的问题，除生态保险保护范围，未解决的环境破坏问题，可以尝试建立生态基金制度。

目前国际上已经有了国际生态基金制度。制定国际生态基金制度是为了全球生态安全，以及为发展中国家、欠发达国家提供技术和资金的支持，具有集合投资、分散风险、专家管理的特点。该制度由国际法予以确立。国际法要求各成员国就生态基金制度制定相应的国内法予以明确，另外也会在全球范围内建立国际生态基金组织，对全球尤其是发展中国家、欠发达国家或地区的生态基金的设立、运营、管理、资金方面提供帮助。当前最具有影响力的生态基金是“全球生态基金”，其管理机构是参加国大会、理事会和秘书处，执行机构是联合国环境规划署、联合国开发计划署和世界银行。该基金主要是通过赠款或其他形式对受惠国提供项目资金支持，以促进全球生态环境的可持续发展。全球生态基金正发挥着其他基金无法替代的作用，笔者认为其有能力成为北极水域环境保护相关国际公约的资金机制。

通过设立生态基金机制，一些类似于跨境污染等目前还无法得到全面赔偿的环境损失可以有效解决；面对一些影响范围巨大的环境污染事件，一些经济实力稍弱的国家政府也可以在没有财政压力的情况下采取紧急防范措施防止损害扩大。此外，北极水域范围内的公共海域的环境损害也能得到资金保证，确保对公共海域造成环境损害的国家有足够的能力采取治理措施。因此，设立生态基金机制是十分必要的。

3. 北极生态金融制度的构建

金融制度是当代经济的核心，支撑着经济的发展。环境的保护也可以利用金融制度，保障治理成本，促进技术进步，维持环境养护。北极金融制度就是以法律的形式规定各类国际金融机构，以及北极八国各自的国内金融机构对北极环境治理提供资金支持。该类资金支持多以贷款的形式发放，遵循金融运作的基本规律，国家、政府和各类组织都可以成为贷款主体。对贷款申请主体的资格、信用额度也有一定的限制，但是会在发放限额条件、贷款利率方面予以一定的优惠，在还款期限和形式上也比普通贷款更为宽松和灵活，并且会严格监控贷款的使用途径，必须用于环境保护，不能用于经济建设等非环保用途。

北极水域环境问题的解决需要大量的资金投入，金融机构的支持十分必要。从目前的国际情况来看，生态金融制度的发展还不够全面，为了更好地保护生态环境，利用金融机构开展生态贷款，应尽可能地融合国际金融机构、区域性金融机构和国内金融机构，筹集更加广泛多元的资金资源，为北极环境保护提供更加丰富的融资渠道。

五、结语

随着世界各国对北极事务参与热情的升温，在北极开发的过程中，北极水域环境保护已是不可忽视的议题。尽管《联合国海洋法公约》得到广泛的认同，但其对北极环境保护也仅仅是一个框架性的规定，并没有出于北极环境的特殊性的考虑而制定专门的完整的法律制度规范，其他专门针对北极环境保护的法律也并不多见。

就目前的北极现实情况而言，采用内容多样、形式灵活的软法治理模式是最为恰当的选择，更易得到各国的支持和认可。在解决法律冲突的问题上，应充分利用现有的各种冲突协调机制和条约解释规则，强调国际组织之间在立法司法层面的协调互通，转变国家立法的价值取向，共同推进对北极水域环境的保护，力求在未来建立一个完整协调的北极水域环境保护法律体系。在对现有的针对北极地区的国际组织进行分析的情况下，选择北极理事会作为北极水域环境的实施机构，一方面能够保护环北极八国的主导地位，得到八国的认同；另一方面又能够提高世界各国对北极事务的参与程度。在资金机制的选择上，发挥联合国作为有影响力的国际组织的作用，建立并完善与北极生态保险相关的制度，对一些不在保险范围内的环境破坏问题，可采用生态基金制度作为补充，同时还可以借助金融机构的支持，开展生态贷款，为北极水域环境保护提供更加丰富的资金渠道。

北极地区适用环境影响评估的国际法研究

周　阳

摘　要：随着气候变暖，北极海冰消融，巨大的资源宝藏渐渐地浮出水面。然而，北极脆弱敏感的环境状态更加容易受到人类活动的影响和侵害，一旦北极环境遭到破坏，将会引发全球的海洋生态系统、气候系统的剧烈变化。所以，北极地区资源的获取与环境保护之间的协调发展始终是人类开发北极所应关注的焦点问题。国际社会对生态环境保护的观念逐渐从事后追偿责任转化为对环境损害的预防和控制，以及对自然、生态环境的可持续利用。环境影响评估是体现预防性环境保护观念的重要举措之一，是服务于环境管理的一项科学性、预判性评估手段，其目的是对拟议活动所产生的潜在环境影响进行科学评估。因此，将国际法下的环境影响评估制度适用到北极环境保护治理体系中，将会有效地减少环境损害对北极造成的不利影响。

关键词：环境影响评估；跨界影响；防止环境损害原则；风险预防原则；北极地区；北极理事会

The Study of International Law on the Application of Environmental Impact Assessment in the Arctic

Zhou Yang

Abstract: As the climate warming and the Arctic sea ice disappears, a huge treasure trove of resources gradually rises to the surface. However, the fragile and sensitive environmental state of the Arctic is more vulnerable to the impact and infringement of human activities. Once the arctic environment is damaged, it will lead to drastic changes in the global Marine ecosystem and climate system. Therefore, the coordinated development between resource acquisition and environmental protection in the Arctic region has always been the focus of human attention in developing the Arctic. The concept of the international community on ecological and environmental protection has gradually been transformed into the responsibility of post-recovery into the prevention and control of environmental damage and the sustainable use of the natural and ecological environment. Environmental impact assessment is one of the important measures to embody the concept of preventive environmental protection. It is a scientific and predictive assessment tool for environmental management. Its purpose is to scientifically assess the potential environmental impact of proposed activities. Therefore, the application of the environmental impact assessment system under international law to the Arctic environmental protection and governance system will effectively reduce the adverse impact of environmental damage on the Arctic.

Key words: environmental impact assessment; transboundary impact; principles for the prevention of environmental damage; principles of risk prevention; the Arctic region; Arctic Council

北极由大陆包围着海洋（北冰洋）构成，根据《联合国海洋法公约》第 122 条[①]，北极地区可以被定义为“半封闭海域”。由俄罗斯、加拿大、美国、冰岛、丹麦、挪威、瑞典和芬兰八个主权国家管辖范围内的地区和国家管辖范围外的“全球公域”（ABNJ）构成。由于北极特殊的地理构成与国家主权的关系，北极地区至今尚未有统一的立法体系。目前，针对北极治理问题，起到实质性作用的多是北极理事会及其各工作组制定的软法性规定，但这些法律文件效力较低。当前唯一专门针对北极地区的环境影

① 参见《联合国海洋法公约》第 122 条：“闭海或半闭海”是指两个或两个以上国家所环绕并由一个狭窄的出口连接到另一个海或洋，或全部或主要由两个或两个以上沿海国的领海和专属经济区构成的海湾、海盆或海域。

响评估法规，是于 1997 年在阿尔塔会议（Alta Declaration）上针对北极八国之间的合作而通过的《北极环境影响评估指南》，它是作为北极环境保护战略（AEPS）的一部分而存在的。然而，该指南并不具有法律约束力，其尚未被纳入北极八国的国内立法和行政指南中，仅能为各国在北极地区实施环境评估提出一般性指导意见。

随着北极的冰川不断融化，人类活动逐渐增多，油气、矿产资源的开采等都将使北极被迫蒙上污染的阴影，这些资源的开采必然会导致环境的损害，并且这种污染往往是跨界的。如果产生恶劣影响，将会影响整个北极地区，甚至全球的海洋环境。环境一旦遭到破坏是不可逆转的，但又无法限制主权国家在其国家管辖范围内的地区进行资源开采，所以只有通过实施预防环境损害的措施，或者说在可预测的范围内将环境损害的影响降至最低，这就需要采取本文引入的概念——环境影响评估。通过在北极地区实施防止环境损害的事前救济程序，在拟定项目开发之前进行环境影响评估，就可以提醒各国开展拟议活动时可能对其管辖范围造成的跨界损害，同时进一步要求风险来源国对其他受到潜在影响的国家进行通知和磋商，以及在项目开展过程中对环境的影响进行持续性监测。

一、国际法框架下环境影响评估的相关理论

（一）环境影响评估的相关概念界定

1. 环境影响评估

环境影响评估（environmental impact assessment，EIA）是一个重要的环境管理工具，也是对具有潜在不利环境影响的人类活动采取预防性措施的一个组成部分。国际影响评估协会（the International Association for Impact Assessment，IAIA）将环境影响评估定义为“在做出重大决策和承诺之前识别、预测、评估和缓解开发项目的生物、物理、社会或其他相关影响的过程”。《在跨界背景下的环境影响评估公约》（以下简称《跨界环境影响评估公约》）第 1 条第 6 款将环境影响评估界定为“一个国家程序评估拟议活动对环境可能产生的影响”。联合国环境规划署（United Nations Environmental Programme，UNEP）在其制定的《环境影响评估的目标和原则》（Goals and Principles of Environmental Impact Assessment，简称 UNEP Goals and Principle）中，将环境影响评估定义为“在一个拟定项目

或计划中识别、预测、解释和交流可能对环境产生潜在影响的过程”[①]。《里约宣言》原则 17 有力地证实了国际社会对环境影响评估的支持：“环境影响评估作为一项国家手段，对环境产生重大不利影响的拟定项目应进行环境影响评估，并应由国家主管机构做出决定。”

国际法院在“乌拉圭河纸浆厂案”的判决中指出，各国对于任何可能对国家管辖范围外的地区产生潜在影响的项目，有进行环境影响评估的义务。[②] 这是一种行为义务（an obligation of conduct），属于国家的程序性责任，所以各国实施和执行环境影响评估的行政机关有相当大的自由裁量权。然而，这一程序义务与预防的实体义务密切相关。[③] 国际法院认为一般国际法中并未包括关于环境影响评估的明确范围和内容，每个国家需在其国内立法或项目授权过程中确定每种情况下所要求的环境影响评估的具体内容。国际法院还认为，环境影响评估必须在项目开展之前实施。一旦项目开始，在整个项目周期内，应对环境影响进行持续监测。[④] 因此，开展环境影响评估有两方面的要求：一是，该程序必须在项目开展之前的计划阶段进行；二是，在长期操作过程中，必须持续监测项目对环境的影响。

2. 跨界环境影响评估

在实施环境影响评估之前，首先了解环境影响评估（EIA）与跨界环境影响评估（TEIA）之间的关系，然后才能了解其功能差异。目前，国际法在全球、区域间、跨国和国内四个层面上处理环境问题。[⑤] 所以环境影响评估也适用于这四个范畴：国际环境、区域间环境、跨界共享水域（transboundary watercourses）和国内环境。[⑥] 跨界环境影响评估通常与国家、地区之间的环境影响评估相关联，它可以理解为包含旨在评估人类活动对另一国家环境或国家管辖范围以外地区的环境可能造成危害的环境影

---

① 参见 UNEP, *Goals and Principles of environmental Impact Assessment of the United Nations Environmental Programme* 附件 4，发布于 1987 年 12 月。

② 参见 *Case Concerning Pulp Mills on the River Uruguay*（*Argentina v Uruguay, Merits*），(2010) *ICJ Rep* 14，第 204 段。

③ Ibid，para 79.

④ Ibid，para 205.

⑤ 那力：《从国际环境法看国际法及国际法学的新发展》，《法学评论》2009 年第 6 期，第 65－71 页。

⑥ Koivurova，Timo，*Environmental impact assessment in the Arctic: a study of international legal norms*（Surrey：Ashgate，2002），p. 128.

响评估程序。环境影响评估只有对他国或海洋环境造成跨界损害时才是一般国际法下的义务。[1] 所以狭义的环境影响评估制度是只针对各国管辖范围内，由各国政府控制的程序，对拟定项目产生的潜在环境风险进行评估，并涉及公众参与的科学评估制度。跨界环境影响评估属于广义范围的环境影响评估，是为了减少一国的拟议开发项目对另一国产生的潜在跨界影响，它被认为是环境受到跨界影响的国家之间所适用的一个扩展的环境影响评估程序。

笔者认为，国际环境法中的环境影响评估的适用范围较跨界环境影响评估的范围更广。国际环境法中的环境影响评估的研究不仅包括了国际文件中的跨界环境影响评估规定，还包含了对相关国家国内的环境影响评估制度的审查。而区域间的跨界环境影响评估只适用于在跨界环境下的各种跨界环境影响评估的国际公约及相关议定书、区域性条约和协定等。目前，并没有一个统一的管理跨界环境影响评估的国际法体系。即使是在被誉为“海洋法宪章”的《联合国海洋法公约》中，也只有一个条文对跨界环境评估进行了概括性描述，并未提及对各国的强制性义务等内容。[2] 适用范围最广的是《跨境环境影响评估公约》，该公约要求各缔约国单独或共同采取一切适当和有效的措施，防止、减少和控制拟议活动所产生的重大不利的跨界环境影响。

3. 战略性环境评估

战略性环境评估（strategic environmental assessment，SEA）是一种更高阶的环境影响评估手段，是在项目决策的早期阶段介入的工具。它是一个系统化的决策支持过程，旨在确保国家机构制定政策、计划和方案过程中有效考虑环境和可能产生的其他可持续性问题。战略性环境评估是环境影响评估在政策、计划和方案方面及早地协调环境与发展关系的决策和规划手段。[3] 它是一种结构严谨，具有参与性、开放性和透明性的环境影响

① 帕特莎·波尼、埃伦·波义尔：《国际法与环境》，那力等编译，高等教育出版社，2007，第123页。

② 参见《联合国海洋法公约》第195条：“各国在采取措施防止、减少和控制海洋环境的污染时采取的行动不应直接或间接将损害或危险从一个区域转移到另一个区域，或将一种污染转变成另一种污染。”

③ 参见 Riki Therivel，“Strategic environmental assessment of development plans in Great Britain，” in *Environment Impact Assessment Review*（1998），第39－57页。

评价过程，特别适用于公共规划部门或私人机构编制的计划和方案。① 在一定程度上，战略性环境评估是一个比环境影响评估更重要的概念，因为它可以更全面和长期地在政策、规划和实施层面考虑环境因素。环境影响评估经常是在特定区域和一定时间限定内对某一项活动进行评估，而战略性环境评估拓宽了环境影响评估的空间和时间范围，常常作为长期决策制定的制度化部分应用于整个活动或地理区域。为了取得最大效力，战略性环境评估和环境影响评估需要垂直整合或分层考虑环境因素，在政策和计划层面考虑到更广泛的社会和经济因素。这将更加有效地将环境因素纳入项目编制及决策过程的各个层面。

（二）指导环境影响评估的国际法原则

1. 防止环境损害原则（No-harm principle）

无论在经济领域，还是在生态环境领域，防止环境损害原则都是“黄金规则”。② 防止环境损害原则是指国家在管辖范围内采取合理的措施来控制和管理其领土开展的活动，不允许侵害到其他国家的利益。该原则在1972年《斯德哥尔摩宣言》原则21中首次被确立③，在之后的国际法律文件中反复被重申，因此这一原则被称为“国际环境法的基石”和“制定多边条约的基本规则”。这一原则的后半部分已被吸纳到大量的多边环境条约和声明中，例如1979年的《远距离越境空气污染公约》序言、1982年的《世界自然宪章》第21条第d款、1982年的《联合国海洋法公约》第193条和第194条第2款。值得一提的是，冷战之后，《里约宣言》作为新的国际关系下各国对于环境与发展问题的新认识，再次提及了“防止环境损害原则”，与《斯德哥尔摩宣言》中的规定有微妙但又明显的变化。首先，它的地位从原则21提升到原则2④；其次，从技术角度看，这个原

① T. B. Fischer, *Theory and Practice of Strategic Environmental Assessment-towards a more systematic approach Abingdon-on-Thames* (New York: Routledge, 2007), p. 61.

② 亚历山大·基斯：《国际环境法》，张若思编译，法律出版社，2000，第93页。

③ 参见《斯德哥尔摩宣言》原则21：“按照联合国宪章和国际法原则，各国有自己的环境政策开发自己资源的主权；并且有责任保证在他们管辖或控制之内活动，不致损害其他国家的或在国家管辖范围以外地区的环境。”

④ 参见《里约宣言》原则2：“各国根据联合国宪章和国际法原则，拥有根据其自身的环境和发展政策开发自己资源的主权权利，并有责任确保其管辖或控制范围内的活动不对其他国家或国家管辖范围以外地区的环境造成损害。”

则在《里约宣言》中重新定位意味着更高的政治利益。

对于防止环境损害原则与环境影响评估的关系，学术界普遍认为，各国只有实施环境影响评估才能达到防止环境损害的标准，特别是在跨境损害的情况下。① 一国某个行为在开展之前没有进行环境影响评估而对他国的环境造成损害，那么这个国家就不能抗辩其履行了注意义务（due diligence）。然而，对防止环境损害的研究中一般将其认为是国际法中最低标准，用来提供一种审查基准，将国家的行为与一个合理的、良好的政府在跨界污染的特定情况下所做的行为进行比较。

2. 风险预防原则（precautionary principle）

风险预防原则在国际法中的发展，最早出现在《世界自然宪章》中，其中第11条第b款中反映了其强制性，即“在进行可能对大自然构成重大危险的活动之前应先彻底调查；这种活动的倡议者必须证明预期的益处超过大自然可能受到的损害；如果不能完全了解可能造成的不利影响，活动即不得进行”。《里约宣言》中以“义务性”的术语提出风险预防原则，被视为最为创新的举措之一②，其中原则15给出了较为权威的表达：“为了保护环境，各国应根据各自的能力广泛采用预防性措施。在存在严重或不可逆转的损害威胁的情况下，不得以缺乏科学、充分的证据为理由，延迟采取符合成本效益的措施防止环境恶化。”

风险预防原则是一个指导性原则，其目的是鼓励决策者在开展活动之前考虑其活动对环境可能造成的有害影响。决策者使用这一原则来证明在缺乏广泛科学知识时做出某一决定（例如采取特定行动）有可能造成损害的情况下的酌情决定。在存在科学不确定性的情况下，最谨慎的解决方案是消除或减少不确定性，而不是取消活动。环境影响评估是实现风险预防的重要举措之一，旨在充分降低这种不确定性，这就需要在采取预防措施时进一步进行科学调查。

3. 可持续发展原则

1987年，布伦特兰委员会（Brundtland Commission）发表了关于可持续发展（Sustainable Development）是国际环境话语中心的报告，并提出了著名的概念，即“可持续发展，应满足当前需求的发展，又不得损害子孙

---

① A. Z. Cassar and C. E. Bruch, “Transboundary Environmental Impact Assessment in International Watercourse Management,” *New York University Environmental Law Journal* 12 (2003): 181.

② 亚历山大·基斯：《国际环境法》，张若思编译，法律出版社，2000，第93页。

后代满足其自身需求的能力”。1992 年《里约宣言》确认了可持续发展原则作为国际环境法的基石性原则的地位。在里约会议后，无论是国内层面还是国际层面，都受到可持续发展原则的影响。在国内层面，它被许多国家采纳为一项政策。①

对于可持续发展原则与环境影响评估之间的联系，在《布伦特兰报告》发表以后形成的国际政策文书中无处不在。《里约宣言》确立了环境影响评估是促进可持续发展的一种工具。在《北极环境影响评估指南》序言部分也明确说明了可持续发展对北极地区的重要性，并给出了可持续发展的定义及目标。《里约宣言》原则 4 中指出：“为了实现可持续的发展，环境保护工作应是发展进程中的一个整体组成部分，不能脱离这一进程来考虑。”环境影响评估不能仅仅针对项目本身进行评估，还应该考虑整个项目进程中的所有环节，不能只着眼于局部的、短期内产生的影响，还要从整体的角度考虑对项目所产生的长期的、累积的影响。

4. 非歧视原则

作为一个国际环境法原则，非歧视原则要求各国无差别地对待国内环境损害和国家管辖范围外造成的环境损害，均应适用自己国家的环境法。与之相关的一项原则——平等准入原则，要求各国向所有受环境影响的公众提供平等参与决策的权利，无论是污染来源国还是受影响的国家。非歧视原则在 1974 年的《北欧环境保护公约》中首次正式适用到环境事务中。北欧四国之间的这项公约规定，如果一个国家被认定在其领土内开展的对环境有害的活动可能对其他缔约国产生重大损害，该国（污染来源国）必须提供有关活动的通知，并允许受影响国的公众就活动的影响提出陈述。②

非歧视原则，更确切地说是平等准入原则，要求受影响国家的公众与污染来源国的公众在环境影响评估程序中享有平等的程序性权利，如被通知和磋商的权利。非歧视原则作为在跨境环境中实施环境影响评估的基

① 帕特莎·波尼、埃伦·波义尔：《国际法与环境》，那力等编译，高等教育出版社，2007，第 81 页。例如，欧洲共同体第 5 次环境行动计划（Environmental Action Programme），COM（92）23，Final；英国 1999《提高生活质量》（A Better Quality of Life）：《可持续发展》（A Strategy for Sustainable Development），Cm. 4345 和 1995《环境法案》（Environmental Act）；美国 1996《可持续的美国——新共识》（Sustainable America-A New Consensus）；澳大利亚 1995《生态可持续发展与政府间环境协定的国家战略》（National Strategy for Ecologically Sustainable Development and International Agreement on Environment）；印度 1993《环境行动计划》（Environmental Action Plan）；中国 1994《国家 21 世纪议程》（National Agenda 21）等。

② 参见《北欧环境保护公约》第 2～5 条。

础，其自身结构对环境影响评估在解决跨界环境问题方面具有很大的影响。一是，非歧视原则的非互惠性导致跨界环境中的环境影响评估并没有最低要求，确定是否对具有潜在跨界影响的项目进行环境影响评估仍属于各国自行决定的范围。二是，非歧视原则背后的假设就是跨界环境问题与国内环境问题没有区别对待。对于如何更好地在非歧视的前提下开展环境影响评估，至少需要开展国际合作，在各国之间规定最低限度的程序要求，从而使可预测性达到可接受的程度，以应对触发环境影响评估的实施。

5. 国际合作原则（International Co-operation Principle）

国际合作原则是指在国际领域，各国进行紧密合作，通过合作的方式，采取共同的环境保护措施，实现保护和保全国际环境的目的。[①] 国际合作原则最早出现在1945年的《联合国宪章》（Charter of United Nations）中，在第一章“宗旨及原则”第1条第3款中规定：“促成国际合作，以解决国际间属于经济、社会、文化及人类福利性质之国际问题，且不分种族、性别、语言或宗教，增进并激励对于全体人类之人权及基本自由之尊重。”国际合作原则被广泛地应用在国际环境保护领域中。《联合国海洋法公约》中第12部分第二节专门地规定了全球性和区域性合作的内容。[②] 1992年的《生物多样性公约》的序言中强调在国家间、政府间组织、非政府间组织等进行国际性、区域性的国际合作。

国际合作原则是在国际环境中实施环境影响评估的重要前提，《跨界环境影响评估公约》序言部分明确提出，在实施环境影响评估时应加强国际间的合作。环境影响评估可以被认为是以一套标准化的程序来实现国际合作中的通知与磋商义务，因此在实施环境影响评估时应将具体的通知和磋商义务纳入进去，从而实现国际合作原则。

二、当前北极地区环境影响评估相关国际立法实践

（一）国际性法律文件

1. 《联合国海洋法公约》（UNCLOS）

UNCLOS作为海洋法律的统领性文件，是国际社会解决全球海洋环境

① 林灿铃：《国际环境法》，人民出版社，2011，第260页。

② 参见《联合国海洋法公约》第197条：“各国在为保护和保全海洋环境而拟订和制定符合本公约的国际规则、标准和建议的办法及程序时，应在全球性的基础上或在区域性的基础上，直接或通过主管国际组织进行合作，同时考虑到区域的特点。”

问题的重要基础，Oude Elferink 认为："《联合国海洋法公约》含蓄地规定了保护和保全海洋环境的综合性方法。"①

UNCLOS 中涉及环境影响评估的内容主要体现在第 204 ~ 206 条。第 206 条中对环境影响评估下了定义。② 此外，第 204 条中规定，各国还应对许可开发的活动进行持续监督，以确定这些活动是否可能污染海洋环境，并要求各国对可能受影响的国家提供信息，并每隔一段时间向主管国际组织提交监测报告，各主管国际机构应将上述报告提供给所有国家。③ 该条款反映了海洋的全球性特征，特别是在国家管辖范围之外的地区，包括北极地区的公海部分（北冰洋中部）。

UNCLOS 规定了"各国应当对可能造成的污染或引起整个海洋环境重大损害的活动进行事前评估和持续监测的义务，包括北极地区的海域"。但此规定只是一般性义务，更具体的环境影响评估原则和程序需在区域、国家层级的法律文件内予以规定，同时是对海洋领域中的特定活动的相关规定作为补充。

2. 《环境影响评估的目标及原则》

联合国环境规划署于 1987 年通过了《环境影响评估的目标及原则》，这是全球最早代表国际环境影响评估目标和基本程序的法律文件之一，它提供了实施环境影响评估的国际公认的最低要求。除了确立促进各国实施环境影响评估的目的外，也规定了当环境影响评估的结果可能产生跨界影响时，相关国家应当采取通报协议的方式通报可能受到影响的国家。在"乌拉圭河纸浆厂案"中，法院驳回了阿根廷关于联合国环境署的《环境影响评估的目标和原则》是习惯国际法的主张，但此案件仍可为早期的环境影响评估实践提供最佳证据。④ 该文件指出，环境影响评估的目标和原则在本质上只规定了一般性原则，需要各国、区域之间和国际层面在执行

---

① 参见 Elferink，Oude，and G. Alex. "Environmental Impact Assessment in Areas beyond National Jurisdiction，" in *International Journal of Marine & Coastal Law* 2（2012），第 449 – 480 页。

② 参见《联合国海洋法公约》第 206 条：各国如有合理根据认为在其管辖或控制下的计划中的活动可能对海洋环境造成重大污染或重大和有害的变化，应在实际可行范围内就这种活动对海洋环境的可能影响做出评价，并应依照第 205 条规定的方式提送这些评估结果的报告。

③ 同上书，第 205 条。

④ 参见 *Case Concerning Pulp Mills on the River Uruguay*（*Argentina v Uruguay*，*Merits*），（2010）*ICJ Rep* 14，第 205 段。

环境影响评估程序中进一步细化。

原则 1 中规定项目需要在操作前进行全面的环境影响评估，如果拟议活动的范围、性质或地点可能对环境造成重大影响，则应根据其他原则进行全面的环境影响评估。原则 4 中详细列举了环境影响评估中应包含的内容。[①] 原则 7 提出，各国在做出某项拟议活动的许可决定之前，应遵守与该项活动的利益攸关者进行磋商的一般义务，其中应允许政府机构、公众，相关领域专家和相关利益团体的成员对环境影响评估进行评论。原则 10 要求在一个项目经过了环境影响评估之后做出决策，项目的提议者所做的决定或采取的行动应尽适当的注意义务，提议者应充分审查特定的项目对环境的潜在影响，并考虑受影响的利益攸关者。但该原则并没有对拟定活动的提议者提供明确的决策路径。

3. 《生物多样性公约》

《生物多样性公约》是一项具有法律约束力的国际公约，旨在最大限度地保护地球上丰富的生物资源，促进生物多样性的可持续发展。[②] 公约中包含了一部分相对广泛的环境影响评估规定，该规定适用于国家管辖或控制范围内所有开展的项目或活动可能会对生物多样性产生的重大且负面

---

① 参见《环境影响评估的目标及原则》原则4："（1）对拟议活动的描述；（2）描述可能受到影响的环境，包括确定和评估拟议活动的环境影响所必需的特定信息；（3）酌情考虑实际的可替代方案；（4）评估拟议活动和可替代方案中潜在的环境影响，包括直接、间接、累积、短期和长期的影响；（5）确定和描述用于减轻拟议活动对环境所产生的不利影响的措施，以及对这些措施的评估；（6）明确收集所需数据时可能遇到的认知和技术差距，以及不确定性；（7）国家管辖范围外区域的环境是否会受到拟议活动或可替代方案的影响；（8）对上述内容中提供的信息做简要的非技术性总结。"

② 参见《生物多样性公约》缔约国名单，https：//www. cbd. int/information/parties. shtml，访问日期：2018 年 12 月 18 日。

的影响。其中第 14 条第一款是关于环境影响评估的内容。①

《生物多样性公约》的缔约国还接受了两个自愿指南，补充了《生物多样性公约》中关于环境影响评估的义务。①对拟定在圣地、土著和地方性的社区历来居住或使用的土地和水域上进行或可能对其产生影响的开发项目，进行文化、环境和社会影响评估的自愿准则（以下简称《Akwé：Kon 指南》）；② ②有关生物多样性 - 包容性影响评估的自愿指南（以下简称《生物多样性影响评估自愿指南》）。③ 这两个指南方针并不具有法律约束性，但可以被认为是最佳实践的证明。《生物多样性影响评估自愿指南》中考虑了环境影响评估程序不同阶段的生物多样性因素，解决了开展环境影响评估的技术性问题。

4.《防止跨界损害公约草案》

国际法委员会第 53 届会议于 2001 年通过了《防止跨界损害公约草案》。国际法委员会的条款采取的是条约草案的形式，因该条约草案从未得到国际委员会的同意，所以不能被视为具有约束力的国际法来源。

有关环境影响评估的内容，《防止跨界损害公约草案》第 7 条规定对可能存在跨界损害的活动进行评估，包括环境影响评估。在“乌拉圭河纸浆厂案”之前的 9 年，国际法委员会认为评估范围的具体细节应该留给执

---

① 参见《生物多样性公约》第 14 条第一款：“每一缔约国应尽可能并酌情：（a）采取适当程序，要求就其可能对生物多样性产生严重不利影响的拟议项目进行环境影响评估，以期避免或尽量减轻这种影响，并酌情允许公众参加此种程序；（b）采取适当安排，以确保其可能对生物多样性产生严重不利影响的方案和政策的环境后果得到适当考虑；（c）在互惠基础上，就其管辖或控制范围内对其他国家或国家管辖范围以外地区生物多样性可能产生严重不利影响的活动促进通报、信息交流和磋商，其办法是为此鼓励酌情订立双边、区域或多边安排；（d）如遇其管辖或控制下起源的危险即将或严重危及或损害其他国家管辖的地区内或国家管辖地区范围以外的生物多样性的情况，应立即将此种危险或损害通知可能受影响的国家，并采取行动预防或尽量减轻这种危险或损害；（e）促进做出国家紧急应变安排，以处理大自然或其他原因引起即将严重危及生物多样性的活动或事件，鼓励旨在补充这种国家努力的国际合作，并酌情在有关国家或区域经济一体化组织同意的情况下制订联合应急计划。”

② 参见 Convention on Biological Diversity，Conference of the Parties 7：Akwé：Kon Voluntary Guidelines for the Conduct of Cultural，Environmental and social Impact Assessment regarding Developments Proposed to Take Place on，which are Likely to Impact on，Scared Sites，and on Lands and Waters Traditionally Occupied or Used by Indigenous and Local Communications，CBD，COP-7，Decision Ⅶ/16。

③ 参见 Convention on Biological Diversity，Conference of the Parties8：the Voluntary Guidelines on biodiversity-inclusive Impact Assessment（Biodiversity Inclusive Impact Assessment Guidelines），CBD，COP-8 Decision Ⅶ/28。

行这种评估的国家的国内法律规定。根据《防止跨界损害公约草案》第2条第b款将“损害”定义为对人员、财产或环境造成的损害，第c款规定“跨境损害”指由一国以外的国家管辖或控制的领土范围内或其他地方对其造成的损害。国际法委员会解释说，如果污染是由沿海钻井平台或其他国家公海上的船舶造成的，《防止跨界损害公约草案》显然并不适用于国家管辖范围以外的地区。

对于公众参与磋商方面，《防止跨界损害公约草案》中的规定也有一定的借鉴意义。第8条和第13条规定了关于通知和磋商同时适用于可能受影响的国家和可能受到影响的公众（包括非政府组织和独立专家）。关于公众磋商，国际法委员会认为这一规定的基础是国际法的新趋势，特别是环境法，这表明该草案在2001年就确认公众参与已经成为习惯国际法中的一项权利。[①]

（二）区域性法律文件

1. 《北欧环境保护公约》（Nordic Environmental Protection Convention, NEPC）

《北欧环境保护公约》于1974年在斯德哥尔摩颁布，并于1976年正式实施，是第一个为跨界环境影响评估制定基本标准的区域性条约。适用于四个缔约国（芬兰、瑞典、挪威和丹麦）领土内（包括大陆架）的任何不可移动的开发项目，四个缔约国中的每一个国家都可能对其他三个国家中任意一方的领土或海域“造成环境损害”，因此它并不适用于这些北欧国家以外的，超过国家管辖范围的潜在跨界影响。公约第5~7条中强调了缔约国之间的信息交换，以及任何受影响或可能受到损害影响的各国有权在该国的适当法院或行政机构提出是否允许此类活动开发的问题，包括防止损害的措施，并且各国与他国开展活动的企业法人有平等地对法院或行政机关所做决定的上诉权。根据损害程度是“重大的”或到达“相当严重的”而适用不同范围的磋商。

该公约没有强制要求各缔约国修改国内立法，只要求各国在实施环境影响评估时考虑到潜在的跨界影响即可。特别注意的是，《北欧环境保护公约》未包含有关处理跨界环境影响评估的技术性条款，这部分空白由各

---

① 参见《防止跨界损害公约草案》第13条的评论，第3段和第10段。

缔约国在对拟议活动的许可决策中填补。

2.《跨界环境影响评估公约》(Espoo Convention)

《跨界环境影响评估公约》是由联合国经济贸易委员会于 1991 年在埃斯波通过的，于 1997 年生效。到目前为止，经历了 2014 年、2017 年的两次修订。《跨界环境影响评估公约》是关于在跨境背景中环境影响评估制度的唯一具体的、有效的国际法律文书，为执行在跨界背景中的环境影响评估提供了详细标准。

《跨界环境影响评估公约》为可能造成跨界影响的拟议活动提供了更加完备、更具操作性的环境影响评估启动标准。第 2 条第二款中规定，各缔约方应采取必要的法律、行政或其他措施来实施该公约的规定，包括关于附件 1 中列出的可能引起重大不利的跨界影响的拟议活动，从而开展环境影响评估程序。附件 1 中规定了 22 项①可能造成重大跨界环境损害的活动列表，各缔约方必须对所列的 22 项可能造成重大不利的跨界环境影响的活动实施环境影响评估。应缔约国的要求，有关国家如认为某项未列入附件 1 中的活动需要进行环境影响评估，可根据该公约附件 3 中所提供的一般性标准——规模、地点和影响三个方面来评估该项目是否可能产生重大不利的跨界环境影响。

3.《战略性环境评估议定书》(Kiev Protocol)

2003 年颁布的《战略性环境评估议定书》(以下简称《基辅议定书》)是对《跨界环境影响评估公约》的补充，在战略性环境评估方面进行了专门的规定。缔约方必须对可能具有重大环境和健康影响的特定政策、计划和方案执行战略性环境评估，并且必须努力确保考虑环境问题，包括健康问题，并将其纳入可能具有重大意义的政策和立法的提案中。《基辅议定书》将环境影响评估的一些程序阶段纳入其战略性环境评估的定义中。该

---

① 参见《跨界环境影响评估公约》附件 1："(1) 原油炼油厂；(2) 热能发电站和其他燃烧设施以及核电站和其他核反应堆；(3) 核燃料；(4) 铸铁和钢铁；(5) 石棉提取装置和石棉及含石棉产品的加工和改造设备；(6) 综合化学装置；(7) 建设高速公路，高速铁路交通线路和机场；(8) 大口径石油和天然气管道；(9) 贸易港口、内陆水道和内陆水路交通港口；(10) 用于焚烧、化学处理或填埋有毒和危险废物的废物处理设施；(11) 大型水坝和水库；(12) 地下水抽取活动；(13) 纸浆和纸张制造；(14) 采矿、现场提取和加工金属矿石或煤炭；(15) 海上碳氢化合物生产；(16) 石油、石化和化工产品的主要储存设施；(17) 大面积砍伐森林；(18) 转移水资源的工程；(19) 废水处理厂；(20) 用于家禽或猪的集约饲养场所；(21) 电压施工，以及架空电力线；(22) 风力发电厂。"

议定书将战略性环境评估定义为“评估可能的环境影响，其中包括确定环境报告中的范围及其筹备工作，进行公众参与和磋商，并关注环境报告，以及公众参与和磋商的结果”。[①]

《基辅议定书》的适用范围广泛，农林牧渔、能源、工业，包括采矿、运输、区域开发、废物管理、电信通信、旅游、城镇和村庄等所筹备的项目计划和方案，以及附件 2 所列的其他项目所必需的规划和土地使用，这些项目需要根据国家立法进行环境影响评估。该议定书不仅限于《跨界环境影响评估公约》所规定的跨界环境影响中的计划和方案，而且适用于产生的任何环境影响中。

4.《关于环境影响评估的指令》（简称《欧盟 EIA 指令》）和《欧盟战略性环境评估指令》（简称《欧盟 SEA 指令》）

1985 年，欧洲联盟首次就环境影响评估达成一项指令——《欧盟 EIA 指令》，该指令已经被多次修订。当前，欧洲联盟的环境治理主要通过《欧盟 EIA 指令》（2014/52/EU）进行管理。《欧盟 EIA 指令》中明确指出通过环境影响评估所要实现的预期结果，并规定由各成员国将其指令规定引入国内立法和程序中加以执行。

《欧盟 EIA 指令》不仅适用于跨境环境治理，也适用于缔约国国内的环境治理。其第 1 条第 a 款[②]和第 13 条[③]规定了该指令适用的评估范围。虽然各缔约国有责任将《欧盟 EIA 指令》转化为国内法，但一旦实施，开发者就有义务提供必要的信息，如对项目的描述，项目开展的地点、规模和流程，将要或可能采用的任何预防或补救措施，促进风险评估的所有必要数据，任何可替代方案的概述，以及为什么拟议项目是首选的解释等。[④]根据其第 6 条规定，环境影响评估必须是一个公开的程序。此外，其第 8 条规定环境影响评估的结果必须在开发同意程序中予以考虑。决策机构必须向本国公众通报其结论，即项目是否可以继续，以及做出决定的条件和

① 参见《基辅议定书》第 2 条第 6 款。

② 参见《欧盟 EIA 指令》第 1 条第 a 款：“该指令适用于评估可能对环境产生重大影响的公共和私人项目。”

③ 同上书，第 13 条：“环境影响评估必须考虑到以下几类的潜在影响：（a）人类、动物和植物；（b）土壤、水、空气、气候和景观；（c）物质资产与文化遗产；（d）前述（a）（b）（c）中提到的因素之间的相互作用。”

④ 同上书，第 5 条第三款；更多的细节在附件Ⅳ中。

依据。最后，必须有可适用的上诉程序。

《欧盟 SEA 指令》以促进可持续发展为前提，评估某些计划和方案对环境的影响，将环境影响评估的概念扩展到计划或政策层面（战略性环境影响评估与环境影响评估的本质区别）。《欧盟 SEA 指令》适用于各级政府机构（地方、区域、国家和欧洲联盟自身机构）的计划或方案。其第 5 条规定战略性环境评估的目的是为了编撰一份详尽的环境报告，考虑预期计划或方案的可能影响，并考虑可替代方案。

5.《北极环境影响评估指南》(Arctic EIA Guideline)

在保护北极环境进程中，《北极环境保护战略》(AEPS)[①] 制定了一套有关保护北极环境的影响评估准则——《北极环境影响评估指南》，该指南于 1997 年在阿尔塔会议上通过。

在整个指南当中，尽管规定非常笼统，但仍在环境影响评估中体现出了北极环境的特殊性。指南中建议将环境影响评估应用于可能会对环境造成重大影响的可再生和不可再生自然资源的开发、公共使用、军事活动，以及基础设施建设活动。第 2 章为审查标准阶段，指出在北极地区适用环境影响评估应在较低的阈值水平。第 3 章介绍了范围界定阶段，强调了土著人民和掌握北极专业知识的其他当地社区应尽早充分参与的重要性。各国应收集不仅基于现代科学方法的基线信息，还应根据土著知识酌情考虑评估影响，以评估这些基线信息。[②] 第 9 章还规定了有关公众参与的通知和磋商义务，但很大程度上都是建议性的，并没有做详细规定。

6.《北极海上石油和天然气资源开发指南》(AOOGG)

《北极海上石油和天然气资源开发指南》（以下简称《北极油气指南》）于 2009 年获得北极理事会北极海洋环境保护工作组（PAME）的批准。《北极油气指南》主要针对监管部门，意图是将条款纳入国内法律和政策。该指南有助于整个行业为油气开发活动制定规划，帮助公众了解北极海上油气活动引发的环境问题并实践。[③] 该指南适用于北极所有沿海石油和天然气活动，以及岸上加工（但不包括运输），环境影响评估只是其

① 《北极环境保护战略》是一个北极各国在环境保护方面的多边、无约束力的协议，主要负责监测、评估、保护、应急预备，以及对北极地区的环境保护。

② 参见《北极环境影响评估指南》第 10 章。

③ 参见《北极油气指南》介绍，第 1.2 节。

中一个方面。除北极理事会，《北极油气指南》还得到因纽特人极地理事会（Inuit Circumpolar Council，ICC）的认可。该理事会呼吁将《北极油气指南》作为最低标准予以遵守。《北极油气指南》确定了四项管理所有沿海石油和天然气活动的原则，即预防性措施原则、污染者付费原则、持续改进原则和可持续发展原则。[①]

《北极油气指南》中对环境影响评估的规定与《北极环境影响评估指南》中的要求具有广泛的相似性，但是《北极油气指南》的规定范围较广，扩展到文化遗产、社会经济系统和其他人类活动，以及直接的地球物理效应。并且《北极油气指南》还规定了战略性环境评估的定义，即“在区域基础上被建议的，以确定人类活动对环境的潜在影响，包括石油和天然气的开放领域”。

三、环境影响评估适用于北极地区的具体内容

（一）北极地区实施环境影响评估制度的启动标准和适用范围

启动标准审查是进行环境影响评估的第一步，以拟议活动造成环境影响的可能性和所造成影响的不同程度为标准，从而判断是否需要进行环境影响评估。通过对具体条款的梳理，可以发现在不同的国际法律文件中关于“环境影响”的标准并不一致。《里约宣言》原则 17、联合国环境署颁布的《环境影响评估的目标和原则》原则 2、《生物多样性公约》第 14 条、《跨界环境影响评估公约》第 2 条第二款，以及《欧盟 EIA 指令》第 1 条等法律文件中所规定的启动环境影响评估的标准，要求达到“可能的”重大损害。然而，其他一些法律文书只要求达到较低可能性的重大损害，就需要进行环境影响评估。《联合国非航行水道公约》原则 4 中所规定的标准是“可能有造成重大不利影响的风险”。这与“乌拉圭河纸浆厂案”中国际法院关于环境影响评估作为习惯国际法的声明相一致，根据拟议活动“在跨界环境中可能有重大的不利影响”，就被要求进行跨境环境影响评估。[②]

当前，实施环境影响评估应适用何种重大影响的标准，国际社会至今没有达成一个统一的意见。对于现有国际法律文件中关于如何启动环境影

① 参见《北极油气指南》介绍，第 1.3 节。

② 参见 Case Concerning Pulp Mills on the River Uruguay（Argentina v Uruguay，Merits），（2010）ICJ Rep 14，para 204 “... that the proposed industrial activity may have a significant adverse impact in a transboundary context,...”

响评估程序，采用两种方式：一种是《跨界环境影响评估公约》所采取的基于环境损害项目清单进行强制评估；另一种是《关于环境保护南极条约议定书》中第 8 条第一款所提出的根据造成环境影响的可能性，以及所造成环境影响的不同程度，将环境影响评估的启动标准分为三个层级，根据“小于轻微或短暂的影响”或“轻微或短暂的影响”或“大于轻微或短暂的影响”而开展不同层级的环境影响评估程序。在北极地区采取何种启动标准应考虑到北极自然环境的特殊性，适用比其他地区更为敏感的启动标准。同时考虑启动标准时，可采取综合考虑环境损害项目的强制清单或根据不同影响程度而采取初步或全面环境影响评估程序。

评估范围的确认是环境影响评估的第二步。当按照启动标准对拟议活动进行筛选时，如果该项目被要求启动环境影响评估程序，那么下一步就需要考虑对哪些方面的影响进行评估。涉及环境影响评估的国际性、区域性法律文件中仅规定了较为宽泛的范围和内容，各国可根据国内环境影响评估制度和个案情况确定具体评估事项。评估范围不仅应包括拟议活动所产生的预期环境影响，还应对开展项目的区域内资源利用可持续性的潜在影响，以及拟议活动的可替代方案进行综合考虑。在北极地区适用环境影响评估，除了上述评估范围外，还应特别对北极自然资源可持续利用，土著居民的生计，拟定活动的可替代方案和各种方案存在的潜在影响、间接影响、累积影响进行全面考虑。

（二）北极地区环境影响评估的实施主体

1. 国家

北极地区存在三个层面的环境影响评估制度，对于国内环境影响评估制度而言，其实施主体主要是国内的权力机构，但是实施环境影响评估程序时要与有关公众、私人主体进行合作，采取一切可行的手段和措施来维护国内环境。[①] 就国内环境影响评估而言，各国国内的环境影响评估的实施主体都有明确规定。本文主要探究的是在区域性及全球性层面实施环境影响评估的主体——国家。

根据《联合国海洋法公约》第 193 条、《里约宣言》原则 2，国家作为国际法中的主体，享有开发自然资源的权利和负有保护海洋环境的义

① 参见美国《国家环境政策法》第 201、202 条。

务。同样，根据《联合国海洋法公约》第206条、《里约宣言》原则17、《欧盟EIA指令》等国际条约和司法实践，可以证明“国家”是实施环境影响评估的基本主体。在开展环境影响评估的进程中，国家负有通知和磋商、数据共享，以及准备非技术性的环境影响评估报告等义务。

事实上，启动环境影响评估的主体可能为国家政府部门或国家为此目的建立的非自治型的非政府机构，也可能是独立的、私营的营利性公司，或者是经营者自身。① 即使它是一个不受国家机关直接监督的私人机构，只要是能够制定环境影响评估标准并有权做出最终决策（授权或不授权进行拟议活动）的主体，就可以启动环境影响评估，并且国家对这些决策负有直接责任。因此，如果一国某项拟议活动将被要求进行环境影响评估时，那么所需关注的不是开展活动的私人主体的行为，而是国家本身，特别是国家是否履行适当注意义务。② 国家有责任监督以确保环境影响评估的法律要求得到维护，并在私人主体没有作为的情况下采取行动。

2. 有关公众

国际法律文件已确认了公众在环境保护事务中享有的权利与义务。在《21世纪议程》中强调了公众广泛参与决策的重要性，在较为具体的领域中，个人、团体和组织需要参与环境影响评估程序并了解决策。在国际环境保护领域中，公众参与是个人权利之一。③ 对于“公众”的含义及范围在许多条约中都有详细规定。《跨界环境影响评估公约》规定的“公众”是指自然人或法人，以及依据国家的立法与实践规定的协会、组织或团体。《欧盟EIA指令》中，对于“公众”的定义与前述《跨界环境影响评估公约》所规定的基本一致，但是该指令中扩大了对公众的范围，提出“有关公众”的概念，在环境决策程序中可能受影响的或与其利益相关的公众。《奥胡斯公约》中也将倡导环境保护的非政府组织纳入“有关公众”

① 参见《防止跨界损害公约草案》第6条第5款评注。

② 帕特莎·波尼、埃伦·波义尔：《国际法与环境》，那力等编译，高等教育出版社，2007，第177页。

③ 参见联合国环境与发展大会《21世纪议程》第23章序言第23.2条：“要实现可持续的发展，基本的先决条件之一是公众广泛参与决策。此外，在环境和发展这个较为具体的领域，需要新的参与方式，包括个人、群组和组织需要参与环境影响评价程序，以及了解和参与决策，特别是那些可能影响到他们生活和工作的社区的决策。个人、群组和组织应有机会取得国家当局掌握的有关环境和发展的资料，包括关于对环境有或可能有重大影响的产品和活动的资料和关于环境保护措施的资料。”

中。虽然“非政府组织”并没有被正式授予国际法律人格的地位，但在国际规制和监督过程中，非政府组织具有越来越重要的地位。

有关北极地区的公众参与领域，尚存在三方面问题：一是北极地区的土著人民及当地社区的问题；二是受影响的地区可能没有人口（如北冰洋中部的地区）或公众生活较为分散；三是一些偏远地区，科学技术、经济、法律甚至语言资源相对匮乏，当地公众无法有效地参与环境影响评估的进程。所以，笔者认为，北极地区开展环境影响评估的公众参与环节，应扩大“公众”的范围，适用《欧盟 EIA 指令》关于“有关公众”的范围，即不仅限于当地居民、社区，有关国际机构、非政府组织均可代表相关利益公众参与决策，充分考虑到北极圈内的土著居民和当地社区。

（三）北极地区实施环境影响评估的义务要求

1. 通知和磋商

在国际法背景下实施环境影响评估时应积极履行国际合作原则，各国通过在环境影响评估中对受影响国进行通知、磋商与谈判来履行国际合作义务，以避免对其他国家造成不利影响。这一原则充分体现在涉及环境影响评估的国际法律文件中，并被广泛承认为习惯国际法的一般原则。《联合国海洋法公约》197 条规定了各国应基于全球性或区域性的特点拟定相关规则[①]，《里约宣言》原则 7 提出“各国应本着全球伙伴合作精神，为保护、保全和恢复地球生态系统的健康和完整进行合作”，国际法委员会颁布的《防止跨界损害公约草案》也做出了相关规定。[②] 无论是条约实践还是国际司法实践，都表明了该原则在环境影响评估中的地位。

现有全球的、区域性或双边条约中都表明了通知和磋商义务必须建立在足够的信息基础上，这是进行环境影响评估必不可少的组成部分，特别是在北极地区国家管辖范围外公共区域的环境损害预测中起到重要作用。《防止跨界损害公约草案》强调了国家之间信息共享[③]；《跨界环境影响评

---

① 参见《联合国海洋法公约》第 197 条：“各国在为保护和保全海洋环境而拟订和制定符合本公约的国际规则、标准和建议的办法及程序时，应在全球性的基础上或在区域性的基础上，直接或通过主管国际组织进行合作，同时考虑到区域的特点。”

② 参见《防止跨界损害公约草案》第 4 条：“有关国家应秉持善意进行合作，并在必要时可以寻求一个或多个主管国际组织的援助，以防止重大跨界损害，或在任何情况下尽量减少其风险。”

③ 参见国际法委员会《防止跨界损害公约草案》第 12 条：“在开展活动的同时，相关国家应及时交换有关拟议活动的所有相关资料，以防止重大跨界损害，将其风险降至最低。这种信息交流应持续到有关国家认为适当的时候，即使在活动结束之后。”

估公约》在第3条、第5条中分别提出缔约国进行事前通知和磋商的义务要求；《北极环境影响评估指南》也规定了为潜在受影响的国家提供机会来促进环境影响评估的进程，强调“公开对话和信息交换”。[①] 在北极地区，除了潜在受影响的国家有被通知和参与磋商的权利，在北极的传统捕鱼和捕鲸水域或其他利益可能受到影响的土著居民也享有参与环境影响评估进程的权利。

2. 公众参与

《21世纪议程》第23章序言中强调：“公众广泛参与决策是实现可持续发展必不可少的。”关于公众参与决策的国际条约与国际实践逐渐增多，有相当多的法律文件中规定了公众参与这一义务。《斯德哥尔摩宣言》原则1、《里约宣言》原则10、联合国环境规划署颁布的《环境影响评估的目标及原则》原则7、《奥胡斯公约》等都表明了公众参与环境保护的重要作用。值得注意的是，信息公开的范围不仅限于来源国的公众，还包括潜在受影响的国家、地区的公众。《跨界环境影响评估公约》第2条第6款明确规定，来源国应按照本公约的规定，向可能受影响的国家或地区的公众提供机会，让其参与有关拟议活动的环境影响评估程序，并确保所提供的机会与提供给来源国公众的机会相平等。

公众参与决策有助于提高最终决策的质量。增强公众对环境问题的意识，使公众自身参与到环境保护的议程中，并使得有关决策机构考虑公众的意见，以提高决策的透明度与责任感，提高公众对许可决策的支持。公众参与应贯穿整个环境影响评估程序，并延续到项目实施后。

（四）北极地区实施环境影响评估的具体程序

1. 基线数据

基线数据，通常是描述一个地区或环境可能受影响的要素，呈现出项目被计划时的特征，既包括定量信息（如生物体中的重金属浓度）也包括定性信息（如社会经济特点或环境的一般特征）。北极地区的基线数据的收集需要考虑结合当地传统知识和科学知识，采用与计划相适应的方法。不能仅按照科学模型进行收集，还必须考虑到有关当地社区和土著人民的传统知识。由于需要国家间的合作，跨界的数据收集带来了额外的困难：

① 参见《北极环境影响评估公约》第11章。

一个潜在受影响的国家或地区本身可能根本没有自主获得基线数据的资源或能力，并且他们也并不愿意或不允许污染来源国进行跨境研究。关于后一点，目前来看北极理事会是北极国家信息、资料共享最为合适的机构。北极的政治气候在过去二十年中发生了从冷战战略中军事游戏的寒冷地带到进行合作与对话的温和地带的巨大变化。如今北极国家之间的国际关系非常积极，所以在北极地区，北极理事会就可以充当信息收发中心，各国可以通过北极理事会进行基线数据共享，为那些没有能力持续获取基线数据的国家提供援助。

收集基线数据的目的在于：①为整个环境评估提供参考，并为与可替代方案和缓解措施的比较提供参考；②用来作为拟议项目可能产生的影响和环境中自然发生变化的起点。在理想状态下，基准环境评估不仅适用于单个环境影响评估程序中，还会独立于拟议活动进行，为所有的环境影响评估预测数据。但基线数据不是静态的，北极面临着各种风险，比如气候变化、海洋酸度、海流、生物资源、人口、经济活动等，以及其他人为因素和自然因素的影响，这意味着基准数据必须保持持续更新，即强调持续监测的重要性。

2. 缓解措施

缓解措施是为避免或减轻拟议活动的不利影响而采取的行动，可以有效地减缓对生态、经济或社会文化的影响。将缓解措施纳入环境影响评估进程中进行合理规划和有效实施可以减少或避免不必要的环境影响。在北极地区，缓解措施往往是在与土著居民和当地社区协商后制定的，这确保了项目实施时可以采取有效的缓解措施。环境影响评估中潜在影响的性质和规模的描述也可以作为设计具体缓解措施的基础。如果在环境影响评估过程中实施缓解措施，那么需要对活动进行监测，以确保缓解措施的有效性。

关于缓解措施的具体要求，法律文件中对此关注较少，但北极理事会的两个指南中均有涉及。《北极油气指南》中规定在计划进行环境影响评估时就需要考虑到缓解措施充分利用的情况。在油气资源开发中，需尽量减少海上作业运输物资和人员所产生的环境影响。《北极环境影响评估指南》第 6 章建议缓解措施的制定应针对特别容易受到不利影响的北极环境的某些方面。

3. 持续监测

《联合国海洋法公约》第204条第2款明确规定了关于各国监测环境影响的义务，即“各国应不断监视其所准许或从事的任何活动的影响，以便确定这些活动是否可能污染海洋环境”。各国有责任确保对具有潜在重大环境影响的活动进行持续监测和项目后评估的义务。持续监测和跟踪分析的义务与基准数据收集的要求相关联。如果初始状态未知，则无法评估环境变化。由于环境影响评估是一个动态程序，所以它不仅需要在项目开始前进行评估，而且还要贯穿在整个项目中，包括项目结束后都应进行持续监测。即使某个项目投入运营，对其环境的影响评估与监测仍应持续下去。

持续监测和跟踪分析被视为通知和磋商义务的一个组成部分。根据国际法委员会颁布的《防止跨界损害公约草案》的规定①，旨在确保有关国家的信息交换不仅在一项活动实施时，还应持续到项目结束之后；北极理事会的两个指南中均规定了持续监测的义务；《北极油气指南》第4章明确规定了关于石油和天然气开发项目的环境监测义务；《北极环境影响评估指南》中规定的监测②，包括直接干扰（如排放）及其对海洋生态系统的影响。《北极环境影响评估指南》还探讨了对人类活动影响的层面，即要求审查拟议活动对当地社区、居民活动的影响，特别是土著居民。

4. 环境影响评估报告

完成对拟议活动所进行的环境影响评估进程后，应编撰环境影响评估报告提供给所有相关国家，并允许受影响的公众进行评论，将该意见纳入最终许可决策中。《跨界环境影响评估公约》明确规定：“双方应确保在最后决定所提议的活动时，应考虑到环境影响评估的结果，包括环境影响评估文件，相关的公众评论……以及资源的结果。”

《跨界环境影响评估公约》附件2中提供了关于跨界环境影响评估的最低标准内容的详细清单：①对拟定活动及其目的的描述；②考虑可替代方案及其影响（地点性的、技术性的、“不采取行动”策略）；③对可能受到影响的环境的描述；④对影响程度的估计；⑤缓解措施的描述；⑥说明预测方法

① 参见国际法委员会《防止跨界损害公约草案》第12条：“在开展活动的同时，相关国家应及时交换关于该项目的包括基线数据等所有可用的资料，以防止重大的环境损害，将其风险降至最低。这种信息交流应持续到相关国家认为适当的时候，一般情况下是项目结束后。”

② 参见《北极环境影响评估指南》第7章。

与基本假设；⑦可能遇到的知识差距和不确定性；⑧监测与项目管理大纲；⑨项目后监测；⑩非技术性总结，可通过可视化的呈现方式（如地图、表格等）。《北极环境影响评估指南》中也单列一章介绍关于北极环境影响评估报告的内容，内容与上述条约中所概述的基本一致。但该指南特别关注了对土著人民和当地社区的有关的数据、传统知识的收集，并强调环境影响评估和公众参与决策纳入项目管理的问题。

四、环境影响评估在北极地区的适用困境及完善建议

（一）环境影响评估在北极地区的适用困境

1. 相关的法律文件存在缺陷

对北极地区所开发的活动进行环境影响评估至关重要，该程序可以有效地预防在一国境内或其管辖或控制范围内区域，以及国家管辖范围外区域开展的活动对环境所造成的重大不利影响。

截至目前，并没有一部完全有效的法律文件适用于北极地区的环境影响评估。此外，各法律文件之间所提出的启动标准、如何开展环境影响评估程序的规定并不统一，所以各国在适用环境影响评估制度时有很大程度的自由裁量权。比如，作为现有保护全球海洋环境的国际法律制度基础，以及作为规制未来北极公海区域开发中环境保护问题重要依据的《联合国海洋法公约》，只有第 204 ~206 条涉及环境影响评估及相关规定，并且仅提出各国应对可能造成海洋环境重大污染或重大和有害的变化的拟议活动进行环境影响评估的一般性义务，并没有对如何执行环境影响评估做出具体的规定。国际司法实践中也存在各国适用标准不一的状况。在“乌拉圭河纸浆厂案”中，阿根廷就援引了《跨界环境影响评估公约》作为依据，指出乌拉圭基于国内法所做出的环境影响评估程序不符合国际标准，而乌拉圭认为纸浆厂的兴建按照国内法律的规范并未造成阿根廷所指出的污染。因此，置于国际法视野下的环境影响评估制度并没有统一的制度体系与监督机制，在实施过程中将会面临种种困境。如果将国际法背景下的环境影响评估制度引入到北极环境治理的体系中，应结合北极特性，构建适用于整个北极地区的环境影响评估制度体系。

作为第一部涉及北极环境影响评估的区域性条约——《北欧环境保护公约》，其适用对象仅限北欧国家丹麦、芬兰、挪威和瑞典，并不适用于

其他北极国家。并且该条约第6条规定的是缔约国要对于发生在国家管辖范围内开展的活动对他国的影响进行评估，所以该条约并不能完全适用于整个北极地区。

《跨界环境影响评估公约》和《北欧环境保护公约》一样，只适用于缔约国之间的环境影响评估，虽然该公约是由联合国欧洲经济委员会通过的。2001年重新修订后，欧洲经济委员会允许非成员国的加入。它是第一部将环境影响评估制度适用到跨界背景中。但《跨界环境影响评估公约》并不适用于以下三种情况：①损害只影响到本国，并未造成跨界影响的情况；②国家管辖范围外的“公域”地区（极地地区）；③非缔约国之间的影响。它仅适用于缔约国之间所产生的损害并且需要影响到一国管辖或控制范围外的其他国家领域，而另一缔约国的直接利益受到威胁的情况。所以在“乌拉圭河纸浆厂案”中法官否定了《跨界环境影响评估公约》作为具有约束效力的习惯国际法的属性。就《跨界环境影响评估公约》在北极地区适用而言，虽北极八国都签署通过了该公约，但是美国、俄罗斯和冰岛尚未接受该公约的约束力。

目前，唯一结合北极特性、针对北极八国提出环境影响评估的是《北极环境影响评估指南》，该指南是《北极环境保护战略》中的重要组成部分。《北极环境影响评估指南》所针对的对象是北极国家的国内环境影响评估制度，该指南为北极国家如何在其北极地区实施环境影响评估提出了指导性意见，并希望各国将该指南中有关内容纳入国内的环境影响评估制度中。但事实上，该指南并不具有任何约束性，北极国家也并未在实践中将指南中的规定纳入国内立法或行政规章中，并且也没有有关机构对其进行监督。

2. 缺少负责环境影响评估的专门性机构

《联合国海洋法公约》规定，“国际组织”享有对影响监测与信息交换两项权利①。《联合国海洋法公约》在第206条关于环境影响评估的规定中提出：“在实际可行的范围内进行环境影响评估，并依据205条②提交这些

---

① 参见《联合国海洋法公约》第204条：“各国在符合其他国家的权利，在可行的实际范围内，尽可能直接或通过主管国际组织，通过公认的科学方法观察、测量、评估和分析污染海洋环境的风险或影响。”

② 同上书，第205条：“各国应公布根据第204条所获得的结果的报告，或每隔一段时间向主管国际组织提交这种报告，各负责组织应将上述报告提供给所有国家。”

评价结果的报告。”在开展国际层面的环境影响评估时，需要国际组织来制定统一的启动标准，对污染与影响进行持续监测，并且是作为各国之间信息交换的重要平台，也是重要的监督机构。

截至目前，从区域性角度来看，首先欧洲联盟对北极地区的环境保护起到了实质性作用。北极国家中丹麦、瑞典、挪威、冰岛和芬兰是欧洲联盟成员国，并且有6个欧洲联盟成员国是北极理事会的正式观察员国。随着国际社会对北极事务的关注逐渐升温，欧洲联盟也随即出台相应的政策，从多个方面关注了北极地区的开发与环境保护的协调发展，还考虑到土著居民与当地社区的利益问题。但是在北极占据着最大利益的俄罗斯、加拿大和美国并非欧洲联盟成员国，所以欧洲联盟无法在处理北极事务中占据主导地位。

其次是北极理事会。北极地区合作的第一阶段是1991年的《北极环境保护战略》。在该战略中，首先确定了北极面临的六大首要环境问题（持久性有机污染物、放射性物质、重金属、噪音、酸化和石油污染），以及制定适用于该地区的环境保护法律文件，其次是采取具体行为来防御这些环境危害。此外，作为八个北极国家环境保护合作行动的一部分，成立了四个环保工作组，即北极动植物保护区（CAFF）、保护北极海洋环境（PAME）、紧急预防、防备和响应（EPPR）、北极监测和评估计划（AMAP）。北极理事会于1996年正式成立，将合作任务扩大到北极所面临的所有共同问题，特别是有关环境保护和可持续发展的问题，它的成立有效地提升了处理北极事务的机制化程度。成立的四个工作组被纳入北极理事会的结构中，并成立一个新的工作组——可持续发展工作组（SDWG）。目前北极地区的环境影响评估实践主要由北极理事会可持续发展工作组负责。

（二）完善环境影响评估适用于北极地区的法律建议

1. 构建适用于北极地区的环境影响评估的制度体系

第一，构建统一的北极地区环境影响评估法律体系。

北极地区特殊的自然环境和政治构造，使得在该地区实施环境影响评估十分复杂。在北极地区，国际性、区域性和国内的法律制度都发挥作用，因为该地区既包含了八个主权国家，也包括国家管辖范围外的公共区域。截至目前，所有的陆地区域（大陆和岛屿）都处于北极国家的主权之下，并且大部分可利用的北极水域也属于它们专属的海洋管辖范围。所以北极地区环境影响评估制度体系的构建极为复杂。

事实上，北极实行统一的环境影响评估制度体系的范围主要是国家管辖范围外的区域。由于北极国家均有成熟、完善的国内环境影响评估制度，对于在这些国家领域内开发的项目主要由国内的环境影响评估制度所调整。所以全球统一的环境影响评估制度标准主要调整的范围就是国家管辖范围外的区域，约束未来所有将在北极进行开发的国家。

首先，统一的环境影响评估制度应该确定所需进行环境影响评估的活动范围。通过现有的科学考察进程，政策制定者应从技术层面规定应实施环境影响评估的开发活动。其次，环境影响评估的启动标准可以参考《关于环境保护的南极条约议定书》，根据不同的影响程度而采取不同级别的环境影响评估程序，并结合北极环境的特性制定专门的环境影响评估程序，包括基线数据、持续监测等内容。最后应制定有效的监督机制。因现有关于环境影响评估的国际性、区域性的法律文件中对于各国履行环境影响评估的义务都不是强制性的，也并没有规定违反义务后的国家责任问题，而缺少监督机制的环境影响评估很难取得良好的效果，故引入对环境影响评估的监督机制可以使其更有效地实施。目前监督途径主要分为两种，即公众监督与国际机构的监督。关于公众的监督义务在上一章已经详细论述；对于国际机构的监督，本文主张北极理事会作为北极地区环境影响评估实施的主要监督机构。

第二，提高现有法律文书的效力。

就北极开发现状而言，北极地区国家管辖范围外的区域的开发进程相对缓慢，制定适用于北极地区的统一环境影响评估制度体系仍需要相对较长的时间。所以在短期发展状态下，提高现有区域性法律文书的效力仍是关键举措。

《北极环境影响评估指南》是一个重要的倡议，它强调了北极环境的敏感性和脆弱性，并在环境影响评估过程的不同阶段考虑了北极的特殊状态，为北极国家开展国内环境影响评估程序提供了一般性指导。该指南不仅为国内实施环境影响评估提出了最低标准，还规定了在跨界背景下实施环境影响评估的要求。例如，北极地区的公众参与环境影响评估时，受到该地区人口稀少且分散的限制。北极圈内的土著居民分布就较为分散，让所有公众都参与到环境影响评估程序中，并献言献策的可能性较低。此外，该指南还提及了土著居民及其传统知识纳入决策过程中的挑战。

尽管北极国家同意适用《北极环境影响评估指南》中的相关规定，但由于并没有建立真正有效的机制来监督这些指导方针的有效实施，所以实践中，该指南的实施效果并不理想。北极中心的北方环境与少数民族法研究所（the Arctic Centre’s Northern Institute for environmental and Ministry Law）对环境进行的一项研究中发现，只有少数来自北极的利益攸关者，主要包括促进环境保护的非政府组织、土著居民、公司、行政机构等了解指南的存在，所以对于所有利益攸关者能否有效地参与到北极环境影响评估中很难确定。

事实上，《北极环境影响评估指南》对北极特殊性的关注有其现实价值，在未来的适用中，应加强在北极地区的宣传力度，使相关利益主体认识到指南对于促进北极地区实施环境影响评估的重要意义。尽管美国、俄罗斯和冰岛三国尚未成为《跨界环境影响评估公约》严格意义上的缔约国，但是它们是该公约的签署国，根据《维也纳条约法公约》第 18 条的规定：“如该国已签署条约或已交换构成条约之文书而须经批准，一国负有义务不得采取任何足以妨碍条约目的及宗旨之行动……”美国、俄罗斯和冰岛不得妨碍条约习惯法规定的条约的宗旨及目标。北极八国在 1993 年颁布的《努克宣言》（Nuuk Declaration）中都表示支持《跨界环境影响评估公约》在北极的实施①，并且学者 Wiek Schrage 声称“北极国家认为该公约是北极地区合作的基础”②。因此，考虑到北极地区的环境污染行为可能产生的跨界影响，应对国内实施环境影响评估程序的活动进行筛选，若将《跨界环境影响评估公约》适用在北极地区，公约中规定的启动标准必须降低，即扩大附件 1 中所列的实施环境影响评估的项目范围。

2. 加强北极理事会在开展环境影响评估中的作用

北极地区的环境影响评估由一系列行动者构成，包括国家、国际组织、有关公众等。在上一章中已经阐述了国家和有关公众是作为实施环境影响评估的基本主体，故本节将着重介绍在北极地区开展环境影响评估中

---

① 参见《努克宣言》第 8 段，发布于 1993 年。

② 参见 Wiek Schrage，“The Convention on Environmental Impact Assessment in a Transboundary Context，” in *Theory and Practice of Transboundary Environmental Impact Assessment*，第 44 页。

国际组织将起到的重要作用。《联合国海洋法公约》明确规定了国际组织在国际层面环境影响评估过程中的义务与地位。笔者认为在北极地区实施环境影响评估时相关的国际组织应履行如下义务：制定统一的环境影响评估标准，并对影响进行持续监测；建立后续的监督机制；提供各国在开展环境影响评估过程中的信息交换平台。

北极理事会是北极地区最具话语权的政府间论坛，在保护北极环境、促进北极地区的可持续发展方面起到了重要作用。北极理事会共有三类参与者：成员国、永久观察员和正式观察员，参与者范围广、种类全。北极理事会应确定一个专门的工作组来发展北极环境影响评估制度。首先，应提高《北极环境影响评估指南》在北极的适用效力，完善该指南的后续发展机制；其次，对在北极地区实施的环境影响评估程序进行监测，也可以对项目开发者的监测报告进行审查；再次，为了弥补在跨界环境影响评估中国家间信息不对称的现状，根据《联合国海洋法公约》第205条，北极理事会应为各国进行环境影响评估中的信息交换提供平台，各国应每隔一段时间向北极理事会提交监测报告，并由北极理事会将该报告提供给所有相关国家；最后，北极理事会应完善北极地区的环境影响评估制度体系的后续监督机制。

（三）对我国在北极开发中实施环境影响评估的启示

随着北极地区的逐步开放，世界各地对北极地区资源的争夺越发激烈，能否在最大限度地获取和维护北极地区丰富资源的同时，有效地保护和保全北极的海洋环境，关乎着全人类的可持续发展。对我国而言，作为一个近北极国家，一个海洋强国，在北极地区合法、合理地争取和维护国家利益的同时，还应有效地促进北极环境的可持续发展。被誉为“北极圈内的能源明珠”的中俄亚马尔液化天然气项目自2017年12月8日正式投产，2018年12月投产三条生产线，这预示着中国在北极地区的开发合作有了实质性进展。[①] 因此，未来我国对北极地区的探索将会逐步展开。为了维护我国在北极地区开发中的合法利益，应从国内立法和国际合作几个方面来应对北极环境影响评估的问题。

1. 积极履行国际法下的环境影响评估的义务要求

《联合国海洋法公约》第206条明确规定各国应承担环境影响评估的

---

① 参见《中国在俄罗斯最大能源投资项目——亚马尔液化天然气项目正式投产》，2017年12月20日，http://www.dazhongguo.org.cn/Info/enterURL/1/infoDetail.jsp?infoID=9720879，访问日期：2018年12月18日。

国际义务。但国际法院在“乌拉圭河纸浆厂案”中指出，如何在跨界背景下开展环境影响评估是由各国国内法规定的。一般国际公约只要求各国善意地应尽注意义务，不要求一国的拟定项目须经他国同意。所以国际法视野下的环境影响评估依靠各国的自觉遵守。我国作为负责任的大国，在北极开发中应积极履行国际法下的环境影响评估的一般性义务，秉持善意并坚守契约，为促进北极地区环境影响评估制度的发展做出表率。

同时应重视国际法中关于环境影响评估的现行规则和发展动态，审查我国国内环境影响评估制度的标准是否与之相符，积极促进相应的国际条约义务和习惯法义务的履行。

2. 完善我国的环境影响评估的制度要求

我国在北极开发中，不仅要关注资源的获取和维护，更重要的是保护北极的海洋环境与生物多样性。所以，在北极进行探索和开发利用的过程中，如油气资源的勘探与开发，应注意预防环境损害，在项目开启前实施环境影响评估。虽然我国有专门的环境影响评估法律规范——《中华人民共和国环境影响评价法》，但是该法的适用范围仅限我国领域内和国家管辖范围内的其他海域对环境造成影响的建设项目。所以，我国的环境影响评估制度体系并未涉及北极地区国家管辖外区域的开发项目。我国于2016年公布并实施了《中华人民共和国深海海底区域资源勘探开发法》，以规范深海海底区域资源勘探、开发活动，推进深海科学技术研究、资源调查，保护海洋环境，促进深海海底区域资源可持续利用，维护人类共同利益。[①] 该法案第12～14条规定了环境保护的相关内容，其中涉及深海海底区域勘探开发的环境影响评估问题。

虽然《联合国海洋法公约》明确规定了国家在开发中各国应开展环境影响评估的义务，但是如何开展环境影响评估仍需要依靠各国国内法进行规制。所以，未来我国在北极公共领域内进行开发时，应积极完善我国在北极地区适用的环境影响评估制度，加强在北极项目开发中的环境影响评估程序的实施。

3. 加强国际合作，促进信息交换

由于污染没有国界，一旦北极地区发生污染，其不单单影响一国或一个区域，全球的生态环境都会遭到破坏。同时国际环境问题的解决也不能

① 参见《中华人民共和国深海海底区域资源勘探开发法》第1条。

仅依靠国际性或区域性立法，它与国际社会的政治、经济、文化都密切相关。因此，对于北极地区的环境保护问题，根据《联合国海洋法公约》第197条、国际法委员会《防止跨界损害公约草案》第4条、《里约宣言》原则7中确立的国际原则，所有国家都应肩负起国际合作的义务，积极履行北极活动开发中的环境影响评估义务，有效地进行信息交换，从而共同维护北极的可持续发展。

我国在参与北极资源开发的同时，应积极履行国际合作原则，在环境影响评估程序的实施过程中与有关国家、相关国际组织之间加强国际合作，及时交换环境影响评估中的数据信息以对北极环境进行监测，为北极环境治理贡献一份力量。

五、结语

国际背景下的环境影响评估制度为全球性、区域性的环境问题，为可持续发展的实现提供重要的实施机制。由于环境影响评估能够解决决策之外的或科学的不确定性带来的问题，国际社会一直以来都给予环境影响评估制度以重要支持。众多国际性、区域性的条约实践、司法实践中都体现了环境影响评估有关的内容，其中《联合国海洋法公约》中明确规定了环境影响评估是保护全球海洋环境的一项重要义务。由于北极地区特殊的自然环境和政治构造，将环境影响评估引入北极地区实施将面临众多困境与障碍。在法律适用层面，北极八国的国内环境影响评估制度并未针对北极区域内领土适用专门的环境影响评估标准，而涉及环境影响评估的国际性、区域性法律文件对北极的适用效力也十分有限。同时，缺少负责监管环境影响评估活动的专门性机构，使环境影响评估在北极地区的实践更是寸步难行。

我国作为近北极国家、北极理事会观察员国，在合理、合法地关注北极资源开发的同时，应有效地促进北极环境的可持续发展，积极履行国际法下的环境影响评估义务；在参与资源开发时，应加强国际合作以有效地促进信息互换，坚守保护北极的责任。

第三篇

北极BBNJ法律治理

基于海洋保护区的北极地区 BBNJ 治理机制探析*

袁　雪，廖宇程

摘　要：围绕国家管辖范围外区域海洋生物多样性（BBNJ）的养护和可持续利用的谈判是当前国际海洋治理的热点。适用海洋保护区制度有望成为养护脆弱与独特的北极地区 BBNJ 的重要工具。海洋保护区的推进过程需要将当前北极国家管辖范围外区域（ABNJ）所面临的复杂的地缘政治，以及特殊的地理环境因素纳入考量范围。对北极 ABNJ 海洋保护区进行区域治理具有局限性，适宜采用全球模式。同时为适应北极特殊的环境，在共性规则之外需要采取个性化规定。在北极 BBNJ 的治理过程中，中国应当强化 BBNJ 全球谈判的引领，积极发挥在区域性与行业性组织中的作用，增强能力建设，以维护中国在 ABNJ 和北极的海洋权益。

关键词：北极国家管辖范围外区域；海洋生物多样性；海洋保护区；全球模式

基金项目　自然资源部海洋发展战略研究所项目“中国参与北极地区软法治理体系的进路研究”、中央高校基本科研业务费项目“中国北极安全法律问题研究”（HEUCFP201831）。

作者简介　廖宇程，1995 年出生，江西省赣州市人，哈尔滨工程大学人文社会科学学院法学系硕士研究生，从事国际法、海洋法研究。

* 本文发表于《学习与探索》2020 年第 2 期。

Analysis on BBNJ Governance Mechanism in the Arctic Area Based on Marine Protected Areas

Yuan Xue, Liao Yucheng

Abstract: Negotiations around the conservation and sustainable use of BBNJ are the current hot spots of international marine governance. The application of the marine protected areas is expected to be an important tool for the conservation of the fragile and unique BBNJ in Arctic. It is necessary to take into account the complex geopolitics and special geographical factors faced by the current ABNJ of the Arctic when the marine protected areas are promoted. The marine protected areas in ABNJ of the Arctic is suitable for a global governance mechanism because of the limitations of regional governance. At the same time, in order to adapt to the special environment of the Arctic, individual rules need to be adopted in addition to the common rules. In the process of governance of the BBNJ in the Arctic, China should strengthen the guidance of BBNJ negotiations, and actively play its role in regional and sectoral bodies, and enhance capacity building to safeguard China's maritime rights in ABNJ and the Arctic.

Key words: Areas Beyond National Jurisdiction of the Arctic; Marine Biodiversity; Marine Protected Areas; Global Governance Mechanism

为制定《〈联合国海洋法公约〉关于国家管辖范围外区域海洋生物多样性养护和可持续利用的国际法律约束力文书》（The International Legally Binding Instrument under the UN Convention on the Law of the Sea on the Conservation and Sustainable Use of Marine Biodiversity of Areas Beyond National Jurisdiction，简称 BBNJ 协议）的政府间谈判进程是当前海洋法关注的热点。由于气候变化等因素，北极逐渐成为国际治理的重点区域。探讨如何实现北极国家管辖范围外区域海洋生物多样性（Biodiversity of Area Beyond National Jurisdiction，BBNJ）的养护与可持续利用是全球与北极治理不可忽视的话题。

围绕如何实现北极 BBNJ 的治理，国内外学者进行了诸多前沿性的研究，主要集中于以下主题：第一，有关北极治理的模式选择方面[①]。张胜军教授强调需要调和传统的国家中心主义和新兴的多主体共治理念。Oran. R. Young 教授同样指出北极理事会无法独自承担北极治理的重任，尤其是在涉及国家管辖范围外区域（Area Beyond National Jurisdiction，ABNJ）相关安排时，北极理事会恐怕难以服众。第二，有关 BBNJ 海洋保护区研究方面[②]。何志鹏教授建议中国应当在支持海洋保护区设立的同时，对其保持审慎态度，保守地构建、优化 ABNJ 的治理。王勇教授认为未来 BBNJ 海洋保护区应当适用全球模式进行治理。第三，有关北极 BBNJ 治理的研究方面[③]。白佳玉教授系统梳理了北极海域公海保护区的实践，并为我国参与公海保护区治理提出了诸多良策；Vito De Lucia 认为 BBNJ 漫长的谈判不利于北极治理，而针对北极公海保护区制定专门区域性的协定更有利于发挥实效；Kamrul Hossain 提出南极公海保护区的实践，以及《南极条约》体系能为北极公海治理提供经验。

BBNJ 谈判是海洋法变革的热点，研究成果相对丰硕。但是由于 BBNJ 正式进入政府间谈判环节的时间不长，结合北极区域展开研究的学术成果较少且多集中在海洋保护区领域。关于 BBNJ 海洋保护区的研究目前主要立足于全球层面，对具体的制度构建进行论述、从具体的区域层面分析海洋保护区的成果较少。本文基于北极这一特定区域的视角，结合海洋保护区这一具体治理路径，探讨在当下 BBNJ 谈判背景下如何通过海洋保护区的构建来实现对北极 BBNJ 的治理。

---

① 张胜军、郑晓雯：《从国家主义到全球主义：北极治理的理论焦点与实践路径探析》，《国际论坛》2019 年第 4 期，第 3－18 页；Oran. R. Young，“Governing the Arctic Ocean，” *Marine Policy* 72（2016）：271-277.

② 何志鹏、李晓静：《公海保护区谈判中的中国对策研究》，《河北法学》2017 第 5 期，第 22－33 页；王勇、孟令浩：《论 BBNJ 协定中公海保护区宜采取全球管理模式》，《太平洋学报》2019 年第 5 期，第 1－15 页。

③ 白佳玉、李玲玉：《北极海域视角下公海保护区发展态势与中国因应》，《太平洋学报》2017 年第 4 期，第 23－31 页；Vito De Lucia，“The Arctic environment and the BBNJ negotiations. Special rules for special circumstances?，” *Marine Policy* 86（2017）：234-240；Kamrul Hossain，Kathleen Morris，*The Future of the Law of the Sea，Protecting Arctic Marine Biodiversity in Areas Beyond National jurisdiction*（Switzerland：Springer，2017），pp. 105-126.

一、问题的提出

（一）北极 ABNJ 的地理概况及划界困境

北极通常指北极圈（约 66°34′N）以北的陆海兼备区域，其中北冰洋海域面积超过 1 200 万平方千米。① 依据《联合国海洋法公约》(United Nations Convention on the Law of the Sea，UNCLOS）的规定，公海和国际海底区域属于 ABNJ。

北冰洋公海范围界定相对清晰，约有 280 万平方千米的公海覆盖于北极 ABNJ，但是国际海底区域的界限划定不清。由 BBNJ 协议规制的国际海底区域与属于一国管辖范围内区域的外大陆架之间呈现此消彼长的关系，国际海底区域的定界问题实质是争议激烈的北极地区 200 n mile 外大陆架划界问题。

北极海域的面积有限，但水深不足 200 m 的浅海宽广的大陆架约有 440 万平方千米，占据北冰洋总面积的三分之一。② 依据现有公开数据，除了加拿大海盆和北冰洋中脊上的两个区域以外，北冰洋的绝大部分都有可能成为各国的外大陆架。③ 依据 UNCLOS 第 76 条第 8 款的规定，大陆架界限委员会（Commission on the Limits of the Continental Shelf，CLCS）负责外大陆架申请的审议工作，沿海国在 CLCS 的建议基础上划定的大陆架界限方有确定性与拘束力。

北极国家在外大陆架的主张上存在诸多争议和重叠，俄罗斯等国在划界证据搜集方面准备十足。④ 种种迹象表明近期划界审议工作极有可能加速进行。但是受制于恶劣的自然环境，目前北极科学考察还难以满足划界对科学数据的需求。此外频繁的政治博弈也可能延缓北极外大陆架划界的进展。BBNJ 协议的政府间谈判预计于 2020 年完成，而未来相当长时间内，北极 ABNJ 的定界无法实质性解决，因此实现北极 BBNJ 治理需要认真考虑

---

① 参见中华人民共和国国务院新闻办公室：《中国的北极政策》白皮书，www. scio. gov. cn/zfbps/32832/Document/1618203/1618203. htm。

② Betsy Baker,"Law, Science, and the Continental Shelf: The Russian Federation and the Promise of Arctic Cooperation," *American University International Law Review* 25, no. 2 (2010): 250-281.

③ 章成:《北极地区大陆架划界问题研究》，博士学位论文，武汉大学，2015，第 100 页。

④ 参见俄罗斯卫星通讯社:《俄罗斯获得北极大陆架属于自己的新证据》，http: //sputniknews. cn/russia/201910181029869003/。

北极划界的困境。

（二）环境变化和人类活动对北极 BBNJ 的影响

生态系统方法强调在治理北极 BBNJ 时，必须认识到北极生态系统本身的复杂性，以及突破人为边界考量北极各个海域物种间的关联性，即综合认识国家管辖范围内海域和国家管辖范围外海域的北极生物多样性。北极生物多样性兼有独特性与脆弱性，包括诸多适应黑暗、寒冷和安静水域的物种，成千上万的微生物群落和原生生物①，以及濒临灭绝的哺乳动物②。此外，北极 ABNJ 范围内还存在许多新型物种。目前并不隶属于任何国家大陆架内的加科尔山脊可能存在着未明的喜热生物，是众多北极生物的生态家园。③

北极生物目前面临着海水变暖、海冰融化、生物向极地区域富集、外来生物入侵、生物食物链结构畸变、人类工业与商业活动影响等多重威胁。单纯强调抑制人类对北极的开发不现实也无济于事，面对快速、剧烈变化的北极而言，需要新的、适应性的治理工具。挑战与机遇相伴而生，初步开采资源的现状、基本保持原始状态的生态系统，意味着国际社会对北极地区新兴资源和物种进行预防性管理正当时。通过制定新的区域条约，国际社会从一开始就有机会建立保护措施。④ 因此，当前国际社会与北极治理主体应当未雨绸缪，以期在环境进一步恶化之前采取最佳措施，实现对北极 BBNJ 的有效治理。

二、海洋保护区视角下北极海域的治理实践

海洋保护区是当前保护海洋生物多样性的重要方法，能够有效实现物种数量的增幅。⑤ 划区管理工具（包括海洋保护区）也在 BBNJ 谈判中获

---

① 参见 Arctic Council，“Arctic Biodiversity Assessment 2013：Chapter 9 Plants，” https：//oaarchive. arctic-council. org/handle/11374/223。

② 参见 IUCN，“Red List of Threatened Species，” http：//www. iucnredlist. org/；and IUCN，“Red List of Threatened Species：Categories and Criteria”。

③ 参见化石网：《北冰洋下海底山脊中发现大量热液喷孔》，http：//www. uua. cn/show-88-2128-1. html。

④ Kamrul Hossain，Kathleen Morris，*The Future of the Law of the Sea：Protecting Arctic Marine Biodiversity in Areas Beyond National jurisdiction*（Switzerland：Berlin，2017），pp. 105-126.

⑤ Sarah E. Lester，Benjamin S. Halpern，et al. “Biological effects within no-take marine reserves：a global synthesis，” *Marine Ecology Progress Series* 384，（May. 2009）：33-46.

得全球各国的肯定。当前划区管理工具和海洋保护区并没有国际上公认的准确定义。国际自然保护联盟将“海洋保护区”界定为通过法律或其他有效手段，对明确界定的地理空间的认可，为专有目的所进行管理的区域，以实现对自然及其所拥有的生态系统服务和文化价值的长期保护。[①] 而联合国粮农组织则采取更广泛的定义。[②] 此外，根据管理内容不同，可以将特别敏感海域（particularly sensitive sea areas，PSSA）等归入单部门划区管理工具；将海洋保护区和海洋空间规划归属跨部门划区管理工具。[③]

（一）北极既有划区管理工具的实践探索

国际社会已经通过多种方式尝试在北极采用划区管理工具。《生物多样性公约》通过了生态和生物重要区域（ecologically or biologically significant marine areas，EBSA）概念的决议。但是 EBSA 更多涉及科学和技术层面的工作，不涉及法律和管理的问题，在实际保护行动方面力度不足。国际海事组织（International Maritime Organization，IMO）为了防止船舶航行中的污染排放，设立了 PSSA 制度，并明确了具体的管理措施。

北极理事会致力于建立北极海洋保护区网络以增进对北极生物多样性的保护。2015 年，北极海洋环境保护工作组（Protection of the Arctic Marine Environment，PAME）提议拟设立“泛北极海洋保护区网络”，该网络覆盖北冰洋沿岸国专属经济区和北极公海，此外其明确建议缔约国政府将 IMO 设立的 PSSA 作为北冰洋公海保护区组成部分。推动 PSSA 与海洋保护区的互补，有望成为北极理事会与特定行业机构的合作范例。北极动植物保护工作组（Conservation of Arctic Flora and Fauna，CAFF）有关保护北极植物群和动物群的行动为确定北极生态和生物重要区域提供了科学和技术支持，由其维护而形成的生态和生物重要区域网络最终可能成为在北极设立海洋保护区的基础。

北极目前由北极理事会及其工作组领导，坚持以国家为主导的方法建立海洋保护区，但尚未在北极 ABNJ 建立海洋保护区的法律框架。PAME

---

① 参见 IUCN，“When is a Marine Protected Area really a Marine Protected Area，” https：//www. iucn. org/content/when-a-marine-protected-area-really-a-marine-protected-area。

② 参见 FAO：《粮农组织渔业委员会第二十六届会议报告》，http：//www. fao. org/3/a0008e/a0008e00. htm。

③ 参见创绿研究院：《海洋保护区：就是在地图上画格子吗?》，http：//www. ghub. org/?p = 10175。

泛北极海洋保护区网络只是强调应将公海纳入网络之中，但其并未重点研究北冰洋公海保护区的建设问题。CAFF 进行的相关数据收集工作也仅为建设海洋保护区的前期准备。虽然北极理事会的许多附属机构正在全面推进包括北极生物多样性、栖息地和生态系统健康现状和趋势在内的生态基础数据分析等前期基础工作，但仍需要进一步完善北极公海保护区等监管工具的具体制度以实现对北极 BBNJ 的养护。

（二）北极 ABNJ 海洋保护区发展趋势

当前，全球公海保护区的数量持续增长，但增速缓慢。北极公海是全球公海的一部分，从公海保护区的发展态势中，可以推测北极公海保护区的可能发展趋势。[①] BBNJ 谈判的过程中，公海保护区制度已经形成了从选划到管理较为完善的框架体系，一旦 BBNJ 协议生效，公海保护区的数量短期内可能大量增加。[②] 这也意味着北极 ABNJ 海洋保护区制度有望在 BBNJ 最终文本生效后得到推进。北极 ABNJ 海洋保护区包括北极公海保护区，以及北极国际海底区域的海洋保护区，一般情况下二者是上覆水域与下层底土形成的垂直对应关系，原则上制度设计方面不存在分而治之的情形。但 BBNJ 协议需要考虑北极特殊的地理环境，即设计外大陆架之上的公海保护区的特殊制度。

在 BBNJ 谈判的过程中，围绕海洋保护区的设立模式存在三种分歧，包括全球模式、区域模式和混合模式。77 国集团和欧洲联盟主张全球模式；美国和俄罗斯则采取消极态度延缓谈判，主张继续推行区域模式；日本、澳大利亚等国则主张混合模式。[③] 三者的根本性区别在于决策权的分配上。全球模式主张 BBNJ 协议建立全球机构，进行统一的管理与决策；而区域模式则强调海洋保护区的决策权属于区域主体，不支持全球层面的监管；混合模式也主张强化区域的作用，但其接受由全球层面提供的指导

① 白佳玉，李玲玉：《北极海域视角下公海保护区发展态势与中国因应》，《太平洋学报》2017 年第 4 期，第 23－31 页。

② 郑苗壮：《国家管辖范围以外区域海洋生物多样性国际协定谈判与中国参与》，《环境保护》2020 年第 3 期，第 70－74 页。

③ 参见 IISD，“Summary of the Second Session of the Intergovernmental Conference on an International Legally Binding Instrument under the UN Convention on the Law of the Sea on the Conservation and Sustainable Use of Marine Biodiversity of Areas Beyond National Jurisdiction，” http：//enb. iisd. org/oceans/bbnj/igc2/。

和监督。混合模式实际上是全球模式或区域模式的改进和完善，其实质上或属于全球模式或属于区域模式。因此争议主要在于应采用全球模式还是区域模式。① 进一步探究采用何种模式下的海洋保护区制度更有利于北极 BBNJ 的养护，即需要进一步明确在推进北极 ABNJ 海洋保护区的进程中，各方扮演的角色和承担的责任。

三、区域治理机制难以承担北极 BBNJ 治理的重任

（一）北极 ABNJ 属于全球公域

设定北极 ABNJ 海洋保护区的前提是该海洋保护区的地理位置位于北冰洋中部的公海海域或者北极地区的国际海底区域。首先，公海毫无疑问属于全人类共同管理的公地；其次，尽管当前北极国家围绕北极外大陆架划界存在争议，但是依据 UNCLOS 第 76 条，外大陆架的划定应当交由 CLCS 审议，沿海国只有在 CLCS 的建议基础上划定的大陆架界限方有确定性与拘束力。在 CLCS 给定最终建议之前，北极国家对其自行主张的外大陆架并不享有管辖权。即便审议通过后，200 n mile 外大陆架与 200 n mile 内大陆架的制度规定存在本质区别，沿海国所享有的属于优先权而非独占权，无法完全排除他国而独占相关区域。北极 ABNJ 的治理属于全球性问题，应当由国际社会对其进行共同管理，由全球模式下建立的获得世界大多数国家认同的代表机构实现对北极 ABNJ 的治理。

（二）区域治理的作用、对象有限

由于北冰洋不存在区域海洋管理组织，若采用区域性治理模式，北极理事会作为北极地区最主要的政府间论坛，可能发挥主干力量。但是北极理事会的作用有限。首先，北极国家不断强化自身在北极的权利主张，尝试削弱北极理事会的积极作用。在尝试解决北冰洋中部海域潜在的捕捞问题上，北冰洋沿岸五国选择绕过北极理事会进行商议；其次，在北极理事会内部，北极八国占据北极理事会的核心地位，极力将北极理事会塑造成北极国家垄断的封闭性论坛，意味着未来在制定有关北极 ABNJ 区域性安排的参与者有限。北极国家在北极理事会的强势恰恰边缘化了非北极国家

① 王勇、孟令浩：《论 BBNJ 协定中公海保护区宜采取全球管理模式》，《太平洋学报》2019 年第 5 期，第 1 – 15 页。

对北极事务的参与，如果一国不是某协议的缔约方，则该协议也不会对其具有约束力，非成员国也没有强制履行的义务，这是采用区域性安排规制北极 ABNJ 的潜在缺陷。因此，依靠北极理事会等区域性组织，无法有效规制全球诸多非北极国家对北极 BBNJ 的影响。相比之下，所有缔约国都必须遵守协议中关于海洋保护区设定的义务，能间接地为北极 BBNJ 提供普遍性的保护。此外，这种安排也有望通过国际海洋法法庭加以保障。

（三）区域模式无力实现“一揽子”治理

首先，区域模式无力协调各方以实现跨部门的“一揽子”治理。当前涉及北极 ABNJ 治理的区域性和行业性机构众多，包括航运业、石油天然气开发、渔业、海底采矿等多个既有行业。在涉及生物勘探、海洋科学研究等新兴领域方面，仍旧存在监管空白。当人类活动的频率小且彼此间的互动性低时，碎片化的治理并不会构成严重的障碍，但是北极 ABNJ 的人类活动预计将更加频繁与广泛，相较于全球模式，区域性安排的弊端逐渐凸显。区域模式下跨部门的合作内容无法达到基于共同目标和原则进行的全球性同步运作，信息交换等简单的跨部门合作的效果不易实现，合作主体参与度低，难以很好地回应等诸多因素，均反映出区域模式下构建跨部门合作机制的无力感。

其次，区域模式无力实现跨区域的“一揽子”治理。北极污染、全球变暖，影响北极 BBNJ 的环境因素并不仅仅来源于北极 ABNJ，也绝不仅限于北极区域本身。以黑碳对北极的影响为例，亚洲国家所排放的黑碳占据北极黑碳排放的43%，此外《远距离跨界空气污染公约》同样旨在制止非北极国家排放温室气体，以及包括黑碳在内的污染物对北极的影响。① 在航运业和油气开采行业，由于勘探或者运输事故所产生的特定地点的污染同样很容易跨越边界。而区域模式强调排除全球层面的统一监管，各个区域无法就相关问题保持一致的行动，达成统一的行动标准，最终导致跨区域合作方面存在不足。反观全球模式，在全球层面形成自上而下的管理体系，区域间和区域内的不同行业性机构在设立与运行划区管理工具的过程中能够且必须通过广泛的合作，而合作将成为实现北极 BBNJ 养护的关键。

---

① 袁雪：《北极海运黑碳排放的国际治理：现状、挑战与制度构建》，《太平洋学报》2019 年第 7 期，第 41－54 页。

四、基于全球谈判推进北极 BBNJ 治理的路径分析

经过分析，区域性治理无疑难以承担北极 BBNJ 养护与可持续利用的重任，全球模式应当扮演更为重要的角色。需要进一步分析，在全球模式的框架下，BBNJ 协议又将如何针对北极区域做出相应的安排以建构适应北极特殊环境下的相关制度。就目前的四次筹备委员会和三次政府间谈判的内容来看，北极尚未成为讨论的重要主题。部分会外活动专门讨论了 BBNJ 协议对北极治理的潜在影响，认为北极议题不应成为 BBNJ 谈判忽视的内容。

（一）全球 ABNJ 海洋保护区的“共性”安排

尽管正式会议未针对北极进行专门化的讨论，但是未来全球 ABNJ 海洋保护区等相关规定同样能够为北极 BBNJ 的治理提供制度保障。当前围绕划区管理工具（包括海洋保护区）的谈判已经深入到实质性阶段。各方在通过海洋保护区实现 BBNJ 的养护与可持续利用，海洋保护区的制度应遵循生态系统方法、预警原则、最佳科学技术，海洋保护区的决策过程应当透明化等方面均达成了共识；而在针对海洋保护区具体如何设立和实际运作，包括提案主体、识别选划标准、监测评估审查主体、决策程序等方面还存在较大分歧。欧洲联盟、太平洋岛国等国家主张快速推进全球性、永久性的保护区并以严格的措施进行规范；美国等海洋利用大国坚持采用宽松的制度，强调海洋保护区不宜影响公海商业捕捞、船舶航行，以及矿产资源勘探开发。[①] 尽管上述分歧的焦点是着眼于全球 ABNJ 海洋保护区的制度，但是其中有诸多分歧最终的结果将会深刻影响北极 ABNJ 海洋保护区的制度。因此，有必要进一步结合北极 ABNJ 海洋保护区的特点探究如何设置全球 ABNJ 海洋保护区的“共性”安排。

1. 海洋保护区设立采取宽松或者严格标准的问题

海洋保护区的标准问题涉及识别、选划、管理等一系列标准的设置问题。如前所述，欧洲联盟等国家主张采取严格的措施快速推进海洋保护区的建设。由于自身掌握较高的环境技术标准，故其试图通过提高全球 ABNJ 技术标准，进而设置参与海洋活动的绿色壁垒，巩固自身海洋治理

---

① 参见 IISD,“Summary of the Third Session of the Intergovernmental Conference（IGC）on the Conservation and Sustainable Use of Marine Biodiversity of Areas Beyond National Jurisdiction,” http：//enb. iisd. org/vol25/enb25218e. html。

的主导地位。理论上，推进环境保护本身无可厚非，更为严格的环保压力也将有利于倒逼各国提升自己的科学技术水平，促进全球 BBNJ 的养护与可持续利用。但是环境保护本身并非目的，最终的目的仍旧是实现发展。从 1972 年的斯德哥尔摩“人类环境大会”到 1992 年的里约“环境与发展大会”的主题转变也体现出国际环境法理念的进步。因此，未来 ABNJ 海洋保护区的制度建构中，需要平衡保护与发展之间的关系，而非一味主张过于严格化的措施。

在北极 ABNJ 海洋保护区的建设过程中，应当考虑全球可持续发展的问题。未来北极航道的开通，将缩短亚洲到欧洲的航行距离，减少航运时间，减少海运排放、燃油损耗，间接实现了对全球整体的环境保护。以中国为例，北极航道开通后，相较于经过马六甲海峡和苏伊士运河的航道，从中国大连港到荷兰鹿特丹港将节约 3 000 n mile，航程缩短 30%，这也意味着污染的大幅度减少。环境要保护，因为良好的生态环境是人类美好生活的客观条件；同时，经济要发展，因为经济发展是人类美好生活必要的物质基础。未来北极 ABNJ 海洋保护区的建设过程中，应当综合全球生态系统考量如何平衡生态环境与人类利用北极实现发展的关系，进而设置合理的海洋保护区的相关标准。

2. 海洋保护区的时限问题

建设永久性海洋保护区的做法是不可取的。面对 ABNJ，人类更多时候处于科学未知的状态。基于预警原则，有必要对在科学研究有限的状态下极有可能受威胁的生态进行保护，但是随着技术的进步，人类将逐步更清楚地分析和认识相关区域的生物多样性是否已达到必须保护、应当匹配何种标准的保护措施的地步。永久性的海洋保护区，间接地禁止了后代人满足自身权利的需求，同样违背了可持续发展原则。

设置一定年限的 ABNJ 海洋保护区制度是更为可取的选择。在类似措施方面，《预防中北冰洋不管制公海渔业协定》已做出先例。此类设置年限的举措强调先科研、后开发，开启了北极公海治理的新兴模式，同样值得全球 ABNJ 海洋保护区制度学习。此外，北极 ABNJ 海洋保护区设置年限的考虑应当与其外大陆架划界争议有关。如前所述，随着俄罗斯等国积极搜寻大陆架划界的相关证据，未来 CLCS 对于北极地区的大陆架划界审议工作有可能加速，但囿于科学技术限制和地缘政治博弈，近期厘清北极各国外大陆架的界限也非易事。因此设定北极 ABNJ 海洋保护区，需要考虑争议中的地理划界。而设置一定期限内的海洋保护区制度能够一定程度上应对划界不清的现实状态。全球其他区域也存在国际海底区域和外大陆架划界冲突的状态，因此，无论是北极 ABNJ 海洋保护区的设立，或者全球 ABNJ 海洋保护区的设立，都不宜永久性存在。

（二）北极 ABNJ 海洋保护区的“个性”规定

在海洋法领域，为了应对特殊的生态环境制定特殊规则有其先例和必然性，因此，北极 ABNJ 海洋保护区的建设在遵循全球共同规则的前提下，还需要思考北极的特殊问题将在 BBNJ 谈判中被怎样看待，即能否以及如何为北极 ABNJ 海洋保护区制定“个性”规定。

1. 为北极制定特殊规则的合理性证成

尽管法律打算将现实纳入一般规则和抽象规则，但特定情况下不可避免地需要适应现实世界不平衡结构的特殊规则。无论起源于何种制度的国际环境法都不例外。现有国际法中设立北极特殊规则已有先例，因此即便在 BBNJ 协定中，北极环境可能仍需要某种特殊规则。

因为一般国际规则和标准不足以保护这些特别脆弱地区的海洋环境和海洋生物多样性，现有国际法中设计了一些旨在保护特殊生态条件的特殊规则。UNCLOS 的第十二部分专门用于保护海洋环境。第十二部分明确，除了所有一般规则外，必要时，某些特殊或例外情况应成为特殊法律待遇或规则的基础。其中第 194（5）条为目前稀有和脆弱的生态系统的特殊待遇奠定了基础。IMO 的《极地水域船舶作业国际规则》（简称《极地规则》）同样包含了关于极地污染防治的强制性和建议性条款，强调特殊环境下规则特殊化的必要性。鉴于北极地理环境和生态系统及其生物多样性的独特性，目前的 BBNJ 谈判和相关主体或机制的具体规定，都有理由将设计保护北极 BBNJ 的特殊规则这一思路纳入考量范围。

2. 软法治理下北极 ABNJ 海洋保护区的建设

北极 ABNJ 海洋保护区建设之所以需要特殊考量，是因为其面临大面积外大陆架划界结果未定所产生的北极 ABNJ 海洋保护区边界不明的问题。俄罗斯等国家强调沿海国对海洋保护区的决策权，主张将外大陆架连同上覆公海水体一并排除于海洋保护区的规制范围内，这无疑缩小了属于全人类共治公海的范围；而反之，若严格采用人为分治，既可能对沿海国外大陆架权利产生损害，也无法有效发挥海洋保护区对于海洋生物多样性的养护与可持续利用的功能。因此，为了保障沿海国经过水体后进入海底开发资源的权利，以及防范其大陆架开发给水体造成严重环境污染的情形，北极 ABNJ 海洋保护区需要各国间进行妥协以达成共识。在利益重叠与分歧交织的谈判背景下，采用绝对的硬法不利于共识的实现，因此通过软法的规制有望能够更有效地借助 ABNJ 海洋保护区实现对北极 BBNJ 的保护。

在国际环境法的领域，软法一直扮演着重要的角色。长期以来，北极的治理也更为集中地体现为软法性治理。北极理事会向来强调软法在北极治理中的重要地位。软法虽然在严格意义上不具备法律约束力，但又具备一定的法律效果。尽管 BBNJ 谈判的产物是一份具有法律约束力的协定，但是并不意味着海洋保护区的制度必须采取刚性治理的模式。① BBNJ 协议势必会融入软法因素，即 BBNJ 治理的柔化是大势所趋。②

在北极 ABNJ 海洋保护区的设立过程中融入软法因素，可以分别针对不同的海洋活动采取不同约束力的禁止性措施或者建议性规定。同时也能处理北极 ABNJ 海洋保护区与既有职能部门所设立的划区管理工具之间的关系，防止北极 ABNJ 海洋保护区成为取代既有工具的强硬制度。更重要的是软法因素能够有效平衡各方利益，保障外大陆架上公海保护区的设立与有效运行。通过宣言、指南、建议等软法措施，督促沿海国自觉履行海洋保护区的义务，能够保障合理妥协下 BBNJ 文本的顺产。但是一味追求北极 ABNJ 海洋保护区的软法治理也并非长久之计，软法也存在碎片化、遵从性弱等局限性。③ 因此，需要在海洋遗传资源惠益分享、能力建设与技术转让的制度设计中安排相应的配套激励措施。未来海洋遗传资源及其惠益分享制度运行过程中，北极 ABNJ 范围内的珍贵海洋遗传资源将被安置在统一的资源公共池中。遵循海洋保护区关于海底采矿活动等规定可以设计为各国获得遗传资源样本等非货币惠益的前提；同时，可以考虑为沿海国设置能力建设和技术转让主题事项下的优待。最终，随着海洋保护区

① 孟令浩、王勇：《BBNJ 谈判中海洋保护区与沿海国外大陆架权利的调适》，《中国海商法研究》2019 年第 3 期，第 41 – 49 页。

② 张磊：《论国家管辖范围以外区域海洋生物多样性治理的柔化——以融入软法因素的必然性为视角》，《复旦学报》（社会科学版）2018 年第 2 期，第 169 – 180 页。

③ 袁雪、张义松：《北极环境保护治理体系的软法局限及其克服——以〈北极环境保护战略〉和北极理事会为例》，《边界与海洋研究》2019 年第 1 期，第 67 – 81 页。

时限制度发挥实效，以及外大陆架划界的逐步厘清，在确保软法因素已获得各国认同的情况下，逐步将软法硬化，促进北极 BBNJ 的养护与可持续利用相关制度的进一步深入。

（三）BBNJ 协议与北极区域性、部门性治理间的合作协调

联合国第 69/292 号决议要求 BBNJ 谈判不得破坏现有的相关法律文书和框架，以及相关的区域和部门机构。反映在北极 ABNJ 海洋保护区的建设过程中，就是需要全球机构与北极理事会、IMO 等部门分工配合，实现资源互补，减少重复性的工作。北极 ABNJ 的治理正通过多个部门协议和机构进行，完善全球模式下跨机构和跨部门的协调与合作是北极 ABNJ 成功养护和可持续利用生物多样性的关键。

全球模式下，设立划区管理工具的提案应该由缔约国提出，并向未来可能设立的缔约方大会提交。BBNJ 缔约方大会可以作为履行决策和监管职责的机构。为了确保决策的透明度，相关议案应当由海洋保护区所涉及的国家、国际组织、非国家实体等参与，保证各方的磋商与协调。同时有必要设置科学技术委员会对划区管理工具的科学性、合理性进行评估，委员会可以作为全球模式下实现 BBNJ 缔约方大会与既有的区域性、行业性机构间科学技术合作的协调机构。在北极 ABNJ 海洋保护区的具体运作过程中，可以针对北极地区设置专业的北极 ABNJ 科学委员会作为与北极区域性、行业性组织的协调机构。委员会应以协调区域机构和部门机构为宗旨，不得与现有机制相抵触，尊重北极理事会等现有机构，保证与其他框架和机构的一致性、互补性和协同作用。

北极理事会及其工作小组在北极海洋保护区的建设方面付出了众多努力，掌握北极地区的重要和关键知识，并足以成为讨论北极 BBNJ 治理的最恰当和最有效的起点。通过北极理事会工作组推进海洋治理已有先例。例如，在北极重油方面的治理中，PAME 于 2009 年已开始了使用重油的风险评估工作。2017 年 9 月，PAME 对北极重油的使用和运载进行实质性的讨论，并将通过若干重油相关项目的工作信息通报给 IMO，最后将决策与监督执行的权力过渡给 IMO，最终由 IMO 进行行业立法。① 此种北极理事

① 韩佳霖、姜斌：《北极治理视角下的对北极水域营运的船舶实施重油禁令的探讨》，《中国海事》2018 年第 7 期，第 56 – 58 页。

会工作组提供信息支撑的模式值得在北极 ABNJ 海洋保护区的建设中推广。PAME 在北极专属经济区内建立泛北极海洋保护区网络将为保护网扩展到北极公海提供合理的基础。而北极 ABNJ 科学委员会可以与北极理事会一同整合北极理事会 CAFF 等工作组，相关工作组通过信息数据的收集与提供，为开展包括建设北极 ABNJ 海洋保护区等重要活动提供监测、评估的信息支撑。

五、北极 BBNJ 治理的中国参与

2019 年习近平主席明确提出"构建海洋命运共同体"的重要理念，将"构建人类命运共同体"的理念延展至海洋领域。[①] 当前 BBNJ 正面临多种压力，国际海洋规则正处于制定和发展的重要时期。在 BBNJ 的全球谈判中，中国应当以"海洋命运共同体"理念为指导，积极贡献全球海洋治理的中国智慧，与全球各国共同推进海洋法治建设。

（一）为 BBNJ 谈判积极贡献中国方案

当前进行的全球 BBNJ 谈判进程势必引起北极 BBNJ 治理的巨大变革，深刻影响各国在北极海域的蓝色利益。作为负责任的大国，中国应当在国际规则的制定过程中，充分引领话语权，积极提出适应于我国海洋战略发展及全球海洋治理的中国对策。北极 BBNJ 的治理无疑属于全球共治的领域，任何区域性组织或者北极国家"门罗主义"的主张都违背了 UNCLOS 的规定。同时，目前 ABNJ 蕴藏着诸多不确定性，不同利益集团分歧显著，但是为实现 BBNJ 的养护与可持续利用，当前亟待各国达成共识，因此有必要软化相应的制度安排。永久性和过于严格的 ABNJ 海洋保护区无疑不利于共识的推进，同时也不利于北极未来可持续发展。此外，针对北极 ABNJ 特殊复杂的地理环境和博弈重重的政治环境，软法等个性化规定也有必要在谈判中纳入考量。

当前 BBNJ 政府间谈判会议已经召开三次，前两次尚未取得突破性进展。第三次会议基于案文的讨论，同时采用平行会议的模式，整体谈判趋势迅速提升。但是当前围绕 ABNJ 海洋保护区的谈判分歧依然显著，仅存的一次政府间谈判难以保障相应制度的顺产。在政府间正式会议中，中国

① 密晨曦：《海洋命运共同体与海洋法治建设》，《中国海洋报》2019 年 9 月 17 日第 02B 版。

应当与77国集团同心共力，在根本利益方面保持一致，形成稳固的谈判利益联盟。当前“一揽子”事项呈现失衡局面，围绕海洋遗传资源主题讨论仍旧处于适用“人类共同继承财产”还是遵循“公海自由”的原则性争辩环节，而划区管理工具等主题事项已经深入实质性讨论层面，因此中国应当积极利用主席团的身份，防范部分国家及会议协调人员刻意引导会议谈判走向，确保包括海洋遗传资源、能力建设与技术转让、划区管理工具、环境影响评价四大主题事项间的平衡。在政府间正式会议之外，中国应当积极筹备与其他国家开展双边会议或者多边会议，凝聚各方共识，巩固谈判集团间的凝聚力，保障各方立场的一致性。同时可以通过国家间学术会议探讨等民间方式，借助更为互动式的辩论，于争辩中促进共识。中国在参与北极 ABNJ 海洋保护区的过程中，应保持审慎的态度，积极提出符合中国利益和全球利益的对策，质疑不合理的海洋保护区提案。通过对南极罗斯海保护区提案中禁止在相关区域从事捕捞的反对，反映我国主动行使公海使用监督权，避免公海沿岸国对他国公海自由不合理、不合法的干预，积极维护中国的合法权益。中国只有积极参与和引导 BBNJ 国际文书的制定，才能防止部分国家构筑绿色壁垒，保障广大发展中国家的海洋权益。

（二）强化在国际组织中的话语权

BBNJ 协定的谈判中始终强调需要与区域性、行业性的组织进行协调。如前文所述，北极 ABNJ 海洋保护区的推进也无法脱离北极理事会等部门的努力。中国于2013年成为北极理事会观察员国。虽然观察员国不享有决策权，但观察员的地位允许非北极国家通过参与工作组、进行资金援助、项目提案、口头或书面陈词等间接发挥影响力。虽然观察员国的身份无法让中国充分展现话语权，但是至少目前的观察员地位使中国有机会了解北极理事会绝大部分工作，并能够参与其附属机构开展的项目和活动。同时，在北极 ABNJ 海洋保护区的推进过程中，工作组在未来的信息支撑方面有望发挥重要作用，因此中国还应当积极增加北极理事会工作组的人员比重，关注北极理事会动态，研判北极生物保护趋势。总之，中国不仅需要在全球层面积极参与 BBNJ 相关谈判，在相关区域性和部门性组织内也有必要发挥影响组织内部讨论和决策过程的作用。

（三）增强极地科学研究领域的能力建设

对于中国等非北极国家而言，当前北极科学考察面临较为不利的局面。以《加强北极国际科学合作协定》为例，其不仅增强了北极国家内部的科技合作与信息垄断程度，还进一步抬升了非北极国家获取北极科学信息的门槛。[①] 为了预防未来北极 ABNJ 海洋保护区建设过程中北极国家"门罗主义"，保障中国在北极的利益，中国应当深化对北极的了解，抓住 BBNJ 谈判的机遇，提前做好应对举措。

以北极 ABNJ 海洋保护区为例，为避免 ABNJ 海洋保护区成为纸面上的保护区，在完成海洋保护区的识别、选划之后，需要辅之以有效的监测措施。基于科学的信息数据支持，能够对保护区的变化采取更准确的应对措施。因此中国应把握机会，借助北极 ABNJ 海洋保护区的相关科学监测工作，进一步深入推进北极科学考察活动。中国应当强化对北极生物多样性的科学研究，进一步完善自身科技水平，例如深入研究极地生物多样性保护，提高海洋资源勘探能力、采样能力，增加对破冰船和勘探、采样等设备的投入与研发，为积极参与北极 ABNJ 海洋保护区建设奠定科技基础。[②]

此外，中国还应当积极与北极国家进行深入合作，实现信息互通共享。当前北极外大陆架的划界需要准确的信息支撑，这将促进各国对北极科学考察的关注与投入。而中国在水下声呐、探测等领域掌握世界先进技术，中国可以与北极国家合作考察北极 ABNJ 海域，获得有关的精准数据，通过参与北极科学研究，丰富北极知识储备。只有充分了解、掌握北极生物多样性保护的科学信息，在未来北极 BBNJ 治理过程中，中国才能更好地深度参与。

六、结语

北极是 BBNJ 协议规制的重要区域之一，而其复杂的地缘政治和独特的地理环境因素都为北极 BBNJ 治理的相关谈判增加了挑战。BBNJ 谈判在国际海洋法变革和国际海洋法秩序重构过程中具有里程碑的意义，毫无疑问其谈判的结果也将深刻影响北极地区的未来。海洋保护区是实现北极 BBNJ 养护的重要综合性工具，能够在北极公海和国际海底区域发挥作用。

① 肖洋：《北极科学合作：制度歧视与垄断生成》，《国际论坛》2019 年第 1 期，第 103 页。

② 袁雪、廖宇程：《国家管辖范围外区域海洋遗传资源的获取和惠益分享：机制选择与中国方案》，《中国海洋大学学报》（社会科学版）2019 第 5 期，第 47－58 页。

由于北极 ABNJ 属于全球公域，而且区域性治理存在约束对象有限、与其他机构协调不到位等诸多弊病，在未来，应当基于全球模式进行海洋保护区的制度构建。全球模式下，北极 ABNJ 海洋保护区既需要遵循设置年限、平衡环境保护与发展的关系等共性措施，同时需要融入软法因素，为外大陆架上覆水域公海保护区设计特别的规则。面对北极环境的剧变，北极理事会等部门也采取了针对北极 ABNJ 的治理措施。因此协调全球性与区域性、行业性机构是必要的，以实现全球范围与区域范围的国际合作、协调治理等目标。中国作为“近北极国家”和“北极利益攸关方”，同样需要基于“构建海洋命运共同体”的理念，在 BBNJ 全球谈判中强化话语权引领，在北极理事会等部门中发挥治理海洋的积极作用。同时应当加强与其他国家在海洋生物多样性保护领域的科学合作，强化科学研究和获取科学信息的能力，进而维护自身的海洋权益。

国家管辖范围外区域海洋遗传资源的获取和惠益分享

——机制选择与中国方案*

袁　雪，廖宇程

摘　要：制定《〈联合国海洋法公约〉关于国家管辖范围外区域海洋生物多样性养护和可持续利用的国际法律约束力文书》需要处理海洋遗传资源问题，包括其获取和惠益分享等问题。然而现有国际法规定的获取和惠益分享机制在国家管辖范围外区域不具备直接适用的条件。梳理国际法现有的获取和惠益分享机制，总结得出获取和惠益分享可以“成本”为标准，被划分为严格和宽松两种类型，将不同类型的获取和惠益分享加以组合得出不同的模型，评估不同模型在国家管辖范围外区域应用的利弊。阐明宽松获取和严格惠益分享的组合模型既能促进技术创新，又能实现惠益公平，是符合人类命运共同体要义的获取和惠益分享机制蓝本。

关键词：国家管辖范围外区域；获取和惠益分享机制；海洋遗传资源；养护和可持续利用

基金项目　自然资源部海洋发展战略研究所项目、中央高校基本科研业务费项目“中国北极安全法律问题研究”（HEUCFP201831）、黑龙江省哲学社会科学规划项目“极地通航法律问题研究”（16FXB01）。

*本文发表于《中国海洋大学学报》（社会科学版）2019年第5期。

Access and Benefit-sharing of Marine Genetic Resources in Areas Beyond National Jurisdiction: Mechanism Selection and China's Program

Yuan Xue, Liao Yucheng

Abstract: The drafting of the *International Legally Binding Instrument under the United Nations Convention on the Law of the Sea on the Conservation and Sustainable Use of Marine Biodiversity of Areas Beyond National Jurisdiction* (ABNJ) needs to address the issue of access and benefit-sharing of marine genetic resources. However, existing access and benefit-sharing mechanisms under international law do not have directly applicable、conditions in ABNJ. Through sorting out the existing access and benefit-sharing mechanisms under international law, we can conclude that access and benefit-sharing can be classified as either heavy or light based on "cost" . Combining different types of access and benefit-sharing can result in different models. By evaluating advantages and disadvantages of different models applied in ABNJ, we found that the combination model of light access and heavy benefit-sharing can not only promote technological innovation, but also achieve fairness of benefits. And this modal is a blueprint for access and benefit-sharing mechanisms that conforms to the essence of the Community of Shared Future for Mankind.

Key words: Areas Beyond National Jurisdiction; Access and Benefit-sharing Mechanisms; marine genetic resources; conservation and sustainable use

一、引言

生物勘探活动正在国家管辖范围外区域（Area Beyond National Jurisdiction, ABNJ）寻找新的和有用的海洋遗传资源（Marine Genetic Resources, MGR）。生物勘探活动不仅发现了新物种，而且由于海洋偏远地区的海绵、磷虾、海藻和细菌的遗传物质具有独特的性质，也能促使制药、食品和可再生能源等部门实现重大创新①，因此引起遗传资源商业化等一系列后果。之前受制于科技水平，各国对 MGR 的了解有限，但近年来飞速发展的科技改变了这一现状，却也为国家管辖范围外区域的生物多样性（Biodiversity of Area Beyond National Jurisdiction，BBNJ）的养护和可持续利用埋下了隐忧。另一个让广大发展中国家忧虑的问题是发达国家对其国内生物遗传资源的掠夺史是否会在 ABNJ 重现。毕竟当前只有极少数国家和少数公司，能够提交与 MGR 有关的专利申请②，而绝大多数发展中国家不具备海洋生物勘探的技术能力。

为解决上述问题，国际社会制定《〈联合国海洋法公约〉关于国家管辖范围外区域海洋生物多样性养护和可持续利用的国际法律约束力文书》（The International Legally Binding Instrument under the UN Convention on the Law of the Sea on the Conservation and Sustainable Use of Marine Biodiversity of Areas Beyond National Jurisdiction，ILBI；有法律约束力文书）已经讨论多年。MGR，包括关于惠益分享的问题，在 2011 年不限成员名额非正式特设工作组第四次会议被确立为“一揽子计划”的内容之一。③

“获取和惠益分享”是一个不断发展的国际概念，其源自《生物多样性公约》（The Convention on Biological Diversity，CBD）。获取指取得遗传资源的过程，包括巡航、勘探、开采等；惠益分享指依据所获取的遗传资源而得的惠益，使用者与资源的提供者进行分享，具体的形式可以是金钱的分享或者是资源信息的分享。获取和惠益分享旨在规范生物资源的获取和分享由其产生的惠益。谈判者最初的意图是通过要求用户补偿承担资源保护成本的提供者来为保护和可持续利用遗传资源提供经济激励。④ 惠益分享可以采取多种形式，包括货币惠益或技术转让等非货币惠益。发展实施

---

① P Oldham et al，“Valuing the Deep：Marine Genetic Resources in Areas Beyond National Jurisdiction，” *One World Analytics*（July. 2014）：3-6.

② S Arnaud-Haond，J Arrieta and C Duarte，“Marine Biodiversity and Gene Patents，” *Science*（2011）：1521.

③ 参见《联合国海洋法公约》：关于保护和可持续利用国家管辖范围以外区域海洋生物多样性的国际法律约束力文书政府间会议摘要，发布于 2018 年 9 月 20 日，http：//enb. iisd. org/oceans/bbnj/igc1/。

④ Elisa Morgera，Elsa Tsioumani，“The Evolution of Benefit Sharing：Linking Biodiversity and Community Livelihoods，” *Review of European Community and International Environmental Law* 15，no. 2（2010）：153.

ILBI 中获取和惠益分享的国际合作制度为大势所趋，能有利于 BBNJ 的养护和可持续利用及实现全人类公平，但其中具体的制度安排仍旧存在较大的对立和争议。从谈判进程来看，各国的分歧主要围绕着 MGR 的性质、范围界定，包括时间维度和对象目标；监管 MGR 获取的必要性和条件；惠益分享的目标、原则和形式；MGR 的知识产权保护问题；监测 MGR 利用情况的机制等问题展开的。①

目前学术界对于 MGR 获取和惠益分享具体机制的研究相对缺乏。国内学术界有关 MGR 的研究尚处于初步阶段，主要学术精力集中在 MGR 的基础性问题，如对 MGR 法律地位、性质、获取和惠益分享应遵循的原则等问题的研究。现有研究都强调“人类共同遗产”原则，提出中国参与的重要性和必要性。② 还有部分学者对有关获取和惠益分享的国际条约、各国的国内法律进行梳理，初步提出了 LIBI 中获取和惠益分享机制可以参考借鉴的制度，重点集中在对《联合国海洋法公约》和 CBD 等公约的梳理分析。③ 只有少数学者尝试构建有关 MGR 具体的获取和惠益分享制度，他们分别从知识产权制度、科学研究制度的角度进行了有益的探讨。④ 国外学者也在基础性问题上产生了许多研究成果，但与国内研究的观点并不完全一致。并非所有学者都赞同“人类共同遗产”原则，也有部分学者对惠益分享持排斥态度，主张不应当也无法在商业捕鱼等领域进行惠益分享。部分学者提出可以跳出 MGR 性质之争的泥淖来谈论惠益分享的问题，避

---

① 参见《联合国海洋法公约》：关于保护和可持续利用国家管辖范围以外区域海洋生物多样性的国际法律约束力文书政府间会议摘要，发布于 2018 年 9 月 20 日，http：//enb. iisd. org/oceans/bbnj/igc1/。

② 李志文：《国家管辖外海域遗传资源分配的国际法秩序——以“人类命运共同体”理念为视阈》，《吉林大学社会科学学报》2018 年第 6 期，第 36 – 45 页；张磊：《论国家管辖范围以外区域海洋遗传资源的法律地位》，《法商研究》2018 年第 3 期，第 171 – 180 页；王秀芬、檀畅：《国际海洋立法新动向与中国应对——以〈国家管辖范围以外海域生物多样性国际协定〉为视角》，《吉首大学学报》（社会科学版）2018 年第 5 期，第 62 – 68 页。

③ 张湘兰、李洁：《国家管辖外海域遗传资源惠益分享机制的构建——以知识产权保护为视角》，《武大国际法评论》2017 年第 4 期，第 62 – 75 页；张小勇、郑苗壮：《论国家管辖范围以外区域海洋遗传资源适用的法律制度——以海洋科学研究制度的可适用性为中心》，《国际法研究》2018 年第 5 期。

④ 戴瑛：《国家管辖范围外海洋遗传资源获取与惠益分享的制度选择和发展前瞻》，《海洋通报》2018 年第 5 期，第 515 – 521 页；徐靖、郑苗壮、刘岩等：《国家管辖范围外海域遗传资源获取和惠益分享机制构建建议》，《生物多样性》2016 年第 1 期，第 108 – 113 页。

免具体制度的讨论停滞不前。① 国外学者对于现有国际法体系中获取和惠益分享制度的梳理更为全面而系统。通过分析《联合国海洋法公约》、CBD、世界卫生组织制定的《大流行性流感防范框架》等条约，学者们总结出许多经验教训，指出现有很多条约成为不同国家利益之争的战场，而且截至目前相关的惠益分享有极少成功的案例。认为未来 ILBI 的制定过程中，各国的相互信任十分重要。② 少数学者将获取和惠益分享的机制具象化，较为全面地构建了遗传资源信息共享库和信托管理基金等制度的框架，对主体的权利和义务、获取程序的监管、惠益分享的触发机制等方面都提出了大胆、创新的设想。③

总体而言，大部分论述依旧在宏观层面和围绕基础性问题对获取和惠益分享进行分析，针对具体的制度进行充分而细致地论述的文献仍在少数。另外，极少数学者系统化地归纳获取和惠益分享不同属性的形态。目前而言，有关获取和惠益分享制度的具体形态，位于南半球和北半球的国家的主张大相径庭，难以统一，长此以往可能造成获取和惠益分享机制的难产，甚至成为各国利益互相妥协下的畸形产物。如何从各国不同的甚至对立的方案中寻求平衡利益的治理机制，需要进行研究，因此有必要分析当前各国的立场属于何种范式、其在 ILBI 中是否能得到妥善运行，以期为 ILBI 贡献一个普遍满意、确实可行的获取和惠益分享的实施机制。

二、现有获取和惠益分享机制的国际法体系梳理

惠益分享作为公平原则的一个子集，是“开放式与渐进式的，可以通

---

① A. Aseeva, “A(n)(Im)Possibility of Justice in the Case of Conservation of Marine Biodiversity of Areas Beyond National Jurisdiction,” *Faculty of Law University of Copenhagen iCourts Working Paper* 89 (2017); Gaute Voigt-Hanssen, “Current ‘Light’ and ‘Heavy’ Options for Benefit-sharing in the Context of the United Nations Convention on the Law of the Sea,” *The International Journal of Marine and Coastal Law* 33 (2018).

② F. Humphries, “Sharing aquatic genetic resources across jurisdictions: playing ‘chicken’ in the sea,” *Int Environ Agreements* 15 (May. 2018); E. Tsioumani, “Beyond Access and Benefit-sharing: Lessons from the Emergence and Application of the Principle of Fair and Equitable Benefit-sharing in Agrobiodiversity Governance,” *Routledge* 41 (2018).

③ Elisa Morgera, “Fair and Equitable Benefit-Sharing in a New Treaty on Marine Biodiversity: A Principled Approach Towards Partnership Building?,” *BENELEX Working Paper* 16 (2018); Morten Wall ø e Tvedt, Fridtjof Nansen Institute, Ane E. J ø rem, Fridtjof Nansen Institute, “Bioprospecting in the High Seas: Regulatory Options for Benefit Sharing,” *The Journal of World Intellectual Property* 16 (2013).

过与不同的国际法律子系统建立联系来填补内容”。[①] 因此，ILBI 可以借鉴现有有关获取和惠益分享机制的国际协定的相关经验。与遗传资源有关的获取和惠益分享机制正在三个独立的管辖区内发展，即国家管辖范围内、ABNJ 和南极条约区。[②] 由于南极的独特性，故本文主要借鉴规范国家管辖范围内的遗传资源获取和惠益分享机制。

（一）《生物多样性公约》及其《名古屋议定书》

CBD 于 1992 年通过，并于 1993 年生效。截至到 2018 年 11 月 6 日，共有 196 个缔约方，其中 168 个签署方。[③] 根据 CBD 第 1 条的规定，CBD 的目标被描述成从事生物多样性保护并促进其组成部分的可持续利用、养护和实现国家管辖范围内的遗传资源的公平分享。公平和公正的惠益分享是 CBD 通过时政治协议的核心，旨在激发全球发展中国家保护生物多样性的经济激励措施，以及纠正相关分配不公正的手段。[④] 根据 CBD 第 4 条，CBD 在 ABNJ 中并不适用。CBD 的第 15 条所规定的“事前同意制度”与“共同商定条件”是其有关国家管辖范围内遗传资源获取和惠益分享的重大建树。根据第 15 条规定，各国可能要求使用者获得收集资源的权利之前必须得到提供国的许可，即满足事前知情同意的条件。作为授权进行获取的回报，使用者必须在共同商定的条件下与遗传资源的提供国签订惠益分享协议，与其共同分享研究和开发的结果，以及从“利用遗传资源”中获得的惠益。[⑤] 而惠益分享协议的具体规定包括信息共享、参与技术合作与能力建设，以及向资源提供国，特别是发展中国家提供资金的义务。上述义务由 CBD 第 16～19 条加以细化。

---

① Elisa Morgera, “Fair and Equitable Benefit-Sharing in a New Treaty on Marine Biodiversity: A Principled Approach Towards Partnership Building?,” *BENELEX Working Paper* 16 (2018): 7.

② Humphries F. “Sharing aquatic genetic resources across jurisdictions: playing ‘chicken’ in the sea,” *Int Environ Agreements* 15 (May. 2018): 541-556.

③ 参见生物多样性公约缔约方列表，https://www.cbd.int/information/parties.shtml，访问日期：2018 年 11 月 6 日。

④ Aseeva A, “A (n) (Im) Possibility of Justice in the Case of Conservation of Marine Biodiversity of Areas Beyond National Jurisdiction,” *Faculty of Law University of Copenhagen iCourts Working Paper* 89 (2017): 16.

⑤ 参见 CBD 第 15 条第 7 款：“每一缔约国应按照第十六和十九条，并于必要时利用第二十和二十一条设立的财务机制，酌情采取立法、行政或政策性措施，以期与提供遗传资源的缔约国公平分享研究和开发此种资源的成果，以及商业和其他方面利用此种资源所获的利益。这种分享应按照共同商定的条件。”

《关于获取遗传资源以及公平和公正地分享其利用所产生惠益的名古屋议定书》（以下简称《名古屋议定书》）于 2010 年通过。《名古屋议定书》第 3 条规定了其范围为“《生物多样性公约》第 15 条范围内的遗传资源及利用此种遗传资源所产生的惠益”。正如第 4 条第 4 款明确其为“执行《生物多样性公约》的获取和惠益分享规定的文书”，有关事前知情同意和共同商定条件在《名古屋议定书》中得到再度确认和细化；有关获取和惠益分享条款的执行得到了有效支持。

第一，事前知情同意和共同商定条件。《名古屋议定书》第 5 条、第 6 条、第 13 条构建了双边系统下的获取和惠益分享机制，即使用者与国家签订单个“合同”实现遗传资源的获取和惠益分享。合同的主体原则上是国家与使用者，国家主管部门将根据具体情况与使用者进行逐一地预先谈判，以确定相关的条款。惠益分享协议的规定取决于提供国和使用者的协商一致，强化了发展中国家在谈判中的话语权。第二，有关获取和惠益分享条款的执行。《名古屋议定书》第 18 条要求提供者与使用者遵守共同商定条件。鼓励提供者和使用者在商定条件中加入争端解决条款。在争端出现时应当积极诉诸司法，实现救济。① 若合同条款满足合法性要件，则该合同可以依据具体的条款选择通过法院强制执行或通过仲裁强制执行等强制方式实现救济。强制执行的项目通常涉及来自基于遗传资源的产品销售所得等货币惠益，也可能包括例如技术转让等非货币惠益。此外，第 17 条还建立了监测和追踪机制，使缔约方能够对使用者的行为进行及时有效的监管。②

CBD 规则显然受到主权的限制，即缔约方仅仅可以管理在其管辖范围内的遗传资源。另外，CBD 和《名古屋议定书》所内含的共同商定条件是双边模式获取和惠益分享的典范。但是上述规则设置了较为严苛的条件，即获取和惠益分享均需要提供国的许可同意。严格的模式有利于资源的保护，但依赖复杂机制在执行时所发挥的真正效用。

（二）《粮食和农业植物遗传资源国际条约》

《粮食和农业植物遗传资源国际条约》（The International Treaty on Plant

---

① 参见《名古屋议定书》第 18 条第 2 款：“遵守共同商定条件。2. 各缔约方在共同商定条件出现争端时，应确保在其法律制度下，根据适用的司法规定，存在追索的机会。”

② 同上书，第 17 条第 1 款：“监测遗传资源的利用。1. 为支持遵约，各缔约方应酌情采取措施，监测遗传资源的利用情况并提高遗传资源利用的透明度。”

Genetic Resources for Food and Agriculture，ITPGRFA）是公共领域规制植物遗传资源的有效多边体系。

获取方面，ITPGRFA 第 10 条第 2 款规定应采用便利的方式实现获取。根据第 11 条的规定，条约依照相关标准将部分农作物和植物纳入清单之中。根据第 12 条的规定，为了获得 ITPGRFA 附件中列出的 64 种粮食和饲料作物之一的样本，必须签署标准材料转让协议。标准材料转让协议在获取和利用这些作物方面有固定的条款和条件。该体系被称为多边获取和惠益分享系统。凡是属于系统内部的遗传资源直接依照协议进行，无须提供者和使用者的另外协商，以实现便捷迅速的获取，节约成本。该系统的吸引力在于其简单性，无须协商条款，从而降低了提供者和使用者的管理负担和成本，另外这种获取只收取必要的成本，不收取资源本身的费用。

惠益分享方面，第 13 条第 1 款中明确了“方便获取多边系统中的粮食和农业植物遗传资源本身即为多边系统的一项主要利益，并同意由此产生的利益应按照本条的规定公平合理地分享”。第 13 条第 2 款第（ii）项做出了强制货币惠益分享的要求[①]：如果研究人员开发的产品源自 ITPGRFA 中的材料，且开发者决定利用知识产权制度限制他人获取所发明的产品，则开发者有义务向惠益分享基金支付产品销售额的一定百分比，该基金将用于支持发展中国家的农业保护和进一步发展。即使产品中仅包含少量“材料”，这种支付义务仍然存在。

多边获取和惠益分享系统和惠益分享基金是否具备有效性是存疑的。一方面，自基金于 2008 年设立以来，并未收到任何的强制性捐款，仅有自愿付款。[②] 另一方面，也有观点认为，该系统的主要好处是每年通过标准材料转让协议转移数百万份植物资源，以促进作物获取和鼓励分享，从而有助于资源的保护和可持续利用。对于基金强制支付的规定只是为了限制使用者无节制地从资源库中获取资源而牟利的现象。[③] 该观点有其合理性，但是基

---

① 参见《粮食和农业植物遗传资源国际条约》第 13 条第 2 款第（ii）项：“各缔约方同意，第 12.4 提及的标准《材料转让协定》应包括如下要求：商业化粮食和农业植物遗传资源并含有从多边系统获取材料的产品的获取者应向第 19.3f 提及的机制支付该产品商业化所得利益的合理份额。但如这种产品不受限制地提供给其他人用作进一步研究和育种的情况则除外，在此情况下，应鼓励将商业化的获取者进行这种支付。”

② 参见《挪威支持农民积极利用植物遗传资源》，发布于 2017 年 3 月 8 日，http：//www.fao.org/plant-treaty/news/news-detail/en/c/522317/，访问日期：2018 年 10 月 9 日。

③ 参见关于世界粮食和农业植物遗传资源的第二份报告，发布于 2010 年，http：//www.fao.org/docrep/013/i1500e/i1500e.pdf，访问日期 2018 年 10 月 9 日。

金支付不足的事实也催生 ITPGRFA 设立了一个不限成员名额的特设工作组，以加强多边获取和惠益分享制度的运作。该工作组的目的是以可持续和可预测的方式增加用户的付费和对惠益分享基金的捐款，以加强系统的运作。

ITPGRFA 是最值得 ILBI 获取和惠益分享机制参考的文本。但是 ITPGRFA 仅仅适用于其标准协议内的资源，而协议目前仅仅规定粮食和农业领域的 64 种植物遗传资源。2018 年 10 月 10 日召开的第八次不限成员名额的特设工作组会议也在商定扩大多边系统覆盖范围的标准和备选方案的事宜。① 扩大清单内的资源是标准材料转让协议的趋势。ABNJ 若借鉴标准材料转让协议，必须结合实际情况确定清单中的资源，毕竟在 ABNJ 的 MGR 涉及数百万的物种。② 如果将百万物种都形成标准协议，无疑是负担性的，所以平衡标准化会是将来研究的重点。③ 总体而言，与《名古屋议定书》的严格相比，ITPGRFA 中的多边系统偏重一种宽松的特点，旨在便利遗传资源的获取和惠益分享，但从结果来看，惠益分享机制尚未得到良好运作。

三、现有获取和惠益分享机制嵌入有法律约束力文书的模型分析

经过对国际法体系中现有获取和惠益分享机制的梳理，可以看出其中有许多选择可供 ILBI 借鉴，但目前还没有具体的提案可以用以解决未来 ILBI 的获取和惠益分享机制的问题。通过在获取和惠益分享概念中分别引入严格和宽松这两个概念④，可以对现有机制加以整合，并组合出不同的

---

① 参见加强 ITPGRFA 多边获取和惠益分享系统运作不限成员名额特设工作组第八次会议摘要，发布于 2018 年 10 月 12 日，http：//enb. iisd. org/biodiv/itpgrfa/owg-efmls-8/，访问日期：2018 年 11 月 1 日。

② 参见中国大洋矿产资源研究开发协会，《三论 BBNJ——政府间谈判前瞻及有关建议》，发布于 2017 年 12 月 21 日，http：//www. comra. org/2017-12/21/content_ 40115600. htm，访问日期：2018 年 10 月 29 日。

③ Claudio Chiarolla，“Intellectual property rights and benefit sharing from marine genetic resources in areas beyond national jurisdiction：Current discussions and regulatory options，” *Queen Mary Journal of Intellectual Property* 4，no. 3（2014）：171-194.

④ Gaute Voigt-Hanssen，“Current ‘Light’ and ‘Heavy’ Options for Benefit-sharing in the Context of the United Nations Convention on the Law of the Sea，” *The International Journal of Marine and Coastal Law* 33（2018）：1-10.

获取和惠益分享机制模型，为 ILBI 提供参考。

（一）现有获取和惠益分享机制的拆分标准

依照“成本的大小”，现有获取和惠益分享机制可以区分为严格和宽松两种类型。严格的决定性因素通常包括货币惠益强制分享条款和审批许可制度。原因在于上述相关规定在跟踪、监测、报告和执法方面会花费大量的行政费用；货币惠益也可能需要成立一个专门基金来管理其收益。执法成本的支出必须依靠严格的设计才能实现收支平衡以便制度良久运行。反之，通知报告和依赖非货币惠益分享的机制被定性为宽松。尽管非货币惠益分享也消耗成本，但从整个获取和惠益分享的过程看，与强制货币惠益分享相比这些成本可能大大降低。但是，如果非货币惠益分享耗费了大量的成本影响了收支平衡，则它也应该被划分为严格的阵营。宽松和严格，并不是非此即彼的关系。严格的获取和严格的惠益分享包含宽松的获取和宽松的惠益分享。严格的惠益分享，不是仅仅只有强制货币惠益分享，资源共享库等非货币惠益分享措施（本文将其划分为宽松的惠益分享）也是其组成部分。

（二）获取机制的类型划分

1. 严格的获取机制

严格的获取机制是 CBD 和《名古屋议定书》模式在 ILBI 中的应用，该机制也可简称为“国家或双边模式”。参照 CBD 和《名古屋议定书》，大多数国家的准入条例都规定申请获取许可证是合法获得一国国内遗传资源的要求。按照此种模式，要满足 ABNJ 内的“事前知情同意”条件，首先需要设置准入机制。获取 MGR 须依照规定进行申请，只有经过审批而持获取许可证获取 MGR 才是合法的。由此也提出了机构设置的要求：需要有一个机构扮演审批人的角色，负责处理申请和与申请者共同商定惠益分享条款。或者为了简化审批流程，使用者在获取阶段可以提前一次性付清获取 MGR 的费用，并将其存入基金，作为其可以独自专享某种特殊资源的自愿付费。

2. 宽松的获取机制

任何国际法主体都对 ABNJ 不享有主权的现实情况可能带来与事前知情同意和许可准入制度不同的安排，即建立一种获取 MGR 的通知报告机制。

第一，出海巡航方面的通知报告机制。通知报告机制的主要义务为向有关机构提交巡航报告。详细的出海巡航报告需要具备 MGR 的获取主体、具体获取对象和数量、行动时间和地点、获取的方式等项目。通常情况下使用者需要在巡航前提交报告，但由于在海上收集材料存在不确定性，报告义务也可适用于巡航活动结束后。总之使用者应当及时通知有关的管理机构，以确保生物勘探工作的信息共享和后续遗传资源使用的监测。在严格模式下获取 MGR 时，并不意味着获取是随心所欲而不受限制的，通知报告机制还应当与注意义务相结合。这意味着开发者有责任使用环境友好型的设备，甚至有必要避免在敏感区域收集样本。此外，在海洋保护区可以适用更严格的环境准入标准来限制使用者对于 MGR 的获取量。

第二，在 MGR 资源库中获取的通知报告机制。宽松的获取还对使用者初步提出了非货币惠益分享的要求。即使获取并不以获得许可证为条件，但是使用者应当根据现有的《联合国海洋法公约》规定的海洋科学研究义务，① 确保遗传资源样本和研究结果能被便利获取，因为样本的共享有可能最大限度地减少重新采样的需要，从而避免了不可持续的开采和“无意义的重复劳动”。② 因此获取后通过 MGR 的资源库实现共享是必要的。ILBI 可以参照 ITPGRFA 建立便利获取系统和标准材料转让协议。在资源库中属于协议范围内的材料的获取，缔约国只需依照既定的程序和规则，先向资源管理机构报告，缴付必要的费用后，便可以取得。获取需缴纳的费用只能涵盖获取非原生境资源的实际运作成本，材料本身是不收费的。另外，根据 ITPGRFA 的标准材料转让协议，接收方的义务之一是承诺“该材料仅用于食品和农业的研究，育种和培训目的。此类用途不包括化学、药物或其他非食品饲料工业用途”。③ 类似的使用限制可以在 ILBI 中发挥实现 BBNJ 养护和可持续利用的作用。

---

① 参见《联合国海洋法公约》第 244 条第 2 款：情报和知识的公布和传播。“2. 为此目的，各国应个别地并与其他国家和各主管国际组织合作，积极促进科学资料和情报的流通，以及海洋科学研究所得知识的转让，特别是向发展中国家的流通和转让，并通过除其他外对发展中国家技术和科学人员提供适当教育和训练方案，加强发展中国家自主进行海洋科学研究的能力。”

② 金林：《国际海底区域遗传资源利用与惠益分享之法律制度研究》，硕士学位论文，外交学院，2017，第 33 – 42 页。

③ 参见 ITPGRFA 第 12 条第 3 款，应按照如下条件提供这种获取机会：（a）只为粮食和农业研究、育种和培训而利用及保存提供获取机会，但其不包括化学、药用或其他非食用（饲用）工业用途。加系多用途（食用和非食用）作物，其对粮食安全的重要性应作为是否将其纳入多边系统和可否提供方便获取机会的决定因素。

相比严格的获取，该模式的根本变化在于取消准入规则的约束，方便了获取，而强调在收集 MGR 时的环保和谨慎义务。宽松获取的效用将在很大程度上依赖于惠益分享方面、海洋保护区、环境影响评价等制度的完善。

（三）惠益分享机制的划分

1. 严格的惠益分享机制

严格的惠益分享的核心是 ILBI 本身或标准合同中详细的货币惠益分享要求。尽管当前公海上的科学研究遵循的是自由原则，但在构建货币惠益分享法律制度的过程中可以针对公海上的海洋科学研究活动设定一个“为谋全人类的利益”的条件。① 作为实施 CBD 或《名古屋议定书》的一部分，这种方法已在国家管辖范围内广泛实施，如在澳大利亚的法律中规定：如果申请获得用于商业或潜在商业目的的英联邦地区遗传资源的许可，申请人应在许可证颁发之前与每个提供者签订利益分享协议。② 如果使用者在一年内收到的总开采收入在指定范围内，则使用者将向英联邦支付表中规定的相应百分比开采收入。这个范围在 0～5%。③ 因此，在 ILBI 背景下，也可能对基础科学中使用的材料（即非商业用途）不履行货币惠益分享义务，而是在商业化时有这样的规定。然而，有一个问题是这种划分的效果如何，因为它很容易规避，而且用户的商业化意图常常不明确或是处于灰色区域。事实上，所有研究实体都是不同比例的自我和公共利益的复杂组合。④ 2016 年，巴西法律⑤经过修订规定了基于商业用途和非商业用途之间的划分。商业用途被要求通过电子系统 Sis Gen 强制性进行报告要求。⑥ 根据规定，货币惠益分享是由经济利益的收入引发的，即成品

---

① 张小勇、郑苗壮：《论国家管辖范围以外区域海洋遗传资源适用的法律制度——以海洋科学研究制度的可适用性为中心》，《国际法研究》2018 年第 5 期，第 15－34 页。

② 参见《澳大利亚环境保护和生物多样性保护条例》第 8A 部分，发布于 2000 年。

③ 参见澳大利亚环境部《关于为商业或潜在商业目的获取英联邦地区生物资源和利益分享的协议契约》附表三《与英联邦分享利益》。

④ Thambisetty, Sivaramjani, "Marine Genetic Resources Beyond National Jurisdictions: Components of a Fair, Informed and Progressive Internationally Binding Legal Instrument," *LSE Law* 17 (July. 2018): 7.

⑤ 巴西的相关法律修订前为 2015 年 5 月第 13，123 号法律；修改后相关法规为 2016 年 11 月第 8，772 号法令。

⑥ Gaute Voigt-Hanssen, "Current 'Light' and 'Heavy' Options for Benefit-sharing in the Context of the United Nations Convention on the Law of the Sea," *The International Journal of Marine and Coastal Law* 33 (2018): 20.

制造商应当分享利益。

上述方法的特征是强制性货币惠益分享的触发点是在产品商业化时，或者基于营业额或收入额。要实现上述目标，某些形式的报告和监测是必要的。所以在 ILBI 环境中，标准合同需要使用者与有关机构进行某种沟通。在 ITPGRFA 的背景下，标准材料转让协定要求有义务付款的使用者向管理机构提交关于产品销售的年度报告、应付款项的数量，以及允许识别任何限制惠益分享的信息。① ILBI 也有必要设立相关机构承担相应职责。

综上，要使严格的惠益分享机制发挥实效，必须落实跟踪和监控系统，以及明确资源的使用报告义务。在 MGR 衍生产品商业化时要求货币惠益分享是合理地区分商业化和非商业化的标准，“盈利条款”将成为某些早期的非货币和货币惠益分享的触发机制。另外，因为 MGR 的价值在获取时尚不清楚，因此，惠益的额度应采用累进制计算方法，要求运营商进一步沿着研发链进行货币惠益分享。

2. 宽松的惠益分享机制

宽松的惠益分享机制要求在 ILBI 中实现的是一些非货币惠益分享。这些可能是获取后共享基因序列数据的要求，或者分享衍生物的信息，例如生化成分的信息。这种宽松惠益分享方法的核心是将样品存放在船旗国或港口国的公共资源库中，或者在 ILBI 设定的区域资源收集中心。公共收藏品可以为所有人提供便捷的获取，以及为发展中国家的资源库的网络化构建提供便利。通过联通现有的南北和南南之间非原生境资源库网络有利于真正落实该机制。这种将非原生境收集与国家、地区和国际层面联系起来的结构已经在 ITPGRFA 中运行多年，相关经验能为 IBLI 提供参照。宽松的获取强调私营公司在创新和产品开发中的作用，并承认这对国际社会的好处。所以从 ABNJ 中获取 MGR，并自费加以研究的公司，若将基因序列数据等信息视为商业敏感资料，并不愿意共享此类信息时，可以在数据公开之前设置一个保密期，以确保商业界的利益。

通过 MGR 的数据库共享的方式，有利于增加 ABNJ 生态系统的知识基础。而且一项非货币惠益分享义务可能是将样本或一定数量的生物材料存

---

① Manzella D, et al. , “The design and mechanics of the multilateral system of access and benefit sharing,” *Crop Genetic Resources As A Global Commons Challenges in International Law & Governance* (2013): 150-163.

放在共同的非原生境收集品中，这样的义务在不需要区分学术和商业勘探方面具有很大的优势。[①] 宽松的惠益分享机制不包括强制性货币惠益分享，并依赖于 ILBI 中的其他共享措施，如能力建设和技术转让。但惠益分享基金仍旧可以向志愿捐款者开放。

（四）不同形式获取和惠益分享组合模型的分析

经过区分不同的获取和惠益分享，可以发现无论是获取还是惠益分享，都存在不同的形式。之后通过组合不同特点的获取和惠益分享形成三种模型，尝试将其嵌入 ILBI 中进行实际运作分析，试图构建 ILBI 中合理的获取和惠益分享机制。

1. 严格的获取与严格的惠益分享组合模型

在严格获取和严格惠益分享机制的规定下，在 ABNJ 获取 MGR 需要许可证，由此事前知情同意制度成为必要条件。许可证制度可以在 ILBI 中设立，或者先明确许可的必要性，在以后的阶段细化相关的程序性规定。如前所述，如果赞成授权制度，则需要有权授权在 ABNJ 获取遗传资源的机构。[②] ILBI 需要指定一个主体来授予许可，被许可者在实际收集到遗传资源后应当报告给管理机构，以便寻求被获取的 MGR 的其他主体与管理机构进行合同谈判。关于许可机构的选定，可选方案包括利用现有组织，例如已经处理“区域”矿物资源勘探准入申请的 ISA，或将这些功能纳入 ILBI 秘书处之中，或建立一个单独的 MGR 管理机构。管理机构必须具备良好的人员和能力才能处理谈判和执法问题。合同必须明确各种惠益分享项目，其中货币惠益分享是必须的。包含惠益分享条款的合同必须具备强制执行力。许可的付费应当专款专用，刨除必要的成本后纳入惠益分享基金实现分享目的。

2. 宽松的获取和宽松的惠益分享组合模型

宽松的获取和宽松的惠益分享组合模型意味着 ABNJ 中的 MGR 是免费的，或者仅仅需要开发者在收集资源或将资源转移出原生环境后履行报告

---

① Morten Wall ø e Tvedt, Fridtjof Nansen Institute, Ane E. J ø rem, Fridtjof Nansen Institute, “Bioprospecting in the High Seas: Regulatory Options for Benefit Sharing,” *The Journal of World Intellectual Property* 16 (2013): 150-167.

② P. Drankier, A. G. O. Elferink, B. Visser & T. Takács, “Marine genetic resources in areas beyond national jurisdiction: access and benefit sharing,” *International Journal of Marine & Coastal Law* 2 (2012): 429.

通知义务，这也符合《联合国海洋法公约》第 238 条规定的各国有权进行遗传资源的获取。[1] 同样，宽松的模型需要在《联合国海洋法公约》内运行，共享信息是宽松惠益分享机制规定的义务，在维持科学研究自由的同时弥补非货币惠益分享的差距。这里的分享项目包括收集样本的信息共享、样本遗传特性信息共享、基因序列数据共享、有机体及分享蛋白质和酶等衍生物的信息共享。应当划入 ILBI 非货币惠益分享的项目也存在争议，日本等国家反对信息化遗传资源的分享；而美国等国家鼓励在研究和开发中共享数字序列信息。为了应对环境问题，获取的资格还应当受注意义务调整，包括使用最佳可用技术和环境友好操作方法。另外，完善能力建设和技术转让有利于该模式发挥效益。

3. 宽松的获取和严格的惠益分享组合模型

在此种组合模型下，使用者获取遗传资源的通知报告机制是 ILBI 强制性货币惠益分享要求的基础。“结合国家管辖外海域遗传资源的特性，以及《公约》新执行协定的谈判现状，全球性多边惠益分享机制的构建更适合国家管辖外海域遗传资源的开发利用”[2]，故 ILBI 可以建立多边系统，该系统将现有的公共实体资源库与网络联系起来。从 ABNJ 收集遗传材料时，相关信息应能供各方使用。对于私人出资获取 MGR，可能需要向公共集合提供样本，该集合构成可以访问物理样本和相关信息的多边系统的一部分，但是允许保密期存在。

ILBI 可以将 MGR 根据相关标准（如资源库内的数量）纳入材料清单之中，另外将惠益分享的方式分为立法模式与合同模式。立法模式事先规定了 MGR 的获取和惠益分享的具体内容，包括惠益的比例、方式等。在材料清单中的 MGR 的获取和惠益分享可依立法模式执行，以提高效率。而在材料清单之外或权属不明的 MGR 应当适用合同模式，由管理机构与使用者共同协商惠益分享的具体形式。区分商业化和非商业化是引发强制性货币惠益分享的前提。“巴西模式”可以在 ABNJ 中进行复制，将特定总

① 参见《联合国海洋法公约》238 条规定：进行海洋科学研究的权利。“所有国家，不论其地理位置如何，以及各主管国际组织，在本公约所规定的其他国家的权利和义务的限制下，均有权进行海洋科学研究。”

② 张湘兰，李洁：《国家管辖外海域遗传资源惠益分享机制的构建——以知识产权保护为视角》，《武大国际法评论》2017 年第 4 期，第 62－75 页。

金额作为触发因素的优势尤其有利于不成功或半成功的生物勘探企业的公平对待。毕竟在没有好处的情况下，尚无理由坚持惠益分享的目标。此外，若仅仅针对公开成功的企业可能会导致部分公司隐瞒实际收益。在特定总金额实现之前，还可以通过选择非货币的惠益形式实现在一定程度上的补偿，例如宽松的获取所要求的初步分享知识或样本信息。

四、中国在 ILBI 谈判中的立场及应对策略

（一）各国对构建有法律约束力文书中获取和惠益分享机制的态度

1. 发展中国家的普遍观点

发展中国家认为 MGR 与深海矿物一样属于人类的共同遗产，对这些资源的控制应置于国际机构的管理之下，以和平为目的开展活动，并分享收入、技术、研究成果和建设能力机会（如参与科学考察和后续研究）。发展中国家对于货币惠益分享机制情有独钟，要求设立一种分阶段、多层次、货币和非货币共存的惠益分享机制。[①]

2. 发达国家的态度

某些发达国家反对发展中国家主张的公平观，强调公海自由。发达国家普遍强调知识产权，特别是受 TRIPS 保护的知识产权的重要性，即可以通过专利的方法最恰当地分配资源和价值，所以 MGR 的保护与私有化、商业化正相关。大部分的发达国家反对货币惠益分享的活动，仅对某种形式的非货币惠益分享持开放态度。

3. 南北国家意见的分析

相比于获取，对于惠益分享的态度，自由和公平的价值碰撞得更为激烈。绝大多数的谈判都侧重于惠益分享的类型和触发因素，只有在需要解决非货币惠益分享时才出现了一定的趋同。有关非货币惠益分享，尚未充分讨论不同国家获取和利用数据库中所含信息的权限限制，以及数据库本身的知识产权保护问题。另外，谈判中许多代表团似乎都认为，非货币惠

---

① 参见中国大洋矿产资源研究开发协会：《二论 BBNJ——最终建议性文件点评》，发布于 2017 年 12 月 13 日，http：//www. comra. org/2017-12/13/content_ 40104285. htm，访问日期：2018 年 10 月 29 日。

益分享可能比货币惠益分享更直接和可预测，并且在发展方面更为重要。有学者认为，参考其他国际制度，非货币惠益分享有助于通过有效弥补研发中的公平差距的能力建设来应对内部的确定性需求。① 但是，坚持采用完全非货币化的方法，使人怀疑它只是现有的良好科学实践的反映，而不是现有临时方法的一种变化。而且目前的非货币惠益分享并不足以充分履行能力建设、技术转让和海洋科学合作义务。

从谈判的进程来看，货币和非货币惠益分享可能不是一个绝对的二分法。因此本文依照成本标准划分宽松与严格两种类型，来辨别不同特点的获取和惠益分享制度，旨在提供一种新的视角。相比货币和非货币惠益分享的划分，第一，该视角不仅仅局限于惠益阶段，而是将获取阶段与惠益分享阶段视为整体，分析不同的获取和惠益分享所组合而产生的制度。第二，货币和非货币惠益是以惠益分享的客体性质的不同所做的划分，而宽松和严格是依照成本标准进行的划分，两者在某些程度上有重合性，但宽严之分有时在特殊情况下更为全面。例如，非货币惠益分享也可能耗费巨大的成本而影响制度的有效运转，如果不贡献货币，单靠缴纳成本维持，则非货币惠益分享可能成为一纸空文。此时将其划分为严格的惠益分享，意味着即便是非货币惠益分享制度，也可能出现强制货币惠益分享措施。所以在严格和宽松的语境下，大部分发达国家倾向于宽松的机制，发展中国家倾向于严格的机制。

（二）对我国在政府间谈判中立场的分析

一个国家的谈判立场，无法脱离指导谈判的思想渊源，而惠益分享制度的目标和人类命运共同体理念，便是我国的谈判指导思想的渊源。惠益分享的目标包括以下两个：一是为 BBNJ 的养护和可持续利用做贡献；二是为发展中国家获取和利用 MGR 助力。因此，获取和惠益分享的原则可以明确为惠及当代和后世的公平原则和促进海洋科学研究与开发的鼓励创新原则。人类命运共同体是新时代中国向国际社会贡献的实现全球治理的新方案，强调利益共同体、价值共同体和责任共同体，2017 年 2 月以后，

---

① E. Tsioumani, "Beyond Access and Benefit-sharing: Lessons from the Emergence and Application of the Principle of Fair and Equitable Benefit-sharing in Agrobiodiversity Governance," *Routledge* 41 (2018): 53.

“人类命运共同体”数次载入联合国相关决议，逐渐成为国际共识。[①] 惠益分享的理念为国际社会提供了摒弃“先占先得”、和平合作开发的观念，其内涵的公平不仅包括空间意义上的国别公平，还包括时间意义上的代际公平。而人类命运共同体的“命运”二字，也同样体现了代际公平与代内公平的要义。二者的理念一脉相承，都是中国参与全球谈判应基本遵循的。

在 2018 年 9 月举行的 ILBI 政府间会议第一次会议上，在获取方面，中国代表建议应当免费获取 MGR，而通知报告机制是获取的前提。在货币惠益分享方面，中国赞成优先考虑非货币惠益，而仅在大规模商业化时才能分享货币惠益，并为海洋科学研究提供激励；建议 ILBI 要求缔约方会议负责管理 MGR 的获取和惠益分享；强调必须提供充足、可预测和可持续的自愿和强制性资金，支持设立一个惠益分享信托基金并愿意提供自愿性的基金贡献。在非货币惠益分享方面，中国主张建立透明度高的信息交换中心，旨在整合资源，促进材料共享，促进各方之间的合作。在惠益的对象方面，中国认为所有国家都是受益者，特别是不发达国家、内陆发展中国家。[②] 中国的国家立场，可以理解为采用宽松的获取和严格的惠益分享的组合机制。这是中国在新时代向国际社会贡献的中国智慧和中国方案，是国际法治视野下人类命运共同体在 ILBI 获取和惠益分享制度中的实际运用，符合中国和全人类的共同利益。

第一，宽松的获取模式是更可取的。理由在于，首先严格的获取是苛责的，或者说存在巨大争论的。MGR 是海洋生物的衍生品，而海洋生物遍布全球海域，海水和海洋生物均具有流动性，确定 MGR 的获取海域究竟是国家管辖范围内还是范围外具有较高的难度。另外，MGR 的严格获取，势必影响公海捕鱼自由的理论，而且限制捕鱼自由可能间接限制了科研自由，与促进海洋科学研究和开发的原则相悖。其次，MGR 的获取应以尽量减少获取成本为原则。[③] 所以获取许可证的严格模式似乎不具有现实可能

---

① 廖凡：《“人类命运共同体”的人权与主权内涵》，《吉林大学社会科学学报》2018 年第 6 期，第 25－35 页。

② 参见《联合国海洋法公约》关于保护和可持续利用国家管辖范围以外区域海洋生物多样性的国际法律约束力文书政府间会议摘要，发布于 2018 年 9 月 20 日，http：//enb. iisd. org/oceans/bbnj/igc1/，访问日期：2018 年 9 月 29 日。

③ 林欢：《国家管辖范围外海域海洋遗传资源获取与惠益分享机制之构建》，硕士学位论文，中国政法大学，2017，第 39 页。

性。中国是海洋强国，是开发 ABNJ 海洋资源的大国。当前技术的迅速发展需要相对宽松的获取机制以鼓励各国探索海域，实现科学技术的革命创新，而非严格的审核批准。如果处理不当，采用准入措施可能会带来限制科学自由或增加行政负担的风险。①

第二，中国倡导公平合理的惠益分享，但对具体的机制设计存在特殊的利益考量。② 严格的惠益分享机制更符合全球大多数国家的利益。尽管对于 MGR 的性质界定南半球和北半球的国家的意见大相径庭，但是随着国际社会合作规范 ABNJ 发生的某些活动，所有海员都知道重要的公海自由慢慢成为一种“相对”的自由，③ 相对的公海自由已成为某种共识。国际环境法中内涵代际公平和代内公平的可持续发展原则、国际环境合作原则和人类共同利益原则都表明惠益分享是应有之义。宽松的惠益分享最大的问题就是如何保证妥善地持续运行。将特定总金额作为强制性货币惠益分享触发机制，将惠益所得用于保护生物多样性，更有利于可持续利用或公平分享。除了特定额度的规定，仍旧需要具体标准来避免一些国家“不劳而获”的现象。

（三）中国在 ILBI 谈判中的应对之策

第一，坚持现有的立场，继续发出“中国声音”。自 BBNJ 的养护和可持续发展的问题显现，中国就给予了高度重视。中国积极参加有关 BBNJ 的国际会议，如 2012 年联合国可持续发展大会、2017 年第三次预备委员会、2018 年 ILBI 政府间会议第一次会议。在相关会议上，中国都积极提供中国方案。在获取和惠益分享机制问题上，中国以宽松获取和严格惠益分享的提案，推进 ILBI 的谈判进程。中国共产党第十八届中央委员会第四次全体会议通过的《中共中央关于全面推进依法治国若干重大问题的决定》明确提出：“积极参与国际规则制定，推动依法处理涉外经济、社会

---

① Harden-Davies, Harriet, “Deep-sea genetic resources: new frontiers for science and stewardship in areas beyond national jurisdiction,” *Deep-Sea Research* Part Ⅱ (2016): 15.

② 李志文：《国家管辖外海域遗传资源分配的国际法秩序——以“人类命运共同体”理念为视阈》，《吉林大学社会科学学报》2018 年第 6 期，第 36－45 页。

③ Arianna Broggiato, Thomas Vanagt, et al., “Mare Geneticum: Balancing Governance of Marine Genetic Resources in International Waters,” *The International Journal of Marine and Coastal Law* 33 (2018): 5.

事务，增强我国在国际法律事务中的话语权和影响力。”① 中国作为负责任的大国，在国际规则制定过程中要体现中国话语权，提出与我国海洋现实利益和战略发展相适应的中国方案。② 持续发出“中国声音”，既是中国自身发展的客观需求，也是全球对中国的合理期待。

第二，加强能力建设，积极实践“中国方案”。为实现海洋强国梦，中国不仅仅需要正确的谈判立场，更应当积极进行能力建设，以便更好地参与 BBNJ 的养护和可持续利用。ABNJ 不只包括一个生态系统，由于海洋的流动性，许多国家管辖范围内区域的环境都可能影响 BBNJ 的养护和可持续利用。首先，各国应当共同维护海洋环境，无论是国家管辖范围内的还是 ABNJ；其次，中国应当积极推动遗传资源共享共通，实现遗传资源库的网络化构建。有关 ABNJ 与沿海地区之间生态连通性的信息可以为国家和国际海洋法规提供有用的参考；最后，包含中国在内的许多发展中国家都应当积极进行能力建设，加大对 MGR 的科学研究投入，鼓励进行与 MGR 有关的生物勘探和技术创新，从科研基金、科研技术和勘探设备等方面提供支持，③ 以便更好地实现国内遗传资源和 BBNJ 的养护和可持续利用。否则即便获得了共同参与科学研究形式的非货币惠益分享，但无能力参与 MGR 的勘探、实验室工作、产品开发活动，仍旧无法谋求更多的惠益。一些发展中国家要求无偿获取包括衍生物在内的样本、数据和遗传序列信息，显然，这是其他有能力获取惠益的国家不乐见的。④ 所以一味地“不劳而获”是不可取的。

第三，深化国际合作，构建“人类命运共同体”。获取和惠益分享原则本身对全球各国积极合作提出了要求。中国应当秉持人类命运共同体的理念，与各国，尤其是发展中国家开展合作，相互分享彼此的能力与技

---

① 参见《中共中央关于全面推进依法治国若干重大问题的决定》，发布于 2014 年 10 月 23 日，https：//baike. baidu. com/item/中共中央关于全面推进依法治国若干重大问题的决定/15855555？fr = Aladdin，访问日期：2018 年 10 月 29 日。

② 戴瑛：《国家管辖范围外海洋遗传资源获取与惠益分享的制度选择和发展前瞻》，《海洋通报》2018 年第 5 期，第 515 – 521 页。

③ 马慧：《国家管辖外深海遗传资源惠益分享问题研究》，硕士学位论文，大连海事大学，2017，第 22 页。

④ 王秀芬、檀畅：《国际海洋立法新动向与中国应对——以〈国家管辖范围以外海域生物多样性国际协定〉为视角》，《吉首大学学报》（社会科学版）2018 年第 5 期，第 62 – 68 页。

术，传递智力成果。无论 ILBI 在最终文本中适用严格亦或者宽松的惠益分享制度，中国在利用 MGR 产生惠益时，都应当积极主动地将相关非货币惠益，如物理样本，与各国共享；向惠益分享基金按照规定缴纳所得惠益（严格制度下）或者自愿捐赠相应的惠益（宽松制度下）。中国愿在维护现有国际海洋秩序的基础上，与各国一道共同推进 BBNJ 国际新规则的制定。① 只有本着合作共赢、构建人类命运共同体的精神，才能更有利于实现科技创新、全球公平和 BBNJ 的养护和可持续利用。

五、结语

围绕 BBNJ 领域科学技术的进步性与当前国家法治理的滞后性产生着激烈的碰撞。在海洋遗传资源领域，尤其是涉及获取和惠益分享的话题，不同国家之间的观点鲜明却对立。围绕是否应当实现自由获取、惠益分享是否应当包括货币的惠益分享和非货币的惠益分享、其具体机制如何运行等一系列问题，各国均不愿意牺牲本国的利益。在 BBNJ 谈判进展缓慢的背景下，突破固有思路，尝试以“严格”或者“宽松”去理解海洋遗传资源的一系列问题，将有助于问题的解决。宽松的获取制度有利于鼓励全球进行海洋生物勘探和科学研究，创造出最大价值，把“饼”做大；而借助特定额度触发强制性货币惠益分享即严格的惠益分享力求实现全球公平，有利于实现“饼”的合理分配。宽松获取和严格惠益分享机制是惠及当代和后世、促进海洋科学研究与开发的最优解决方式，充分体现了公平和鼓励创新原则与人类命运共同体的理念。在未来的谈判过程中，中国应当坚定立场，加强自身能力建设，深化全球合作，努力使中国方案演进为 ILBI 中的共同方案。

① 参见胡学东：《BBNJ 国际谈判的基础问题与解决途径》，2017 年 11 月 29 日，http://www.oceanol.com/guoji/201711/29/c70562.html，访问日期：2018 年 11 月 1 日。

北极公海保护区法律问题研究

潘馨雨

摘　要：由于气候变暖导致北极冰川融化，北极水域的生物多样性正面临着来自自然环境和人类活动的双重压力。与此同时，海洋保护区被国际社会公认为保护生物多样性的有效手段。在此基础上讨论建立北极公海保护区以保护北极生物多样性显得尤为重要。北极国家和北极理事会均有海洋保护区的相关实践，这些实践存在公海保护区陷入休眠期、国际法律文件缺位、沿海国大陆架主权权利与公海保护区可能产生冲突等问题。为了解决这些问题，可以以 BBNJ 谈判为框架重构北极公海保护区蓝图，也可以加强北极理事会与国际海事组织合作，还可以构建北极公海保护区退出机制以协调利益冲突。中国作为近北极大国，无论是出于自身利益还是全球利益，均应积极参与北极公海保护区的设立。

关键词：北极；公海保护区；生物多样性

Research on the Legal Issues of Arctic High Seas Protected Areas

Pan Xinyu

Abstract: The biodiversity of Arctic waters is under pressure from both natural environment and human activities due to the melting of arctic glaciers caused by climate warming. At the same time, Marine protected areas are recognized by the international community as an effective means to protect biodiversity. On this basis, it is particularly important to discuss the establishment of arctic high seas protected areas to protect the biodiversity of the Arctic. Both the Arctic states and the Arctic Council have relevant practices in Marine protected areas, which include the fact that the high seas protected areas are in dormancy, the absence of international legal documents, and the possibility of conflicts between the sovereign rights of the coastal states on the continental shelf and the high seas protected areas. To solve these problems, BBNJ negotiations can be used as a framework to reconstruct the blueprint of the Arctic High Seas Protected areas; Cooperation between the Arctic Council and the International Maritime Organization could also be strengthened, and an arctic high seas protected area withdrawal mechanism could be established to coordinate conflicts of interest. As a major country near the Arctic, China should take an active part in the establishment of the High Seas Protected areas of the Arctic out of both its own and global interests.

Key words: Arctic; high seas protected areas; biodiversity

因为全球变暖和人类活动的影响，海洋生物多样性的养护和可持续利用已经成为国际海洋法的热点问题，与此同时包括海洋保护区在内的划区管理工具作为养护和可持续利用海洋生物多样性的有效工具已经被国际社会认可。

一、北极公海保护区问题的缘起

（一）北极生物多样性的重要性

“生物多样性”一词于 1986 年在美国国家生物多样性论坛上正式使用，该论坛由史密森尼学会和美国国家科学院共同主办。最初，“生物多样性”一词仅仅是长期存在的“biological diversity”一词的缩写，主要意思是物种多样性，如今，“biodiversity”是一个涵盖所有生命形式多样性的多维概念。《生物多样性公约》将生物多样性定义为：所有来源的形形色色生物体，这些来源除其他外包括陆地、海洋和其他水生生态系统及其所构成的生态综合体；这包括物种内部、物种之间和生态系统的多样性。生物多样性就是生命，它是我们在地球上存在的基础。正如我国在《中国生物多样性保护战略与行动计划（2011—2030）》中强调，生物多样性是人类赖以生存的条件，是经济社会可持续发展的基础，是生态安全和粮食安全的保障。

同时，北极地理位置和气候条件造就了北极特殊的生态系统，在该生态系统中存在着 5 000 多种动物，2 000 多种藻类和数以万计的重要生态微生物，[①] 包括许多对全球具有重要意义的种群。世界上 30% 的滨鸟物种，全球 2/3 的鹅，数百万的驯鹿，以及许多独特的哺乳动物，如北极熊等，都在北极水域生活。在短暂的夏季繁殖季节，几乎有 200 种鸟类从世界各地来到北极，进行繁殖。[②] 重要的是该生态系统能使物种在极端环境条件下生存，并能服务于全球生态系统，在全球生物多样性方面有着不可替代的作用。[③] 北极地区的环境旅游等关键行业的发展也依赖于生态系统的健康和生物多样性的保护。同时生物多样性对新兴医学科学也至关重要，因为生物技术创新取决于海洋物种的遗传变异性，具有多种生理和生化特性，这些特性源于北极极寒水域的演化。

（二）北极水域面临的双重压力

全球变暖导致北极水域的海冰正在显著融化，导致大规模地减少了夏季海冰的数量和厚度，导致已经存在千年之久的冰架解体，甚至预计在几十年后北极将会出现无冰的夏季。据统计，1975—2012 年，北冰洋的海冰厚度减少了 65%。冰川的消失会严重影响北极生态系统，因为北极生态系统主要存在于北极冰川之上，且极地生物相较于其他生物对气候变化更为敏感，所以气候的变化极有可能会给现有的北极生物多样性带来不可估计的破坏。

同时，由于海冰的融化，北极的通航价值大大提升，北极航道实现了通航可能，在可以遇见的未来，北极航道的通航能力将会进一步加强。据估计，北极航道的开通可以使欧洲、亚洲、美洲之间的航运时间减少 40%，北极水域的商业活动自然随之增加。随着北极通航能力的增强，北极丰富的生物资源会进入一般人的视野，油气资源的开采也会进一步增加，美国地址调查局估计北极水域拥有超过 900 亿桶石油、1.669×10^{15} ft^3（1 ft^3 = 0.028 3 m^3）天然气和 440 亿桶天然气液体的油气资源，这些资源

---

① Hans Meltofte, "Arctic Biodiversity Assessment," accessed November 29, 2015, http://arcticlcc.org/assets/resources/ABA2013Science.pdf.

② 参见 *Conservation of Arctic Flora and Fauna: Arctic Biodiversity Assessment* 第 5 页，发布于 2013 年。

③ 参见 Fauria and Kettunen, *TEEB Report for the Arctic* 第 32、34、36 页，发布于 2015 年。

约 84%存在于近海区域。此外，北极旅游也会成为一个新兴的热点项目。而这些商业活动建立在北极生态系统的基础上又不可避免地对北极生态系统产生破坏，例如，可能出现外来生物的入侵、垃圾倾倒、原油泄漏等情况。更重要的是，北极远离人类聚居地，被破坏之后很难得到快速而有效的治理，同时因其生态系统的特殊性和脆弱性，一旦被破坏就很难恢复到原始状态，即使恢复也需要很长时间。

（三）双重压力对北极生物多样性的影响

北极多样的生物正因为北极面临的双重压力在不断减少。根据 2019 年 12 月 2 日 BBC 的报道，俄罗斯北部的 Pyrkaypiy 小村庄被超过 50 只的北极熊“占领”，这些北极熊原本生活在距离该村庄 2. 2 km 的施密特角，但是由于近期气候异常温暖，沿海冰层变薄，北极熊无法下海捕猎，转而入侵人类村庄寻求食物来源。此外，通航能力增强带来的商业和工业活动对北极生物多样性造成了不可估计的破坏。例如，在短期内，石油泄漏会降低包括但不限于海鸟、北极熊和海豹幼仔在内的北极动物免受低温影响的能力，是通过这些北极动物的羽毛和毛皮导致的。还会增加作为北极食物链基础的底部饲料——无脊椎动物摄入碳氢化合物和有毒物质的可能性，从而破坏整个食物链。同时因为海冰融化的季节性，数以百计的洄游鱼种每年都会在北极的冬季长途跋涉到南方，再在北极短暂的夏季洄游回来产卵。而北极航道的通航能力在春夏季大大增强，很有可能会与北极动物的迁徙和繁殖时期发生冲突，并且破冰船很有可能会破坏对北极生物生命周期至关重要的喂养和育苗区域。除此之外，北极的气候变化也影响着北极区域原住民的生存和文化，造成粮食危机，增大其出行难度，并削弱他们了解自然环境的能力。

北极生物多样性也正在随着这些生物的减少而受到影响，因为生物的减少并不是单一的。尤其北极地理位置的特殊性和生态环境的封闭性及独特性，某一单一生物的锐减可能会导致整个北极生物链的失衡，从而减少整个北极的生物种类，进而影响全球生物多样性。所以必须采取各种措施加强对北极生物多样性的保护，包括建立北极公海保护区。

（四）建立北极公海保护区的法律依据

作为海洋法大宪章的《联合国海洋法公约》（UNCLOS）虽然没有直接为建立公海保护区提供具体的法律依据，但是在其第十二部分明确指出

“各国有保护以及保全海洋环境”的一般性义务，并且第194条第5款规定各国有必要为保护和保全稀有或脆弱的生态系统采取相应措施。而建立海洋保护区很有可能是本条款规定的保护生态系统或生存环境的必要措施。因此保护和保全海洋环境，包括生存环境和稀有或脆弱生态系统的义务在某种程度上可以被视为建立海洋保护区的法律基础。除此之外，第197条规定国家间为保护海洋环境可以在全球或者区域层面进行合作，也为国家之间合作建立公海保护区提供了一定的依据。所以，UNCLOS虽然没有对公海保护区的建立提供直接依据，但是为其提供了原则性的指导。

《生物多样性公约》（CBD）作为第一个包括所有生物多样性的国际环境公约，与之前的国际环境公约相比，CBD更侧重于保护生物多样性本身，包括其内在价值，而不是特定的生物或者环境。并且鼓励缔约国采取建立保护区的方式保护生物多样性。虽然根据CBD的相关条款可知CBD的管辖范围主要在国家管辖范围内区域，但是2011—2020年的《生物多样性战略计划》中的爱知生物多样性目标11并未将国家管辖范围外海域排除在建立海洋保护区的区域之外。虽然CBD条款不能为公海保护区的建立提供直接依据，但是其仍能从其最近的法律文件中找到相关依据。

2015年，联合国大会通过69/292号决议，决定为养护和可持续利用国家管辖范围以外区域海洋生物多样性拟定一份具有法律约束力的国际文书（International Legally Binding Instrument，ILBI），ILBI将作为UNCLOS的第三份执行协定。其中，包括海洋保护在内的划区管理工具（ABMT），被认为是实现BBNJ养护和可持续利用的重要手段。联合国计划于2020年3月23日—4月3日举行第四次政府会议，该会议将进一步审议现有ILBI草案。[①] ILBI草案的第三部分对包括海洋保护区在内的ABMT进行了详细规定，分别对保护目标、国际合作与协调形式和区域识别的标准进行了相关规定。同时也对缔约国的ABMT提案和提案的审查评估，以及ABMT实施后的检测和审查机制做出了详细规定，从而确保ABMT能更有效地养护和可持续利用海洋生物多样性。当然，这一草案并非最终法律文件，政府间会议仍会对该草案进行大量修改，但是可以从草案中看出未来ILBI的雏

---

① “Intergovernmental Conference on Marine Biodiversity of Areas Beyond National Jurisdiction,” accessed February 29, 2020, https://www.un.org/bbnj/.

形。该草案并没有针对北极生物多样性问题做出相应规定。

（五）建立北极公海保护区的现实基础

国际海事组织（IMO）有两大类 ABMT：一类是《73/78 防止船舶污染公约》（MARPOL）框架下根据 MARPOL 附件Ⅰ、Ⅱ、Ⅴ所指定的“特别区域”，该区域主要是限制油类、有毒液体物质和垃圾的排放，以及根据附件Ⅳ所指定的“硫排放控制区”。与其他海域相比，IMO 会在上述两大类海域实施更为严格的管理。另一类是“特别敏感海域”（PSSA）。因为这些区域本身在生态、经济等方面具有重要作用，所以 IMO 会对这些区域进行特别保护，将船舶航行活动对该区域的影响降到最低。2005 年，IMO 对《特殊区域和特别敏感海域指定导则》进行了补充修订，形成了《经修订的〈特别敏感海域鉴定和指定导则〉》（以下简称《导则》），从而明确设立了 PSSA 的程序与标准。虽然特别区域和 PSSA 现阶段并未涉及北极水域，但特别区域有涉及南极地区，并且从 IMO 新出台的《极地区域船舶航行安全规则》来看，IMO 已经在重视极地水域的环境问题。

CBD 意识到自身在国家管辖范围外生物多样性保护上的不足，并不断做出改进，力求在国际、区域和国家三个层面推动解决国家管辖范围内海域生物多样性问题的完善。为此 CBD 缔约方大会通过了具有重要生态或生物意义的海洋区域（EBSA），同时 CBD 保护区特设工作组邀请专家整理现有的栖息地标准，并制定出一套新的标准，对相关海域按照该标准进行 EBSA 描述。北极理事会下的北极海洋环境保护工作组的泛北极海洋保护区框架对 EBSA 进行了描述。2014 年，该工作组在赫尔辛基举行了一次 CBD 北极区域研讨会。在该研讨会中发现，北极水域有 11 个地区符合 EBSA 的科学标准。泛北极海洋保护区框架在其规划和建立的海洋保护区，以及其他符合 EBSA 标准的划区管理工具的概述中承认，在设计海洋保护区网络时，EBSA 将提供有用的信息。然而，该框架认为，对北极水域进行 EBSA 描述是一个单独的过程，仅仅因为一个地区符合 EBSA 标准并不意味着该地区会受到保护，也不意味着某一特定的保护制度适用于该地区。

二、北极公海保护区的相关实践

（一）北极国家的相关实践

北极在保护区方面的实践主要是北极国家和北极理事会下设工作组的

实践。北极国家虽然没有义务在北极公海设立海洋保护区，但可以根据UNCLOS有义务保护和保护其专属经济区的环境。北极沿岸国家颁布的国内法在其国家管辖范围内的北极水域设立了保护区，这些保护区可以分为两种类型：一是主要依靠陆海统筹的综合性法律建立海洋保护区，包括俄罗斯、冰岛、丹麦、挪威等国家。这些国家缺乏专门的海洋保护区立法，虽然在综合性法律文件中涉及海洋保护区，但是这些法律文件更侧重于陆地上的保护。二是通过颁布单行法律或法规管理具体海域的海洋保护区，包括美国和加拿大。如美国1972年颁布的《国家海洋庇护区法》管理国家范围内的海洋庇护区，加拿大颁布的《国家海洋保全区法》管理国家海洋保全区。除此之外，两国管辖区域内的其他海洋由海陆统筹的法律管理。[①] 海陆统筹的综合性法律文件考虑到了海陆生态系统的一体化，海洋保护区的单行法律和法规考虑到了海洋保护区的特殊性而对其进行针对性的管理。两种法律文件并行更有利于对海洋保护区的管理，以及保护生物多样性。

（二）北极动植物群落保护工作组的相关实践

北极动植物群落保护工作组（CAFF）起源于1991年的《北极动植物保护计划》，该计划根据科学和传统知识承认经济发展、污染物的流动，以及全球变暖对北极动植物构成了严重威胁。而现有关于动植物保护的协议并没有聚焦于北极水域，同时北极动植物受到的威胁已经对原住民的生活和文化造成了影响。为了让北极水域的动植物得到保护，CAFF于1992年成立并在1993年得到承认。CAFF的任务是解决北极生物多样性的保护问题，并将调查结果传达给北极各国政府和居民，帮助推广确保北极资源可持续性的做法。CAFF是物种和栖息地管理与利用方面合作的工具，分享管理技术和监管制度方面的信息，并促进更具知识性的决策。它提供了一个对北极生态系统具有重要意义的问题——制定共同对策的机制。1995年北极理事会确定的CAFF目标主要包括合作进行更有效的研究、可持续利用和养护；合作养护北极动植物，保护其多样性及其生境；保护北极生态系统免受人为威胁；寻求制定更有效的动植物法律、条例和做法，对动

---

① 白佳玉，李玲玉：《北极海域视角下公海保护区发展态势与中国因应》，《太平洋学报》2017年第4期，第23－31页。

物和生境的管理、利用和保护等在内的 8 个目标。[①] 在 1996 年的伊努维克部长级会议上确定了在北极发展保护区作为 CAFF 的优先事项。同时该会议还确认了 UNCLOS 的重要性，并敦促 CAFF 制定一项北极战略草案。

1998 年的北极理事会部长级会议再一次重申了建立北极海洋保护区网络的重要性。此时 CAFF 的工作重点也已扩大，为北极理事会提供了许多北极生物多样性的相关资料，承认保护区是保护和可持续利用生物多样性必要而有效的工具。大会还批准通过了 CAFF 的“北极生物多样性保护战略计划”作为北极理事会相关活动的总体框架，并制订了更为详细的工作计划促进该计划的实施。[②] 这一战略有三个目标：①支持保护北极生物多样性，包括生态系统、物种、种群及其生境和遗传资源的多样性。当使用北极生物资源时，其使用应适当，满足当地居民和土著人民的需求，并且不对其他生态系统组成部分产生不利影响；②促进当地和土著人民参与制定和执行与保护北极生物多样性和可持续利用生物资源有关的政策和方案；③发展和改善支持北极生物多样性保护和生物资源可持续利用的公众教育和宣传方案。为实现上诉目标，计划活动的开展包括北极生物多样性识别、监测和建立保护区在内的 14 个措施。[③] 在此基础上环极保护区网络（CPAN）获得通过，CPAN 也是 CAFF 对 CBD 第 8 条的响应。CPAN 的目标是建立一个充分和良好管理的保护区网络，从而维持北极水域的生物多样性，并且尽可能地覆盖北极生态系统的巨大变化。

为了实现 CPAN 的目标，必须开展广泛的工作，其中 17 项措施在国家一级，7 项措施在 AEPS 一级。其中 AEPS 措施包括：①评估 CAFF 成员在实施 CPAN 方面取得的进展，并与国家主管部门协商，编制需要优先考虑到不同国家的具体问题和共同关注的问题清单；②根据共同的“CPAN 原则和准则”和每个国家的环境，确保建立一个包含陆地、淡水和海洋的泛北极保护区选址登记册，以便今后采取行动；③作为保护海洋环境综合战略的一部分，应该对海洋保护区、冰缘生态系统动态区域和国际迁徙路线进

---

① 参见 *Conservation of Arctic Flora and Fauna*: *Arctic Biodiversity Assessment* 第 14 页，发布于 2013 年。

② CAFF, “Strategic Plan for the Conservation of Arctic Biological Diversity,” accessed April 1, 2020, https: //www. caff. is/arctic-biodiversity-conservation-strategy.

③ “Arctic Biodiversity Conservation Strategy,” accessed April 14, 2020, https: //www. caff. is/arctic-biodiversity-conservation-strategy.

行特别保护的评估需要，其中包括国家管辖外区域；④与自然联盟合作，并努力为其做出贡献，以便在自然保护联盟区域内建立一个涵盖各种生物和生态系统的具有代表性的海洋保护区全球体系等。[①]

（三）北极海洋环境保护工作组的相关实践

北极海洋环境保护工作组（PAME）于1993年在努克部长级会议上成立，其旨在实施《北极环境保护战略》的优先事项。在《努克宣言》所附的《努克报告》中，部长们表示了对北极水域，特别是俄罗斯管辖范围内的水域正在发生的放射性废物处置的关切。此外，他们还对其他研究中确定的陆基和海上来源对北极海洋环境的威胁表示关切。因此，努克部长级会议设立了PAME，作为一个联合进程，以确保海洋环境免受放射性废物和陆源及海源污染。

2004年的雷克雅未克部长级会议敦促执行减少和防止北极海洋环境的污染，以及保护北极海洋生物多样性和生态系统功能的北极海洋战略计划。该计划推动PAME在北极采取生态系统方法，方法中包括在北极建立具有代表性的海洋保护区网络。但是直到在《2013—2015年PAME工作计划》中才明确指出PAME将成立一个专家组探讨制定MPA的框架。2015年的加拿大部长级会议批准通过了专家组起草的泛北极海洋保护区网络框架。在此框架的基础上PAME重新重视MPA是保护北极海洋生物多样性和生态环境的重要工具。

泛北极海洋保护区网络的构想是建立一个由保护区和特别管理区组成的具有生态联系、具有代表性和有效管理的网络，保护和提升北极海洋环境生物多样性、生态过程和文化遗产的恢复能力，以及它们为后代提供的社会和经济效益。为了实现这一构想，泛北极海洋保护区网络框架为泛北极海洋保护区网络规定了相应的原则、目标和宗旨。该框架还为泛北极海洋保护区网络制定了4个相互关联的目标，包括：①强化生态修复以应对人口压力和气候变化带来的影响，促进对北极海洋生物多样性、海洋生态系统功能和特别自然文化特征的长期保护。措施包括重点保护自然生态生产力高的地区，保护栖息地或物种多样性强的地区，保护生态学意义上有

① "CPAN Strategy and Action Plan," p. 21, accessed February 16, 2020, https://www.caff.is/.

重要地理特征和持久海洋学特征的地区等。②采用集成管理方式保护和管理北极海洋资源、物种和栖息地，保护其提供的文化及社会经济价值、生态服务系统。③提高公众对北极海洋环境和丰富的海洋历史文化的认识和认可。措施包括对原住民及当地社区居民、从北极生态系统获益的公众及商业团体进行教育活动，来宣传北极海洋保护区及网络的生态、社会和经济价值；采取措施将娱乐活动与生态保护相融合；利用文化遗产和历史遗迹的保护管理发展旅游业。④促进北极国家间的协调和合作，建设更有效的海洋保护区规划和管理机制。措施包括提升管理能力来增强海洋保护区管理的有效性，建立政府间合作交流机制，确定优先发展的领域进行科学合作研究，扩大原住民的参与度等。

可惜的是，框架的重点是在北极国家的专属经济区内建立海洋保护区。然而根据框架的目标，框架也承认在陆地和公海上建立 MPA 的重要性，而且泛北极海洋保护区网络中的“海洋”一词包括沿海地区、河口和其他与北极海洋生态系统有关的地区，符合《2015—2025 年北极海洋战略计划》。当然，框架也并未寻求在国家管辖范围外区域建立海洋保护区的办法。

三、北极公海保护区现存的问题

（一）环极保护区网络进入“休眠期”

在 2004 年发表的《CPAN 国家更新报告》[①] 的前言中指出：该报告汇编了北极理事会成员国的答复。它清楚地表明，北极国家在建立新的保护区和促进 CPAN 方面取得了重大进展，除了改善管理这些地区的立法和政策基础外，北极国家还在更新和制定立法和政策方面取得了重大进展，为管理保护区提供了更好的基础。并在结论意见中进一步谈到了 CPAN 的作用：由于其任务和作为北极理事会结构的一部分的地位，CPAN 完全有能力响应世界可持续发展首脑会议执行计划、CBD 保护区工作计划的成果所表达的全球保护区优先事项。此外，在所有北极国家，人们越来越认识到保护文化和民族志景观的重要性，这些景观对原住民社区和地方社区都很重要，可以促进国家和国际保护区制度。CPAN 可以在这一新领域发挥有益的

① 参见《CPAN 国家更新报告》，https：//www. caff. is/。

作用。由此可见，CPAN 专家组似乎对 CPAN 有一些热情，他们与 CAFF 秘书处一起编写了该报告，CAFF 秘书处协助他们将该报告整理在一起。

但是，在 2004 年的第十届 CAFF 工作组会议上，CPAN 完全停了下来。正如 2005 年 CAFF 董事会会议记录所述：CPAN 的三位联合主席均在第十届 CAFF 工作组上辞职。挪威没有资源担任 CPAN 主席；冰岛没有兴趣；美国担任了环极植物专家组（CFG）主席；瑞典代表目前工作过多；芬兰将研究各种可能性。CPAN 在 2005 年几乎陷入休眠状态，在 CAFF 2006 年的董事会会议上决定 CPAN“在一个国家加紧领先”之前“不会前进”，然而没有国家采取这一举措。并在 2009 年于伊卢利萨特举行的 CAFF 两年一次的会议上决定 CPAN 不会被纳入 2009—2011 年 CAFF 工作计划。至此，CPAN 处于休眠状态。虽然 CAFF 网站仍有 CPAN 的连接，但是该连接已经无法打开。总的来说，CPAN 已经从一个最优先的项目转移到实际上不存在的项目。虽然 CPAN 的建设没有达到预期的目标，但是无法否认 CPAN 对海洋保护区的重视。

（二）北极公海保护区国际法律文件缺位

在国际法层面，也没有一部法律文件为建立北极公海保护区提供直接依据。UNCLOS 的“极地条款”规定沿岸国有权利对海洋污染制定相关的法律和规章，来防止、控制和减少船舶在沿岸国的专属经济区内的冰封地区对水域的污染。不可否认，沿岸国在专属经济区进行的防控活动可以减少污染物对公海环境的影响，但这仅仅是杯水车薪，远不能解决北极水域的环境和生物多样性问题。而且，UNCLOS 也没有为建立公海保护区提供直接的法律依据。同理，CBD 虽然将建立公海保护区视为缔约国在养护和可持续利用公海生物多样性方面合作的重要方式，并在北极水域进行了 EBSA 的描述，但这也仅仅是为在北极建立公海保护区提供了选址和科学依据，并没有直接为其提供法律依据。IMO 对保护北极环境做出了巨大努力，无论是 PSSA 和特别区域，还是《极地区域船舶航行安全规则》，都可以看出 IMO 对极地生态环境的重视，但是受 IMO 自身性质的局限，IMO 只能规范船舶行为。而一个完整的公海保护区不可能仅限制船舶行为，所以根据 IMO 的相关规定并不能直接在北极水域建立公海保护区。

在区域层面，虽然北极理事会努力构建了泛北极海洋保护区网络框架，但是这一框架内的海洋保护区只适用于国家管辖范围内，并没有提及国家管辖范围外的北极海域，因此不能作为在北极建立公海保护区的直接法律依据。并且根据北极理事会的性质，其法律文件多为倡议性的软法。

（三）沿海国大陆架主权权利与公海保护区存在潜在冲突

北极公海保护区的区域设定范围以北极公海为主，根据 UNCLOS 中关于公海、领海及专属经济区部分的相关规定，其设立的区域主要为自沿海国领海宽度基线起 200 n mile 以外的海域。但是，在这一海域下方的大陆架上有可能同时存在着 UNCLOS 赋予沿海国的主权权利。UNCLOS 第 76 条将沿海国大陆架最远延伸至领海基线 350 n mile 处。而 200 n mile 以外 350 n mile以内外大陆架上方的海域为公海，这就意味着北极国家的外大陆架划界一旦被确定，就可以对位于北极公海海域下方的大陆架行使主权权利。当然，UNCLOS 第 78 条也特别重申，沿海国在大陆架上为勘探和开发其自然资源所行使的主权权利不影响其上覆水域的法律地位，即北极国家对其大陆架勘探和开发自然资源的主权权利并不会影响北极公海保护区的法律属性。

但重点是，所有北极邻近沿海国都向联合国大陆架界限委员会提出了延长大陆架的要求。若北极国家的大陆架划界申请被通过，北极的公海海域将会急剧减少，到那时讨论北极公海保护区已无意义。这不仅是因为公海保护区的公海海域变为沿海国管辖海域后保护区措施会加以调整或以其他方式停止生效，ILBI 草案 15 条第 5 款对此做出了相关规定，而且还因为，公海保护区的相关措施会限制沿海国在其外大陆架上进行资源开发和勘探活动，沿海国会因保障自身权益阻碍在其外大陆架上覆公海海域进行的公海保护区建设，使北极公海保护区更加难产。

幸运的是，在现实主义政治生态占据当前国际社会主流的背景下，北极水域大陆架划界问题的最终解决无法一蹴而就，将在大国角逐的多边制衡状态中经历一个较为漫长的演进过程。① 与此同时，公海保护区建设已经成为国际热点议题，可以预见的是北极公海保护区建设很可能会先于北极大陆架划界问题的解决。然而，由于海洋的联通性，尤其在外大陆架上方设有公海保护区的情形下，在外大陆架上进行自然资源的勘探和开发活动

① 章成：《北极海域的大陆架划界问题——法律争议与中国对策》，《国际展望》2017 年第 3 期，第 116－134 页。

必然对设立于其上的公海保护区的水体及其海洋生物产生一定的直接影响，削减公海保护区的保护效力，进而使公海保护区的目标难以完全实现。

综上所述，无论北极大陆架划界问题前景如何，都会对北极公海保护区产生影响。

四、完善北极公海保护区

（一）以 BBNJ 谈判为框架重构北极公海保护区蓝图

正如上文所述，ILBI 草案在其第三部分就对建立 MPA 做出了相关规定。然而根据 ILBI 草案的具体条文可知其并未就北极公海保护区问题做出直接规定，但这并不意味着 ILBI 在北极公海保护区问题上束手无措。

其一，BBNJ 谈判并未结束，而且各代表团于 2020 年 2 月 20 日向秘书处就 BBNJ 第四次政府间会议提交了书面提案，对现有草案进行了大幅修改。现有草案可能与最终的 ILBI 差异明显。

其二，即使缔约国大会通过了现有草案，北极公海保护区问题也不会就此搁置。因为根据草案第 16、17 条，缔约国有权单独或者集体向缔约国大会提交建立北极公海保护区的提案。毋庸置疑的是，北极水域符合草案附件一的相关标准，例如北极水域生态环境具有独特性、稀有性和脆弱性等特质。这一提案可以由北极国家提出，也可以由非北极国家提出，因为草案并未对缔约国的地理位置提出要求。当然根据草案相关规定，提案必须要考虑相关北极国家的意见。同时，缔约国大会在审议提案时也会考虑北极国家的意见。这意味着，即使非北极国家可以就建立北极公海保护区给出提案，但北极国家的意见仍然至关重要。所以，在此基础上北极公海保护区的提案可以借鉴 CAFF 的环极保护区网络。虽然环极保护区网络于 2009 年陷入休眠，但是确定保护区域的科学标准、保护区域的具体措施，甚至陷入休眠的具体原因都可以使北极公海保护区提案更加完善，并减少可能来自北极国家的意见。

（二）北极理事会与国际海事组织合作推进北极公海保护区建设

由于北极水域复杂的地缘政治和北极理事会的性质使得北极理事会在北极问题上适用软法，虽然软法在范围、适用和效力上均有不确定性，但是北极理事会颁布的软法在保护北极海洋环境方面做出的一些努力是不可否认的。然而这些努力在北极亟待保护的生物多样性面前仍然存在着很大的不足，同时北极理事会也不可能在短时间内颁布一部在北极水域建立公海保护区的硬法，两者的矛盾在一定程度上造成了北极水域缺乏公海保护区的现状。

而北极理事会与 IMO 进行合作不失为改变这一现状的方法。因为 IMO 也在积极采取措施保护北极水域的生态环境，并为了进一步减少船舶航行对极地脆弱生态环境的影响，于 2017 通过了《极地规则》。《极地规则》不仅考虑到了极地与非极地水域的差异，还考虑到了北极与南极的差异，这也说明 IMO 有清楚掌握北极水域环境的相关资料，并对北极水域进行了科学评估。此外，北极理事会下设的工作组也对北极水域进行了科学评估，两者合作可以将它们各自掌握的评估情况结合起来，再加上 IMO 下的 PSSA 标准，可以为建立北极公海保护区提供科学标准。同时两者合作，可以加强北极理事会在建立和管理北极公海保护区上的权力，而这一权力并不会延伸至北极理事会其他领域从而影响北极理事会的性质。

（三）构建北极公海保护区退出机制以协调利益冲突

北极公海保护区与沿海国外大陆架权利之间的冲突在现阶段虽然是潜在冲突，但在可以预见的未来该冲突具有必然性。ILBI 草案第 15 条第 5 款规定了公海保护区的公海海域成为国家管辖海域后，应该对该区域的保护区进行调整或以其他方式停止生效。然而，草案对外大陆架上覆公海保护区与沿海国权利之间的矛盾并未做出相关规定。这并不意味着缔约国已经丧失了在 BBNJ 谈判中协调这一矛盾的机会，正如上文所述，现有草案很有可能被大幅修改。也正是因为如此，现阶段是一个很好的制定协调该矛盾制度的时机。

对于公海保护区与沿海国外大陆架主权权利之间的协调也作为其主要制度制定之一在国际社会有着诸多框架设想。① 对于这些制度的制定构想可以归纳总结为以下三种。

第一种制度构想为在 ILBI 的序言部分明确公海保护区不影响沿海国外大陆架主权权利，即在未来 ILBI 的序言部分明确提及：该协定不会影响沿

① 参见 *Inês Aguiar Branco*：*Solving the Potential Conflict*：*High Seas Marine Protected Areas and the exercise of Sovereign Rights over the Continental Shelf beyond 200 nautical miles* 第 1－15 页，发表于 2017 年，https：//ssrn. com/abstract＝2983832。

海国在 200 n mile 以外的大陆架上的主权权利。然而这一制度构想受限于对国际公约序言的法律效力的理解。目前，国际公约序言的法律效力在国际法法律理论中尚无定论，国际社会及理论界对不同国际公约的序言法律效力并无统一认识，国际法上并无一劳永逸的条约解释方法和标准。而且，ILBI 国际法律文件由于其自身的局限性、语言的模糊性、其所调整的公海保护区与沿海国外大陆架主权权利关系的复杂性，以及 ILBI 缔约国之间的综合利益博弈，这就使得包括 ILBI 序言法律效力在内的条约解释问题变得非常重要和敏感，各国无法就此达成共识。此外，国际社会对于国际公约存有一个普遍性共识，即无论序言有什么样的价值，其不能等同于公约正文表述和隐含的价值。这就意味着无论将来 ILBI 的序言做何种表述，其都不能有效地保护沿海国在外大陆架上的主权权利，必须采用其他法律机制来实现这一目的。

第二种制度构想为 ILBI 国际法律文件框架应建立公海保护区协商机制。这一协商机制根据其具体主张上的差异和不同又可以进一步分为两类。

第一类，若在沿海国外大陆架上建立公海保护区，设立公海保护区的国际组织或机构应与沿海国进行协商，这种协商为 ILBI 国际法律文件所确定的一项国际法义务。然而，其所面临的难题除了建立公海保护区前应该与沿海国就其在外大陆架上的利益进行协商能否达成某种结果难以确定之外，在达成结果的表决过程中沿海国与国际公约组织机构之间的表决权重如何设定也是一个难以解决的实质性问题，更为关键性的问题是其没有对外大陆架上公海保护区建立的最终决定权归属予以解决。以协商一致为基础建立公海保护区的做法，在一定程度上会赋予沿海国以某种否决权，很可能会导致沿海国阻止在各自的外大陆架上方海域建立公海保护区，从而会阻止全面执行新的 ILBI 关于建立全球海洋保护区网络的目标。

第二类，协商加表决机制。即建立公海保护区的最终决定应该以协商一致的方式做出；在协商不成的情况下，可以通过多数票来做出决定，实行少数服从多数的表决机制。然而，其所面临的法律困境是通过多数表决的方式做出决定会在一定程度上忽视沿海国的利益诉求，甚至侵犯 UNCLOS 赋予沿海国的权利。如果沿海国觉得自己的主权权利无法按自己预期目的获得保护和实现，很有可能会拒绝在其外大陆架之上的海域创建公海保护区，并进而拒绝 ILBI 这一国际法律文件的签署，从而同样赋予沿海国对 ILBI 这一国际法律文件和公海保护区的否决权。而且，这样做的结果不仅违背了新的 ILBI 的国际法律精神，同时也违背了 UNCLOS，因为其要求各国以符合其一般原则和目标的方式行使其权利和义务。

第三种制度构想为以上述两种制度构想为基础并在 ILBI 法律文件制度框架的设计中加入退出机制。这种特殊的退出机制并不是针对 ILBI 或者公海保护区本身，而是针对沿海国在行使外大陆架主权权利时与海洋生物多样性保护要求相冲突的具体措施，至于其他国家则必须尊重相关的禁止性保护措施，因为它们对该外大陆架不存在任何主权权利。退出机制的性质属于一种事后机制，在 ILBI 法律文件框架内适用退出机制必须满足三个基本条件：首先，必须遵循国际法基本原则，即必须要尊重国际法中“条约必须遵守”原则和“不使第三者负担义务”原则。也就是只有在沿海国表示同意接受 ILBI 国际法律文件的约束后方能适用，缔结和承认 ILBI 国际法律文件是适用退出机制的前提条件。其次，在沿海国外大陆架上建立公海保护区是适用退出机制的充分条件。沿海国缔结或参加 ILBI 这一国际法律文件的初衷是保护全球海洋生物多样性和对海洋资源的可持续利用和养护，其所承担的国际法义务不能随便豁免或削减，只有在沿海国大陆架上设立公海保护区之后方能适用。最后，在沿海国外大陆架上公海保护区内所采取的海洋生物多样性保护措施会阻止沿海国行使其对外大陆架主权权利，或者行使这种主权权利会过于加重沿海国的负担是适用退出机制的必要条件。沿海国只有在勘探开发外大陆架海洋自然资源时采取的环境保护措施对其造成难以承受的损失时方能采用退出机制。

综合各方面因素加以考虑，理想的决策方式应当为协商一致，因此应当允许以协商一致的方式建立公海保护区，但同时也要尊重和保护沿海国对其外大陆架的主权权利。而在 ILBI 法律文件框架内设立退出机制既可能满足要求沿海国积极参与公海保护区建设的立法需求，又能减轻其对外大陆架主权权利受到侵害的担心，因此，这一制度构想在一定程度上相比前两种制度构想更能够优化海洋保护网络的效果、地理分布和可对抗性，能够更有效地实现在国家管辖外海域保护海洋的生物多样性。

五、中国参与北极公海保护区建设的路径

（一）中国参与北极公海保护区建设的缘起

北极海洋环境和生物多样性问题因环境和生物多样性的“流动性”，已不再局限于是北极国家和北极区域的问题，更是全球性的国际问题。这个问题不仅属于当代，甚至还有可能对后代产生深远影响。同时我国在地理位置上是近北极大国，“近”意味着我国环境和生物多样性直接受北极环境和生物多样性变化的影响，同时北极水域的开发也对我国能源和经济发展产生巨大影响。[①]“大”意味着我国会担负起更大的责任。我国倡导构建人类命运共同体，而北极生物多样性的保护在人类可持续发展中占据重要位置，我国有权利和义务参与北极生物多样性的保护活动。

从历史角度看，我国从1925年加入《斯瓦尔巴条约》后，就开始参与北极事务。此后我国更加快了参与北极事务的进程，作为北极事务的积极参与者、建设者和贡献者，我国不断地为北极发展贡献中国智慧和力量。[②] 我国高度关注北极公海保护区的设立及管理事业的推进，一方面是在保护人类在北极的共同利益，贯彻我国参与北极事务“尊重、合作与共赢”的理念，树立负责任的大国形象，承担起北半球发展中大国的责任，为北极生物多样性和生态系统的保护尽到应尽的责任；另一方面，要警惕少数北极域内国家以“保护”之名行不义之事，利用保护区的形式划分势力范围，以达到“瓜分北极”的企图。

（二）借助BBNJ谈判表达中国关于北极公海保护区的立场

我国作为海洋大国，不仅要维护国家范围内的海洋权益，更要维护我国在国家管辖范围外海域的正当利益。中国共产党第十八次全国代表大会报告也为全面维护国家海洋权益指明了前进的方向。[③] 我国作为负责任大国，在此谈判进程中应该不仅仅重视如何实现我国海洋权益的最大化，同时还要密切关注全球海洋环境的保护，并且考虑到人类命运共同体的理念。我国完全可以在参与BBNJ谈判的进程中表达中国关于北极公海保护

---

① 白佳玉：《中国参与北极事务的国际法战略》，《政法论坛》2017年第6期，第142－153页。

② 中华人民共和国国务院新闻办公室：《中国的北极政策》，人民出版社，2018。

③ 刘海江：《中国参与国家管辖外生物多样性国际谈判的机遇、挑战与应对》，《山东社会科学》2018年第2期，第148－153页。

区的立场，这对我国来说是一个参与北极治理活动的方式。

此外，根据草案内容我国有权单独或者与其他缔约国包括北极国家进行合作，向缔约国大会提交关于建立北极公海保护区的提案。在提案中，我国可以就建立北极公海保护区做出具体而细致的规定。这就需要我国进一步加强与北极国家的合作和对北极水域深入的科学考察，以及提升科学技术能力，从而更全面掌握北极水域生态环境和生物多样性的一手资料，使相关提案更加科学。

（三）利用观察员国地位参与北极理事会的公海保护区建设

近年来随着我国国际影响力的增强，国际话语权不断提升，我国参与北极事务的意愿和能力也不断加强。自 2013 年我国成为北极理事会正式观察员国以来，我国在北极事务方面的参与度正逐步提升，这使我国在北极事务治理中发挥更大的作用。北极理事会也成了我国参与北极事务的重要平台。①

根据北极理事会观察员国的权利，我国有资格列席各部长级会议、高官会议，以及各个工作小组的会议，并在北极理事会会议上针对某一具体问题发表自己的观点和看法。虽然没有表决权，但仍可以通过向拥有表决权的正式成员国提供科学、合理的建议进行游说，从而影响最终表决结果。② 也就是说，我国就北极公海保护区问题，可以在会议上发表自己的观点和看法，并通过向正式成员国提供建立保护区所需的科学或资金支持，参与北极公海保护区的建设。

此外，我国还可以通过北极理事会下设的工作组、特别工作组派送相关领域专家提供关于建设北极公海保护区的合理化建议，从科学层面影响最终结果。同时也可以向北极国家或原住民的北极公海保护区项目提供资金支持，使北极国家对中国的市场、资金产生依赖，进而为中国在建立北极公海保护区事务中获得更多的话语权提供可能。

（四）加强政府间国际合作，推进北极公海保护区建设

北极国家与非北极国家进行政府间双边或者多边合作是非北极国家参

---

① 郑晖：《北极的国际治理与中国参与——以国际法为中心》，硕士学位论文，南京师范大学，2017，第 18 页。

② 马千里：《北极理事会观察员制度的国际法审视及中国因应》，硕士学位论文，中国海洋大学，2014，第 48－49 页。

与北极事务的重要途径之一。我国作为北极利益攸关国一直在积极寻求与北极国家就北极事务进行政府间国际合作。同时，因北极水域环境的特殊性，北极资源开发的难度相较于其他地区更大，尤其是在保护北极水域可持续发展的基础上进行的开发，所以北极国家也在积极寻求与其他国家就北极事务进行政府间国际合作。

双边或者多边合作的形式可以是非北极国家与北极国家通过关于北极事务的硬法性规定。合作方通过硬法条文明确各国权利义务，促使各国以实际行动推进合作进程。例如，于 2018 年 10 月在格陵兰岛由美国、俄罗斯、加拿大、挪威、丹麦、冰岛、中国、日本、韩国和欧洲联盟十方代表正式签署通过的《防止北冰洋中部公海无管制渔业活动协定》就是非北极国家通过多边硬法途径同北极国家开展多边合作的典型事例。①

同时合作形式也可以是非北极国家与北极国家共同签署关于北极事务的软法性文件。我国作为非北极国家一直秉承“合作共赢”的理念同北极国家开展双边外交，通过谈判协商达成了一系列涉北极事务国际合作软法文件。例如，我国同俄罗斯在北极能源、航道领域有较多合作，并在 2015 年和 2017 年分别达成北极合作软法文件，就北方海航道的开发利用、北极航运研究合作达成共识，并进一步强调加强中俄在联合科学考察、生态保护、极地旅游、能源资源勘探开发等方面开展合作。而我国与芬兰也在 2017 年就两国间北极合作的具体领域达成联合声明，成为我国通过软法途径积极开展双边北极国际合作的又一典型例证。②

这些合作不仅可以证明我国与北极国家在北极问题上有很好的合作基础，更可以在一定程度上为我国参与北极公海保护区的建设奠定了基础。北极虽然不是北极国家的北极，但是建立北极公海保护区不可避免会牵涉到北极国家的利益，北极国家的态度很有可能会影响整个保护区的发展进程。可见，加强与北极国家政府间合作，不仅是我国在北极治理中发挥作用的重要前提，更是维护和实现北极利益的现实选择。③

---

① 白佳玉、王琳祥：《中国参与北极治理的多层次合作法律规制研究》，《河北法学》2020 年第 3 期，第 66 – 79 页。

② 同上。

③ 王晨光：《中国“北极伙伴关系”：现实考量与建设构想》，《中国海洋大学学报》（社会科学版）2018 年第 5 期，第 12 – 20 页。

此外，加强与非北极国家政府间合作也同等重要。北极海洋生物多样性问题作为全人类共同关注的事项，是我国与其他非北极国家进行合作的重要领域。研究北极生物多样性面临的双重压力，积极提供科学技术和资金支持，会更有助于非北极国家间达成共识。我国与日本、韩国已经就北极事务举行高级别对话，探索合作路径与方式。三国多边合作机制将会在一定程度上提升三国在北极事务上的话语权，进而将非北极国家对北极生物多样性问题的思考和态度反映到北极理事会乃至国际社会。

北极 BBNJ 协调治理模式研究

廖宇程

摘　要：对于为实现国家管辖外区域海洋生物多样性（BBNJ）的养护与可持续利用的问题，当前正进行激烈的谈判。但相关国际法治理已在包括北极在内的多个机构的职权范围内有所涉及。BBNJ 协定如何“不损害”北极治理的既有机制是关键性问题。通过对北极既有机制进行分析，总结认为区域性机制无力胜任北极 BBNJ 治理的重任。因此，应当在全球模式的基础上，辅之以区域支持，协调二者以共同实现该目标。在协调治理内容方面，全球和区域层面应当在划区管理工具、环境影响评价等方面进行协调。在构建协调机制的路径方面，全球层面与区域层面应明确各自的定位，都充分发挥作用以实现互补。

关键词：北极国家管辖外海域；国家管辖外区域海洋生物多样性；协调治理；全球模式；区域治理

Research on the Coordinated Governance Model of Arctic BBNJ

Liao Yucheng

Abstract: In order to realize the conservation and sustainable use of biological diversity（BBNJ） in the sea areas under the jurisdiction of the state, fierce negotiations are currently under way. But the governance of international law is already within the purview of a number of bodies, including the Arctic. How the BBNJ agreement “does not undermine” the existing mechanisms of Arctic governance is a key issue. Based on the analysis of the existing arctic mechanism, it is concluded that the regional mechanism is not competent for the task of arctic BBNJ governance. It is therefore important to build on the global model, supplemented by regional support, and coordinate the two to achieve this goal together. In terms of coordinating governance content, the global and regional levels should coordinate in areas such as zoning management tools and environmental impact assessments. In terms of the way to build the coordination mechanism, the global level and the regional level should clearly define their respective positions and play their roles to realize complementarities.

Key words: the sea area beyond the jurisdiction of Arctic countries; Biodiversity in Waters Beyond National Jurisdiction; coordinated governance; global model; regional governance

国家管辖外海域占据全球海洋面积的64%，是人类社会赖以生存的重要海洋资源宝库。然而，目前国家管辖范围外区域海洋生物多样性（Biodiversity of Areas Beyond National Jurisdiction，BBNJ）正面临史无前例的巨大压力。值得庆幸的是，为通过一项新的法律文书以实现 BBNJ 的养护与可持续利用，国际社会正在如火如荼地进行中。① 众所周知，北极生态环境的特征是独一无二的，其生态系统脆弱，也特别容易失衡。脆弱的北极生态系统实际上正在发生巨大变化，并进而对整个地球的生态系统产生巨大影响。

对北极事务的管理，目前存在包括北极理事会在内的多个活跃组织。以北极理事会为依托，北极国家已经为实现北极环境治理采取了一系列措施。面对既有的行业性和区域性的规定，BBNJ 协定的谈判强调不破坏现有的法律框架。② 然而，关于该术语的含义和实践效果有多种方法，其含义模糊。随着谈判的进展，BBNJ 协定似乎因此受到了一定的限制，围绕

① 参见胡学东：《BBNJ 国际谈判的基础问题与解决途径》，2017 年 11 月 29 日，http://www.oceanol.com/guoji/201711/29/c70562.html，访问日期：2019 年 10 月 10 日。

② IISD, "Summary of the Third Session of the Intergovernmental Conference (IGC) on the Conservation and Sustainable Use of Marine Biodiversity of Areas Beyond National Jurisdiction," accessed October 10, 2019, http://enb.iisd.org/vol25/enb25218e.html.

如何理解“不破坏”和如何实现“不破坏”，即 BBNJ 协定与既存制度的关系成为谈判的难点问题之一。

一、北极 BBNJ 治理的理论分析

（一）北极 BBNJ 治理的基本范畴

BBNJ 谈判旨在实现国家管辖外区域海洋生物多样性的养护与可持续利用。在北极 BBNJ 治理的研究中，有必要对北极的国家管辖外海域、海洋生物多样性、养护与可持续利用的含义进行界定。

1. 北极国家管辖外海域

根据 UNCLOS 的规定，北极海域可以划分为国家管辖范围内海域和国家管辖外海域。国家管辖外海域的范围涵盖公海和国际海底区域。北极国家管辖外海域的范围界定中，公海的范围相对明朗，即有面积约 280 万平方千米的公海。然而，国际海底区域范围的划定却充满争议。根据 UNCLOS 第 77 条与第 82 条规定，沿海国对 200 n mile 外大陆架上的资源享有优先权，而基于人类共同继承财产原则，国际海底管理局对 200 n mile 外大陆架之外的资源进行统一监管。目前，包括俄罗斯在内的北冰洋沿岸国频繁向大陆架界限委员会（Commission on the Limits of the Continental Shelf，CLCS）提交北极外大陆架的划界申请提案。北极外大陆架与国际海底区域之间呈现此消彼长的趋势。但是，目前判定所依据的科学证据不完整和技术水平有限，因此短期内无法明确确定北极的国际海底区域的范围。

2. 海洋生物多样性

BBNJ 协定将是 UNCLOS 下的执行协议，而 UNCLOS 中没有提到生物多样性或者海洋生物多样性的概念。从 BBNJ 谈判至今，尚未有关于统一的海洋生物多样性的概念界定。根据迄今为止的谈判进程，谈判国之间似乎趋于接受《生物多样性公约》（The Convention on Biological Diversity，CBD）对生物多样性概念的界定。国际法角度界定生物多样性的概念也主要以 CBD 第 2 条为依据。① 根据 CBD 界定的含义，生物多样性不仅指生物

① 参见《生物多样性公约》第二条，将“生物多样性”定义为“所有来源的形形色色生物体，这些来源除其他外包括陆地、海洋和其他水生生态系统及其所构成的生态综合体，这包括物种内、物种之间和生态系统的多样性。”

群，还指生物资源生存的环境——生态系统。在 BBNJ 谈判中借鉴 CBD 的概念具有其合理性，尽管 UNCLOS 未曾定义生物多样性的概念，但第十二部分规定，各国有义务保护和保全海洋环境，包括稀有的和脆弱的生态系统，以及第七部分，各国有义务保护和管理生物资源。根据上述规定可以看出，在某些方面，生物多样性的概念与海洋环境的概念重叠，而 UNCLOS 中海洋生物资源保护和管理的概念与 CBD 中的生物多样性可持续利用的概念具有相似性，借鉴 CBD 中海洋生物多样性的概念进行界定是合适的。

3. 养护与可持续利用

在 BBNJ 谈判中，与海洋生物多样性常常相伴出现的关键词是“养护与可持续利用”。UNCLOS 对于不同部分文书的用语体现出国际环境法在对待海洋生物资源，以及环境保护方面的区别态度。其在有关海洋环境的第十二部分选择“保护与保全”的用词，而在第五部分、第七部分对专属经济区，以及公海的海洋生物资源方面，选择“养护”的用语。尽管意思相近，但是“保护和保全”与“养护”在内涵方面仍旧存在微小的差别。“养护”一词反映出人类对自然生物资源的保护性利用的需求，而“保全”强调对资源的禁止性利用，“保护”要求限制对资源有害行为的发生，同时采取措施防范环境污染。BBNJ 谈判最终选择了“养护”一词，波尼和波义尔也认为许多公约的选词有其深刻的原因，包括 CBD，都避免使用“保全”一词，而是选择“养护”与“可持续利用”。① 在 BBNJ 的规制领域，相关海域的生物资源并不为人类熟识，目前也仅有少数国家掌握深海遗传资源的开发技术，因此在 BBNJ 的文书谈判中，“养护”强调保护的同时不讳对海洋生物资源的开发，这是更符合谈判背景的。而在开发活动中，可持续利用是重要的考量指标。它本身并不能防止或禁止对海洋生物多样性的干扰，但是借助理性和明智的管理，包括监视是否遵守了维持可持续性的条件，对范围和规模设定了限制。没有绝对的可持续性标准，它仅针对物种而言，特别需要对物种、位置和生态系统状况的科学见解。尤其是对 BBNJ 相关知识不足的情况下，BBNJ 的可持续利用标准将是极富挑战性的评估。当考虑到海洋生物多样性的重要性时，预防性方法是重要的

① 帕特莎·波尼、埃伦·波义尔：《国际法与环境》，那力等编译，高等教育出版社，2007，第 550－551 页。

观点。因为面对未知意味着需要采取深思熟虑的观点和足够合理的策略，以养护的态度对待海洋生物多样性。同时，利用必须是有条件的，即在确保利用是可持续的情况下才能被允许。

（二）优化北极 BBNJ 治理的原因分析

截至目前，已经在北极发现种类繁多的生物，[①] 不同于全球其他区域的生物，北极生物的典型特征是对于寒冷、黑暗和安静水域的适应性。根据世界自然保护联盟的红色名录，在北极生存的35种海洋哺乳动物中，共有13种濒临灭绝或遭受威胁。[②] 此外，北极还存在许多新型物种的可能性。加科尔山脊为北极海底的中洋脊，根据相关证据表明，假设即使所有北极大陆架界限均已划定，加科尔山脊也仍旧不将归属于任何国家的大陆架。科学家分析得出该地存在众多尚未被发现的喜热生物，[③] 同时该区域可能是北极重要的生态系统组成部分之一。

在全球变暖的背景下，当前气候变化的速度与程度远远大于北极物种所曾经历的历史变化，冰川融化使亚极地区域的物种向更冷的极地水域富集，导致生物食物链结构畸变。同样，由于北极海域海水的流动性，北极各个海域的物种间存在紧密的关联性，因此，基于生态系统方法的整体视角，包括北极 BBNJ 在内的北极海洋生物多样性都正遭遇着史无前例的威胁。现如今，北极公海水域中的冰川约有40%将在夏季融解，[④] 相关水域的冰层覆盖率下降带来了诱人的商业和工业机会，但是同样对海洋生物多样性产生了重大影响。

尽管北冰洋的面积并不广泛，然而其中却有1/3的海域存在水深200 m以下的浅海宽阔的大陆架，总面积约有440万平方千米。[⑤] 基于目前

---

① "Arctic Council: Arctic Biodiversity Assessment 2013," accessed December 1, 2019, https://oaarchive.arctic-council.org/handle/11374/223.

② IUCN, "Red List of Threatened Species," accessed December 1, 2019, http://www.iucnredlist.org/; 参见"IUCN Red List of Threatened Species: Categories and Criteria"。

③ 参见《北冰洋下海底山脊中发现大量热液喷孔》，http://www.uua.cn/show-88-2128-1.html，访问日期：2019年10月16日。

④ Timo Koivurova, Richard Caddell, "Managing Biodiversity beyond National Jurisdiction in the Changing Arctic," *AJIL Unbound* 112, (2018): 134-138.

⑤ Betsy Baker, "Law, Science, and the Continental Shelf: The Russian Federation and the Promise of Arctic Cooperation," *American University International Law Review* 25, no. 2 (2010): 250-281.

可获取的数据表明，未来除了加拿大海盆和北冰洋中脊以外的大陆架，其他北冰洋大部分区域均可能划入北冰洋沿岸国外大陆架的范围之内，[①] 从而导致北极国际海底区域面积的锐减。根据 UNCLOS 第 76 条第 8 款相关规定，沿海国需要向 CLCS 申请外大陆架范围的确定。只有经过 CLCS 审议后，根据其建议划定的大陆架范围才具备拘束力和确定力。目前，除了不属于 UNCLOS 缔约方的美国，其他北冰洋沿岸国均纷纷向 CLCS 提交了北极外大陆架的划界申请文书，且各国申请的外大陆架中存在大量重叠区域的争议。该现象反映出整个北极外大陆架划界存在分歧与争议。种种迹象表明北极外大陆架划界的审议工作极有可能在不久的将来加速进行。但是，确保准确的数据信息收集是北极大陆架划界获批的重要前提，而北极寒冷、黑暗、地形复杂的恶劣自然环境增加了信息搜集的难度，对北极的科学考察在克服有关的自然障碍方面仍存在不足。此外，北极政治势力间频繁的博弈也可能减缓北极外大陆架划界的发展。BBNJ 协定的谈判有可能在 2020 年结束，但是之后长时间内，北极国家管辖外海域的范围界定问题难以得到实质性的处理，所以研究北极 BBNJ 治理必须充分考虑北极划界的难题。

（三）北极 BBNJ 治理的理论依据

北极 BBNJ 治理模式的核心分歧在于治理权的归属问题。而要厘清该问题，与国际法不断发展的指导理论息息相关。传统国际法基于意志主义，即国际关系中的一切法律规则源于国家的意志，国际法的基本原则包括国家主权原则和国家关系中的互惠原则。但是，随着第二次世界大战后国际社会的发展，越来越多的条约内容并非基于互惠而形成。国际环境法诞生时期，出现了人类共同继承财产的概念。在人类共同继承财产原则下，国家自主决定遵守这些义务，但并不能为自己获得任何直接的好处，而其目的在于为人类共同利益这个更长期的目标服务。[②] 在 BBNJ 谈判的过程中，尤其是海洋遗传资源的主题谈判中也着重围绕是否适用该原则而产生诸多争议。反对垄断、统一开发、共同受益是该原则的重要体现。

与人类共同继承财产原则相呼应的另一个指导理论是“全球治理理

① 章成：《北极地区大陆架划界问题研究》，博士学位论文，武汉大学，2015，第 100 页。

② 亚历山大·基斯：《国际环境法》，张若思译，法律出版社，2000，第 9－10 页。

论”。不同于单边主义，全球治理强调应当基于全人类的共同利益为行为处事的价值导向，而非以本国优先为选择。全球治理突破国家利益的狭隘观念，寻找国际间合作的最大程度的可能。从治理主体角度看，全球治理理论强调治理主体的多元。但是治理主体多元不意味着“散装”治理，而是有机组合各方整体，在统一的框架下实现协调之治。从治理的客体角度看，全球治理应当面对能够影响全人类利益的国际问题，或者相关区域属于全球公地。最后，全球治理需要以完善的治理机制为基础，包括治理的核心原则与方法、有约束力的条款和软法结合、合作与协调的机制，以及确保各方主体履约的遵守机制，以防多元共治情形下的权力分散和行动方的背离违约行为。

二、北极环境治理的既有模式与发展前瞻

（一）北极环境治理的主要区域模式

尽管目前北极尚无针对 BBNJ 的专门治理机制，但是以北极理事会为依托，北极在应对环境问题方面采取了一系列富有成效的治理措施。

1. 北极理事会的论坛模式

作为重要的政府间论坛，北极理事会致力于促进其成员之间的合作、协调和互动，特别是在北极可持续发展和环境保护问题上。它虽然不是一个正式的国际组织，但北极理事会设置了常设秘书处。北极理事会的成员除了常任理事国外，还包括作为永久参与国的北极原住民和观察员国的非北极国家。北极理事会并非制定条约的组织，而是一种成员履行其合作义务的方式。

北极理事会的治理模式是典型的国家中心主义理论的产物。依据该模式，北极长期由北极国家和其垄断的北极理事会为中心。北极八国长期坚持其国家主权对于治理北极的重要性，面对非北极国家参与北极事务持谨慎怀疑的态度。虽然赋予中国等非北极国家永久观察员国的地位，但这种看似扩容的行为实质是希冀获得北极域外国家对北极八国权力的认可，进一步强化北极理事会的主导力量。

另外，基于北极理事会形成的北极合作机制主要采取无约束力的软法机制，主要以宣言、项目、计划等形式呈现。作为北极地区最大的政府间机构，北极理事会既无决策权，也无组织能力，更没有约束成员国的能

力。但北极理事会及其工作组为北极环境治理做出的诸多有益的贡献，这点是不可忽视的。

2. 北极五国机制

2008 年北冰洋沿岸五国（美国、加拿大、俄罗斯、挪威、丹麦）在缺少另外三个（冰岛、瑞典、芬兰）非北冰洋沿岸国的参与下，缔结了《伊卢利萨特宣言》，形成北冰洋沿岸五国的联合机制。《伊卢利萨特宣言》明确反对为北极建立新的全面法律秩序，重申北极五国的立场，即目前的法律框架是资源开发和环境保护领域海洋治理的适当基础。《伊卢利萨特宣言》强调国际海洋法为五个北冰洋沿岸国"负责任地"处理北极海洋事务的活动提供了法律依据，暗透出北极海域事务无须其他非北极国家介入的信号。

2015 年，北极五国（美国、加拿大、俄罗斯、挪威、丹麦）在奥斯陆缔结了一项有关防止中北冰洋不规范捕鱼的宣言，称作《奥斯陆宣言》。《奥斯陆宣言》单方面宣布对北冰洋公海实施临时禁捕捞。该宣言适用于北极五国。其他三个北极国家（冰岛、瑞典、芬兰）、原住民组织，还有利益攸关方，都未曾接到以官方身份参与制定和讨论宣言的邀约。面对北极五国的行动，被排斥的其他三个非北冰洋沿岸国的北极国家表现出被排挤后的不满。冰岛政府公开表示其反对北极五国的行为。在 2013—2015 年北极理事会轮值主席由加拿大担任期间，其已经忽略了北极理事会具备的谈判沟通的平台作用。[①]《奥斯陆宣言》禁止北极渔业捕捞，保护海洋环境的作用掩盖不了北极五国的排外行为，该宣言降低了北极理事会作为杰出的政府间论坛所承担的解决北极地区相关问题的作用。

3. A5 +5 模式下的渔业管制

2017 年，北极五国（A5）和欧洲联盟、冰岛、中国、日本、韩国共同签署了《预防中北冰洋不管制公海渔业协定》。根据协定规定，北冰洋中部公海将在之后的 16 年禁止商业捕捞活动，而到期满后若无反对意见，则该协定再自动续期 5 年。

在北极治理模式方面，该协定具有重要意义，即其开启了北极地区治

① 参见 Egill Thor Nielsson，Bjarni Mar Magnusson，《"北极五国"再出击》，http：//www.polaroceanportal. com/article/361，访问日期：2019 年 12 月 11 日。

理的新模式，形成了“A5 +5”的合作机制，即北冰洋沿岸五国与北极利益攸关方协商讨论北极治理的问题。① 北冰洋沿岸国与北极利益攸关方平等磋商，形成北极的治理新规则，突破了传统多边条约谈判的一般实践。协定的生效基于协商一致的原则，必须获得9个国家和欧洲联盟的一致同意，避免了北冰洋沿岸五国，以及另外四国和欧洲联盟被区别对待。

但是协定的制定背景仍旧反映出“A5 +5”模式的缺陷。由于《奥斯陆宣言》的行动未能得到国际认可，且非沿岸国积极维护自身权益，由此A5才不得不邀请利益攸关方重新协商。沿海国家希望发挥主导作用，非沿海国家希望在未来的谈判中占有一席之地；域外国家的目的则是为了将来有机会参加北极事务的讨论。②“A5 +5”模式实际上反映出了北极沿岸国的扩权和非北极国家的退让，故而实现了阶段性的稳定与平衡。未来北冰洋中部公海具备商业捕捞的条件后，随着利益的竞争，治理局面仍有可能失衡。

尽管通过“A5 +5”的模式，在北极治理过程中，北极国家的主导权有所松动，非北极利益攸关方进行了更广泛和更为深度的参与，但是在未来北极BBNJ的治理过程中，北极国家管辖外海域应当被视作全球性的问题加以解决，应诉诸全球BBNJ谈判的措施。因此，“A5 +5”的模式仍旧无法回应北极BBNJ治理的期待与需求。

（二）涵盖北极BBNJ治理的全球谈判

北极的界限逐渐模糊，北极的治理也显现“扁平化”趋势，北极区域性事务逐渐全球化、国际化。③ 在有关海洋生物多样性治理方面，尤其是涉及国家管辖外海域范围时，当前单个国家或者区域联盟无法阻止气候变化和人类活动对北极地区环境乃至社会政治的影响。因此，全球性的努力对于北极BBNJ的治理显得尤为重要。

BBNJ国际协定将辐射国家管辖外海域，即公海和国际海底区域。这意味着新的执行协定还将覆盖中北冰洋的公海部分，以及北极的国际海底

---

① 潘敏：《协定开启北极地区治理新模式》，《中国海洋报》2017年12月5日第4版。

② 江昊，杨卫：《北冰洋公海渔业权益争端的博弈分析——基于环北极国家视角》，《海洋开发与管理》2020年第1期，第75－82页。

③ 王传兴：《北极治理：主体、机制和领域》，《同济大学学报》（社会科学版）2014第2期，第26－27页。

区域。然而北极的话题自筹备委员会会议至前三次政府间会议，均未能成为会议的讨论主题，三次政府间会议的会议纪要中未出现“北极”字样。尽管北极并未成为任何正式讨论的焦点，但边会会议中仍有围绕北极的关注，讨论 BBNJ 协定对北极治理的潜在影响，指出北极应是 BBNJ 协定不可忽视的话题。

BBNJ 协定的谈判要求新的国际文书不损害既有的行业性、区域性的治理文书、框架。在北极国家管辖外海域，存在北极理事会、IMO 等众多区域性、行业性治理机构，以及相关机构形成的一系列国际条约。在未来 BBNJ 协定的实施过程中，如何理解“不损害”的含义，构建协调性、包容性、区域适应性的制度，使北极治理和 BBNJ 协定形成良好互动，进而实现北极 BBNJ 的养护与可持续利用的目的，是 BBNJ 协定与北极治理的共同关注。

（三）北极 BBNJ 区域治理与全球治理协调发展的必然性分析

首先，北极国家管辖外海域的定位决定了全球参与的必然性。北极国家管辖外海域由北冰洋公海和国际海底区域组成。任何国家都无权对公海海域主张主权，在国际海底区域方面，虽然目前围绕北极外大陆架划界分歧不断，但是 CLCS 负责审议外大陆架划界的申请，因此在 CLCS 确定最终结果之前，北极国家自主确定的外大陆架对其他国家不具备约束力。此外，即便 CLCS 给定最终意见，沿岸国在 200 n mile 外大陆架上并不具有独占权，而是优先权，因此也不能排斥其他国家而独自占领外大陆架。国际海底区域作为国家管辖外海域的部分之一，与北极公海海域同属全球共同管理的公共区域，属于全人类的共同财产。

此外，北极 BBNJ 的区域模式治理存在以下缺陷，无法有效地实现北极 BBNJ 养护与可持续利用的目标。第一，区域模式约束的对象、范围受限。不同于南极存在“南极条约体系”，北极目前缺乏北极区域性的海洋管理组织。北极理事会作为该区域最活跃的论坛性组织，无疑将在区域模式下的北极 BBNJ 治理中担任重要角色。然而，正是因为北极理事会的特性，将限制其能力的发挥。在解决北冰洋中部公海商业捕捞的行动中，北极五国弱化了北极理事会的平台作用。在北极理事会组织中，北极国家也排斥非北极国家的参与。同时，北极区域性文书将不对其他非缔约方产生效力。有限的非北极国家参与造成区域性模式无力规制全球众多非北极国家对北极 BBNJ 的潜在影响。第二，区域模式无力应对跨行业性污染。众多行业性组织形成了碎片化的北极治理，当北极地区人类活动的频率低，而且彼此之间无须强互动的情形下，碎片化的法治无碍环境治理。但是可以预见的是，未来北极国家管辖外海域将出现更为频繁且行业性互动更强的人类活动。届时，碎片化的治理与全球模式的优劣将相形见绌。在全球模式下，各个行业性组织能够针对同样的目标开展同步活动，充分实现跨行业的信息交流。同时各个行业性机构的参与性也能得到强化。而区域模式将无力实现跨部门的有效互动。第三，区域模式无力应对跨界污染。跨界污染、全球变暖，不利于北极 BBNJ 养护的环境因素并非仅来自北极地区。大气污染、油气开采、海运污染等方面均容易产生跨界污染问题。但是区域性模式排斥全球层面的同步管理，各个区域性组织较难就相关问题开展同步合作，达成一致的行动标准，造成跨区域性合作的协调性不足。

反观全球治理模式，能够借助全球自上而下的管理体制，促进区域间和区域内的各个行业性组织的充分合作，进一步为协调性、包容性的治理机制奠定基础。联合国第 69/292 号决议要求 BBNJ 谈判不得破坏现有的相关法律文书和框架，以及相关的全球、区域和部门机构。反映在北极 BBNJ 治理过程中，就是希望全球管理机制与区域性、行业性组织通过分工与合作，以获取互补的资源，并减少重复性质的努力。北极 BBNJ 治理正借助多个行业性协议和机构展开，完善全球模式下跨机构和跨部门的协调性，以促进它们之间的合作，这将成为北极 BBNJ 成功养护和可持续利用的重要因素。不可否认，全球模式也存在一定的弊端。例如，目前的谈判存在分歧，即便协议通过，也需要一定的时间发生效力。但是，全球模式与区域模式不应当是“谁或者谁”的问题，而是应当发挥二者的长处，让二者形成良性互动。在大背景下，应该着重探寻全球模式主导，辅之以区域支持，如何更能让北极 BBNJ 治理模式发挥实效。为了填补全球模式和区域模式各自的不足之处，需要协调与合作，以实现“1 +1 大于 2”的结果。

三、北极 BBNJ 协调治理的主要内容

既然北极 BBNJ 治理应当在全球 BBNJ 谈判的大背景下实现，那么需要进一步分析的是，全球 BBNJ 谈判需要与北极 BBNJ 治理协调什么，即对二者需要协调的具体内容进行分析。

（一）划区管理工具的协调

目前，多数国家对于划区管理工具的制度安排实现了初步共识，关键问题在于划区管理工具识别与选划的标准问题、建立的相关程序是什么、管理划区管理工具的程序是什么、相关监管措施如何实现等。欧洲联盟等国家主张推广严格的划区管理工具，主张设置永久时限的海洋保护区；而美国等海洋利用大国则主张贯彻既有的制度安排，强调 BBNJ 谈判不得损害各国在公海商业捕捞、船舶航行等方面的既有权利。① 在谈判的争议焦点中，与北极 BBNJ 协调治理的关键性争议当属设立海洋保护区的模式问题。就海洋保护区管理模式的选择，存在全球模式、区域模式和混合模式三种分歧。三种模式的根本不同在于决策权的分配。全球模式下由全球性机构实现统一的管理与决策；区域模式下，海洋保护区的管理决策权属于区域；混合模式在既强调区域能力强化下，也认可全球对区域提供建议和指导，该模式实质是对全球模式和区域模式进行的改进与完善，因此目前争议的焦点仍旧是全球模式还是区域模式的适用。②

国际社会已经通过多种方式尝试在北极区域采用划区管理工具。CBD 缔约方支持划区管理工具，提出生态和生物重要区域（Ecologically or Biologically Significant Marine Areas，EBSA）的概念。但是 EBSA 主要围绕科学技术层面，忽视了法律与管理，在保护实践方面，行动力有所不足。IMO 为了防止海事排污的行为，设立了“特别敏感海域”（particularly sensitive sea areas，PSSA）制度，并设置了明确的管理措施。当某个区域具有公认的生态或者社会经济价值时，且该海域容易受到国际海事活动的损害，则将可能被 IMO 采取行动以实现特别保护。在 PSSA 中，可能采取的措施包括特定化的航运措施、严格的设备要求等。北极理事会则通过建构北极海洋保护区网络以实现北极生物多样性的养护。2015 年，北极海洋环境保护工作组（Protection of the Arctic Marine Environment，PAME）提出拟设立泛北极海洋保护区网络的建议。若该海洋保护区网络得以建立，将形成覆盖北冰洋沿岸国专属经济区和北极公海的广阔保护区。此外，其

① 袁雪、廖宇程：《基于海洋保护区的北极地区 BBNJ 治理机制探析》，《学习与探索》2020 第 2 期，第 83 – 91 页。

② 王勇、孟令浩：《论 BBNJ 协定中公海保护区宜采取全球管理模式》，《太平洋学报》2019 年第 5 期，第 1 – 15 页。

提议缔约方将 PSSA 作为北冰洋公海保护区网络的组成部分，促进 PSSA 与海洋保护区的互补，推进北极理事会与 IMO 等行业性机构进行互动与合作。

北极目前由北极理事会及其工作组领导，以国家为主导，设立了一系列海洋保护区。但是，覆盖北极国家管辖外海域的海洋保护区法律制度仍未得以构建。泛北极海洋保护网目前也十分关注北极国家专属经济区的海洋保护区，公海的海洋保护区未能成为重点研究的对象。其他工作组在信息收集方面的努力也只是成为海洋保护区设立前期的准备工作，尚未就实质性内容进行更深入的发展。尽管北极理事会及其工作组为保护北极环境和养护生物资源做出了众多的努力，但是未来实现北极 BBNJ 的养护目标，仍旧需要对北极国家管辖外海域的法律制度进行构建。

如前所述，BBNJ 区域模式治理的不足同样将反映在 BBNJ 划区管理工具区域治理的模式之中，包括治理对象有限，无法有效应对跨界污染、跨行业污染等。因此全球模式无疑应当扮演更为重要的角色。但是为了实现北极 BBNJ 的适应性、包容性治理，全球模式下北极国家管辖外海域的划区管理工具应当在考虑到北极外大陆架划界存在争议、北极特殊且脆弱的生态及环境等特殊前提下做出相应的特殊安排。

第一，北极 BBNJ 划区管理工具应当设置相应年限，而非设置欧洲联盟等所主张的永久性海洋保护区。永久性的海洋保护区忽视了人类正在逐渐发展着的科学技术水平这一事实。《预防中北冰洋不管制公海渔业协定》已做出设置暂时性管制的先例。此类设置年限的举措强调先科研、后开发，开启了北极公海治理的新兴模式，同样值得全球国家管辖外海域海洋保护区的制度学习。更为重要的是，近期厘清北极各国外大陆架的界限也非易事。因此设定北极国家管辖外海域海洋保护区，需要把模糊的北极外大陆架划界困境纳入考虑之中。而海洋保护区的期限制度可以一定程度上缓解划界不清造成的困扰。

第二，北极 BBNJ 划区管理工具制度应当融入“软法”因素。在国际环境法学中，软法长期发挥重要作用。长期以来，软法治理也成为北极理事会模式下北极治理机制的集中体现。尽管不具备严格意义上的法律约束力，但其也发挥了一定的法律效果。虽然 BBNJ 谈判以制定具有法律约束力的文书为目标，但并不表明北极 BBNJ 治理必须严格选择刚性治理的机制。[①] BBNJ 协定势必将融入软法因素，即 BBNJ 治理的柔化是大势所趋。[②] 北极外大陆架争议导致的界限不明问题同样需要软法发挥调和作用。北极国家管辖外海域海洋保护区包括北极公海保护区和北极国际海底区域的海洋保护区，通常而言，公海与国际海底区域形成上覆水体与下层底土垂直对应的关系，在制度设计方面不应当分而治之。但同时需要考量属于一国外大陆架之上的公海保护区的特殊制度设计问题。由于监管机制缺乏，该地区海洋生物多样性基本上处于未受到保护状态。在争议、分歧的背景下，北极 BBNJ 海洋保护区需要平衡各国的利益，通过利益间的妥协实现最大程度的共识。因此，以绝对的硬法来构建管理机制难以实现充分的共识。而借助软法机制能够更有效地发挥 BBNJ 海洋保护区对北极治理的功能。通过宣言、指南、建议等软法措施，可以针对不同类型的海洋活动选择不同约束力的禁止性措施或者建议性规定。此外，软法也能柔化北极 BBNJ 海洋保护区与既有划区管理工具之间的关系，防止二者的冲突。

（二）环境影响评价的协调

环境影响评价是实现 BBNJ 养护与可持续利用的一项重要工具。联合国环境规划署在《环境影响评价的目标和原则》中把环境影响评价定义为“对可能给环境造成潜在影响的一个拟议项目或者计划中进行识别、预测、解释、交流的过程”。[③] 环境影响评价是预防性方法的典型适用，通过对可能对海洋环境造成不利影响的活动进行事先环境影响评价和持续监测，尽可能避免不利影响的发生。北极环境影响评价的既有制度主要包括 UNCLOS 有关北极环境影响评价的规定和《北极环境影响评价指南》。

UNCLOS 规定，对可能污染整个海洋环境或对其造成重大和有害变化的活动，包括极地海洋区域，应进行事先和持续的评价。UNCLOS 作为海洋法的宪章，是北极海域的环境影响评价制度重要的国际法渊源。但是 UNCLOS 没有规定具体的主管国际组织，其也仅对环境影响评价进行一般性义务的说明，具体的原则和程序都未做规定。

---

① 孟令浩、王勇：《BBNJ 谈判中海洋保护区与沿海国外大陆架权利的调适》，《中国海商法研究》2019 年第 3 期，第 41 – 49 页。

② 张磊：《论国家管辖范围以外区域海洋生物多样性治理的柔化——以融入软法因素的必然性为视角》，《复旦学报》（社会科学版）2018 年第 2 期，第 169 – 180 页。

③ 参见 UNEP，“*Goals and Principles of environmental Impact Assessment of the United Nations Environmental Programme*”，发布于 1987 年 12 月，UN Doc UNEP/WG 第 152 页，附件 4。

《北极环境影响评价指南》为北极环境影响评价制定了一套无约束力的指导方针，其强调了北极环境的典型特征，并说明了北极国家进行环境影响评价的共性。在适用范围方面，指南建议应适用于可再生和不可再生自然资源的开采、公共用途、军事活动，以及出于不同目的，可能会对环境造成重大影响的基础设施的开发的相关活动。在阈值方面，《北极环境影响评价指南》提出北极地区的环境敏感的事实意味着可能需要采取更低的阈值水平。同样阈值的确定还需要考虑到潜在的累积影响。此外，指南还强调了北极原住民和社区参与的重要性。在缓解措施方面，指南建议对特别容易受不利影响的某些方面进行审查。例如，明确土著社区的传统狩猎与捕鱼时间，相关项目应当与之协商并避免由此产生冲突。在监测方面，指南强调，由于许多地区处于偏远和极端的环境条件下，北极监测计划的费用可能会更高，同时监测计划应考虑到北极地区容易受到干扰的脆弱性。[①]《北极环境影响评价指南》在环境影响评价的不同阶段考虑到北极的特定特征是具有重要意义的，但是其没有得到任何报告或者监测机制的补充，区域间的信息交流也存在不足，缺乏定期审查和修订指南的后续机制，以至于无法评定适合北极的最佳的环境影响评价的做法。此外，该指南从未更新过，无法应对当前环境变化的局势。其也没有规定北极国家开展可能对国家管辖外海域有重大影响的活动的环境影响评价。

目前在北极区域履行环境影响评价国际法义务的主体主要发生在国家一级，而区域和全球机构的监督却很少。在区域一级，已经做出了一些努力，已总体上确定环境影响评价评估北极范围内的问题。《北极环境影响评价指南》本质上是相当笼统的，对北极国家的影响相对较低。此外，目前还没有任何区域性流程来监控北极国家是否遵守了《北极环境影响评价指南》中的建议，或者国家环境影响评价规定在多大程度上涵盖了不同海洋部门的活动。

新的 BBNJ 协定是应对北极环境影响评价制度不足的一个非常好的措施。在 BBNJ 协定中，通过一些特殊的实质性和/或程序性规定，明确并特

---

① R. M. Warner, "Environmental assessments in the marine areas of the polar regions," in *Law of the Sea and Polar Regions: Interactions Between Global and Regional Regimes* eds. E. Molenaar, A. G. O. Elferink and D. R. Rothwell (Leiden, The Netherlands: Martinus Nijhoff Publishers, 2013), pp. 139-162.

别考虑与脆弱的北极环境相关的要素，同时加以适应是必要的。借助 BBNJ 环境影响评价以促进和协调综合保护措施，设置北极 BBNJ 环境影响评价的特殊规范，并明确生态系统方法和预防性方法在法律框架的适用，能够有效养护生物多样性。

在跨界问题方面，目前，由于外大陆架的争议，北极中央海洋生态系统与北冰洋中部公海部分并非完全匹配。北极国家管辖外海域的污染既有可能来自国家管辖外海域本身的活动，也有可能来源于其他主权国家的管辖范围以内的活动。这就要求养护北极 BBNJ 的有效方案必须能够在其所有生态相关区域内的所有相关活动中纳入其范围，而不论其管辖权分属不同国家。在适用范围和阈值方面，应当考虑北极 BBNJ 的脆弱性。例如，在不影响新的 BBNJ 协定中采用的一般规则的情况下，可以设置特殊条款对在北极国家管辖外海域中采取措施且可能造成特定污染的活动强制实施环境影响评价，或不完全严格依照划界来确定北极 BBNJ 环境影响评价的范围。因为北极生态系统受影响后恢复时间比其他区域慢得多，并且它们的完整性更容易受到不可逆转或仅在长时间内可逆变化的影响。

（三）其他方面的协调

1. 海洋遗传资源方面

目前，由于海洋技术的发展，人们在北极国家管辖外海域发现了众多商业价值巨大的海洋遗传资源。有关海洋遗传资源的问题，各国在 BBNJ 谈判中立场分明。目前，由于技术水平的差距，只有极少数国家和公司具备在国家管辖外海域进行生物勘探的能力。发达国家坚持公海自由原则，主张海洋遗传资源的获取应基于先到先得的原则，以期达成国家管辖外海域科学技术领域的垄断局面。而发展中国家则强调海洋遗传资源属于人类共同继承财产，发达国家应当与发展中国家一同分享由此产生的利益。而围绕具体的惠益分享方式，双方也是难以实现观点的统一。

由于北极存在大量独特而脆弱的生物，因此北极 BBNJ 海洋遗传资源的获取应当比其他地区更为严格。通过限定获取的方式，防止各个国家无限制的获取。当获取了某种生物样本或者遗传序列之后，获取国应当积极将其与世界各国分享基本信息，以减少其他国家对同一生物资源的再度获取。同时，北极海洋遗传资源的惠益分享应当考虑到北极原住民和当地社区的利益，其提供的相关传统知识可以作为得到惠益的对价；另外，针对北极遗传资源，有必要在全球信息共享机制中设置北极遗传资源专门的管理机构。

2. 能力建设与技术转让方面

能力建设与技术转让和海洋保护区在内的划区管理工具、海洋遗传资源惠益分享、环境影响评价三个议题紧密相关，因为这三个议题均包含了能力建设与技术转让的问题。[①] UNCLOS 第 266（2）条规定，各国应对在海洋科学和技术能力方面可能需要并要求技术援助的国家，特别是发展中国家，促进其海洋科学和技术能力的发展，以加速发展中国家的社会和经济发展。此外，UNCLOS 第 275（2）条规定，各国应支持建立国家海洋科学和技术研究中心，以便向可能需要并要求此种援助的国家提供先进的培训设施和必要的设备、技能和专门知识，以及技术专家。这强调了必须确定技术转让的必要性，并确保可以通过各种途径请求援助。由于许多欠发达国家即使有意愿实现 BBNJ 的养护与可持续利用，但是其欠缺相应的能力、技术、资金来履行本国的义务。因此，还应讨论能力建设与技术转让以什么样的形式来协助欠发达国家共同参与到 BBNJ 治理过程中。

北极能力建设与技术转让重点包括：①北极遗传资源信息的获取。信息获取与非货币性的遗传资源惠益分享制度的建立密切相关，可以在全球遗传资源惠益分享基因库中单独建立北极海洋信息科学数据库，专门记载北极 BBNJ 的相关信息；②区域性科学合作。对于增进对北极 BBNJ 的了解，国际合作是重要的途径。BBNJ 协定可以强化非北极国家科学家在北极科学研究活动中的参与；③科学交流。获取科学知识对技术转让与能力建设至关重要，全球 BBNJ 协定可以规定科学数据的收集与交换，设置详细的交换共享原则、标准、要求。北极 BBNJ 治理可以借助培训课程、讲习班、讲师交流，以及研究生教学计划等方式，支持发展中国家的研究。

四、协调治理模式下北极 BBNJ 治理的路径分析

在明确北极 BBNJ 协调治理的内容后，需要进一步考虑的是，如何通过区域一级，以及全球层面的良性互动，构建协调的机制，并使得协调机

① 郑苗壮：《国家管辖范围以外区域海洋生物多样性国际协定谈判与中国参与》，《环境保护》2020 年第 3 期，第 70－74 页。

制能够切实落实。

（一）全球框架下的规范进路

1. 设置特殊性条款

由于不同区域之间存在其特殊性，因此有必要在全球一般条款的基础上，考虑其特点，做出特殊安排，以实现区域的兼容性治理。但是首先应当建立一个确保一致性的中央机制，并在必要时制定全球性的指导方针、科学技术建议，而在各区域的特殊环境相关的部分保留差异。建立一个全面的总体全球框架有其重要性，该框架具有一些区域性的决策和实施，充分反映区域和次区域的特殊性，同时这些特殊性条款不应当降低现有的区域保护标准。在北极 BBNJ 的治理过程中，需要考虑北极独特的生态系统和复杂的地理环境，当适用划区管理工具、环境影响评价等管理工具时，可以按照前文所述设置特别规范，以强化 BBNJ 协定的适应性。

2. 建立行政性联络机构与科学合作机构

根据目前的谈判趋势，BBNJ 协定可能将设置缔约方大会作为最高决策机构，理事会作为执行机构，秘书处作为常设机构，三者共同构成 BBNJ 行政管理机制。BBNJ 的秘书处应当与北极理事会秘书处、IMO 秘书处等行政性机构进行定期联络，分享相关信息，通过签署备忘录、清单等方式开展合作。此外，秘书处之间可以通过互派观察员的方式强化交流。借助谅解备忘录，不同的组织之间可以明确双方进行协调合作的所有领域，指定要共享的信息，并力求在共同领域中统一方法，并为建立正式的磋商做准备。

为了有效进行划区管理工具识别、环境影响评价等事项，科学技术和信息的支撑起着重要的作用。因此，有必要设置专业的科学机构为 BBNJ 治理提供理论支持。科学技术委员会还需发挥与其他既有区域性、行业性机构之间进行科学信息交换的桥梁作用。例如，在海洋保护区的设立过程中，BBNJ 全球模式下设的科学委员会应当对现有制度下所采取的养护措施进行综合性评估，如果相关养护措施符合设立海洋保护区的标准，则可以通过某些程序予以承认。而对于养护措施不足的区域，科学委员会可以提供更加严格的养护措施建议。对于已经建立的海洋保护区，全球模式下应当将其纳入统一的监管系统，并进行定期的评估与监测。

3. 构建遵约机制

北极区域治理向来以软法治理为主，行动力显得不足。尽管软法在北极 BBNJ 的治理过程中能够发挥重要作用，但是 BBNJ 谈判的本质是通过一个有约束力的协定。而为了保障 BBNJ 协定的约束力，建立遵约机制，以强化缔约国的义务是必要的。遵约机制是针对环境问题的特点，在多边环境协定框架内，借助缔约方之间及缔约方与条约内设机构之间的合作，强化缔约方履约能力，以促进遵约，并处理不遵约的一种新型避免争端的履约保障程序和机制。[①] 未来，BBNJ 将可能设置理事会负责审查缔约方的遵约情况，并向缔约方大会提交建议或结论，供缔约方大会进行审议，并由缔约方大会做出最终决定。而秘书处则负责国家遵约报告的接收与交流等行政职能。在北极 BBNJ 治理过程中，若有一方发现任何缔约国有不遵守 BBNJ 协定的时候，可以向其发出通知，要求其改正，或者双方进行协商。若协商无果，则可以向 BBNJ 秘书处提交遵约机制审查的启动申请。若其确实损害了 BBNJ 的养护，则宜针对其采取软法性惩罚，要求其及时制止违约行为，并采取预防性措施防止损害发生。

（二）区域能力的强化

1. 发挥北极理事会工作组的信息支撑作用

北极理事会下设六个工作组，其在海洋保护区和环境影响评价等方面都做出了许多有重要意义的前期努力。其所搜集的北极生物多样性的信息和知识，能够成为讨论北极 BBNJ 治理的有效出发点。以北极理事会的工作组的前期努力为基础推进北极海域治理已有先例。以北极重油规制为例，PAME 于 2009 年针对使用重油进行了风险评价工作。2017 年，PAME 对北极重油的使用和运载进行实质性的讨论，并将诸多重油相关项目的工作信息报告给 IMO，最后将决策与监督执行的权力过渡给 IMO，并由 IMO 进行行业立法以实现北极重油的法律规制。[②] 由此形成了北极理事会工作组作为信息支撑力量，并与其他机构配合实现北极环境治理的协调模式。该模式值得北极 BBNJ 治理的借鉴。如前所述，PAME 建立的泛北极海洋保护区网络将为保护网的范围扩展到北极国家管辖外海域奠定基础。未来 BBNJ 协定的各方决定考虑为部分或全部北冰洋中部设立划区管理工具，

① 王勇、孟令浩：《论 BBNJ 协定中公海保护区宜采取全球管理模式》，《太平洋学报》2019 年第 5 期，第 1－15 页。

② 韩佳霖、姜斌：《北极治理视角下的对北极水域营运的船舶实施重油禁令的探讨》，《中国海事》2018 年第 7 期，第 56－58 页。

或在北极进行环境影响评价，在采取这些措施之前，无论是进行科学性评价，或者进行联合监测，都无法忽视北极理事会工作组的参与和其做出的前期贡献。

2. 强化北极理事会与相关机构的协调治理

区域机构与行业性机构间的协调是强化区域能力建设的一个重要方法。区域、行业性机构之间的密切合作能够实现机构之间的协同作用，并触发其他组织的补充行动，例如，在东北大西洋渔业委员会和《保护东北大西洋海洋环境公约》的合作过程中，双方就分别采取识别和建立渔业管控区的措施，并在大西洋国家管辖外海域中设立海洋保护区进行生物多样性保护。[①] 此外，借助其他行业性机构的优势将促进区域性组织能力的强化。在北极海域进行大范围的监视和执行相关措施需要充分利用现代技术，包括使用相关区域的卫星，借助船舶的声呐、雷达等。IMO 借助卫星监测船舶活动获得不断的进展，且其为改善海洋传感技术做出了诸多努力，包括应对寒冷的极地气候。借助集成的北极海域船舶数据系统，有利于发展符合生态系统方法的措施，使得北极航运安全性和生物多样性共同受益。在收集数据信息时，北极理事会有必要充分利用行业性机构，与 IMO 等一同收集更为广泛的北极数据信息，降低环境的风险。确保北极理事会与周边涉及北极治理的组织之间的跨机构合作，有利于 BBNJ 的养护和可持续利用。区域性机构与行业性机构也可以采用观察员相互参会或秘书处之间的定期交流、相互报告和通知主管当局的活动、设立共同的科学或技术咨询机构等措施加强互动，并构建持续性常态化的互动机制。

3. 明确北极国家及原住民的权利义务

尽管北极外大陆架划界存在争议，但是海水与生物的流动并不因为界限尚不明朗便停滞不动。北极国家管辖外海域的治理与北极国家管辖范围内的海域治理应当在生态系统的方法基础上，视为一个整体进行看待。在北极 BBNJ 治理过程中，北极国家的合作对于促进生物与生态的养护管理十分重要。然而目前，面对解决北极 BBNJ 治理问题的机遇，却受到北极国家很大程度的抵制。北极国家应该考虑兼容性治理，向跨越管辖区迈出

① Unger, Sebastian, "The regional approach to the conservation and sustainable use of marine biodiversity in areas beyond national jurisdiction," *Marine Policy* 49. no. 4 (2014): 109-117.

步伐。无论其所处海域界限范围如何，相关的养护措施应当被视为整体而覆盖于北极相关的生态区域。因此，在划区管理工具中，尽管要求“适当顾及”沿海国的权力义务，但各国在国家管辖外海域应当享有同样的权利，履行同样的义务。沿海国没有对海洋保护区是否设立的一票否决权。UNCLOS 规定的“适当顾及”规则是处理毗邻沿海国和在国家管辖外海域开展活动的国家之间关系的一般标准。BBNJ 国际协定应根据“适当顾及”规则来处理其所规定措施与毗邻沿海国所规定措施之间的兼容问题，毗邻沿海国与其他缔约国具有同等地位。同时，在环境影响评价方面，当发生在北极国家管辖外海域的活动可能对沿海国管辖海域产生重大环境影响时，可在环境影响评价发起阶段听取受影响沿海国意见，请其参与评论并提出建议，但是决策应由对拟议活动拥有管辖权的缔约国做出。

北极 BBNJ 的治理还需要促进北极原住民有意义的参与。在 BBNJ 谈判中，原住民对海洋的了解、物质参与和文化联系受到了极大关注。原住民在 BBNJ 谈判和未来的发展中无疑扮演着重要角色。以生态系统为基础的治理模式中，必须考虑北极原住民的作用。例如，在北极的划区管理工具的识别、监测的过程中，应当给予北极原住民参与识别保护区程序、参与保护区监测活动的权利。同样，在环境影响评价公众参与制度方面，需要确保北极原住民参加听证等权利。在海洋遗传资源方面，传统的和地方性知识的作用能够帮助科学机构获得和强化更多有关北冰洋中部国家管辖外海域的生物知识。

（三）中国参与北极 BBNJ 协调治理的策略展望

对于北极生物多样性的治理而言，BBNJ 协定谈判的发展是一个需要把握的机遇。中国在北极 BBNJ 的治理过程中，有必要维护我国的海洋权益，并深入北极合作，为实现全球谈判与既有机制间的良性互动贡献中国方案。

1. 理念层面：海洋命运共同体的价值辐射

在应对全球性的挑战时，任何一个国家都无法独善其身，唯有秉持“命运共同体”的价值观，才能协同解决威胁全人类的挑战。海洋命运共同体理念确立的重要原则和认识对 BBNJ 谈判有重大的指导意义。“合则有利、斗则必伤”要求在 BBNJ 谈判过程中，应当反对谈判霸权主义，坚持和睦谈判、和平发展的海洋事务处理基准线；“利益交织，相互依存”指出海洋将全球连接在一起，全人类的利益交织，安危唇齿相依，一荣则荣，一损俱损；“维护底线，照顾关切”指出 BBNJ 谈判要兼顾各国海域的合理利益诉求，照顾各国、各个谈判集团的核心关切；“评估协商、互谅互让”明确各国谈判应当保持对彼此的尊重，积极沟通、平等协商，各国之间要有换位思考的能力，而非扬起“本国优先”的旗帜；“求同存异、共商共建”指出谈判意味着妥协与包容，在应对紧急重大问题方面，应当积极寻求立场的最大一致，尽可能搁置争议与分歧，协商推进海洋开发建设，公平分享成果。

2. 外交层面：全球文书谈判的话语权引领

尽管 BBNJ 政府间谈判会议已经召开三次，但在众多领域还存在显著分歧。在谈判的过程中，中国始终与 77 国集团同心共力，保持根本利益的一致，维系稳固的利益联盟。目前四大主题事项呈现失衡的情形，围绕海洋遗传资源、能力建设与技术转让等主题讨论仍旧处于“要不要”的争辩环节，而划区管理工具与环境影响评价围绕“怎么做”充分讨论。作为主席团之一的中国，应当防范部分国家刻意引导会议谈判走向，确保四大主题事项间的平衡。

除了正式会议，中国应当充分利用双边会议或者多边会议，以及民间学术交流与各国进行合作交流。例如，中国在 2018 年和 2019 年秋，均在厦门召开 BBNJ 养护与可持续利用的国际研讨会，[①] 多个国家的代表和专家学者参加会议，为政界和学界人员提供了交流互动的有效平台。借助非正式会议的磋商与交流，促进各方达成共识，巩固谈判利益联盟间的凝聚力，确保立场的一致性。

3. 国际合作层面：多元化合作的加强

第一，中国应当加强国家间的合作。首先，中国应强化与北极国家的合作。除了能源合作等传统合作方式，中国可以以北极科学考察为契机，推动“科学外交”，与北极国家开展多元化的合作。其次，中国应当加强与非北极国家的合作。中国、日本、韩国三国的北极政策具有相似性，在航道利用、北极科学考察、资源开发等方面存在诸多共同利益。通过联合

① 参见桂静，毕文璐：《BBNJ 国际立法学术研讨会在厦门召开》，2019 年 11 月 11 日，http：//www. oceanol. com/guoji/201911/11/c91035. html，访问日期：2020 年 4 月 1 日。

努力，三国之间能够集合各自优势，在双边或多边会议中发挥对北极地区更有效的影响力。中国还应当加强与欧洲联盟等国家的合作。欧洲联盟组成成员中，有众多北极理事会观察员，而较多国家在 BBNJ 谈判中与中国的立场存在较大分歧，如何在北极 BBNJ 治理中实现“求同存异”是中国与欧洲联盟国家的合作关键。

第二，中国应当强化与相关国际组织间的合作。尽管北极理事会观察员国并不能给予中国决策权，但是中国能通过参与工作组活动、项目提案等方式发挥间接影响力。此外，中国应当充分与其他行业性组织开展合作。除了北极理事会，越来越多的全球性组织在北极治理的过程中发挥重要作用。IMO 在北极航道方面进行管理，联合国粮食及农业组织对北极渔业进行规制，联合国环境规划署、政府间气候变化委员会对北极环境问题，以及气候变化进行规制。[①] 上述组织也是 BBNJ 谈判中的重要参与方。因此在全球性组织中，中国可以借助提高中国专家在科研团队中的比重、提高资金支持比例等方式，以积极的态势参与到相关规则的制定和相关事物的处理中，利用优势地位，提高在国际组织的影响力与话语权。

4. 实践层面：科学研究领域的能力建设

对于北极 BBNJ 治理而言，国际法起着框架性的作用，而具体的实施和操作，有赖于生物多样性技术领域的科技支持。在谈判过程中，掌握相关数据，以及科技信息的发言和提案，更具有话语权和说服力。

在北极 BBNJ 治理过程中，北极的生物资源和北极海域环境数据是推动具体制度实施的关键。生物资源方面，中国应当强化对北极生物多样性的科学研究，进一步完善自身科技水平，深入研究极地生物多样性保护，提高海洋资源勘探能力、采样能力，增加对破冰船和勘探、采样等设备的投入与研发，[②] 为中国利用北极生物多样性创造科技成果提供原料，激发海洋经济高质量、高速度发展。北极海域环境数据方面，无论是海洋保护区还是环境影响评价，海洋环境的相关数据，包括水质、生物数量、生物种类等指标均是重要的参考性数据。相关数据也将成为设定、监测海洋保

---

① 白佳玉：《北极多元治理下政府间国际组织的作用与中国参与》，《社会科学辑刊》2018 年第 5 期，第 120 - 127 页。

② 袁雪、廖宇程：《国家管辖范围外区域海洋遗传资源的获取和惠益分享：机制选择与中国方案》，《中国海洋大学学报》（社会科学版）2019 第 5 期，第 47 - 58 页。

护区的标准，以及判定工程是否通过环境影响评价的指标。因此，中国应当成立北极 BBNJ 科研的科学研究课题组，派遣专业的人员对北极海域进行取样分析，深度参与北极国家管辖外海域相关科学监测工作，进一步深入北极，对北极生物多样性进行科学考察。

五、结论

BBNJ 谈判是国际海洋法发展历程中的里程碑，其结果也将深刻改变北极地区的未来。北极是 BBNJ 协定规制的重要区域之一，强调“不损害”既有机制的 BBNJ 谈判必须考虑如何实现北极与全球层面的良性互动。BBNJ 治理的过程中也必定冲击一部分北极治理机制。以全球谈判背景为基础，辅之以区域支持，二者协调实现北极 BBNJ 的治理当属最优的选择。划区管理工具和环境影响评价等是养护北极 BBNJ 的重要综合性工具，是协调模式下的主要内容。协调模式下，全球层面应当就北极问题设置特殊性条款，同时基于秘书处和科学委员会，从行政事务和科学性事务方面强化与区域性、行业性机构的沟通，最后还应基于遵约机制保障 BBNJ 协定的约束力；区域层面应当强化工作组的信息支撑作用，同时增进北极理事会与其他机构的沟通协调能力，以及明确北极国家与原住民的权利义务，最终实现北极 BBNJ 的包容性、适应性治理。未来中国应当坚持“海洋命运共同体”的理念，为 BBNJ 谈判积极贡献中国智慧；以多元化合作入手，强化与各国的合作和自身在区域性组织、行业性组织中的参与感；同时应借助海洋生物多样性养护方面等多领域的国际合作，增进自身科学研究水平与综合能力，进而维护中国的海洋权益。

北极国际海底区域法律制度研究

袁瑞阳

摘　要：随着全球气候变暖、冰雪融化和科学技术的发展，北极国际海底区域矿产资源的勘探开发逐步成为可能。在平衡北极资源开发与环境保护这一矛盾上，需要在立法、组织机构、制度保障等各个方面进行协同处理，以实现北极资源的可持续开发。目前针对北极国际海底区域资源勘探开发的立法主要包括《联合国海洋法公约》、国际海底管理局制定的三种矿物相关的探矿与勘探规章，以及正在制定的《开采规章》。但目前《开采规章》（草案）仍然存在环保标准、监督措施、处罚和制裁措施不完善的缺陷，且在北冰洋等特殊海域未制定严格标准，需要在《开采规章》中予以考虑。本文综合了现有的北极国际海底区域相关国际法律文件，结合我国《深海法》，探讨了我国参与北极国际海底区域资源勘探开发的法律路径。

关键词：北极；国际海底区域；外大陆架划界；环境影响评价；担保国责任

Research on the Legal System of the Arctic International Seabed Area

Ruan Ruiyang

Abstract: With the global warming, the melting of snow and ice and the development of science and technology, the exploration and exploitation of mineral resources in the Arctic international seabed area has gradually become possible. In order to balance the contradiction between the exploitation of arctic resources and environmental protection, it is necessary to deal with it in a coordinated way in various aspects such as legislation, organizational institutions and institutional guarantee, so as to realize the sustainable development of Arctic resources. At present, the legislation on the exploration and exploitation of resources in the arctic international seabed area mainly includes the *United Nations Convention on the Law of the Sea*, the regulations on exploration and exploration related to three kinds of minerals formulated by the International Seabed Authority, and the *regulations on exploitation* being formulated. However, at present, there are still defects in the *Draft Regulations on Mining*, such as imperfect environmental protection standards, supervision measures, penalties and sanctions, and no strict standards have been formulated in special waters such as the Arctic Ocean, which need to be considered in the *Regulations on Mining*. Based on the existing international legal documents concerning the arctic international seabed area and the *Deep Sea Law of China*, this paper discusses the legal path for China to participate in the exploration and development of the resources in the Arctic international seabed area.

Key words: Arctic; International seabed area; delimitation of the outer continental shelf; environmental impact assessment; liability of guarantor country

北极具有特殊的地理位置。地理上的北极通常指北极圈以北的陆地和海域，总面积约 2 100 万平方千米。北极事务没有统一适用的单一国际条约，它由国际条约和一般国际法予以规范。国际海底区域是指国家管辖范围以外的海床和洋底及其底土。北极地区正在成为世界关注的区域，北极国际海底区域富含大量的矿物资源，是北极“资源竞赛”中的重要组成。北冰洋的固体矿产具有巨大的探矿和开发潜力。随着全球气候变暖，北冰洋矿产勘探开发的条件和投资环境得到转变，北极航道通航制度的相对完善，同时在冰冻期的运输技术问题的解决，使得大宗矿产的运输逐步成为现实，并且还促进了北极国际海底区域资源的勘探与开发。

随着《开采规章》制定工作的开展，目前国际海底区域资源勘探开发也逐步进入到商业开发阶段，这所带来的不仅是制度上的更新，也带来了责任上新的分配。北极国际海底区域资源的勘探和开发工作相较于其他海域还相对滞后，因此需要制定更为严格的环境标准以适应北极特殊的环境特征。中国作为近北极国家，同时也是北极理事会观察员国之一，拥有丰富的“区域”资源勘探开发经验，也应该承担起对北极国际海底区域相关制度的完善的国际责任。与此同时也为我国国内立法的完善提供经验。

一、北极国际海底区域法律制度概述

（一）国际海底区域

20 世纪中期，技术的进步使得海底资源的开采几乎可行，许多国家开始将国际海底区域视为国际共有资源可开发区域，发展中国家认为为了公平，这些矿物不应该被发达国家专享，海底采矿的利益应归所有国家共享。监管深海海底采矿的问题首先被马耳他大使 Pardo 在 1967 年 11 月 1 日的联合国大会第一委员会发表的演讲中提出，同时马耳他代表团提议建立相关机构来管理“区域”资源。为回应这一演讲，联合国大会同意建立一个和平利用海底的委员会。委员会的相关工作也促使 1970 年的《深海海底原则宣言》的通过，其中，经各国同意，国家管辖外的海底矿产资源被确定为“人类共同继承财产”。[①]

有关国际海底区域（以下简称“区域”）制度的谈判过程曲折，在第三次联合国海洋法会议的讨论中，各方关于深海海底采矿议题的分歧很大，不过经过进一步的谈判，《联合国海洋法公约》（UNCLOS）于 1994 年正式生效，公约第十一部分中规定的深海海底国际制度得到实质性修改。UNCLOS 还建立了一个机制，从国家管辖范围内的大陆架划定来划定“区域”，设立了独立的大陆架界限委员会（CLCS）。UNCLOS 与 1994 年通过的《关于执行 1982 年 12 月 10 日〈联合国海洋法公约〉第十一部分的协定》（以下简称《执行协定》），为今天的国际海底区域的管理提供了框架。

“区域”制度由建立在该公约基础上的国际海底管理局（ISA）进行监督管理。“‘区域’资源”包括了海底区域下的固体、液体和气体资源；[②]“‘区域’活动”为“勘探和开采”区域资源的所有活动，包括探矿、勘

---

① 参见王翰灵：《国际海洋法发展的趋向——纪念我国批准〈联合国海洋法公约〉十周年》，2006 年 5 月 30 日，http://www.iolaw.org.cn/showArticle.aspx?id=1850，访问日期：2018 年 12 月 21 日。

② 参见《联合国海洋法公约》第 133 条第 a 项：“‘资源’是指‘区域’内在海床及其下原来位置的一切固体、液体或气体矿物资源，其中包括多金属结核。”

探和商业开发。[①] 依据 UNCLOS 第 136 条之规定，无论发展中国家还是发达国家，“区域”资源由全人类共享，该项规定也被称为“人类共同继承财产原则”。根据 UNCLOS 第十一部分的相关规定，ISA 到目前为止已经建立了“区域”资源相关的探矿和勘探法规。为贯彻“人类共同继承财产”这一原则，UNCLOS 规定了“区域”资源不专属于任何国家和个人。对“区域”资源主张或行使主权和主权权利的，或将资源占为己有的行为，均得不到承认。[②]

UNCLOS 第十一部分规定了 ISA 的权利，以及在“区域”内开展活动的国家和其他行为者的权利和义务，但并没有涵盖国际海底区域管理所有方面的全面的法律法规。ISA 的一项主要职能是制定详细的规则和条例，以填补 ISA 留下的框架中的空白与不足。

当前国际社会对矿物和金属的需求不断增加，开采技术水平的不断提升，致使国际社会对海底矿产资源的活动日益频繁。“区域”中资源丰富，包括热液喷口周围的海底大型（多金属）硫化物、洋脊侧翼上的富钴结壳（CRC），以及深海平原上的锰（多金属）结核。除矿产资源外，还可以从大陆坡和天然气水合物中提取甲烷。但在“区域”活动中，都需要与实际海洋环境相结合，当前海底采矿所确定的许多区域已被公认属于脆弱海洋生态系统（VME）。自 1982 年以来，ISA 发布了 27 份矿产勘探合同，总面积超过 140 万平方千米，并在现阶段继续负责商业采矿规则的制定。与此同时，一些海底商业开采作业已经在一些国家的大陆架区域内进行，大部分处于相对较浅的深度，而其他一些未能开采的区域处于规划的后期阶段。

（二）北极“区域”的特殊性

1. 北极“区域”生态脆弱性

北极是一个脆弱性和自我修复与调节能力欠缺的统一的区域生态系统，其生态系统和生态平衡都容易遭到破坏。北极生物多样性独特地适应极端气候和季节变化。事实上，根据北极理事会最新北极海洋运输评估，

① 参见《联合国海洋法公约》第 1 条第 1 款第 3 项：“‘区域内活动’是指勘探和开发‘区域’资源的一切活动。”

② 同上书，第 137 条。

北极环境是一个具有高度生态意义的地区。[①] 北极地区已经在世界其他地区扩大了其气候变化的作用，北极地区的变暖速度是全世界平均变暖速度的两倍，这对北极地区的生态系统、大气、海洋、海冰、冰盖、积雪、永冻土，当地的物种种类和数量、食物链，以及人类社会都产生了影响。气候变化对夏季冰层和海洋温度，以及洋流模式的影响正在改变该地区的一些生态特征，从而对依赖冰的物种构成生存威胁。同时冰层融化将造成海平面上升，而不易分解的有机污染物长久存在于环境中，无法通过海洋的自净能力得到消解。[②]

由于全球气候的变暖与紫外线的增强，北极地区的生物物种发生了变化。夏季较高的温度会增加植物的数量，相关植物群落与无脊椎动物生存的环境受到影响。冰雪的消融，改变了北极的生态系统，不仅体现在温度的变化上，也体现在植被的变化上，这种变化会对整体生物链造成不可逆转的影响。北极生物生长期缓慢，外部生物的涌入可能破坏其生物链，影响能量交换，从而改变未来北极生态系统的功能。[③]

2. 北极“区域”勘探开发各国立法要求

当前北极沿岸国对北极矿产资源的探矿与勘探进行了很大的投入，且都制定了相应的政策以便在之后的开发活动中能获取最大利益。

俄罗斯对于本国内的矿产资源的勘探实行许可证制度，而对于非联邦意义的矿床，则在北极综合许可证制度之下同时优先进行高级勘探和生产活动，以及地质研究工作。规定了矿产资源的开发和生产，必须实行平衡开发制度，保证自然生态与开发活动的平衡，对开采活动造成的损害实行经济补偿，同时也实行先行审查制，以及对环境实行严格监测制度，由国家对整体环境进行管理。[④]

美国阿拉斯加勘探矿产资源，同样实行先行审查制，对承包商在工作开展前的计划进行审查，重点关注项目与环境的协调，实行可持续资源开发和利用。在勘探计划中，依照政府要求承包商必须描述矿床存在的确定价值、勘探方法和方式相关运作的可行性、勘探开发活动环境风险等。在

① AMAP, CAFF, SDWG, “Identification of Arctic Marine Areas of Heightened Ecological and Cultural Significance: Arctic Marine Shipping Assessment (AMSA) IIc, 2013,” accessed January 3, 2019, https://digital. library. unt. edu/ark: /67531/metadc950197/m2/1/high _ res _ d/1548. pdf.

② 杨凡：《北极生态保护法律研究》，博士学位论文，中国海洋大学，2010，第6页。

③ 姚慧贤：《北极生态环境保护法律制度研究》，硕士学位论文，南昌大学，2012，第25页。

④ A. Sergunin, V. Konyshev, “Russia's Arctic Strategy,” *Springer* (2018): 139-144.

勘探计划获得批准前，不得进行勘探活动。①

与其他国家相比，挪威的采矿业相对落后。面对采矿业所带来的社会责任，挪威采矿行业采用环境管理计划和自愿环境报告来满足社会责任和国家需求。挪威政府对矿产资源的开采提出了“可持续采矿”和“绿色采矿”两项原则，② 但现实情况是个别承包商的开采活动具有可持续性，总体行业距离原则、目标还相差甚远。

其他国家对采矿都规定有一定标准，且在深海采矿业也有较为完善的规定。北极地区属于全球“富矿区”，矿产资源勘探开发潜力巨大。北极国家以发达国家为主，同时作为老牌的工业化国家，矿业的管理体制十分健全，同时也具有进行“区域”开发的先进经验与技术。北极深海矿产的勘探开发对于技术需求要求很大，我国可以在此项活动中积极参与，进行北极国际科学合作，为我国参与北极事务开拓路径。

（三）北极“区域”划定

UNCLOS 对“区域”进行了概念性界定，第 1 条第 1 款第（1）项：“‘区域’是指国家管辖范围以外的海床和洋底及其底土。”北极地区正在成为世界关注的区域，北极的资源竞赛日益激烈。同时，北极国际海底区域富含大量的矿物资源，也是北极资源竞赛中的重要组成。北极国际海底区域面临的首要问题是北极地区大陆架划界问题。③

1.《联合国海洋法公约》对外大陆架的规定

UNCLOS 在第六部分专门就大陆架进行了规定，即沿海国大陆架包括其领海以外的所有自然延伸，其范围就取决于其陆地领土与洋底海床的关系。④ 沿海国大陆架的构成主要强调“自然延伸原则”。对于外大陆架的规范，主要是针对超过规定范围内但在国际上仍被承认为大陆架的范围，与大陆架一样，外大陆架仅包括海床与底土而不包含上覆水域。

---

① “Alaska Department of Natural Resources. Division of Mining, Land & Water. State of Alaska Mining Statutes and Regulations,” accessed January 3, 2019, http: //dnr. alaska. gov/mlw/mining/MiningStatute and Regulation Book. pdf.

② Sander Goes and Berit Skorstad, “Legitimizing Business?: Environmental Awareness in the Norwegian Mining Industry,” in *The Will to Drill-Mining in Arctic Communites* eds. Brigt Dale Ingrid Bay-Larsen Berit Skorstad, (Switzerland: Springer Polar Sciences, 2018), pp. 61-80.

③ 章成：《北极大陆架划界的法律与政治进程评述》，《国际论坛》2017 年第 3 期，第 32－38 页。

④ 参见《联合国海洋法公约》第 76 条：“沿海国的大陆架包括其领海以外依其陆地领土的全部自然延伸，扩展到大陆边外缘的海底区域的海床和底土，如果从测算领海宽度的基线量起到大陆边的外缘的距离不到 200 n mile，则扩展到 200 n mile 的距离。”

UNCLOS 第 76 条对外大陆架划界进行了相应的规定。在大陆边距离领海宽度基准线超过 200 n mile 的，划定大陆架外缘的方式变成可以选择的状态：①分界线由最外侧的固定点确定，每个固定点的沉积岩厚度至少是从大陆坡的点到坡脚的最短距离的 1%；②大陆坡的固定点不超过 60 n mile。在没有相反证据的情况下，大坡脚应确定为大陆坡坡度变化的最大点。在计算大陆架区域时，沿海国大陆架测量领海宽度基线超过 200 n mile 的，标有纬度和经度坐标的点应连接起来绘制每条不超过 60 n mile的直线以划定其大陆架的外部界限。在进行大陆架划定时，需要以大陆边各定点为基准做直线，在距离领海基线小于等于 350 n mile 与在等深线 2 500 n mile 各定点连接线做选择，上述定点需提交具体坐标。

2. 大陆架界限委员会的技术规定

UNCLOS 所创设的 200 n mile 专属经济区制度在北极沿岸国家中积极推行，扩大北极国家在北极海域的管辖面积，这也导致各国对于海洋划界方面的冲突。《大陆架界限委员会科学和技术准则》第 2 条第 3 款对此做出了详细规范。各国在划定外大陆架范围时选用两种方式的任一种，以实现自身最大的外大陆架划界的范围。

CLCS 对 UNCLOS 第 76 条做出解释，大陆架的界限可以延伸到固定点以沉积厚度的 1% 所绘制的线，或延伸到固定点在距离脚底 60 n mile 的距离处所绘制的线。外大陆架的申请必须提交 CLCS 进行审查，在委员会建议下对该申请进行建议，这些建议具有权威性。① 除此之外，在划定大陆架界限时，还需遵循 UNCLOS 第 76 条之规则。

在满足上述规则后，就可以划定扩展大陆架外部界限，做法分为三步走：

（1）根据正向规则计算两个界限直线，即领海基线和 200 n mile 大陆架界线，以形成外部包络线或公共线。

（2）根据反向规则计算出外大陆架界线，然后用该界线形成外部包络线或约束线。

（3）根据上述公共线和约束线的内部包络区域确定外大陆架的范围。

---

① 参见《联合国海洋法公约》第 76 条第 8 款，《大陆架界限委员会科学和技术准则》第 2.2.9条。

目前国际社会就外大陆架划界问题存在着“管辖权黑洞”（Jurisdictional Black Hole）的问题，“海洋划界方法论”愈发不适应当前国际社会的需求。① 因此，我国需要平衡好外大陆架和国际海底区域之间的界限问题，尊重北极国家外大陆架划界的申请，积极与北极各国进行科学合作，同时也要探寻我国在北极国际海底区域的可得利益。

二、北极海底区域资源勘探开发法律规制现状

（一）《联合国海洋法公约》与《执行协定》在北极“区域”的适用

北极“区域”与其他海域的“区域”并无差别，缔约国和承包商必须按照 UNCLOS 及相关法规的规定进行北极地区的矿产勘探和开采活动。与其他海洋一样，北冰洋及其水域受 UNCLOS 和 1994 年《执行协定》的约束。

1.《联合国海洋法公约》第十一部分的规定

根据 UNCLOS 第 133 条，“资源”一词仅限于“海底或海底区域内的固体、液态和气态矿物资源”。“‘区域’内的活动”一词在 UNCLOS 第 1 条第 3 款中也被定义为对“区域”资源进行勘探和开采的所有活动。同时，规定了管理局是一个具有明确界定和有限权力及职能的国际组织，除了在许可和批准方面管理深海海底矿物的勘探和开采，UNCLOS 还赋予 ISA 管理的责任和义务，包括在海洋科学知识积累的基础上进行海洋研究（UNCLOS 第 143 条），取得和转让与“区域”活动有关的技术和科学知识（UNCLOS 第 144 和 273 条），以及 200 n mile 外大陆架的收入分配（UNCLOS 第 82 条第 4 款）。

除了有关海底活动之外，UNCLOS 的 139 条还规定了“确保遵守本公约的义务和损害赔偿责任”，指出遵守该条约的主体包括缔约国、国有企业、具有缔约国国籍的自然人或法人，并适用于国际组织在“区域”内的活动。其中对担保国责任②进行了规定，并将这种责任限定连带责任。依

① 张华：《国际海洋划界裁判中的“司法能动主义”——以 200 海里外大陆架划界问题为例》，《外交评论》2019 年第 1 期，第 135－156 页。

② 参见《联合国海洋法公约》第 139 条第 2 款：“在不妨害国际法规则和附件三第二十二条的情形下，缔约国或国际组织应对由于其没有本部分规定的义务而造成的损害负有赔偿责任。”

照该规定，担保国责任的性质属于未履行担保国自身义务而承担的责任。[①] 根据国际海底管理局通过的法规，“区域”开发承包者有义务遵守UNCLOS、法规和合同规定的义务。因此，担保国有义务确保承包商遵守上述义务，这项义务与承包商的义务有关，但义务主体不同。从 UNCLOS 第 139 条第 1 款及其附件三第 4 条第 4 款可以看出，担保国对于其担保的承包者承担了确保其遵守 UNCLOS 和承包合同的义务。为履行这一义务，担保国应采取适当、必要及合理的措施，具体而言，担保国应制定法律规章和采取行政措施来履行担保义务。

根据 UNCLOS 第 140 条，必须为整个人类的利益而进行“区域”活动，并根据 UNCLOS 第 153 条第 3 款的规定，经法律和技术委员会审查并以合同形式起草，“区域”活动按照理事会批准的正式书面工作计划进行。鉴于北冰洋的特殊地理构造，“区域”内的任何此类活动都可能需要按照 UNCLOS 第 142 条进行，这要求适当考虑到所有沿海地区的权利和合法利益。在资源所载区域的国家，ISA 须提供协商和事先同意的制度。

2. 《执行协定》对《联合国海洋法公约》的补充

《执行协定》[②] 对 UNCLOS 做出了有效补充，并于 1994 年生效。《执行协定》在附件二第 1 节对缔约国的费用与体制安排做出规定，明确了 ISA 在管理海底探矿活动的首要地位，规范了 ISA 运行程序，同时规定了理事会在审议勘探工作计划时须先由法律和技术委员会进行审查并做出建议，对申请进行分段处理。在批准工作计划时，重点是需要对拟议活动的环境影响进行评价，并对海洋学和基线环境研究计划进行说明。《执行协定》还明确了企业部的职责（附件二第 2 节），规定了企业部的职责包括检测和审查海底采矿活动方面的趋势和发展、评估“区域”内科研成果、评估探矿与勘探的数据、技术发展情况、保留区的资料与数据、联合企业经营的各种做法、人力资源资料，以及可供选择的管理政策等。

在《执行协定》后续条款中分别对决策（附件二第 3 节）、审查会议（附件二第 4 节）、技术转让（附件二第 5 节）、生产政策（附件二第 6 节）、经济援助（附件二第 7 节）、合同的财政条款（附件二第 8 节）、财务委员会（附件二第 9 节）做了相应规定。在技术转让中规定了在企业部

---

① 张辉：《论国际海底区域开发担保国责任制度》，《人民论坛·学术前沿》2017 年第 18 期，第 44－51 页。

② 参见《关于执行 1982 年 12 月 10 日〈联合国海洋法公约〉第十一部分的协定》。

或发展中国家无法获得深海采矿技术的情况下，管理局可邀请一个或多个赞助国和所有或任何承包商进行合作，以便能够在公平合理的商业条件下获得技术并有效保护知识产权。生产政策明确了“区域”资源的商业开发原则，并对争议解决措施进行了规定。经济援助的对象是发展中国家，特别是由于受到矿物价格或矿物出口而导致出口量下降、收入或经济受到严重不利影响的发展中国家，而这种影响或出口量的减少仅限于“区域”内的活动。

（二）国际海底管理局探矿与勘探规章的适用

ISA 有权制定相关规章和条例。ISA 有权采用公平分享“区域”内活动所产生的财政和其他经济利益的标准，并按照 UNCLOS 的规定共享利益。[①] ISA 还享有制定并通过适用于“区域”内第三方行为的法规，对“区域”资源的勘探开发进行细化管理，其内容包含了预防和控制污染[②]、保护自然资源[③]、保护人类生命安全[④]，以及为在“区域”内开展采矿活动进行的安装安置或拆除设施的活动[⑤]。具体包括《“区域”内多金属结核探矿规章》《“区域”内多金属硫化物探矿和勘探规章》和《“区域”内富钴铁锰结壳探矿和勘探规章》。

1. “区域”内活动的性质和范围

探矿即对确定值得商业勘探和开采的“区域”的非垄断性探索，不必经过 ISA 的批准即可开展工作，但须注意环境的保护。探矿并没有要求授权，但是任何探矿者都必须告知管理局其意图，提供书面承诺，并表明将遵守有关规章、制度和程序。该程序允许 ISA 监督“区域”内的探矿工作，并确保勘探不得以可能损害其他承包商或海洋环境的方式进行。[⑥]

承包者可以对“区域”内的海底资源进行勘探。勘探的对象限于矿产资源，这些矿产资源主要分布于海床、洋底，主要以结核、结壳为主。只要没有预先存在的勘探或采矿合同，就可以在“区域”的任何部分进行勘探。[⑦] 鉴于勘探不包含专有权，因此勘探可在同一地区或多个地区由多个

① 参见《联合国海洋法公约》第 82（4）条。
② 同上书，第 145 条、209 条、214 条。
③ 同上。
④ 同上书，第 146 条。
⑤ 同上书，第 147 条。
⑥ 参见《“区域”内多金属硫化物探矿与勘探规章》第 4 条第 3 款。
⑦ 参见《联合国海洋法公约》附件三，第 2 条。

探矿者同时进行。[1]

探矿与勘探活动的最后阶段称为开发，而开发主要分为勘探阶段的开发与商业开采阶段的开发，都以商业为目的对“区域”资源进行整合而成为商品的资源开采。[2] 开发活动主要包括：钻探、疏浚、挖掘；处置、倾倒和排放沉积物、废物或其他污水；与这些活动有关的设施、管道和其他设备的建造及运营或维护。[3] 这是商业生产开始的阶段。承包者可以使用多种技术将矿物质带到地面，最常见的方法是将矿物与海床分离，并通过泵送机将其运输到地面。来自海床的沉积物将被放置在处理船上，其多余的水将被消除。这些矿物从处理船转运至货船、从货船运输至岸上之前做进一步的处理。ISA 负责管理海底和地面的所有相关活动，直至资源转移到陆地。

2. 承包者的类型

企业部是 ISA 的一个机构，可以代表国际社会直接开展采矿活动，但是根据《执行协定》，除非企业部门开始独立运作。ISA 秘书处将独立履行其业务职能，企业部的职能可能会被削弱。[4] 企业部的职能最初仅限于监测海底采矿的趋势和整理海底相关信息。第十一部分还规定企业部应通过合资企业形式进行初期深海海底采矿作业，[5] ISA 必须在收到企业部的运作申请时做出决定，要求企业部与商业运营商合资，且该决定必须以“合理的商业原则”为基础。然而事实上，成员国授权企业部自主运作概率很小，而第十一部分也取消了缔约国为企业部的矿区提供资金的义务。[6] 如果企业部确实开始运作，第十一部分的规定使其不具有超过其他承包商的任何商业优势，并且受同一监管框架的约束，会使其在运作的成本增加。

UNCLOS 规定，缔约国可以直接申请在“区域”内开展活动，中国、俄罗斯、韩国和印度等国家已获得此类授权。也有许多国家选择通过国有企业进行海底活动。这也是目前最大的承包者类别。UNCLOS 中没有关于

---

① 参见《联合国海洋法公约》附件三，第 2（2）条。

② 参见《“区域”内多金属硫化物探矿与勘探规章》第 1 条第 3（a）款：“‘区域’内为商业目的回收矿产资源，包括建造和提供生产和销售矿物只用的采矿和加工系统。”

③ D. Freestone, “Responsibilities and Obligations of States Sponsoring Persons and Entities with Respect to Activities in the Area,” *The American Journal of International Law* 105, no. 4 (201): 755-760.

④ 参见《关于执行 1982 年 12 月 10 日〈联合国海洋法公约〉第十一部分的协定》，第二节第一条。

⑤ 同上书，第二节第二条。

⑥ 同上书，第二节第三条。

国有企业的定义，但国有企业的共同特征是其由缔约国拥有和控制。根据筹备委员会的商定和安排，其中一些实体机构能够有资格成为先驱投资者，即国际海洋金属联合组织，包括中国海洋矿产资源研究与开发协会、深海资源开发有限公司和法国国家石油开发研究所等，以便寻求与 ISA 签订更多“区域”勘探开发合同。此外还有一类实体是“拥有缔约国国籍或由其或其国民有效控制的自然人或法人”，① 此类别包括私营企业或公私合营企业。所有私营企业申请必须附有由其所在国家签发的赞助证书，或由其国民有效控制的证明。② 如果是公私合营，则只能提供赞助证书。

3. 批准程序

承包商必须根据适用法规中的条件向 ISA 提交申请，以批准勘探工作计划。法律和技术委员会对申请进行审定，委员会在非公开会议上审议此类申请，邀请申请代表参与，允许申请代表解释某些技术性问题。委员会向理事会报告，后者对批准工作计划拥有最终决定权，但也受到《执行协定》第十一部分规定的限制。因此，除非参会表决代表不足规定人数，否则理事会应同意委员会批准工作计划的建议。但现实情况是，决策程序使得理事会难以推翻委员会提出的建议。此外，第十一部分规定要求理事会在一定时间内做出决定，从而阻止理事会推迟申请。③

4. 平行开发制度与保留区

UNCLOS 特别设计了平行开发制度。根据这一制度，申请者需要对足够面积的区域进行申请，以维持两次采矿作业，一次由承包商进行，另一次由 ISA 自己保留。④ 根据第十一部分规定，企业部的首次深海海底采矿应“通过合资企业”的形式进行。⑤ 此外，承包商还需“向管理局提供特定区域”作为保留区域，承包商有权优先与企业进行合资以勘探开发该“区域”资源。UNCLOS 附件三第 9 条第 4 款允许任何发展中国家缔约国或该国所担保并受该国或受具有申请资格的另一发展中国家缔约国有效控制

---

① 参见《联合国海洋法公约》第 153 条（2）（b）。

② 参见《“区域”内多金属结核探矿规章》第 11（1）条，《“区域”内多金属硫化物探矿和勘探规章》第 11（1）条。

③ 参见《联合国海洋法公约》附件三第 8 条；《关于执行 1982 年 12 月 10 日〈联合国海洋法公约〉第十一部分的协定》附件第一节第 10 条。

④ 同上。

⑤ 参见《关于执行 1982 年 12 月 10 日〈联合国海洋法公约〉第十一部分的协定》附件第二节第 2 条。

的任何自然人或法人，或上述各类的任何组织，由他们提交有关保留区的工作计划。此类通知将转发给企业部，企业部必须表明是否打算在该特定保留区域内开展活动。[①] 企业部有六个月的时间来做出决定。到目前为止，已有三项与保留区有关的申请，分别由发展中国家或受发展中国家控制的采矿公司提出。

平行开发制度作为发达国家与发展中国家之间的折中方案，而批准 UNCLOS 的大多是发展中国家，面对国际海底区域管理的高昂费用显得疲软，最为关键的是，在技术转让[②]不能很好地实现的情况下，在技术层面上无法做到发达国家与发展中国家的平等。

发达国家对平行开发制度很抵触。首先，面对分摊费用、技术转让和烦琐的审查程序，发达国家大多以国内法形式进行规范，以保证自身最大权益。例如，美国 1980 年通过的《深海底固体矿产资源法》[③]。其次在于未通过 UNCLOS 意味着可以沿用国内立法、与其他国家缔结的条约进行资源的勘探开发，从而最大限度地实现自身利益。

环境保障能力较低。投入"区域"成本高、难度大，往往导致发展中国家私人企业难以进入国际海底区域进行资源的勘探开发，并且一旦进入到开发阶段很容易造成海洋环境的损害。对于发展中国家来说，更多情况是以国家为主体进行勘探开发，这对于技术的要求过高而对私人主体的积极性下降，从而实现商业开采相对困难。

5. 股份制

自 ISA 成立以来监管制度的发展也产生了另一种国际社会深海海底采矿利益的模式，即股份制，所获收益也将参与分配。硫化物和结壳矿藏的特殊性意味着除了合同规定的勘探区域面积之外，在开采的规模和方式上存在区域性的差异，很难对区域进行面积上的划分。在这种差异下实行平行开发制度下的保留区是很难实现的。在这种情况下，规章允许资源勘探的申请人在保留区和向企业部提供合资企业的股权之间做出选择。[④] 在股

---

① 参见《"区域"内多金属硫化物探矿和勘探规章》第 18 条。

② 参见《联合国海洋法公约》第 144 条第 1 款："管理局应按照本公约采取措施，以：（a）取得有关"区域"内活动的技术和科学知识；并（b）促进和鼓励向发展中国家转让这种技术和科学知识，使所有缔约国都从其中得到利益。"

③ 肖湘：《发达国家国际海底区域立法及对中国的启示》，《长沙理工大学学报》（社会科学版）2015 年第 5 期，第 82－88 页。

④ 参见《"区域"内多金属结核探矿和勘探规章》第 19 条；《"区域"内多金属硫化物探矿和勘探规章》第 19 条。

份制下，ISA 没有任何区域即保留区可供未来勘探和开采，而企业部将获得合资企业至少 20% 的股权。如果企业部选择这样做，企业部还有权再购买合资企业 30% 的股权。[①] 因此，企业在理论上可以获得多金属硫化物开采的一半股份，该股份将被视为与合营企业的其他股份同等地位。

6. 担保国责任

UNCLOS 对担保国责任的规定见于第 139 条第 2 款[②]，规定了担保国责任性质为连带赔偿责任，而所规定的担保国义务为“采取一切必要和适当的措施”以确保承包者遵守 UNCLOS、规章和承包合同。担保国责任属于缔约国违反义务而承担的责任，在性质上也不属于连带责任和补充责任，其构成要件包括担保国未履行义务、造成了损害结果、未履行义务与损害之间存在因果关系。[③]

担保国责任制度最大的缺口在于担保国承担的是“遵守义务”，而一旦发生环境损害，依照“污染者付费原则”，商业开发由承包者自己承担损害责任，担保国无须再承担连带责任，则该承包者自身是否能够完全承担损害赔偿或者是恢复原状很难确定；若是在进行联合勘探开发时难以界定责任人时由谁承担责任也难以确定；最为重要的是无法证明担保国不履行“遵守义务”但也造成了环境损害，且二者无因果关系，在这种情况下责任承担者如何进行确定。同时，“遵守义务”规定得并不精确，并且随着时间的变化和技术的发展，“一切必要和适当措施”[④] 不能完全解释担保国遵守义务履行与否。由于国际海底采矿具有显著的特殊性、敏感性和不确定性，在进行“区域”活动中极易出现各种意外，造成巨大损失。因此，若仍对担保国责任持消极态度和“遵守义务”将显得不适应“区域”制度的发展。

---

① 参见《“区域”内多金属结核探矿和勘探规章》第 19 条；《“区域”内多金属硫化物探矿和勘探规章》第 19 条。

② 参见《联合国海洋法公约》第 139 条第 2 款：“缔约国或国际组织应对没有履行本部分规定的义务而造成损害负有赔偿责任。”

③ 张辉：《论国际海底区域开发担保国责任制度》，《人民论坛 · 学术前沿》2017 年第 18 期，第 44 – 51 页。

④ 参见《联合国海洋法公约》第 139 条第 2 款：“在不妨害国际法规则和附件三第二十二条的情形下，缔约国或国际组织应对由于其没有履行本部分规定的义务而造成的损害负有赔偿责任；共同进行活动的缔约国或国际组织应承担连带赔偿责任。但如缔约国已依据第一五三条第 4 款和附件三第四条第 4 款采取一切必要和适当措施，以确保其根据第一五三条第 2 款（b）项担保的人切实遵守规定，则该缔约国对于因这种人没有遵守本部分规定而造成的损害，应无赔偿责任。”

当前由国家承担无过失责任来填补责任缺口已经成为发展趋势。其他领域活动在环境责任方面采取无过失责任制度愈发普遍，例如特殊危险性活动、外空领域等。[①] 无过失责任的适用将国家作为责任主体，能够在环境保护与环境恢复上更有保障，其中“区域”开发的“特殊危险性”设立的责任制度也是无过失责任的体现。在开发阶段，《开采规章》（草案）还引入了处罚措施，即承包者在违反相关规定后不仅要承担 ISA 的处罚，还需要承受国内法的责任处罚。因此基于如此严格的环境标准，适用担保国无过失责任原则有适用的价值。

7. 国际海底区域环境影响评价制度

环境影响评价也是 ISA 的一个重要机制。通过环境影响评价，ISA 及其成员国可以实施其若干关键义务，例如采用预防措施确保有效保护海洋环境免受“区域”活动的有害影响。UNCLOS 第十一部分第 145 条规定环境影响评价过程中的允许识别和减轻“区域”活动的有害影响，以促进环境保护。[②] 北极“区域”脆弱的生态系统需要更为严格的环境标准，在环境影响评价制度过程中需要一个严格的内容与程序制度。

ISA、担保国和承包商都可以在项目环境目标的制定过程中发挥作用。承包商的内部环境政策可作为其环境管理体系的一部分，为“区域”活动环境影响评价提供更好的执行环境，其内容包括环境目标、物质条件、责任划分、程序、资源、政策和目标等。监管机构在上述基础上在各阶段提出更为具体的要求。环境影响评价是项目环境管理的一个组成部分，环境影响评价应在对环境进行初步评价后进行，在项目规划已经取得很大进展的基础上进行，评价环境风险并确定损害减缓方案。[③]“区域”活动规划应具有前瞻性，包括开采活动每一阶段，同时还需要考虑环境目标和责任风险。

随着海洋科学的发展，针对北极环境的特殊性，深海采矿可能造成的某些环境影响需要进行更新。目前没有关于“对海洋生物没有重大影响的

---

① 魏妩媚：《国际海底区域担保国责任的可能发展及其对中国的启示》，《当代法学》2018 年第 2 期，第 35 - 44 页。

② 参见《联合国海洋法公约》第 145 条：“……（a）防止、减少和控制对包括海岸在内的海洋环境的污染和其他危害，并防止干扰海洋环境的生态平衡，特别注意使其不受诸如钻探、挖泥、挖凿、废物处置等活动，以及建造和操作或维修与这种活动有关的设施、管道和其他装置所产生的有害影响；（b）保护和养护‘区域’的自然资源，并防止对海洋环境中动植物的损害。”

③ Durden J, Billett D, Brown A, et al, “Report on the Managing Impacts of Deep-seA reSource exploitation (MIDAS) workshop on environmental management of deep-sea mining,” *Research Ideas & Outcomes* 2 (2016): 1-24.

频率”的具体数字参考。[①] 在环境影响评价中还没有考虑其他问题来开发海洋矿物资源，例如，可能需要进行环境影响评价以查看由矿石运输和砷等金属毒性对海洋环境的影响造成的船舶产生的温室气体。环境审查存在的缺陷包括：环境影响评价准备阶段缺乏客观性、缺乏对环境影响的监测、未考虑累积污染物的影响、环境质量控制不力，以及利益相关者参与度不高。这些问题都与环境影响评价程序相关，而避免这些问题的关键在于构建强大的环境影响评价程序。

（三）《开采规章》与北极“区域”

1.《开采规章》（草案）基本内容

《开采规章》（草案）包含 14 个部分，共 94 条，还有 10 个附件。其中第一部分为介绍部分，主要是对“适用术语和范围”的界定；第二部分主要对合同的形式、主体、内容等做出规定；第三部分包括商业开采内容、期限，以及合同权利义务的相关规定；第四部分专门针对环境问题，规定了开采活动中的环境一般原则、环境范围报告、环境影响评价、环境监测和环境管理，以及法律和技术委员会的监测等，对海洋环境持高度重视的态度；第五部分规定了承包商的义务，主要涉及环境义务、保险义务、生产前的义务等；第六部分包含对承包商工作计划的修改和审查开发计划下的相关活动；第七部分主要是对开采活动中的年费和开发税等相关事项的说明；第八部分包括信息保密、开采合同到期时应当提交的信息等；第九部分是一般性规定，主要针对的是程序事项，同时对沿海国权利也做出了相应规定；第十至十二部分分别规定了行政费用、一般检查条款、执法和处罚。

从《开采规章》（草案）的内容来看，其主要有以下特点：第一，在勘探规章的基础上在开采活动和监管，以及权利义务的规定方面有新增内容；第二，ISA 明显处于一种优势地位；第三，相关利益相关者对某些条款更具争议性。[②]

---

① Y. Shirayama, H. Itoh, T. Fukushima, “Recent Developments in Environmental Impact Assessment with Regard to Mining of Deep-Sea Mineral Resources,” in *Deep-Sea Mining* ed. Rahul Sharma (Berlin: Springer International Publishing, 2017), pp. 445-462.

② 杨泽伟：《国际海底区域“开采法典”的制定与中国的应有立场》，《当代法学》2018 年第 2 期，第 26－34 页。

2. 当前草案对北极"区域"规定的缺失

UNCLOS 和《执行协定》仅提出了"区域"内普遍适用环境保护的原则，但没有详细的标准。《开采规章》（草案）应考虑："区域"开采的环保标准、环境管理计划、环境监测、外部监督、对造成环境污染者的处罚和制裁措施等。[①] 目前《开采规章》（草案）有专门的"环境规章"，但"环境规章"具有临时性、较为详细地规定了"区域"环境保护的内容、对承包商施加了较多的"区域"环境保护义务的特点[②]，但是现有草案的"环境规章"自身也具有局限性，例如制度设计重复、承包商成本过高、过于严格的标准不利于商业主体的进入，在责任承担上过于严苛和深海活动自身成本的巨大也会导致承包商望而却步。

鉴于北极独特的生态条件与环境脆弱性，当前草案仍只是停留于一般性的"区域"矿产的开发中。北极"区域"环境规章仍存在缺陷，还不能适应北极"区域"资源开采，主要包括预防措施的不完善和环境影响评价的启动门槛较低、有关环境保护的标准尚不明确，以及管理局监管机制稍显严苛等。《开采规章》（草案）提出，《里约宣言》原则 15 中体现的预防措施应适用于海洋环境风险的评估和管理。在启动预防措施的条件上，草案并未完全按照《里约宣言》的规定进行规范：前者采取严格规范，只要活动的环境损害程度达到重大即需启动；[③] 后者则采取相对宽松的标准，即需在可能造成不可逆的环境问题时启动。[④]

环境影响评价无论在"区域"勘探还是商业开发中都占有重要地位。但现有草案并没有对环境影响评价的前置条件做规定。因此 ISA 在完善草案过程中还需要考虑环境影响评价内容的设计，包括：使用深海采矿方案测试环境管理协议的应用，环境标准的数据差距、其他环境考虑因素，以

---

① 王才玮：《国际海底区域"开采规章"制定的法律问题研究》，《山西财经大学学报》2014 年第 s1 期，第 113 – 115 页。

② 杨泽伟：《国际海底区域"开采法典"的制定与中国的应有立场》，《当代法学》2018 年第 2 期，第 26 – 34 页。

③ 参见《联合国海洋法公约》第 206 条："各国如有合理根据认为在其管辖或控制下的计划中的活动可能对海洋环境造成重大污染或重大和有害的变化，应在实际可行范围内就这种活动对海洋环境的可能影响做出评价，并应依照第 205 条规定的方式提送这些评价结果的报告。"

④ 参见《里约宣言》原则 15："为了保护环境，各国应根据它们的能力广泛采取预防性措施。凡有可能造成严重的或不可挽回的损害的地方，不能把缺乏充分的科学肯定性作为推迟采取防止环境退化的费用低廉的措施的理由。"

及替代环境影响评价方案的设计。

三、国际海底管理局与北极理事会的功能协调

在北极“区域”勘探开发中，不仅需要遵守国际海底管理局相关规章，还需要针对北极各项事务做出协调。分析各个工作组的工作内容，在各工作组的指导下实现“区域”资源的可持续开发。

（一）国际海底管理局

ISA 成立于 1994 年 11 月 16 日，即 UNCLOS 生效当天。ISA 是一个具有国际法律人格的自治国际组织，设有的秘书处履行其行政职能。ISA 的资金来自其成员的分摊会费，ISA 也可在“区域”内运营的承包商支付的费用中获得收入。根据 UNCLOS 的规定，ISA 的主要职能是组织、开展和控制“区域”内的活动。这一职责包括制定管理深海海底采矿公司运营的详细标准，以及监督这些标准的实施和第十一部分的一般规定。ISA 还负责保护“区域”内的海洋环境，促进“区域”内的海洋科学研究，并保护“区域”内的水下文化遗产。

UNCLOS 的所有缔约国都是 ISA 的当事方成员。但是，ISA 远未达到普遍成员的程度。应该指出的是，ISA 的初始成员资格范围更广，因为签署了第十一部分协定或同意在大会通过的任何国家都有资格成为 ISA 的临时成员。因此，所有与“区域”相关的国家都有可能在 ISA 成立的关键时刻参与 ISA 的工作，而不是正式成为正式成员。所有临时成员资格于 1998 年 11 月 16 日到期，但非成员国仍可作为观察员参加管理局的工作。

ISA 由四个部分组成：大会、理事会、法律和技术委员会，以及财务委员会。大会是管理局的全体机构，由所有会员国组成。它拥有广泛的授权，并有权就 ISA 职权范围内的任何问题或事项制定一般政策。第十一部分协定规定大会必须在所有问题上与理事会合作。理事会是管理局的“执行”机构，由三十六名成员国代表组成，大会每四年选举一次，在协商会议期间的主题主要包括对理事会中哪些国家占有席位进行讨论。理事会的组成非常平衡，其目的是保证所有主要利益集团都有代表。法律技术委员会和财务委员会主要负责具体业务的建议咨询和 ISA 的财政运行等。

在处理具体的事务中，主要由大会、理事会和秘书处运行。在规定各个机构职权时，由所有成员组成的大会被视为“最高机构”，其他两个主

要机构对它负责。大会所有成员都有一票，各项提案实行简单多数或特定多数讨论通过。理事会更多的是担任执行的角色，其包含的成员有限，所有成员在理事会仍享有投票权，但投票可以通过不同的方式进行：通过简单多数、2/3 或 3/4 多数等。最后，秘书处向国际海底管理局的其他机构，即主要机构和附属机构提供行政上的支持。

（二）北极理事会

北极理事会作为全球利益维护者与政府协作平台，成立于 1996 年，其主要目标是促进其成员和利益攸关方之间就“共同的北极问题，特别是北极地区的可持续发展和环境保护问题”进行合作。受到国际紧张局势的影响，在北极的国际合作呈现碎片化、分散化的特点。20 世纪 80 年代国际格局的转变、东西方紧张关系得到缓和使得北极合作迎来了新的国际合作阶段。北极地区顺应国际发展趋势，因其巨大的资源开发潜力与科研价值，使得北极逐步成为广大国际社会进行国际合作的区域。国际社会认识到大多数极地环境问题是跨界损害，北极八国于 1989 年 9 月在芬兰的罗瓦涅米举行会议，讨论保护北极环境的合作措施，并于 1991 年通过了《北极环境保护战略》（AEPS）。[①] 经过几年的极地合作，1996 年加拿大推动的谈判促成了《建立北极理事会宣言》，北极理事会在 AEPS 上扩大了管理范围，包括“共同的北极问题，特别是可持续发展和环境保护问题”。

虽然北极理事会是不具约束力的声明而非具有约束力的条约的产物，但它已经发展成为一个强大而有组织的联合体，被视为“准国际组织”。理事会以两种主要方式运作：①因其不是具有独立法律性质的国际组织，而是国家行动的空间和框架，被视为政府间高级论坛；②其核心活动是通过研究北极环境和发展，并由六个工作组进行工作，被视为研究机构。[②]

北极理事会的研究职能主要由六个重点关注于北极环境科学和可持续经济发展的工作组开展。此外，工作组定期建立工作小组，以便调查特定时期内的具体问题。这些机构产生的研究及报告是成员国和其他组织对北极问题进行讨论的主要依靠的信息。在北极理事会事务处理中，每个工作

① Stadtl，Nder C T K H，*International governance of the arctic marine environment*（Switzerland：Springer International Publishing，2014），p. 45.

② Knecht，Sebastian，“The Arctic Council：governance within the Far North，” *Global Affairs*（2016）：1-2.

组包括其内部的行政事务和工作人员都有自己的任务。在工作组之上是成员国和永久参与方的代表，成员国与永久参与方每年举行两次会议来管理理事会，并根据需要跟进工作组的进展情况。每个成员国的外交部长会每两年召开一次会议，以便处理主席选任、评估委员会的相关工作，并制定未来的发展路线。此外，总部设在挪威特罗姆瑟的北极理事会永久性秘书处成立于 2011 年，并于 2013 年开始运作，为整个理事会提供行政和联系服务，从而确定了北极理事会在北极事务中的核心地位与核心作用。

北极监测和评估计划（AMAP）是 AEPS 期间成立的一个工作小组，后来改组为工作组。AMAP 主要从事与污染有关的问题，例如监测与评估污染物、不同污染物的来源及其对环境影响程度等。AMAP 重点关注与气候变化引发的人类健康风险，并建立了适应气候变化的信息平台，并命名为“北极变化行动”（AACA）。随着 AMAP 对北极不同污染物的研究，它在气候变化研究和报告领域通过的 ACIA（关于北极水、冰、雪、永久冻土的环境报告）和 SWIPA 报告（北极气候影响评估）影响了国际及各国政策的发展。

北极污染物行动计划（ACAP）工作组是 AMAP 的延伸机构，成立于 2006 年。黑碳、汞和持久性有机污染物（POP）等污染物是 ACAP 研究的主要内容。ACAP 的工作主要由 AMAP 的报告和建议指导。当前 ACAP 关于短期气候污染物（SLCP）的研究是研究北极气候变化最直接相关的活动。

可持续发展工作组（SDWG）任务包括保护整个北极地区的人类健康、改善北极社区的社会经济条件、促进北极地区的生态友好型能源活动和自然资源管理。重点关注北极地区的经济和文化发展。目前，适应气候变化是该工作组的七个主要重点领域之一。SWDG 考虑到当地社区利益和保护北极居民的文化与遗产。SDWG 主要与北极高级官员（SAO）批准的正在进行的项目合作予以保护。

保护北极植物群和动物群工作组（CAFF）主要从事建立保护北极生物多样性的机制，以研究动植物物种栖息地为主。气候变化对自然界的每个要素产生了重大影响，CAFF 需要研究气候变化时如何影响当地生态系统，并发布相关报告，提请北极理事会注意减少对气候的影响和适应当前气候变化，以保护北极地区的生物多样性。

紧急预防、准备和响应工作组（EPPR）的目的是通过分析事故期间可能存在的威胁，运用相关知识和实践经验，为北极环境中可能发生的灾难性事件制订应急计划。EPPR 为参与北极事务的各方制订计划并提供指导，并且与参与北极石油工业的各方保持密切联系，具有法律约束力的《海洋油污防备与应对合作协议》是他们在该领域工作的一个显著成果。此外，EPPR 还在启动《北极航空和海上搜救合作协议》方面发挥了重要作用。

北极海洋环境保护工作组（PAME）主要针对可能危害北极海洋环境的不同部门提出各种安全准则和建议。制定的指南包括《北极海上石油和天然气指南》《北极海洋战略计划》《北极海洋旅游项目》《北极海洋保护区框架》等。该工作组重点工作即北极海洋运输评估（AMSA），为北极航道船舶航运制定指导方针做出了巨大贡献。PAME 工作组自 AMSA 开始以来一直与 IMO 保持密切联系，并且在实施《极地水域船舶作业国际规则》期间仍在继续保持合作。

（三）国际海底管理局与北极理事会的功能协调

1. 赋予北极理事会在国际海底管理局中的观察员身份

基于北极理事会对于北极事务的针对性与专业性，可以考虑将北极理事会纳入 ISA 政府间国际组织之中，赋予其北极理事会观察员身份。北极理事会成为观察员之后能够向 ISA 提出建议，便于 ISA 在制定涉及北极“区域”的规则得到完善。ISA 有完整的法规体系加以规范，且其立法规范相较于北极理事会制定的政策更具强制执行力。基于目前北极错综复杂的国家关系与相关利益，在“区域”活动上将北极理事会纳入国际海底区域的观察员体系之中，既能在全球范围内更为有效地实施 ISA 制定的相关法规，也能够更为有效地利用北极理事会在北极事务中的权威地位，更好地协调北极“区域”活动的相关事务。同时基于观察员制度本身的特征即只有建议无表决权，能够使得 ISA 所制定的规则规章顺利实施。ISA 在涉及北极“区域”活动中会占据权威地位，北极理事会也能够更为有效地行使北极“可持续开发”的功能。

2. 国际海底管理局与北极理事会分别管理

北极“区域”由 ISA 与北极理事会分别管理。在北极“区域”适用相应的探矿与勘探规章，关于“区域”开采的具体事项，由北极理事会与

ISA 分别制定。北极理事会对于北极事务有广泛的管理权限，但目前对于北极环境的立法呈碎片化特点，没有形成体系。对于“区域”资源勘探开发，ISA 有成熟的规章与实践经验，但缺乏涉及极地地区的规定。在具体规范中，ISA 与北极理事会分别制定关于北极“区域”活动的相关规定。这样的好处是北极理事会的制定能够在整体上对北极环境进行把握，ISA 的制定法规更具有针对性；弊端在于两种规则的双重适用不利于承包者在北极“区域”资源的勘探与开发，这样会导致信息不畅通，造成资源的浪费和效率的低下。

3. 建立起国际海底管理局为主导、北极理事会相配合的管理模式

通过 ISA 和北极理事会进行合作，建立起 ISA 为主导、北极理事会相配合的模式。北极理事会的主要功能是确保环境保护和协调北极的共同问题，其实质是平衡北极开发与环境的矛盾。因此北极理事会与 ISA 的职权范畴相重合，即确保有效地保护海洋环境免受深海海底采矿活动带来的有害影响。在协调 ISA 与北极理事会关系时，由 ISA 在现有的规则与规章的基础上完善对于北极地区“区域”开发与治理的特殊规定，北极理事会给予 ISA 相应的支持与帮助，以促进海洋环境治理与北极“区域”可持续发展。在其他事务上，北极理事会继续发挥其在北极的主导地位，ISA 配合其工作的开展。考虑到北极的复杂政治背景，ISA 可以考虑与北极利益相关国家达成谅解备忘录，以便在北极“区域”活动时能够得到各方力量的支持，加强双方或多方人员之间的交流、信息之间的互通，包括北极水文、生态、地质等环境相关数据，对北极共同关切问题进行研讨，更好地制定北极“区域”活动的法规。

四、我国参与北极“区域”资源勘探开发的应对之策

（一）中国参与北极事务的依据

中国参与了一系列北极相关公约，除了 UNCLOS 外，还包括《生物多样性公约》（CBD 1992 年）、《联合国鱼类种群协定》（2001）、《国际防止船舶造成污染公约》（MARPOL 1973/78）。可持续发展目标将纳入千年发展目标，以减少贫困为主要目标，但也将更加具体地关注环境问题。其中第 14 项海洋目标是：“保护和可持续利用海洋和海洋资源促进可持续发展（UNGA 2014）”。同时在北极地区，北极理事会专设可持续发展工作组

(SDWG)，其目标在于为北极原住民谋福祉，重点关注北极地区的经济和文化发展。

中国共产党第十九次全国代表大会将“人类命运共同体”的构建作为新时代坚持和发展中国特色社会主义的战略之一，并将其写入新党章。当前北极气候变化和生态环境与全球共同利益休戚相关，“人类命运共同体”下的北极共治体系不仅是推进中国特色大国外交的必然要求，也是促进北极地区可持续发展的强大动力。“人类命运共同体”在国际上包含了“和平共处”“普遍安全”“共同繁荣”“开放包容”“可持续发展”五项原则，[①] 与北极地区法律运行方式相契合，即进行国家间的、区域内的合作与协作。[②]

为了支持中国的全球性作用，中国正式接受了1982年颁布的《联合国海洋法公约》所载的规定。北极是一个开放的系统，融入了全球性事务，北极的气候系统与全球气候系统紧密相连，同时北极本身就具有国际法规的开放性。[③] 作为近北极国家，我国在2018年1月26日发布了《中国的北极政策》白皮书，其中明确表示中国将保护北极生态环境，应对气候变化[④]和依法合理利用北极资源，[⑤] 并将其作为中国的北极政策主张，强调中国在国际法下将尊重各国在北极内的主权，在保护北极生态环境的前提下参与北极油气和矿产资源开发。[⑥] 同时充分利用北极理事会观察员国的身份，积极寻求与北极国家的合作交流，加强科学考察、环境保护、地质勘探、资源的可持续开发、航道通航各个领域的合作。通过提高在国际海事组织等国际组织的影响力，增强中国在北极事务中的话语权。[⑦]

---

① “人类命运共同体与国际法”课题组：《人类命运共同体的国际法构建》，《武大国际法评论》2019年第1期，第1-28页。

② 那力：《国际法视域下的北极问题与中国的参与》，《长春市委党校学报》2019年第1期，第43-46页。

③ 朱宝林、刘胜湘：《协同治理视阈下的北极治理模式创新——论中国的政策选择》，《理论与改革》2018年第5期，第38-47页。

④ 参见《中国的北极政策》白皮书第4条第2款。

⑤ 同上书，第4条第3款。

⑥ 同上书，第4条第3款第2项。

⑦ 白佳玉：《北极多元治理下政府间国际组织的作用与中国参与》，《社会科学辑刊》2018年第5期，第120-127页。

（二）中国参与北极“区域”治理的路径

1. 加强国际间合作

目前对于北极“区域”的具体范围还不太确定，但针对北极理事会给予观察员国在议题上的合法权益，中国可以利用现有的观察员身份这一跟踪北极事务动态的窗口，积极寻求北极事务的合作，密切关注北极国家的国内立法动态、政策实施，以及全球性、区域性法规在北极“区域”的适用，关注到探矿与勘探规章的适用，协调环境保护立法，并考虑北极通航法规以适应深海采矿的商业运输，最终以实现北极“区域”资源可持续开发为目标进行“区域”活动。尽管观察员实际上无投票权，但在北极相关问题上有合法权利，可为中国在未来参与北极事务打好基础。同样的，在其他国际组织中，中国可以参与到其他与北极相关的法规制定中间接地参与到北极事务中。

北极科学考察不仅对于中国提高科研能力有重要意义，也为中国探索北极“区域”有着积极影响。“区域”资源无论探矿、勘探还是开发阶段都需要很强的技术水平，只有提升中国的科研能力，不断参与北极科学合作，对北极水文和气候条件有了更为全面的把控，开采的难题才能迎刃而解。这不仅有利于中国在《开采规章》制定中提出建议的合理性与可靠性，提高中国的话语权，更利于中国深海立法的不断完善，同时也为中国“区域”资源勘探开发提供强力的技术保障。北极理事会 2017 年发布的《加强北极科学合作的协议》中也强调了“需要通过科学考察合作与交流加强对北极知识的了解”,[①] 以合作项目为基础对“区域”的海洋环境、资源勘探、环境监测、洋流、生物多样性进行调查。中国要参与到北极科学数据共享平台中，从而实现对北极“区域”更为全面立体的了解，实现深海技术上的改进。

2. 加强北极可持续开发的环境投入

北极作为全球气候变化的预警器，在大气变化、海平面上升等各方面对中国都有着直接联系。中国在北极科学考察的活动中也需要加大对北极的环境投入占比。当前中国在北极地区的资金人员投入占比良好，但需要

① 参见《加强北极科学合作的协议》，https://oaarchive.arctic-council.org/handle/11374/1916。

国家更进一步地跟进，特别是在北极环境监测与保护方面。[①] 它不仅能提高中国对北极气候环境变化及趋势的认识，还能通过监测资源和数据共享增加对北极公共产品的供给，更为重要的是，能够为中国在制定环境政策时提供科学依据与数据支撑。因此需要在“区域”上加大环境监测，跟进生物多样性养护协议的新的规定。

3. 积极参与《开采规章》的制定与修订

中国要采取更为积极主动的态度参与到《开采规章》的制定过程中，以中国长期以来积累的实践经验与数据等，增强中国的说服力，增强中国的国际影响力。

就目前看来，《开采规章》（草案）中存在以下三个问题：第一，预防措施与环境影响评价启动门槛较低；第二，环境标准不明确；第三，ISA监管机制稍显严苛。[②] 对于草案的完善机制上，主要有以下几点建议：第一，在开采项目中采取广泛、透明的利益相关方协商机制；第二，建立采矿区的保护预想区和影响预想区机制；第三，采取大规模合作的国际海洋环境研究计划；第四，适应性管理原则对环境影响评价的适用；第五，严格开采项目的具体环境数据、信息收集和报告的标准；第六，提高环境影响评价比重，以支持在采矿期间采取预防措施；第七，对采矿的方法和技术进行归类、整理与规范。适当调整繁杂的申请事项，以减少承包商的负担。

草案目前的主要挑战是实施UNCLOS对深海采矿的环境要求。尽管在草案中规定了环境保护要求，但仍需更为广泛的法规、指南和建议，应用于申请、审查、监测，以确保在采矿活动中获得最佳环境实践。收集更多环境数据，以对深海采矿的环境基线和采矿监测提供细致标准；要对采矿项目关闭后污染的处理做出规定，规范采矿期间和采矿后的环境标准。同时在草案中可以分为“区域”和地方环境管理，包括环境影响评价和深海采矿管理，以避免长期的污染物的堆积和跨境损害的影响。需要在海洋环境管理方面细化的规定包括：细化国家环境责任和责任规则，但国家责任在发达国家

① 陆俊元、张侠：《中国北极权益与政策研究》，时事出版社，2016，第403页。

② 王超：《国际海底区域资源开发与海洋环境保护制度的新发展——〈“区域”内矿产资源开采规章草案〉评析》，《外交评论》2018年第4期，第81－105页。

和发展中国家是否有区别仍然值得商榷；① 在不确定的环境条件下预防性方法的应用；根据实际情况下累积环境影响的采矿操作的定义。

4. 完善《深海法》及配套法规

2016 年 2 月 26 日，《中华人民共和国深海海底区域资源勘探开发法》（以下简称《深海法》）经第十二届全国人大常委会第十九次会议审议通过，并于 2016 年 5 月 1 日正式实施。②

《深海法》分 7 章共 29 条，对深海海底区域多方面做出了法律规定，分别为资源勘探开发、法律责任、环境保护、监督检查、科学技术研究与资源调查。《深海法》的制定，一方面为承包商设立了国内义务，而承包商的“区域”活动受 ISA 和国家海洋主管部门负责，受到双重管理；另一方面，承包商也受到了国内法规和国际法规的双重保护。在国内法律中，深海海底资源勘探和开发许可证制度是《深海法》的核心。申请人在通过与 ISA 签订协议从而成为承包商后，可以从事勘探和开发活动。根据《深海法》，承包商应该在转让权利和义务之前或做出重大修改之前，承担向国务院海事当局报告的责任。

环境保护是《深海法》的重要组成部分。国务院海洋部门负责监督承包商对海洋环境的保护。承包者应当开展相应的活动，达到预防、减少和控制因为资源勘探开发而造成的危害和损失，保全和保护海底生态系统、濒危物种和其他海洋生物的生存环境。承包商应根据对海洋条件的研究，评估资源勘探与开发对其的影响，从而制订相应的监测计划。

科技研究和资源调查系统将大力推动中国深海科技的发展。国家重点支持深海科学技术研究，包括人才的培养、装备的研发、资金的投入、后勤的保障。国家将构建深海公共平台，为社会公众提供资料共享，为企业提供共享合作机制。《深海法》还专门规定了资料汇交制度，该制度对资料的上报进行了严格性规定。涉及的资料主要有数据文本、实物样本等。该资料由海洋主管部门收集整理，在一定条件下向公众公开，以供其使用。

监督检查和法律责任制度是使法律能够得到切实有效实施的保证。海洋部门应当对资源勘探开发活动进行监督检查。承包商应当积极配合海洋

---

① 王岚：《国际海底区域开发中的国家担保制度研究》，《学术界》2016 年第 12 期，第205－215 页。

② 贾宇：《〈深海法〉奠定我国深海法律制度的基石》，《太平洋学报》2016 年第 4 期，封 2。

部门的监督检查，可以通过向其报告的方式进行配合。《深海法》除规定了监督检查制度，也规定了违反本法的相应法律责任。

此外，《深海海底区域资源勘探开发许可管理办法》《深海海底区域资源勘探开发资料管理办法》《深海海底区域资源勘探开发样品管理暂行办法》作为配套法规，加强了深海海底区域资源勘探开发活动的管理。《深海海底区域资源勘探开发许可管理办法》主要针对申请的程序和实质性事项，包括申请受理、审查决定、延续变更、监督检查及附则，它基本上是行政许可法范畴，由国家海洋局统一管理。[①]《深海海底区域资源勘探开发资料管理办法》规定了资料的主管部门建立和维护资料共享平台，为社会公众提供信息公开服务[②]，发挥深海数据的作用，保护深海数据汇流人的权益，促进深海科技交流，以及规范深海海底区域的资源勘探。《深海海底区域资源勘探开发样品管理暂行办法》规定了深海样品汇交、深海样品保管、深海样品申请与使用，以及法律责任。国家实行深海样品统一汇交与集中管理制度，保障汇交人利益与样本共享之间的平衡。[③]

（三）《深海法》立法对北极“区域”规定的缺失及对策

1. 缺乏关于北极“区域”勘探开发立法

北极环境具有独特的生态环境和脆弱的生态系统，其生态平衡也是独一无二的。根据北极理事会对北极海洋运输的最新评估，北极环境是一个具有重要生态意义的地区。然而，其生态系统受到一系列全球、区域和地方发展的威胁，这些发展正在改变北极的生态和社会经济条件。[④] 目前《开采规章》未制定出来，中国国际海底区域矿区进行商业开采没有法律依据。[⑤] 中国可利用北极理事会观察员国的特殊身份积极引导北极“区域”治理与矿产资源勘探开发相关规章的制定，同时在《深海法》基础上需要

---

① 参见《深海海底区域资源勘探开发许可管理办法》，http：//www. comra. org/2018-01/04/content_ 40131552. htm。

② 参见《深海海底区域资源勘探开发资料管理办法》，http：//www. comra. org/2018-01/04/content_ 40131061. htm。

③ 参见《深海海底区域资源勘探开发样品管理暂行办法》，http：//www. comra. org/2018-01/04/content_ 40131051. htm。

④ D. Lucia，Vito，“The Arctic environment and the BBNJ negotiations. Special rules for special circumstances?，” *Marine Policy* 86（2017）：234-240.

⑤ 朱永灵：《关于中国国际海底区域矿区采矿的思考》，《海洋开发与管理》2017 年第 8 期，第 109－112 页。

更加完善勘探与开发制度，以便适应北极等特殊环境“区域”的勘探开发，实现可持续开采。

2. 缺乏北极“区域”环境影响评价制度

作为 ISA 最早的先驱投资者和承包商，中国已经通过对海洋环境的长期调查和探索为深海事业奠定了坚实的基础，并获取了丰富的探矿和勘探环境基线资料，建立了相对系统的环境监测体系①，而且每年按时向 ISA 提交关于勘探环境的年度报告，但尚未就国际海底区域采矿的环境影响评价开展实质性工作。目前对于深海采矿的知识相对缺乏，与陆地采矿相比深海采矿在环境污染和环境恢复能力尚无程度上的明显认识，依照具体项目进行监测还不足以对“区域”活动造成的环境影响得到全面认识。而在现有的法律规范中，对环境影响评价的规范较少，需要在国际规范下对环境影响评价的细节进行相应的规范，以保证环境影响评价报告得到海洋主管部门和 ISA 的双重监督。

3. 中国应对北极“区域”规定缺失的对策

当前由于技术水平有限，对于北极“区域”勘探开发能力还不足，但在立法上仍值得探讨。由于北极地理环境的特殊性，在立法层面上的要求要更加严苛。《深海法》中明确了原则性的规定，通过行政法规的补充，对“区域”勘探开发立法不断完善，但现有的法律法规规定仅涉及一般性的“区域”，未涉及北极“区域”的勘探与开发，因此可以考虑在《深海法》的框架之下，通过配套法规的立法进行补充完善。

ISA 已发布的三大规章中均涉及环境评价的内容，中国《深海法》第 7 条、第 20 条第（二）项与《深海海底区域资源勘探开发许可管理办法》中均有规定，但中国关于“区域”活动的环境评价体系仍需完善。但依照《中华人民共和国环境影响评价法》第 3 条，环境评价仅适用于中国领域和管辖的其他海域，并不适用于国际海底区域，又根据第 8 条、23 条与 35 条的规定，所涉及的环境评价主管部门层级多，且相较于“区域”的标准过低。虽然《环境影响评价法》对中国《深海法》的环境评价制度具有积极意义，但针对北极区域需要有更加严苛的标准，在针对北极“区域”的

---

① 张丹，《浅析国际海底区域的环境保护机制》，《海洋开发与管理》2014 年第 9 期，第 100 页。

环境评价制度上需要严格设计。

中国《深海法》第13条、19条、20条与《深海海底区域资源勘探开发许可管理办法》第五章，都强调了承包者在环境保护中所应当承担的责任。但北极地区特殊的气候地理条件，单纯依靠承包者进行环境监测是不够的，即在经费上给予承包者更多支持，或者仿照《深海海底区域资源勘探开发资料管理办法》第七条的规定，将费用分为国家财政和其他来源，针对不同的任务类型共同进行环境监测。同时根据《深海海底区域资源勘探开发资料管理办法》第3条的规定，我国实行深海资料统一汇交与集中管理制度，并由国家海洋局统一管理数据库。在北极“区域”，环境监管数据库需要与国际进行对接，加强北极科学考察合作，以更好地指导与监督承包者的勘探开发活动。中国“区域”资源开发适用于《中华人民共和国海洋环境保护法》①，依照其第十条规定，国家根据海洋环境质量状况和国家经济、技术条件，制定国家海洋环境质量标准。北极各地区环境生态保护规定及标准有所不同，对于北极各地区在制定适用于北极“区域”海洋活动适用标准上还需要灵活对待。

五、结语

北极“区域”资源的勘探开发在北极具有重要价值。当前世界范围内“区域”活动的日趋盛行与中国在“区域”资源勘探开发中的广泛参与，北极的“区域”资源对国际社会和中国都具有重要意义。中国作为北极利益攸关方，需要立足“人类命运共同体”，加强中国的北极国际参与。中国可以利用北极理事会观察员的身份，广泛参与北极政府间国际组织，参与北极科学考察，增大保护北极环境的投入。加强中国的国际立法参与，紧跟《开采规章》的制定过程，重点关注“环境规章”的新增内容与责任规范。立足中国《深海法》，针对北极“区域”不仅需要在技术标准上加强规范，还需要不断完善北极“区域”立法，积极完善配套法规以适应国际发展的需要，不断完善环境保护制度，促进中国国内立法的规范与“区域”开采行业的发展。

---

① 参见《中华人民共和国海洋环境保护法》第2条。

第四篇

北极渔业、争端解决及其他

俄挪巴伦支海争端协议解决模式分析及其启示*

袁　雪，童　凯

摘　要：俄罗斯与挪威之间关于巴伦支海的划界争端聚焦了当今国际海洋法的两大热点问题——北极治理与海洋划界。俄挪两国经历了40余年的磋商与谈判，最终以签订协议的方式和平解决了争端，为两国进一步的北极战略合作打下了有利基础，具有重要的实践和制度价值。通过分析俄挪巴伦支海争端事件的发展过程与动因，尤其是在其争端解决过程中产生的一系列具有创造性的文件和措施，将其置于国际法背景下提取其普适性内容，以形成一套独特的协议解决争端模式，对北极地区其他海洋划界争端以至更广泛的世界其他地区的海洋划界争端解决提供了借鉴。

关键词：俄挪巴伦支海争端；海洋划界；协议解决模式；灰色地带；资源一体化开发

基金项目　中央高校基本科研业务费项目“中国北极海事安全法律制度研究”（HEUCFW171305）、黑龙江省哲学社会科学规划项目“北极水域航行海事安全法律体系构建及中国参与路径研究”（17FXB07）、黑龙江省哲学社会科学规划项目“极地通航法律问题研究”（16FXB01）。

＊本文发表于《国际法研究》2018年第2期。

The Analysis and Inlightment of the Negotiable Resolution Model of the Barents Sea Dispute between Russia and Norway

Yuan Xue, Tong Kai

Abstract: The Barents Sea dispute between Russia and Norway focused on two hot topics of the current international law of the sea—Arctic governance and maritime delimitation. Russia and Norway have experienced more than 40 years of consultations and negotiations and finally settled the dispute peacefully by signing an agreement, which has laid a favorable foundation for further Arctic strategic cooperation between the two countries and has important practical and institutional values. By analyzing the development process and motivation of the Barents Sea dispute between Russia and Norway, and especially the series of creative documents and measures that emerged during the process of their dispute settlement, they are drawn to their universal content in the context of international law to form a unique set of dispute resolution model through agreements and provide reference for the Arctic maritime delimitation disputes and the broader maritime delimitation disputes in other parts of the world.

Key words: the Barents Sea dsipute between Russia and Norway; maritime delimitation; negotiable resolution model; gray area; integrated resource exploitation

引言

海洋划界为海岸相邻或相向国家之间划分领海、专属经济区和大陆架边界的行为。随着陆地资源的逐渐枯竭，越来越多的国家将目光投向海洋，专属经济区与大陆架的划分背后其实是资源利益的争夺，加之各国复杂的历史、地理状况，产生了错综复杂的海洋划界争端，如孟加拉国与印度关于孟加拉湾划界争端、罗马尼亚诉乌克兰黑海划界案、俄挪巴伦支海划界争端、美俄白令海峡争议、美加波弗特海争端等，其中俄挪、美俄、美加之间的划界争端均位于北极地区。关于俄挪巴伦支海划界争端，国内学者对其的研究重点侧重于两国的政治博弈与立场分析，而对于其使用的和平解决国际争端的方法未进行深入的分析与归纳。巴伦支海划界争端的解决适用的是协议解决模式，俄挪两国通过组织双边会谈，对争端区域的划界界限、渔业资源分配、油气资源开发三方面进行了谈判与协商，并最终以签订协议的形式解决了巴伦支海划界争端。两国创设的协议解决海洋划界争端模式具有重要的实践和制度价值，对类似的海洋划界争端解决具有重要的借鉴意义。

一、俄挪巴伦支海划界争端溯源

巴伦支海（The Barents Sea）是北冰洋地理位置最为优越的一个边缘海，94%的面积位于大陆架之上。巴伦支海的大陆架宽约1 300 m，面积达127万平方千米，是世界上最宽阔的大陆架之一。北侧的斯瓦尔巴群岛和法兰士约瑟夫地群岛阻挡了北冰洋浮冰群的入侵；东侧的新地岛又像天然的屏障，使喀拉海终年不化的海冰难以逾越；西侧岛屿较少，正有利于北大西洋暖流发挥功效，温暖的海水可以畅通地流入巴伦支海，使得巴伦支海南部成为整个北冰洋中唯一终年不冻的海域，全年均可通航。俄罗斯在北冰洋上唯一终年不冻的著名港口摩尔曼斯克（Murmansk），就濒临这片水域。[①] 挪威石油理事会估计，巴伦支海挪威区域油气资源蕴藏7亿吨油当量；研究专家认为未发现的油气资源量有2.6亿～17亿立方米油当量。[②] 2013年，挪威油气巨头挪威国家石油公司（Statoi ASA）在巴伦支海斯凯福（Skavel）地区新发现的油气资源预计可采石油储量在2 000万～5 000万桶。同时，巴伦支海是世界上渔业生产力最高的海洋地区之一，尤其是鳕鱼渔业，是挪威的支柱型出口产业。[③] 因此，巴伦支海地区划界争端的实质是背后的资源利益的争夺，尽早解决这一争端，携手合作维护现有利益，抢先一

① 埃尔尼：《北大西洋的宠儿——巴伦支海》，《海洋世界》2016年第2期，第24－25页。

② 周萍：《斯匹次卑尔根群岛与巴伦支海油气资源》，《国土资源情报》2005年第4期，第6－8页。

③ Diwakar Poudel, Leif K. Sandal, "Stochastic Optimization for Multispecies Fisheries in the Barents Sea," *Natural Resource Modeling* 3, *no.* 28 (2015): 219-243.

步开发巴伦支海的资源正是俄挪两国迫切要达成的目的。

（一）争端的由来及谈判进程

俄挪巴伦支海问题的背景最早要追溯到1920年斯匹次卑尔根群岛海洋划界争议。一战结束后，英、美、法、意、日等18个国家在巴黎签订了《斯瓦尔巴条约》。该条约第1条规定了挪威拥有对该岛屿充分和完整的主权。由于当时还没有大陆架与专属经济区的概念，所以海洋领土权益并没有被重视和规划，挪威也仅享有对岛屿的主权，其领海的权利受到条约的限制。根据条约，挪威不得在斯匹次卑尔根群岛设置军事基地，其他国家对该片土地及领海内发现的任何自然资源享有平等的权利。苏联和挪威就该条约的地域范围产生了分歧。①

两国关于巴伦支海争端还可以追溯到1957年挪威与当时的苏联就瓦朗厄尔峡湾划界问题达成的《挪威和苏联关于划分瓦朗厄尔峡湾海域边界的协议》，该协议是北冰洋地区第一个关于海域划界的协议，但是两国并未将该协议推广适用于巴伦支海海域的划界问题。

1974年，苏联开始与挪威争执巴伦支海的归属权，双方开始了较为广泛的谈判。最初两国之间的谈判只涉及大陆架的划界问题，法律依据是1958年通过的《大陆架公约》第6条：①同一大陆架邻接两个以上海岸相向国家之领土时，其分属各该国部分之界线由有关各国以协议定之。倘无协议，除因情形特殊应另定界线外，以每一点均与测算每一国领海宽度之基线上最近各点距离相等之中央线为界线。②同一大陆架邻接两个毗邻国家之领土时，其界线由有关两国以协议定之。倘无协议，除因情形特殊应另定界线外，其界线应适用与测算每一国领海宽度之基线上最近各点距离相等之原则定之。③划定大陆架之界限时，凡依本条第一项及第二项所载原则划成之界线，应根据特定期日所有之海图及地理特征订明之，并应指明陆上固定，永久而可资辨认之处。谈判的核心是双方对约175 000 km^2的争议地区提出的占有性主张，其中155 000 km^2位于巴伦支海，剩余20 000 km^2位于其北部的北冰洋。争议地区的南部拥有极其丰富的渔业资源和油气资源。②

① 姬中辉：《俄罗斯与挪威巴伦支海海洋划界研究——争端解决何以成为可能》，硕士学位论文，上海社会科学院，2014，第11－13页。

② G. Honneland, "Compromise as Routine: Russian-Norwegian Conflict Resolution in the Barents Sea," *Osteuropa* 257, no. 61 (2011): 260.

1977 年，自挪威和苏联提出了各自关于巴伦支海大陆架的主张后，双方又进一步提出建立 200 n mile 专属经济区的主张，这一举动无疑使谈判难度大大增加。谈判开始以来，双方对分界线如何确定这个问题持有完全不同的观点，挪威坚持适用中间线原则，而苏联坚持适用扇形线原则，加之双方提出的论据与要求也存在很大差距，使得谈判变得更加艰难。挪威根据中间线原则提出主张，其立场是中间线原则划分出的等距离线应该是与国际法相匹配的最适宜的边界线，而苏联在整个谈判过程中，坚持从两条经线（苏联国界最东与最西的两条）延伸到极点所划出的扇形线是最适当的划界线，并声明两条经线之间的所有领土都应是苏联的组成部分。①

俄罗斯与挪威的争议区域可以划分为三部分：

第一部分是从瓦朗厄尔峡湾出口和从俄罗斯与挪威所在大陆延伸 200 n mile；第二部分是超过 200 n mile 以外，位于巴伦支海中间海域，边界位于挪威和新地岛的对面海岸之间的大陆架边界的中间；第三部分是在巴伦支海北部地区，在俄罗斯专属经济区和斯匹次卑尔根群岛渔业保护区以外的斯匹次卑尔根群岛的外大陆架边界。② 挪威与俄罗斯（苏联）关于巴伦之海的主要活动见表 1。

表 1　挪威与俄罗斯（苏联）关于巴伦支海的主要活动③

时间（年）	俄罗斯（苏联）	挪威
1957	启用第一艘原子能破冰船——列宁号	
1957	签署《挪威和苏联关于划分瓦朗厄尔峡湾海域边界的协议》	
1975	双边渔业合作框架协定，成立渔业合作委员会（Norweigian-Soviet Joint Fisheries Commission）	

① A. T. Falkanger, "International Law in the Arctic: Sovereignty and Delimitation Issues from a Norwegian Perspective," in *Rettshjelp fra kyst til vidde-Festskrift til Jusshjelpa i Nord-Norge 20 år* ed. J. P. Rui (Oslo: Gyldendal Akademisk, 2009), p. 131.

② 参见《挪威大陆架划界案执行摘要》，联合国官网，http://www.un.org/Depts/los/clcs_new/submissions_files/nor06/nor_2006_c.pdf，访问日期：2017 年 11 月 15 日。

③ 挪威主要活动的资料来源：姬中辉：《俄罗斯与挪威巴伦支海海洋划界研究——争端解决何以成为可能》，硕士学位论文，上海社会科学院，2014，第 11 - 13 页；俄罗斯主要活动的资料来源：俄罗斯联邦外交部主页，http://cn.mid.ru/，访问日期：2017 年 11 月 16 日。

表1（续）

时间（年）	俄罗斯（苏联）	挪威
1976		设立200 n mile专属经济区
1977	"Arktika"号成为第一艘到达北极的原子破冰船	在斯瓦尔巴群岛设立200 n mile渔业保护区
1977	签订《灰色地带协议》	
1988	设挪威－苏联环境联合委员会（Norwegian-Soviet Joint Commission on Environment）	
1990	签订《海上突发事件协定》（Incidents-at-Sea Agreement）	
1992	在希尔科内斯设立领事馆	在摩尔曼斯克设立领事馆
1992—1993	设立地区合作组织——巴伦支海欧洲理事会（Barents Euro-Arctic Reigion）	
1996	加入北极理事会	批准《联合国海洋法公约》
1997	批准《联合国海洋法公约》	
2001—2006	向联合国大陆架界限委员会提出了外大陆架申请（2001）； 颁布《俄罗斯联邦2020年前的海洋学说》（2001）； 颁布《俄罗斯联邦2020年前的能源战略》（2003）	开始大规模勘探开发北极油气资源，标志为开放斯诺赫维特远洋石油生产设施（2003）； 领海从4 n mile扩展到12 n mile（2004）； 向联合国大陆架界限委员会提出了外大陆架申请；发布《巴伦支海和罗佛教地区综合管理计划》与《挪威政府的北极战略》（2006）
2007	签署《俄罗斯联邦与挪威王国关于瓦朗厄尔峡湾海洋划界协定》	
2008—2009	制定《2020年前及更长远的未来俄罗斯联邦在北极的国家政策原则》（2008）	发布北极战略后续文件《北方的新进展：挪威政府北极战略的下一步》
2010	颁布《俄罗斯联邦2030年前海洋发展战略》	
2010	签署《俄罗斯联邦与挪威王国关于在巴伦支海和北冰洋海域划界与合作条件》	

1977 年，两国签订了具有初步合作意向的《灰色地带协议》，该协议促成了两国在渔业上的合作。20 世纪 80 年代的大部分时间，两国渔业在之前达成的资源联合开发和监管机制的框架下各自蓬勃、平稳发展，在油气问题上并没有特别的合作意愿及规划。① 20 世纪 90 年代末至 21 世纪初，两国相继通过了《联合国海洋法公约》，并出台了一系列包括巴伦支海区域在内的北极战略，这一时期谈判总体被认为是稳健和具有正向意义的。

纵观挪威与俄罗斯（包括苏联）这几十年关于巴伦支海地区的主要经济、政治活动，不难发现其各自的特点，即挪威注重对其支柱产业——渔业的保护，努力维持渔业的平稳发展，意图淡化地区矛盾，积极地组织谈判。反观俄罗斯（包括苏联），更注重极地资源开发的前景，同时配合国家的极地战略，将国家领土安全与能源储备视为最高追求。

（二）争端的解决进程

俄罗斯和挪威两国之间海洋划界的谈判进程持续了四十余年，广泛的“一揽子”谈判已经圆满完成。2010 年 9 月 15 日，俄罗斯和挪威共同签署了《俄罗斯联邦与挪威王国关于在巴伦支海和北冰洋的海域划界与合作协议》（以下简称《2010 年划界协议》）。该协议规定了俄罗斯和挪威之间的巴伦支海海洋边界，并涵盖了海洋合作问题，结束了两国之间的领海争端。俄罗斯和挪威都在原来的立场上做出了让步，争议的区域最终相当于被平等分配。协议建立了一个单独的海洋边界，将两个国家的大陆架和专属经济区分隔开。同时，两国也重新启动了冻结近 30 年的争议地区所涵盖的北极大陆架油气田的开发项目。关于渔业合作，两国同意维持现有机制，即基于 1975 年、1976 年签订的渔业协定及成立的渔业合作委员会，逐步实施统一的渔业技术标准，维持渔业稳定性的同时促进可持续发展。

协议将海洋划界线定义为八个点，坐标分别为：70°16′28.95″N，32°4′23.00″E；73°41′10.85″N，37°00′00.00″E；75°11′41.00″N，37°00′00.00″E；75°48′00.74″N，38°00′00.00″E；78°37′29.50″N，38°00′00.00″E；79°17′04.77″N，34°59′56.00″E；83°21′07.00″N，35°00′00.29″E；84°52′40.67″N，32°03′51.36″E，由这 8 点连线组成的一条

① 王舒：《俄罗斯与挪威巴伦支海划界争端研究》，硕士学位论文，华东师范大学，2015，第 42 页。

分界线，基本上平分了争议区域。根据《2010 年划界协议》，商定划界线符合“国际法的公平解决原则”。①

2012 年 5 月 5 日，俄罗斯石油公司与挪威国家石油公司在莫斯科签署合作协议，宣布成立合资企业，共同对位于俄罗斯巴伦支海和鄂霍次克海大陆架地区的四个区块进行油气勘探和开发。俄罗斯石油公司在合资企业中拥有 66.67% 的股份，挪威国家石油公司拥有余下的 33.33% 股份。两家公司将践行在《2010 年划界协议》中达成的资源一体化开发合作相关内容，并承诺将互相分享必要的油气资源开发技术和提供充足的资金支持。

二、俄挪巴伦支海划界争端协议解决的关键步骤

（一）签订有效的临时协议——《灰色地带协议》

1978 年 1 月，苏联与挪威缔结了一项关于在巴伦支海特定区域的渔业实际控制权的临时协议和临时执法安排，规定在争议区域的部分地区开展渔业活动，不会影响到任何一方在边境谈判的立场。这一临时安排称为《灰色地带协议》（Grey Zone Agreement）。“灰色地带”包括 67 500 km^2，其中 41 500 km^2位于争议地区。根据《灰色地带协议》，每个缔约方有权单独对其自有地区的渔船进行管辖。同时，两国首次以协议的方式提出“同意为大陆架和专属经济区划定一个海洋边界”，但当时无法在边界线具体划定上达成共识。

《灰色地带协议》最初期限一年，是一项临时性的解决海上渔业活动管理的办法，这解决了当时最紧迫的问题，可以称之为一种临时合作。该协议自通过以来，每年定期延长。该协议所确立的争议解决机制已成为协议控制国际水域或有争议水域中水资源管理和保护的经典机制。

巴伦支海地区除了渔业资源以外，还蕴含着丰富的油气资源，使得两国海洋划界与经济利益相关联。1996 年和 1997 年，挪威和俄罗斯先后批准通过了《联合国海洋法公约》。《联合国海洋法公约》第 73 条和第 84 条的规定适用于巴伦支海划界争端。也是在这一时期，双方明确了划定专属经济区和大陆架单一界线的目标。从挪威的角度看，此项协定避免了与当

---

① Tore Henriksen, Geir Ulfstein, “Maritime Delimitation in the Arctic: The Barents Sea Treaty,” *Ocean Development & International Law* 1, no. 42 (2011): 1-21.

时的苏联发生进一步的冲突，保护了作为一个小国经济命脉的渔业，同时确立了共同管辖这一良好的开端，为之后这一区域的权利划分奠定了基础。而对于当时的苏联而言，此协定也具有重要的战略意义，起初苏联强硬地不承认争端区域，毫不动摇地坚持扇形线，但为了防止北大西洋公约组织背后控制挪威从而控制该区域，同时也基于一直以来该地区谈判的艰难，最终做出了让步。虽然与挪威达成了《灰色地带协议》，但当时苏联实际控制了争议区域的2/3，缓和了苏联迫在眉睫的国家安全问题，因此该协议得以签订的基础是双方存在共同的利益与目标。

（二）权利交换——特别区域的创建

“特别区域”并不算国际海洋法下的一个全新的创建。早在1990年，美国和苏联缔结的《美利坚合众国和苏维埃社会主义共和国联盟关于海洋边界的协议》中就提出了这种构建，双方将特别地区的主权或管辖权移交给对方，一国若行使源于协定的主权权利或管辖权，并不构成其专属经济区或大陆架的法定延伸。这种协议创建使得一个国家有可能在超过其自身200 n mile专属经济区之外，另一国家的200 n mile专属经济区内或大陆架区域的范围内行使管辖权。

巴伦支海的“特殊区域”在分界线以东，位于挪威专属经济区200 n mile内，在俄罗斯专属经济区200 n mile外。根据《2010年划界协议》第3条，俄罗斯有权在这一特别地区享有专属经济区权利，事实上这一“特别区域”却是挪威专属经济区的一部分。根据协商的结果，挪威将根据国际法享有的该地区的专属经济区权利（不包括其大陆架海床和底土的权利，仅仅为上覆水域相关的权利）转移给俄罗斯。这项特别规定使俄罗斯有可能享有超越其本身200 n mile专属经济区的管辖权利。当然，该协议并不能以法律的形式判定这一区域的法定所有权归属，只在实践中，挪威让渡这一区域的专属经济区权利给俄罗斯。俄罗斯在特别区域行使与其专属经济区相同的主权权利，而不需向挪威支付任何额外的费用。俄挪两国通过协商创建这一特别区域，使两国居民能在一个明确的海洋边界两侧生产与生活。①

① Tore Henriksen，Geir Ulfstein，“Maritime Delimitation in the Arctic：The Barents Sea Treaty，” *Ocean Development & International Law* 1，no. 42（2011）：1-21.

（三）“一揽子”解决——《2010年划界协议》

签订了《灰色地带协议》后，双方的划界矛盾得到了缓和，开展了一系列合作，共同设立了挪威－苏联环境联合委员会，并于1990年签订了《海上突发事件协定》。虽然苏联于1991年解体，但俄罗斯与挪威对于巴伦支海问题的立场并没有太大改变，并于1992年互设大使馆。进入21世纪后，俄挪两国陆续提出各自的极地战略，并向联合国大陆架界限委员会提出外大陆架的申请。基于现实利益的需要与谈判细节的明朗化，两国最终于2010年签订《俄罗斯联邦与挪威王国关于在巴伦支海和北冰洋的海域划界与合作协议》，使长达近40年的划界争端得以成功解决，并重启了已冻结30年的涉及争议海域的北极大陆架油气田的开发。该协议是巴伦支海划界争端协议解决的代表性成果。

从内容来看，《2010年划界协议》首先是划界，然后是合作，由主体和两个附件组成，再附上标明分界线的示意图①，具体包括：双方的缔约目的，分界线的具体分布（经纬度坐标），双方约定的管辖权范围（第1、2条），特别区域的解释与说明（第3条），渔业、油气合作的相关规定与原则（第4、5条），本条约与双方其他条约的关系（第6条），条约生效及修改的时间与条件（第7、8条）等内容。附件一规定了渔业合作的具体问题，附件二详细规制了跨界油气田勘探和开发的相互协作程序。②

《2010年划界协议》除了明确俄罗斯与挪威两国在巴伦支海及其毗邻的北冰洋的大陆架与专属经济区的界线，同时也对海洋生物资源问题、跨界油气资源开发问题予以规范。在海洋生物资源方面（尤其是渔业），这两个国家经营的“灰色地带”将会消失，水域（和资源）将受到已判定的单一沿海国家的主权权利的影响。双方在协议中申明，此次划界不会损害双方的捕鱼权益，目的是使双方进行紧密合作，以保持其所占总捕捞量的份额，并确保其每个相关步骤的捕捞活动“相对稳定”。③“相对稳定”的概念在欧洲联盟《共同渔业政策》中是以可预测的份额为基础分配捕捞机

---

① 匡增军：《2010年俄挪北极海洋划界条约评析》，《东北亚论坛》2011年第5期，第45－53页。

② 同上。

③ Ministry of Foreign Affairs, "Treaty between Norway and the Russian Federation," accessed October 21, 2017, https://www.regjeringen.no/en/topics/foreign-affairs/international-law/innsikt_delelinje/treaty/id614006/.

会的原则。两国还承诺按照协议附件一第 1 条的规定，通过俄罗斯与挪威联合渔业委员会继续合作。该机构继续有效运营，将致力于养护、管理和开发共享鱼类种群，这一合作是促成《2010 年划界协议》的重要原因。在油气资源问题上，俄挪两国在 20 世纪 70 年代就已经开始了对巴伦支海地区局部油气资源的勘探，但其勘探活动均受到对方的强烈抵制，无法顺利展开。最终在 20 世纪 80 年代初，两国约定均停止对该区域的资源勘探工作。

《2010 年划界协议》首次提出将争议海域的跨界油气田作为统一整体进行共同开发。协议附件二第 1 条规定了油气资源一体化开发的具体内容，包括油田信息的共享、油田开发人的任命与监管、争议解决机制等。附件二第 1 条第 6 款规定，在政府间联合协定的基础上，应签订经政府授权许可勘探油气田的法人之间共同开发油气田协定。与此同时，两国还共同设立了一个协商委员会，该委员会负责处理关于跨界油气资源开发的任何问题。从此，跨界油气田的共同开发，在国家的严密监管下具有全面详细的规制，而且双方合作的同时还强调海洋环境的保护。

三、俄挪成功解决巴伦支海划界争端的原因分析

综观各类型海洋划界争端解决的过程，不啻是当时各国之间国家战略和经济利益博弈的过程，采取哪种争端解决方式，也是当事各国在进行政治、经济、能源、外交、战略等综合因素考量的基础上得出的结论。俄挪巴伦支海划界争端的成功解决，主要是出于两国北极战略利益和经济利益的考虑。

（一）争端解决的国际法因素考量

国际法的不断发展，尤其是国际海洋法为海洋权益提供越来越全面的保护，使得各国对自身海洋权益的认知越来越清晰，并积极提出主张。20 世纪以来，陆续出台的《大陆架公约》《联合国海洋法公约》确定了大陆架与专属经济区的概念，各国掀起了对周边海洋利益的激烈争夺。随着全球气候持续变暖，北极这一巨大资源宝库的开启带来的历史机遇将北极地区领土、领海争端推向了高峰。

从国际法的角度来看，俄挪巴伦支海争端适用的是《大陆架公约》第 6 条及《联合国海洋法公约》第 74、83 条的规定，在相邻和相向国家之间的专属经济区（大陆架）的划界应该以国际法为基础进行协商。《国际法院规约》第 38 条提出应获得一个公平的解决方案。起初，两国对争议区域的划界原则一直存在着“扇形线”与“中间线”之争，而到《2010 年

划界协议》出台，却将之称为“基于国际法以便获取一个公平的解决”。究其内因，两国就巴伦支海争端谈判的过程中，国际法院和仲裁机构已就多个海洋划界争端进行了判定与裁决，如1993年丹麦（格陵兰）和挪威（扬马延）划界案、2009年罗马尼亚诉乌克兰案等，其判决导向与最终的结果形成类似判例的存在，等距离中间线似乎已经成为海洋划界的主流趋势。此外，最鲜明的特点便是国际法院与仲裁机构一直不愿采纳自然资源问题作为其划定界线的衡量因素之一。因此，俄挪两国对将争端诉至国际法院或申请国际仲裁有一定的心理预期，两国都不愿划界问题与资源问题割裂。最终，俄挪两国在基本平分巴伦支海争端区域、继续保持渔业合作、共同开发油气资源的情况下达成了《2010年划界协议》，这一结果是两国在考量国际法的因素下达成的满意结局。

（二）两国北极战略的需要

北极是俄罗斯和挪威各自的国家战略重点，也是海洋战略的优先选择方向。对俄罗斯而言，北极地区的战略研究起步比较早，最初只限于军事研究与国土安全，后逐渐拓宽其内涵，涉及了经济、地理、政治等范畴。挪威是一个小国，与俄罗斯相比国力非常弱小，不足以与俄罗斯抗衡，因此，挪威既不愿挑起争端也不愿放弃丰厚的经济利益，选择一个和平的解决方式同时谋求国家利益的最大化无疑是最优的选择。分析两国21世纪以来发布的北极战略文件与政策，均体现了新世纪北极战略的多元化。俄罗斯陆续设定了2020年、2030年的海洋、能源的发展战略，尤其是经济战略。挪威出台的文件与战略中包含了北极地区的气候变化、能源开发，以及与俄罗斯等周边国家的关系。可见挪威的立场是在睦邻友好的基础上，获得北极地区经济的发展与共赢。

俄罗斯与挪威分别于2001年、2006年向联合国大陆架委员会提出了外大陆架申请。两国均主张拥有巴伦支海及北冰洋的200 n mile以外海底的同一区域，俄罗斯不反对挪威的主张，同时挪威也不反对俄罗斯的主张，两国都告知委员会，在划界海域的大陆架外部界限，将根据两国间的谈判来确定。[①] 委员会同意两国主张的巴伦支海及其毗邻的海底均为大陆架，建议两国继续谈判，并在相应谈判结果的划界协议生效后，向大陆架

① 匡增军：《俄罗斯与邻国的大陆架外部界限问题及其应对》，《俄罗斯中亚东欧研究》2014年第4期，第49－54页。

委员会提交表明 200 n mile 以外大陆架分界线走向的地理坐标清单和海图。[①] 因此，两国为了尽快获得大陆架委员会对外大陆架主张的支持，首先要解决彼此之间海洋划界问题，《2010 年划界协议》成为两国的外大陆架提案的支持材料。

（三）保障经济利益的需要

能源是北极战略的重要组成部分，也是促成俄挪巴伦支海划界协议达成的关键因素。能源合作和北极开发的潜在利益追求是俄罗斯北极战略的主题。

21 世纪以来，世界各国都面临着石油资源逐渐枯竭的危机，作为重要油气资源国的挪威和俄罗斯都在努力勘探新的石油矿藏。据《欧洲能源评论》分析，挪威日产原油量 250 万桶，大约占全球总产量的 3%，因此它也成为全球第 11 大产油国；挪威的天然气年产量为 1 000 亿立方米，占到全球总产量的 3.2%。[②] 俄罗斯的石油产量居世界第二位，石油储量居世界第八位，石油消费量居世界第五位，石油出口量居世界第二位。[③] 目前欧洲地区对石油的需求量逐年上升，面临不断上涨的市场需求，保证油气产量是俄挪共同面对的难题。若能充分开发巴伦支海地区丰富的油气资源，能使两国在世界油气资源贸易中保持领先地位，同时能在能源枯竭可能导致的经济停滞之前完成产业升级，维持稳定的经济增长。因此，签订《2010 年划界协议》，尽快解决划界问题，加快油气资源一体化开发的进程，对俄挪两国有着重大的经济意义。

四、俄挪巴伦支海争端解决模式的启示

基于北极资源开发的前景性和关键性，北极八国对北极地区的争夺日益激烈，如美国和加拿大对于阿拉斯加大陆架划分问题的争端；加拿大和丹麦之间汉斯岛归属争端；俄罗斯与丹麦、挪威、加拿大有关的罗蒙诺索夫海岭的归属之争；冰岛和挪威（扬马延）之争；丹麦和挪威的渔业区划

---

① 匡增军：《2010 年俄挪北极海洋划界条约评析》，《东北亚论坛》2011 年第 5 期，第 45－53 页。

② 刘洋：《能源利益成巴伦支海划界主要推手》，《中国能源报》2010 年 5 月 3 日第 2 版。

③ 刘增洁：《俄罗斯石油资源、生产及供需形势》，《国土资源情报》2009 年第 6 期，第 29－32页。

定；俄挪巴伦支海争端；美国和俄罗斯关于白令海和楚科奇海划界问题等尤为激烈。除了北极国家之间，世界范围内还存在其他多范围、多地区的海洋划界争端，例如孟加拉国与印度关于孟加拉湾划界案、罗马尼亚与乌克兰黑海划界案等。基于各国不同的地理、历史、经济等因素，不同的争端争议焦点不同，各方的诉求也不同，协议解决争端具有其他解决途径无法比拟的优势，尤其是俄挪巴伦支海争端的协议解决，对当前很多海洋划界争端解决都具有较大的借鉴价值。

（一）应优先选择协议解决

海洋划界争端和平解决方式主要有诉诸国际法庭、提交国际仲裁及协议解决三种。国际法院和法庭在确定具体情况下实现公平解决的总体要求中有一定的酌处权。在罗马尼亚和乌克兰案例中，最后的划界被采用前，要求法院评估拟定的各部分界线是否会导致“不公平的结果”，即“沿海长度比例与每个国家相关海域的比例”。[①] 这一价值评估诉求是为了加强对海洋划界地理标准的审视。海洋划界中可能涉及的相关因素或特殊情况可分为两类：地理性的和非地理性的。举例来说，“小岛屿的存在”可能是一个相关的地理性因素，如果小岛屿没有被考虑或没有得到充分考虑，那么它们会对划界线产生“不成比例的影响”。[②] 特殊情况包括相关海岸的构造可能造成的侵占或截断效应等。[③] 相关的非地理性因素可能包括不同类型的经济因素。但实践中，国家之间财富的差距这一重要影响因素是被国际法院基于“平等对待”原则排除在外的。不同的经济水平造成最直接的后果，就是两个当事国对岛屿的实际侵占与资源开发程度的差异。[④] 此外，法院和仲裁庭不愿在有争议的地区考虑自然资源的存在和定位，重点在判定主权上。这显然是很不利于当事国衡量自身的主权诉求，最终达到理想的结果。

---

① 参见“Case Concerning Maritime Delimitation in The Black Sea (Romania v. Ukraine), Judgment,” *I. C. J. Reports* (2009)，第155页。

② 参见“Gulf of Maine Case (Canada v. United States), Judgment,” *I. C. J. Reports* (1986)，第246页。

③ Stuart Kaye, “Lessons Learned from the Gulf of Maine Case: The Development of Maritime Boundary Delimitation Jurisprudence since UNCLOS Ⅲ,” *Ocean and Coastal Law Journal* 73, no. 14 (2008): 74, 92-94.

④ 参见“Maritime Delimitation in the Area Between Greenland and Jan Mayen, Judgment,” *I. C. J. Reports* (1993)，第70－76页。

反观协议解决海洋划界问题，当事国之间协议的自由度很高，主权问题不会是唯一的问题，当事国可以就渔业、金属矿产、油气等资源问题先一步磋商，采取协议方法解决争端，相比诉至国际法庭与申请国际仲裁，协议解决的时间、地点安排均很便利，可行性较高。协议中通常会约定违约或出现异议之时的解决机制，此时多为提交至第三方包括国际法庭与国际仲裁机构裁定，具有很强修复性。

（二）临时协议的分阶段推进功能

1974 年，俄挪两国通过签订《灰色地带协议》，使巴伦支海最富争议也是最有经济价值的区域保持了长达二十几年的平稳发展，可谓功不可没。海洋划界中的“灰色地带”一般是指“位于划界一方海岸 200 n mile 之内又位于海洋边界另一侧的区域”。需要注意的是，上述概念（与本文之前所述的“特别区域”是类似的概念）仅仅是狭义的“灰色地带”的概念①，广义的“灰色地带”应是指主权存在争议，以一种共同管辖或者混乱管辖状态下临时存在的特殊区域。巴伦支海争端中的灰色地带，指的是巴伦支海东南部大约 67 500 km^2 的海域，其中 41 500 km^2 位于两国的划界重叠地区。该《灰色地带协议》只是一项关于渔业与管辖权的临时协定，本意是仅生效一年，之后演化成每年一签，共连续签订了 23 年。在《灰色地带协议》中，俄挪两国约定了共同享有管辖权，这种管辖权是“分管”而非“共管”，即双方都享有管辖权，权利重叠却互相独立。双方都有各自独立的海上监管部门（而不是成立一个共同的部门），均享有对本国渔船与第三国渔船的检查权，同时避免对对方的渔船进行检查。此项约定既承认了双方共同的管辖权又避免了直接的权利冲突。

“灰色地带”这项外交政策的创设，对于目前国际上存在的复杂的无法通过单一的标准、方法与原则解决的划界争端具有很大的缓和作用，可以说是控制国际或有争议水域中水资源管理和保护的经典机制。该机制除了可以适用于渔业和矿产资源，还可适用于包括海洋科学研究、海上安全、铺设海底电缆管道等领域。② 基于以上几个领域的合作，会大大缩小当事国双方在争议地区的利益冲突，能避免冲突的进一步加深，恢复与保

① 吕继陆：《海洋划界中的“灰区”问题》，《国际法研究》2017 年第 1 期，第 84—93 页。

② 同上。

障当地居民的生产与生活，有效开发利用海洋资源，为进一步的划界谈判奠定良好的基础。近年来全球气候急剧变暖致北极地区的冰盖消融速度不断加快，北极国家为争夺北极地区资源、航运、军事、科研利益纷纷提出200 n mile 外大陆架主权主张。① 如俄罗斯2001年的外大陆架提案中，就涉及巴伦支海、白令海、鄂霍次克海、中北冰洋四个海域。这就意味着外延大陆架的同时，更多的划界争端与灰色地带将出现，海洋划界正日益成为国际领域的热点问题。因此，我们应当审视划界结果的合理性与谨慎性，而且应当更好地理解与适用灰色地带相关概念。

（三）重视资源一体化开发

由于很多地区主权的争议伴随着自然资源的分配，因此在划界过程中往往存在着一类分割难度较大、单方开采会引起分配不均的资源矿藏，此类资源矿藏称为跨界资源。主权问题的背后，更为重要的是对资源分配的博弈，通过协议处理资源问题，也就是解决了最影响直接利益的问题。跨界资源的一体化开发，起源于美国国内的实践及判例法，将跨界资源视为一个整体加以规划和开发。②

俄挪巴伦支海争端中，两国最初就资源问题提出的合作仅是为了加快巴伦支海地区蕴藏的油气资源的开发利用，所有的合作不构成对对方有争议的区域主张的承认与支持。合作的对象是跨界资源开发，不涉及主权的争端。这一规定既促进了跨界资源一体化开发，也能将焦点从争端上转移，避免矛盾进一步激化。同时，资源一体化开发的构想更能规避私自开发、恶性竞争式开发等对双方资源利益可能会造成破坏的行为。从当事国的角度来看，资源一体化开发带来的不仅仅是经济利益，还有开发技术的提高与管理经验的积累。挪威在跨界资源开发方面拥有较丰富的经验，先后与英国、冰岛等国达成共同开发协议，其开发技术较为成熟，能够为俄罗斯参与资源一体化开发提供有力的支持。

在具体的操作阶段中，当事国之间通常会共同成立一个开发管理机构，并设立一个独立法人负责开发事项，约定管辖适用的法律与争端解决程序，

---

① 黄勤怡：《北极地区200海里外大陆架争端的法律探析》，《法制与社会》2014年第29期，第74－76页。

② 参见“GA Report of the Secretary-General on Oceans and the Law of the Sea,” UN Doc. A/57/57/Add. 1（2002），第38－41页。

这一过程势必加强当事国之间的文化、政治、经济等层面的沟通和交流，有利于下一步谈判工作的开展，为进一步解决划界争端奠定谋求合作的基础。

新一代海洋权利的争斗的实质是为资源而战，但并不存在完胜的战役，有时与对手的合作才是走向共赢的关键，跨界资源的一体化开发已然存在成功的典例（最早为1975年挪威与英国共同开发弗里格油田），争议双方积极寻找共同的利益基础，确立一致的目标并达成协议，是最值得实践的一种海洋划界争端解决模式。

五、结语

随着气候变化的加剧，北极海冰持续消融，北极航道全面通航指日可待，在此过程中，如何拓展北极行为，以及如何保护本国在北极的战略利益，逐渐成为各利益攸关方持续关注的热点。北极域内和域外国家之间的领土争端层出不穷，俄挪巴伦支海划界争端的协议解决机制为更多海洋划界争端提供了一种可行的解决模式。俄挪两国通过一系列谈判，最终以协议方式和平解决了巴伦支海划界争端，顺势达至跨界资源的共同开发，这一过程体现了协议解决海洋划界争端的优越性，特别是每年续期的《灰色地带协议》的签署和实施充分体现了协议解决海洋划界争端的灵活性、自主性、针对性和实用性等优势。俄挪巴伦支海划界争端协议解决过程中产生的一系列文件和采取的做法都具有一定的创造性，对同种类型的海洋划界争端具有重要的借鉴意义。当然，俄挪巴伦支海划界争端的协议解决有其独特的原因，双方划分海洋界限的最终目的仍然是对于北极渔业和矿产资源的共同开发和利用，双方基于同样的北极战略和经济利益考虑，这些都是争端解决中必须要考虑的因素。因此，协议解决海洋划界争端也存在其不足，如果双方对资源战略和经济利益无法达成共识，针锋相对，缺乏一定的妥协让步，谈判行为无疑将成为一场没有结果的拉锯战。总而言之，俄挪巴伦支海划界争端解决虽不能直接作为其他国家之间解决海洋划界问题的范本，但为国际社会处理类似海洋划界问题提供了新思路，推动了北极地区的和平与协作，对中国与周边国家处理领土争端也有着重要的启示作用。

国际法视域下北极海洋哺乳动物的养护研究

于　娜

摘　要：全球气候变暖造成北极冰雪融化，为北极资源勘探开发、开通航道、科学考察等提供了条件。不仅气候的变化和捕猎北极海洋哺乳动物的行为对北极海洋哺乳动物的生存和可持续发展产生了重要的影响，而且人类在北极的活动也影响了北极海洋哺乳动物的生存环境，严重威胁着北极海洋哺乳动物的养护，影响北极生物的多样性，需要引起人类的重视。本文基于掌握的关于北极海洋哺乳动物养护的现状和国际法律文件进行分析，对北极海洋哺乳动物的法律规范及存在的问题、影响北极海洋哺乳动物养护的因素及措施进行研究。中国作为北极理事会的正式观察员国，在积极参与北极事务中也应该承担起养护北极海洋哺乳动物的责任，维护生物多样性。

关键词：北极海洋哺乳动物；养护；动物福利；海洋保护区；环境影响评价

Conservation of Arctic Marine Mammals from the Perspective of International Law

Yu Na

Abstract: Global warming has caused the melting of arctic ice and snow, which has provided conditions for the exploration and development of arctic resources, the opening of shipping routes, and scientific expeditions. Not only the change of climate and hunting of the arctic Marine mammal behavior of arctic Marine mammals had important impact on survival and sustainable development, and human activities in the arctic may also influence the survival environment of the arctic Marine mammals, serious threat to the maintenance of the arctic Marine mammals, affecting the biodiversity, need to cause the attention of the human. Based on the analysis of the current situation and international legal documents concerning the conservation of arctic Marine mammals, this paper studies the legal norms and existing problems of arctic Marine mammals as well as the factors and measures affecting the conservation of arctic Marine mammals. As an official observer of the Arctic Council, China should also assume responsibility for the conservation of arctic Marine mammals and biodiversity in its active participation in Arctic affairs.

Key words: Arctic marine mammals; maintenance; animal welfare; marine protected areas; environmental impact assessment

近年来，由于北极气候变暖带来的自然条件的变化给北极海洋哺乳动物的生存造成了影响。除了自然环境变化带来的威胁之外，北极的人类活动如北极海洋哺乳动物的猎捕、船舶航行、资源勘探与开发、科学考察、旅游业的发展等，同样对北极海洋哺乳动物造成了威胁。资源开发过程中和船舶航行过程中产生的噪音、船舶航行对北极海洋哺乳动物造成的碰撞，以及在捕鱼过程中对海洋哺乳动物造成的附加伤害等都严重影响了其生存。

随着经济全球化、区域一体化的不断深入发展，北极环境变化带来的经济、科学和战略价值受到国际社会的普遍关注。北极海洋哺乳动物的养护问题，同样关系到全人类的生存与发展，应由全人类共同努力，维护北极海洋哺乳动物的可持续发展，以及北极的生物多样性。国际社会意识到该问题，并采取了一定的措施。例如，国际捕鲸委员会于 1982 年通过了暂停商业捕鲸活动；2009 年欧洲联盟禁止海豹产品贸易，禁止所有商业猎捕海豹的产品贸易，原住民猎取的海豹产品得到豁免；2005 年美国生物多样性中心向美国提出了将北极熊列为《濒危物种法》中的“受威胁”的物种的要求，等等。

作为近北极国家，中华人民共和国国务院于 2018 年发布了《中国的北极政策》白皮书。在书中，中国表明，北极是全球多种濒危野生动植物的重要分布区域。中国会增强对北极生物多样性的重视程度，会采取相应的措施维护北极生物多样性，并在此方面加强国际合作。① 中国应该积极参与北极事务，为北极的发展贡献出自己的智慧与力量。

一、研究现状

（一）国外研究现状

国外对北极海洋哺乳动物养护的研究主要集中在关于北极海洋哺乳动物养护的国际法现状，以及环境变化和人类活动对其产生的影响。具体而言，外国学者对北极海洋哺乳动物的范围、人类活动和气候变化对北极地区的影响、海洋哺乳动物在生存环境质量下降的现状中的生存情况进行了阐述，为一系列法律文书的制定提供了信息基础。② 也有学者基于此，进一步讨论了国际海事组织、联合国、国际环境保护委员会分别做出的动作并表达了通过环境原则进行保护的提议。③ 此外，也有学者介绍了一些可以为保护极地海洋环境提供借鉴和帮助的全球性法律文件，鼓励甚至要求缔约国指定其管辖下的脆弱海洋区域为保护区。④

主要焦点，第一在于研究相关国际条约，如《国际捕鲸管制公约》对北极捕鲸问题及北极海豹和猎捕海豹业的法律框架的研究，提出并分析了争议的焦点问题：继续暂停商业捕鲸或者基于国家设定配额进行科学捕鲸⑤；第二在于阐述不同国家和国际组织对待鲸鱼、海豹、北极熊等哺乳动物的态度。日本、冰岛、挪威等国家质疑科学证据是否支持禁止捕杀所

---

① 参见《中国的北极政策》白皮书，第四部分，第（二）款第二条，保护生态，http://www.scio.gov.cn/zfbps/32832/Document/1618203/1618203.htm，访问日期：2020 年 8 月 15 日。

② Nigel Bankes, "The Conservation and Utilization of Marine Mammals in the Artic Region," in *The Law of the Sea and Polar Regions* ed. Erik J. Molenaar, Alex G. Oude Elferink and Donald R. Rothwell (Leiden: Brill Press, 2013), pp. 293-320.

③ Eva Balounová, "The 'scramble' for the Arctic-protection of the marine mammals (Increasing activity, increasing noise, increasing threats-legal regulation)" (LLM Dissertation, Pétur Dam Leifsson, 2014), pp. 49-95.

④ Suzanne Lalonde, "Marine Protected Areas in The Arctic," in *The Law of the Sea and Polar Regions* eds. Erik J. Molenaar, Alex G. Oude Elferink and Donald R. Rothwell (Leiden: Brill Press, 2013), pp. 85-111.

⑤ Natalia Loukacheva, *Polar Law and Resources* (Denmark: Nordic Council of Ministers Press, 2015).

有鲸鱼物种，强调公约的目标是使捕鲸业有秩序地发展成为可能的态度。再如科学家认为北极熊应该给予保护，土著居民则认为北极熊数量在不断增加并对其生活造成影响，主张猎捕北极熊。[①]

（二）国内研究情况

国内对北极海洋哺乳动物养护的研究呈现区块状，主要从对各类哺乳动物的养护问题的探讨和与之相关的国际条约、不同国家国内立法这两方面入手。

关于鲸鱼养护的问题，邹克渊[②]主要论述了《国际捕鲸管制公约》的内容、管理机构、管理效果，1986 年暂停商业捕鲸决定和国际捕鲸委员会存在的一系列问题。何田田[③]指出现代捕鲸形式的分类，对日本的南极捕鲸案进行了分析，对日本的 JARPA Ⅱ 案是否违反公约第 8 条第 1 款进行了辨析。刘丹同邹克渊研究的领域相似，但刘丹对国际捕鲸的法律规范中存在的缺陷和国际捕鲸委员会的宗旨和法律地位、入会和会议程序对鲸鱼养护的限制等问题进行了总结。[④]

关于海豹养护的问题，刘丹研究了涉及保护海豹的国际保护公约，主要有 1957 年的《养护北太平洋海豹公约》和 1972 年的《养护南极海豹公约》。[⑤]

关于北极熊养护的问题，陈熹[⑥]对北极熊的研究以“美国哥伦比亚地区法院北极熊濒危物种表列案评析”为主要分析内容，指出气候变化对北极熊生存的威胁。该案件使《濒危物种法》地位提升。陈君怡[⑦]主要是通过“环北极保护行动计划”来对北极熊进行的研究，指出了北极熊数量减少的主要原因，阐述了加强国际合作对保护北极熊的重要性。

---

① Michael Byers, James Baker, *International Law and the Arctic* (Cambridge: Cambridge University Press, 2013), pp. 171-177.

② 邹克渊：《捕鲸的国际管制》，《中外法学》1994 年第 6 期，第 50 – 54 页。

③ 何田田：《国际法院“南大洋捕鲸”案评析》，《国际法研究》2015 年第 1 期，第 95 – 109 页。

④ 刘丹：《海洋生物资源国际保护研究》，博士学位论文，复旦大学，2011，第 142 – 147 页。

⑤ 同上书，第 150 – 152 页。

⑥ 陈熹：《气候变化背景下的北极熊保护——美国哥伦比亚地区法院北极熊濒危物种表列案评析》，《武大国际法评论》2013 年第 2 期，第 116 – 130 页。

⑦ 陈君怡：《北极五国出台北极熊保护新计划》，《中国海洋学报》2015 年第 4 期，第 1 – 2 页。

关于动物福利问题，田琳[①]和肖星星[②]分别阐述了加拿大的动物福利制度的概念、内涵，以及美国和欧洲联盟对于动物福利立法的发展。田琳还探讨了加拿大的环境法和其他一些法律中有涉及动物福利的有关内容，以及加拿大有关方面公益活动的活跃程度。肖星星还讨论了美国、欧洲联盟动物福利立法体系完善，具有很强的法律威慑力和可操作性的问题。

关于海洋生物资源，刘丹[③]研究了国际环境法的基本原则与海洋生物资源养护法的内在关系，重点分析了国际环境法原则在争端解决机制中的适用问题，对以国际争端解决机构解决海洋生物资源争议案件的趋势进行了总结和评析。贾晓辉[④]介绍了与海洋哺乳动物的养护与管理有关的法律文件，主要集中在《联合国海洋法公约》第65条、120条和《国际捕鲸管制公约》。

二、北极海洋哺乳动物养护概述

（一）北极海洋哺乳动物概念界定

北极位于地球的最北部，“北极地区”是较广泛的定义。地理学上最普遍的定义是，北极地区是一个包括北极点在内的、以北冰洋为中心区域并包括其广大周边地区在内的区域。[⑤] 对北极范围的界定，多采用地理学上的标准。在地理上讲，北极的范围为60°N以北或者66°33′40″N的北极圈以北。对于北极的范围的描述，本文采用的是北极的领域治理地图，这类划分是以气候、生态、资源等问题相关性划分的区域地图，这类划分随着北极治理的推进将逐步清晰。这类划分因为考虑的是问题的相关性，其范围大多超出了北极地理区划的范围。[⑥]

北极海洋的面积为1 300万平方千米，占据了北极的大部分面积。明确北极海域的范围有利于对北极海洋哺乳动物的养护进行研究。一般来说，海洋哺乳动物被定义为温血动物，在雌性乳腺中产生乳汁喂养后代，

---

① 田琳：《加拿大的动物福利制度》，《世界环境》2005年第2期，第40－44页。

② 肖星星：《美国、欧盟动物福利立法的发展及借鉴》，《世界农业》2015年第8期，第97－101页。

③ 刘丹：《海洋生物资源国际保护研究》，博士学位论文，复旦大学，2011，第91－92页。

④ 贾晓辉：《海洋生物资源保护法律制度研究——以〈联合国海洋法公约〉为主线》，硕士学位论文，中国海洋大学，2008，第15－23页。

⑤ 陆俊元：《北极地缘政治与中国应对》，时事出版社，2010，第1页。

⑥ 杨剑：《北极治理新论》，时事出版社，2014，第11页。

并在海洋中或者在海洋附近度过其生命的大部分时光。海洋哺乳动物主要包含以下五大类：第一，鲸目动物，鲸、海豚和鼠海豚属于这一类，鲸目动物的外貌、分布和行为各不相同；第二，鳍足目，由海豹、海狮和海象组成；第三，海牛目，包括海牛和儒艮；第四，鼬科，包含海獭和海猫；第五，北极熊。本文研究的北极海洋哺乳动物定义包含鲸鱼（鲸目动物）、海豹（鳍足目）和北极熊。

（二）“养护”概念辨析

“养护”一词《元照英美法律词典》的解释是：①对环境、资源等的保护；管理；良性使用；②森林或其他自然资源保护区。[①]“养护”一词有其自身的历史渊源、特定内涵和价值定位，更加强调的是对于自然资源原有状态的维持、维护。森林养护运动来源于印度。19 世纪中期，印度森林破坏十分严重，英国殖民者在意识到这一问题后，便颁布了《政府森林法》。至 20 世纪初，印度成为英属各殖民地中森林管理最好的地区。[②] 同样，美国针对森林、矿物、石油等自然资源也进行了养护运动，在州的层面建立有生物资源养护机构，例如，纽约州有环境养护部，其行政管理活动包括了海洋生物资源的养护。[③] 以日本为例的一些大陆法系的国家同样通过此种立法的方法来管理、养护本国的资源和生态环境。

对于养护，主要存在两种观念，即人类中心主义与生态中心主义。人类中心主义认为人类是世界的中心，世界万物应被人类所利用。如果没有人类的存在，虽然世界依旧运转，但是毫无意义，没有价值。人类中心主义的理念及其运行，已经构成了现代法律组织和分类的基本框架，已经成为现代的法律现实，在部分领域可以说是本质。[④] 生态中心主义则认为人类只是地球生态系统中的一部分，是其中的一个物种，认为人类应该尊重自然、顺应自然。一些学者认为，随着生态科学与生态哲学的进步与发展，法律正在从传统的人类中心主义向生态主义或者生态中心主义过渡，

---

① 刘丹：《海洋生物资源国际保护研究》，博士学位论文，复旦大学，2011，第 16 页。

② 宋云伟：《英国在英属印度时期的森林政策及“帝国森林学”的形成》，《华中师范大学学报》（人文社会科学版）2014 年第 5 期，第 140 – 146 页。

③ 魏德才：《公海渔业资源养护机制变革的国际法考察》，博士学位论文，吉林大学，2017，第 23 页。

④ Vito De Lucia, “Competing Narratives and Complex Genealogies: The Ecosystem Approach in International Environmental Law,” *Environmental Law* 4 (2014): 92.

在这个转变的过程中人类会逐步承认自然存在的本质、价值，这是国际环境法的重要模式转变。① 这本质上是来源于国内法的价值观转向。本文所要论述的北极海洋哺乳动物的保护和可持续发展问题与“养护”的含义更加契合，所以采用了“养护”一词。

（三）北极海洋哺乳动物影响因素

1. 气候变化对北极海洋哺乳动物的影响

目前，煤炭、石油等资源的大量燃烧导致二氧化碳等温室气体的大量排放。全球气候变暖对北极的影响与世界其他地区相比不成比例，造成这种现象的原因是“反照率”的变化。当反射表面如冰雪融化时，它们会让位于较暗的表面，这样更容易吸收热量，从而降低反照率效应。

全球气候变化不仅对北极的生态环境造成了巨大影响，也严重影响了北极生物的生存环境，北极海洋哺乳动物也不例外。北极海冰融化，夏季甚至出现了无冰期，使得北极熊无法正常在海冰上行走捕食，严重影响了北极熊的生存，甚至会造成北极熊的灭绝。《保护北极熊协定》的签订说明各个国家已经意识到气候变化对北极熊影响的严重性，并形成统一意见，志在控制气候变化从而保护北极熊。不仅仅是北极熊，气候变化带来的危害同样影响了鲸鱼、海豹等其他物种。

2. 人类活动对北极海洋哺乳动物的影响

北极地区陆地和海洋生物多样性的范围很广。该地区曾被认为是一个只有冒险家和当地人感兴趣的寒冷的荒野，但如今，气候变化正迅速改变北极的生态系统，以及政治和经济的关系。北极的人类活动如船舶航行、开采资源的活动、猎捕海洋哺乳动物的活动增加。这些活动为北极带来机遇的同时也隐藏着一系列的危机。

（1）三条北极航道通行，使船舶在北极的活动增加，噪声污染、船舶撞击海洋动物、油泄漏等问题随之而来，海洋哺乳动物的生存环境受到影响。噪音还会影响海洋动物的定位，干扰其迁徙、寻找配偶和食物或者躲避捕食者，甚至致使其与船舶相撞。

（2）资源开采，如油气开发中的溢油事故导致海面上的油污不易消

---

① Susan Emmenegger, Axel Tschentschern, “Taking Nature’s Rights Seriously: The Long Way to Biocentrism in Environmental Law,” *VI Georgetown International Environmental Law Review* 3 (1994): 547-549.

散，致使北极熊、海豹和新生海豹幼崽等有毛皮的海洋哺乳动物的毛皮开始变得粗糙，失去保温和保水的能力。同时，油污也会刺激到它们的皮肤和眼睛，妨碍它们正常的游泳能力，甚至造成死亡。资源勘探与开采，特别是在地震勘探海底石油和天然气储量过程中使用气枪发出低频爆炸声而产生噪音，该噪音的影响可从震源延伸数十千米。鲸鱼、海豹、北极熊等海洋哺乳动物对人类引起的声音很敏感，研究表明它们需要远离工业噪音。

三、北极海洋哺乳动物养护之理论与法律原则

（一）北极海洋哺乳动物养护理论

1. 生物多样性理论

生物多样性，在微观上指遗传的多样性；宏观上指生态系统的多样性。受到气候变化的影响，北极海洋哺乳动物的生存环境的变化直接影响了北极海洋哺乳动物的多样性。保护北极海洋哺乳动物多样性具有重要的价值，体现在直接价值、间接价值和伦理价值上。

北极海洋哺乳动物多样性的直接价值有以下几点：①北极海洋哺乳动物的多样性能够为生产和生活提供需要和经济价值；②北极海洋哺乳动物的多样性具有科研和教育价值。目前世界上各个国家对于北极科学考察活动正在积极开展；③保护北极海洋哺乳动物多样性具有重要的教育价值，生物多样性丰富了生物课堂内容，具有重要的教育价值。教育价值既可以服务于科学考察又有其自身的独立性。

生态价值是保护生物多样性的最重要的间接价值。生物多样性对生态系统起支撑作用，一方面，生物多样性维护整个生态系统的稳定性；另一方面，生物多样性使生态系统的生产力增强并保持可持续性。① 生物多样性对生态系统的影响主要有：第一，不会影响到生态系统的功能；第二，生物种类减少，生态系统生产力降低；第三，生物种类增加，生态系统生产力增强。

生物多样性的价值还体现在伦理和道德方面，即人类作为自然界中的高等动物，具有思想、价值和道德观，这要求我们应该尊重其他物种、尊重生态环境。每一个物种都有生存的权利，有拥有适合其生存的环境的权

① 韦贵红：《生物多样性的法律保护》，中央编译出版社，2011，第10页。

利，我们无权剥夺其生存权，以及其获得适合生存的环境的权利。在这个生态系统中，如果缺失了一个物种，则会对其他的物种产生影响，进而影响整个生态系统。

2. 动物福利

美国著名学者在《动物权利研究》一书中明确指出，动物福利中的动物仅仅指哺乳动物。[①]“动物福利”一词最早出现在十九世纪的英国。考林·斯伯丁在涉及动物需要的问题时认为，动物需要分为积极的动物需要和消极的动物需要。我们在减少动物消极需要的同时也要增加、满足其积极需要。[②] 蔡守秋认为，“动物福利即是人类要对其利益加以肯定，从而保障动物的基本生活条件”。[③] 动物福利不仅分为积极动物福利和消极动物福利，而且还可以从另一角度分为动物的身体健康和心理健康。动物的心理健康主要表现在保护动物的心理健康，避免其受到精神上的折磨和伤害。心理福利所涉及的主要内容是减少动物的不安情绪和对人类的恐惧。按照国际公认标准，动物被分为农场动物、实验动物、伴侣动物、工作动物、娱乐动物和野生动物六类。[④] 世界动物卫生组织（OIE）特别重视农场动物的福利。

动物福利和动物权利两者之间有类似的观点和重合的目的，但矛盾居多。动物福利一派的观点相对来说是比较保守的，他们认为在保证动物不受额外痛苦和伤害的基础上是可以为满足人类的需求对其进行利用的。人类可以在符合人道主义的情况下对动物进行利用，并且保证其能享受到基础的人道主义对待。动物权利一派的观点是激进的，其核心观点是动物有生存权，人类不能随意剥夺。在本文中，笔者认为按照目前世界各国的综合发展水平来看，人类不能将目标仅仅局限于减少动物的痛苦，所以讨论动物福利更加具有现实意义。

3. 自然资源的可持续利用

人们在开发利用自然资源时应该考虑该资源的总量，其是否能够长久

---

① 汤姆·雷根：《动物权利研究》，北京大学出版社，2010，第 12 页。

② 考林·斯伯丁：《动物福利》，崔卫国译，中国政法大学出版社，2005，第 35 页。

③ 蔡守秋：《论动物福利法的基本理念》，《山东科技大学学报》2006 年第 1 期，第 27 - 34 页。

④ 田琳：《加拿大的动物福利制度》，《世界环境》2005 年第 2 期，第 40 页。

地供应人们使用，以及应该如何合理规划使其能够最大期限的为人们所使用。以前由于科技水平较低，缺乏高新技术，导致开采利用资源的过程中造成了资源浪费、环境破坏。但如今，开采技术突飞猛进，再加上资源日趋紧张，我们应该进行合理规划，使资源可持续利用，为人类子孙后代的生存繁衍提供保障。

北极海洋哺乳动物中有许多珍贵的物种数量急剧下降，濒临灭绝，但人类依旧在大量捕杀，使这些珍贵的生物资源无法为人类所持续使用。大须鲸、独角鲸等种类的鲸鱼已经被列入《濒危野生动植物国际贸易公约》之中，海豹的数量也在急剧下降。我们应该以可持续利用为原则，对北极海洋哺乳动物进行全面分析、合理规划，保护与利用相结合，达到可持续利用的效果。但问题是，目前并不存在一项规范的标准可以使自然资源得到可持续的利用。

4. 环境正义

正义是法律所追寻的终极目标。柏拉图认为正义是法的内在生命力，正义存在于社会有机体各个部分间的和谐关系之中。① 罗尔斯认为正义包含两个部分，一是机会平等，二是结果平等。正义的含义会随着社会的发展不断更新变化。

环境正义包含着自由和平等，在此，自由和平等是当代人和后代人、是各代人和各物种之间的自由和平等。环境公平观主要涉及代内公平、代际公平、种际公平。代内公平指的是“在任何时候的地球居民之间的公平”。② 我们同一代人或者同一代的其他生命体之间，受到环境联系性的影响，平等享受地球上的资源和环境，共同承担保护环境这一人类共同的责任和义务。代际公平的含义主要包含两个方面：第一，当前的这一代人对后代人享有适宜的生存环境的权利负有保护的义务；第二，当代人应合理消耗当前的自然资源和保护生态环境，但并不需要为维护后代人的生存发展义务付出巨大代价。种际公平指的是人类作为生态系统各个物种中的一种，与其他的物种是平等的。人类作为具有思想、道德观和价值观的灵长

---

① 博登海默：《法理学——法律哲学与法律方法》，邓正来译，中国政法大学出版社，2000，第253页。

② 吕忠梅、陈虹：《论经济法的工具价值与目的性价值》，《法商研究：中南财经政法大学学报》2000年第6期，第59－67页。

类动物，应该尊重和保护其他物种生存的权利，维护这个生态系统的稳定和和平。在本文中，我们讨论的主要为种际公平，即人类对北极海洋哺乳动物的保护。

5. 人类命运共同体

2017 年，习近平总书记在党的十九大报告中提出，坚持和平发展道路，推动构建人类命运共同体。人类命运共同体的价值基础主要有：第一，国家权力观。各个国家需要建立和平机制即国际秩序，维护彼此的联系，维护共同的利益；第二，共同利益观。经济全球化使世界各个国家的经济紧密相连，息息相关。如今，全世界各个国家一起面临全球气候变暖问题，其影响的是所有生活在地球上的人类。因此全人类都要对地球的未来负责；第三，可持续发展观。在环境保护上要坚持可持续发展的原则，要长远考虑，使我们的地球能够长久地为人们提供适宜的生存环境和各种资源；第四，共同治理观。基于以上观点的介绍，世界各国紧密相连，面临着共同的国际问题，需要各个国家合作，共同治理。

在北极海洋哺乳动物养护问题上，我们应该树立习近平总书记提出的人类命运共同体的意识，无论是北极国家、近北极国家还是非北极国家都应该重视北极海洋哺乳动物的养护问题，因为这不是一个国家内部的问题，而是与世界生态系统相关的问题，关系到生物多样性问题。各个国家应该积极履行自身的责任，共同保护北极海洋哺乳动物。

（二）北极海洋哺乳动物养护之法律原则

对于北极海洋哺乳动物的养护虽然在国际上并没有形成完全一致的统一意见，但对于其养护的基本原则已经大致达成一致意见。对于北极海洋哺乳动物养护的国际环境保护基本原则主要包含：预防原则、可持续发展原则、国际合作原则。

1. 预防原则

预防就是防患于未然。预防原则是北极海洋哺乳动物养护的主要原则之一。环境的损害与经济损失不同。当经济出现问题时，造成损失后可以进行弥补，但对于环境的破坏不可挽回。人类意识到环境问题充满不确定性，提出预防原则。

对鲸鱼的养护问题，反对捕鲸者采用预防原则支撑其主张。预防原则基本上意味着当一项活动应该完成时，需要证明它不会对环境造成不可接受的影响。面对科学上的不确定性，应该保护环境而不是开展活动。在缺乏关于影响的确凿科学数据的情况下，应该停止活动，保护环境。强调预防原则的方法应适用于所有类型的污染，包括水下噪声污染。

1992 年的《里约热内卢宣言》第 15 条规定，人们普遍接受了预防原则的表述。[①] 笔者认为，在谈到水下影响海洋哺乳动物的因素时，即使在处理这一问题的国际法中没有明确提及预防原则，也应予以适用。近年来，预防原则被纳入了国内、区域和国际各级的许多法律。

2. 可持续发展原则

可持续发展原则是国际环境法中的一项重要原则。在国际环境法初步形成体系时，环境与发展问题就成为国际上备受关注的问题。可持续发展原则的内容除前文详述过的代内公平、代际公平、可持续利用以外，还有环境和发展一体化。环境与发展一体化的核心含义就是在追求经济发展的过程中应当对于环境给予考虑，不能一味地追求经济发展，忽略环境，损害环境，从而威胁人类的生存。反之，在追求环境保护的过程中也应当考虑经济的发展。总之，对于环境和发展两者要兼顾。

可持续发展原则具有重大且深远的意义，因为许多国家将该原则作为自己国内法的一项基本原则，从而为其在国际法中地位的确定打下了基础，使其能够成为国际环境法中的一项重要的基本原则，指导各个国家的行为。

3. 国际合作原则

国际合作原则同样也是国际法中的一项基本原则。《联合国宪章》的序言和第 1 条对于联合国宗旨的表述、《关于各国依联合国宪章建立友好关系及合作之国际法原则宣言》《内罗毕宣言》第 6 条、《里约宣言》中的原则 7、12、13、24、27 和《约翰内斯堡宣言》等法律文件都提出了国际合作的重要性，是国际环境法的国际合作原则的基础。

对于北极海洋哺乳动物的养护来说，国际合作具有重要的意义。通过阅读这些宣言和公约发现，虽然国际法律文件都对国际合作的重要性进行了阐述，但是缺乏实际操作性，对于国际合作仍然较多地停留在原则上。笔者认为之所以使国际合作停留在倡议上是因为世界各个国家之间缺乏相

---

① 参见《里约热内卢宣言》的第 15 条：“为了保护环境，各国应根据其能力广泛应用预防措施。在存在严重或不可挽回的损害威胁的情况下，不应将缺乏充分的科学确定性作为推迟采取具有成本效益的措施以防止环境退化的理由。”

互的信任。信任是合作的基础，世界上国家众多，各个国家之间的发展水平、价值观念、思想文化都存在着差异。对于全人类共同面对的问题，例如全球气候变暖等，各个国家在积极履行自己责任的同时，更应该给予他国更多的信任，加强彼此的联系与合作，共同面对问题，解决问题，为建立人类共同的美好家园而努力。

四、北极海洋哺乳动物养护的法律规制

（一）北极鲸鱼养护之法律规制

1.《国际捕鲸管制公约》

《国际捕鲸管制公约》（ICRW）和国际捕鲸委员会（IWC）对鲸鱼保护起了重要作用。ICRW 是唯一一个系统保护鲸鱼的公约。ICRW 于 1946 年签署并于 1948 年生效，中国于 1980 年加入。ICRW 第三条规定设立国际捕鲸委员会。国际捕鲸委员会为 ICRW 的核心机构，其主旨是“适当地保护鲸类并能使捕鲸渔业有序的发展”[①]。

ICRW 最初旨在调整各捕鲸国家之间的捕鲸活动。由于成员国皆为捕鲸国家，因此 IWC 在成立最初被戏称为“捕鲸俱乐部”。虽然 ICRW 规定了可以捕获的鲸鱼种类和可以捕获的鲸鱼数量，但是并没有对各个国家捕鲸的数量加以限制，这引发了捕鲸国家之间的竞争。[②] 由于人类对于鲸鱼保护意识的变化，IWC 经历了由“捕鲸俱乐部”向“国际反捕鲸俱乐部”的转变。1972 年斯德哥尔摩人类环境会议后，人类对于生态保护的意识不断增强，对于生态环境保护的重视程度提高。1982 年 IWC 在其第 34 届大会上通过了暂停商业捕鲸决定。1985 年 IWC 明确宣布终止部分鲸类的商业性猎捕；禁止在印度洋任何的捕鲸活动。随后，又通过了禁止猎捕一切鲸类的决定，直到 1990 年由 IWC 重新审查鲸类的情况。自国际捕鲸禁令通过并生效以来，IWC 俨然变成了“国际反捕鲸者俱乐部”。[③]

---

① “International Convention on the Regulation of Whaling,” accessed February 5, 2019, http://www. Iwcoffice. org/commission/convention. htm.

② 孙凯：《国际捕鲸机制及其变迁研究》，《鄱阳湖学刊》2010 年第 6 期，第 85 页。

③ 同上书，第 86 页。

ICRW 的第 8 条第 1 款对科学捕鲸进行了规定。[①] 以科学研究为目的的捕鲸活动引起了热议。公约对科学研究捕鲸没有详细的说明，科学研究的标准是怎样的，数目是否具有限制，科研成果是怎样的……这些标准均未做出规定。[②]

在实际运行过程中它的不足之处逐渐暴露出来。①由于 ICRW 的宗旨是“适当地保护鲸类并能使捕鲸渔业有序的发展”，主张反对捕鲸的国家和捕鲸国家在是否应该禁止捕鲸的问题上各执一词。②ICRW 第 5 条是反对程序，该程序的存在使反对捕鲸的国家能够以合法的程序反对禁止捕鲸，致使禁止商业捕鲸无法实现。③ICRW 第 8 条第 1 款对科学捕鲸进行了规定。“以科学研究为目的”引起了广泛的争议。对于如何进一步严格审查“科学研究”显得尤为重要。④因为在 UNCLOS 第 65 条第 2 句英文原文中“组织”一词运用的是复数形式“organizations”，争议焦点在于这是否损害了 IWC 作为各国在处理鲸目动物问题，与其他组织合作时必须处于首要地位。要求所有国家在海洋哺乳动物保护，特别是对鲸类动物，要“通过适当的国际组织进行保护、管理和研究”。⑤通过适当组织开展工作的义务究竟意味着什么？各国是否必须成为有关组织的成员？它们是否必须接受该组织的监管措施？都是因此带来的疑问。

目前对于鲸鱼养护的矛盾主要集中在保护国与捕鲸国之间。虽然 ICRW 作为全球性公约对鲸鱼进行保护，但公约中存在捕鲸配额的反对程序、科研捕鲸和原住民捕鲸。“以科学研究为目的”的捕鲸给捕鲸国家在配额以外继续进行捕鲸提供了依据，因此 IWC 对于科研捕鲸应该进行更加细致的限定，将科研捕鲸的标准、数量、季节和科研成果进行规定，从而达到约束科研捕鲸，防止一些国家假借科研捕鲸之名进行商业捕鲸，以及保证鲸鱼可持续发展的效果。对于科研捕鲸标准的制定需要进行充分的研究、分析和论证，从而制定出一套既不对鲸鱼造成伤害又能满足科学研究目的的标准。还需要建立由 IWC 对于科研捕鲸行为按照捕鲸标准审批的制

---

① 参见《国际捕鲸管制公约》第 8 条第 1 款规定：“尽管有本公约的规定，缔约政府对本国国民为科学研究的目的而对鲸进行捕获、击杀和加工处理，可按该政府认为适当的限制数量，发给许可证。按本条款的规定对鲸的捕获、击杀和加工处理，均不受本公约的约束。各缔约政府应将所有发出的上述特别许可证迅速通知委员会。各缔约政府可在任何时期取消其发出的上述特别许可证。”

② 董菲菲：《鲸的国际保护法律制度研究》，硕士学位论文，中国政法大学，2011，第 36 页。

度保障，而不能将科学捕鲸行为的规定仅局限于ICRW通知委员会。并且在捕鲸过程中对于捕鲸的方式进行监管，检查捕鲸捕获物、追踪后续科研成果，保证科研捕鲸的落实，处罚违反规定行为的国家，例如罚款或者减少下一年的捕鲸额度。

2. 北极捕鲸的现状、问题及对策

一直以来，北极的捕鲸一直是一个困难且具有争议的问题。虽然鲸鱼数量不断减少，但是通过养护，许多鲸鱼数量（例如小须鲸）正在恢复。在国际法中，捕鲸的方式有三种：商业捕鲸、原住民捕鲸和科学捕鲸。冰岛在北极进行商业捕鲸、科学捕鲸；挪威进行商业捕鲸；原住民捕鲸的有俄罗斯（楚科塔）、美国（阿拉斯加）和丹麦（格陵兰）。法罗群岛的捕鲸既不是科学捕鲸也不是原住民捕鲸，它是由地方社区层面组织的，是由国家立法进行规范的。与之类似的还有日本的沿海捕鲸。但就IWC的管辖范围而言，在它是否涵盖沿海国管辖的水域还是仅仅限于公海是具有争议的。IWC为商业捕鲸和原住民捕鲸设定了配额。科学捕鲸不属于IWC的管辖范围，由国家自身需求另行申请许可证。

北极鲸鱼养护的问题主要集中在挪威和冰岛的商业捕鲸。尽管IWC于1986年通过了暂停商业捕鲸决定，但挪威通过反对程序依旧进行商业捕鲸活动。冰岛在提出条件的基础上签署了这份禁令。冰岛捕获的鲸鱼极少用于本土人民消费，主要用于外来游客消费和对日本进行出口。挪威自己设置本国的商业捕鲸数额，其数量超过了冰岛和日本捕鲸数量的总和，并且以本国鲸鱼未达到濒危状态为由进行商业捕鲸。国际社会对此表示反对，欧洲议会敦促挪威必须停止该行为，并表示所有欧洲联盟港口将禁止运送鲸肉。

冰岛和挪威停止商业捕鲸，其国家政策需要改进以树立养护理念，平衡国家利益与国家责任。国际自然保护联盟应该对全球的鲸鱼数量和种类进行调查，确定是否达到濒危程度。国际组织，例如IWC，应该开展保护濒危鲸鱼的宣传和教育，强调国际社会责任和养护鲸鱼对维护生物多样性的重要性，在警醒捕鲸国家的同时，也达到教育全球消费者的目的，使消费者意识到养护鲸鱼的重要性，自觉抵制对鲸鱼的消费。欧洲很多港口都对载有鲸鱼制品的货船拒绝开放，所以各国应该承担起维护世界生物多样性的责任，抵制鲸鱼商品进口。

（二）北极海豹养护之法律规制

1. 海豹猎捕相关国际协定

UNCLOS 第 65 条直接提到海洋哺乳动物的开发，也适用于公海海洋哺乳动物的养护和管理。欧洲委员会于 1979 年批准了《保护欧洲野生动物和栖息地公约》。根据附录三和公约第 7 条规定，将为以商业或生计为目的捕猎北极海豹物种建立管理制度，包括季节性封闭、暂时或局部禁止捕获和交易这些物种，避免种群受到危险。

除了上述公约之外，如果被猎杀的海豹处于濒危状态，还有 3 项协议可能对北极海豹捕猎有限制：第一，1973 年的《濒危野生动植物种国际贸易公约》（CITES），它规定了濒危物种产品的国际贸易，但不管制捕获行为本身；第二，1979 年的《养护移栖物种公约》(CMS)，该条约目标是保护陆地、海洋和空中的迁徙物种的活动空间范围；第三，1992 年的《生物多样性公约》（CBD），它是一项保护生物多样性的框架公约，虽然 CBD 只是作为一种框架公约，也并不是以物种为基础的，但它的第 8（j）条旨在尊重、保存和维护土著和当地社区的知识、创新和实践，体现了与保护和可持续利用生物多样性有关的传统生活方式。

2. 北极国家海豹狩猎立法

由于人们对禁止猎捕海豹的必要性和实践的看法大相径庭，因此对海豹的捕猎一直是一个争议颇多的问题。北极各国捕猎海豹的不同制度表现出三种不同的趋势：美国遵循保护原则，即全面禁止捕猎海豹；欧洲联盟国家允许有限的海豹捕猎，必须严格遵守渔业管理制度，禁止商业猎捕；加拿大、丹麦（格陵兰）、俄罗斯和挪威则另执一端，主张商业猎捕海豹。目前对争论的基本解决办法之一是区分商业性捕猎与土著居民生存性捕猎。前者基本上是禁止的，对后者有一定的宽容度，允许其存在。海豹产品的贸易禁令体现了对海豹商业化猎捕的抵制。美国 1972 年颁布的《海洋哺乳动物保护法》（MMPA），禁止美国市场上所有海洋哺乳动物产品的进口和贸易；2009 年欧洲联盟禁止海豹产品贸易，禁止所有商业捕猎海豹的产品贸易。原住民社群猎取的海豹产品贸易得到豁免，但这一豁免目前的唯一受益者是格陵兰的因纽特人。加拿大和欧洲联盟于 2014 年 10 月达成了一项协议，有效地豁免了对加拿大因纽特人的贸易禁令。

所有北极国家都有捕猎海豹的历史，这些国家的立法中当然对此也有所规定，本文不做一一列举。但是，可以看出多数国家有关立法的总趋势，如制定许可证制度、配额制度，禁止猎捕幼年海豹，禁止高空、远程狩猎，禁止某些海豹产品销售，对狩猎行为控制越来越严格等。也规定了对捕猎工具和方法的要求，通过对猎人进行培训等，更有利于海豹的养护，更多地考虑动物福利，维护更高的文明程度。

3. 制定北极海豹和狩猎海豹业全面协定的动议

猎捕海豹的全面协定是最好的解决问题的方案。2009 年加拿大土著民和社区代表提出的关于合乎道德捕获海豹的“我们关心”世界宣言，表明了海豹狩猎国家加强国际合作的愿望。然而，目前的北极问题的议程中并未对其进行考虑。考虑到各国之间关于海豹捕猎和管理规定的差异性，达成全面的北极法律框架较为困难，且难以实施。

北极国家国内的法律相差甚远，因此对于制定泛北极海豹全面协定的意愿较弱。加拿大因纽特人和欧洲联盟之间在海豹捕猎问题上属于敌对立场，在欧洲联盟看来，就这一问题进行辩论，意味着海豹捕猎（商业性猎捕和生存性猎捕）和海豹产品贸易本身，被视为可接受的活动，这将违反欧洲联盟和俄罗斯对海豹产品贸易的禁令，以及美国的有关法律。

不过也并非不可能，丹麦和挪威是《北大西洋海洋哺乳动物委员会协议》（NAMMCO）的缔约国，加拿大和俄罗斯是捐助国，在商业和自给性狩猎中，达成猎捕海豹业协议是有可能的。然而，必须制定一项谨慎的利益攸关方参与战略，以避免自上而下的立法，从而对小型海豹狩猎社区产生不利影响。

4. 猎捕海豹的动物福利问题及措施

在北极海洋哺乳动物中关于动物福利问题，集中在海豹的猎捕上。海豹具有重要的经济价值，其肉、皮，甚至身体器官都是非常珍贵的商品。加拿大不仅大量猎捕海豹，而且手段残忍，最为普通的猎捕方式就是用棍子将其一击致命。案例显示，有 17% 的海豹在被剥皮时并没有完全死亡，而有 42% 的海豹是被活着剥的皮。捕猎者也会将具有珍贵药材价值的海豹生殖器直接剁下，然后让海豹自己慢慢失去生命。海豹的权利急需保护。加拿大的《野生动植物法》《迁徙鸟类公约》《国家公园法》《濒临灭绝物种法》等国内立法旨在保护动物。[①] 虽然加拿大对猎捕海豹行为进行了法

① 田琳：《加拿大的动物福利制度》，《世界环境》2005 年第 2 期，第 41 页。

律规定，但是效果并不乐观。

OIE 主张对动物的屠宰用最人性化的方法，尽可能确保在屠宰前进行有效的击晕，使动物失去知觉或者死亡。残暴猎捕海豹的方式严重地侵害了动物免受伤害的权利。国际社会没有停止过对加拿大残忍行为的抗议。从 2014 的欧洲联盟海豹贸易案中可以得知，世界贸易组织（WTO）虽然对于欧洲联盟的具体实施措施进行了否定，认为违反了国民待遇和最惠国待遇，但是对于欧洲联盟以动物福利为限制进口理由的正当性进行了肯定。由此可见，动物福利在国际上不仅限于一些动物保护者和动物保护组织，还得到越来越多的认可。对于海豹的猎捕，首先应在方法和工具方面进行限制，禁止对幼崽海豹进行猎捕，商业猎捕的海豹只能是可以离开母亲在海中独立生存的，年龄在 4 ~ 14 周龄的海豹。对于海豹猎捕进行三步规定，即敲击、检查、放血。对于“检查”这一步需要严格规定并确切落实，防止在海豹还未死亡，存有意识、感知的情况下进行其他操作行为。其次需要对猎捕者制定规则，规范其行为。猎捕者接受培训并获取猎捕许可证。考虑到土著人的传统文化和维持生计的需要，53°N 以北的猎捕者不受训练和动物福利要求的限制。

鉴于北极国家对于猎捕海豹有着很大的分歧，猎捕国家之间要加强沟通交流，促进合作，通过简化动物福利标准来达成一个比较全面的协定。随着经济的发展，人类权利意识的增加，北极国家关于动物福利的国内法的发展，以及国家之间更加密切的合作，达成较为统一的动物福利标准并非没有可能。

（三）北极熊养护之法律规制

1. 有关保护北极熊的协定

北极熊大部分时间都是在北极海域的冰上度过的，属于北极海洋哺乳动物。目前，关于北极熊保护的国际协定有《北极熊保护协定》（ACPB）、CITES，以及关于北极熊的双边协定。

ACPB 于 1973 年订立，1976 年正式生效，主要是为了遏制商业性地过度捕猎北极熊。ACPB 禁止使用大型机动船只和飞机狩猎，并未禁止科学研究和养护北极熊为目的的猎捕行为。ACPB 没有成立单独的机构，仅有北极熊专家（PBSG）组成的监督该协议执行情况的小组。近年来，该协议的缔约国已经开始通过召开 ACPB 会议的形式来建立更为正式的机构。

在 ACPB 的努力下北极熊的数量开始恢复。不过 ACPB 也存在两个不足之处：第一，很少提及两个司法管辖共享区域的北极熊过度捕猎问题；第二，较少涉及气候变化对北极熊造成的威胁。

针对这两个问题，可对 ACPB 进行修改和完善。对于两个司法管辖共享区域内的北极熊捕猎问题可以由两个司法管辖主体以 ACPB 的宗旨为原则进行协商达成一致意见，若无法达成一致意见，则可以暂停捕猎。此种解决方法不仅尊重了国家自主解决国内事务的权利，同时也尊重了保护北极熊的原则。气候变化对北极熊的影响不容忽视，缔约国应该重视气候对北极熊生存的影响。可以参照国际现有的对于北极生态环境保护的公约条款对 ACPB 进行丰富和完善。

CITES 又称为华盛顿公约，目的是保护濒危的物种，北极熊就被列在 CITES 的附录二中。2010 年，在缔约方会议第十五届会议上，美国依据其国内《濒危物种法》提出，建议将北极熊移到附录一中。秘书处对美国的提案做出了否决，表示北极熊的国际贸易并不一定对北极熊产生有害影响。但在美国提案之前，格陵兰对北极熊种群的非破坏性发现结论是负面的，这将使加拿大北极熊贸易问题变得突显。加拿大完成了其与格陵兰的三个北极熊亚群数量的重新评估，最终得出结论认为，其中有一个北极熊亚群是消极的非破坏性发现。这项措施可能有助于格陵兰和加拿大缔结 2009 年的“北极熊谅解备忘录”。

2. 美国对北极熊的立法

《濒危物种法》（ESA）是美国于 1973 年通过的一部旨在保护野生动物的法案，它对美国保护野生动物具有重要意义。美国鱼类和野生动物管理局（FWS）和商业部下属的美国国家海洋和大气管理局（NOAA）是保护野生动物的两个管理机构。2005 年 2 月 16 日生物多样性中心向美国提出了将北极熊列为 ESA 中的“受威胁”的物种的要求。按照法律规定，FWS 应该在收到请愿书的 90 天内给予答复，但直到 2008 年 5 月 15 日，FWS 才在被起诉后做出裁决，将北极熊列为“受威胁”的物种。

ESA 第 4 条将保护的动物分为“受威胁的物种”和“濒危物种”，并在第一款中明确规定达到受威胁水平和濒危水平的标准。该法还规定了若某一物种被列入表中，FWS 应该为该物种制订栖息地和发展恢复计划。第 9 条规定，任何个人、组织和国家均不能以伤害、杀灭等方式造成该列表中物种的减少。美国关于北极熊是否被列为“受威胁”物种一案涉及了气候变化的问题。美国对于气候变化一直以来持消极态度，不肯通过气候变化的立法。该案也是美国一个关于气候变化的重要案子。[①] 虽然 ESA 的宗旨是保护生物多样性，不受经济、政治等社会因素的影响，但在实际运行中却很难避免地受到经济和政治的影响，成为各方争夺经济利益的战场。

五、北极海洋哺乳动物养护的前路瞻望

（一）发挥北极理事会在北极海洋哺乳动物养护中的功能

目前，北极理事会对北极海洋哺乳动物的养护并未有系统的规定，只是散见于一些文件之中。有人认为，北极理事会在养护北极海洋哺乳动物问题上应该发挥中心作用。但是，美国支持养护由各自的论坛进行讨论，对鲸鱼的养护问题应该由 ICRW 进行规定，并不排除其他组织对鲸鱼保护问题的规定。

北极理事会应该对北极海洋哺乳动物养护问题进行系统的讨论，例如，与 ICRW 相结合，参考其同样适用于北极鲸类的规定。通过加强北极理事会与其他物种保护组织的合作，建立相关公约联合制度，制定与北极具体情况相符合的保护北极海洋哺乳动物的相关规定。此外，针对海洋哺乳动物设立了一个特别项目，主要是努力在北极动植物保护工作组（CAFF）的环极地生物多样性监测计划（CBMP）的范围内建立一个监测北极海洋哺乳动物的框架。

在养护北极海洋哺乳动物的问题上，北极理事会可以发挥四个环保工作组（北极动植物保护工作组；保护北极海洋环境；紧急预防、防备和反映；北极监测和评估计划）的作用，通过加强与其他组织的联系，以海洋保护区（MPA）为管理工具，建立一种以北极理事会为主导和协调的北极海洋哺乳动物养护网络。

首先，发挥国家与北极理事会的合作作用。需要北极国家根据 CBD 等国际协定采取的国内行动通过北极理事会加以推动，对影响北极海洋哺乳动物的因素进行监测。NOAA 建议在鲸鱼生育季节对于大型船只的特定航线设置速度限制。笔者认为北极理事会可以通过研究北极海洋哺乳动物的生活习性、主要生活区域和迁徙路线，尽可能使船舶绕行，若不可避免地

---

① 陈熹：《气候变化背景下的北极熊保护——美国哥伦比亚地区法院北极熊濒危物种表列案评析》，《武大国际法评论》2013 年第 2 期，第 128 页。

航行，则可以借鉴 NOAA 的做法，对船舶的航行速度和航行季节进行合理的限制，从而减少船舶对于海洋哺乳动物的影响。

其次，提高北极理事会的包容度。全球气候变化对北极生态环境的影响，以及北极生态环境变化对全球的反作用，都关系到全人类的生存与发展，这些不能支持北极八国垄断北极事务。并且，北极航道开通、北极破冰船的研发制造、北极油气开发、北极科学考察等活动对资金和技术的要求不是仅一两个国家就能承受的，需要各个国家进行合作。所以，北极理事会应该以现实条件为基础，应采取更加开放包容的态度，对于北极观察国不仅仅给予建议讨论权，应该给予其一定程度的表决权。此举不仅维护了北极国家的利益，同时也增加了北极观察国对北极事务真实意愿表达的积极性。集中全球的力量保护北极、发展北极。

最后，由北极理事会为主导，发挥 CAFF 的作用，在建立 CBMP 的基础上，把北极海洋哺乳动物单列为一个种类，对北极海洋哺乳动物的数量、种类、生存区域、健康状态、影响因素进行试验和监测，并将数据进行汇总和整理，形成一份有关北极海洋哺乳动物养护的自然科学知识文件。以自然科学知识为依据，由北极理事会召开会议，就北极海洋哺乳动物的养护进行讨论，达成一份关于北极海洋哺乳动物养护的协定。

（二）建立北极海洋哺乳动物保护区

1. 建立北极海洋哺乳动物保护区之议

东北大西洋的保护区网络是海洋保护区全面、有效管理和具有生态代表性的区域系统的最佳例子。《保护东北大西洋海洋环境公约》（OSPAR）以养护生态系统和生物多样性为重点，超越了《奥斯陆公约》和《巴黎公约》防止污染的目的。大约 40% 的 OSPAR 海域超出沿海国家的管辖范围。OSPAR 最大的成功是在国家管辖范围外（ABNJ）建立海洋保护区。2003 年不莱梅部长承诺在 2010 年之前建立一个管理良好的海洋保护区生态连贯网络，其明确任务是在 ABNJ 确定和指定 MPA，由国际海洋考察理事会审查。此外，海洋保护区闭会期间通信小组、海洋保护区、物种和生境工作组及生物多样性委员会等由 OSPAR 委员会的相关机构逐步完成。

OSPAR 委员会于 2010 年集体决定在 ABNJ 和东北大西洋公海建立六个海洋保护区，同时，OSPAR 委员会部长级会议还商定了每个领域的管理建议。委员会中的每个成员每年都要向其报告该国对管理建议的实践行动。

MPA 在保护北极海洋环境中发挥着关键作用，需要确保保护区得到管理和监督，各个国家、区域和国际措施形成生态跨界网络，从而长期保护北极生态系统。OSPAR 委员会的工作证明，对海洋养护采取基于生态系统的管理有可行性，但需要各个国家在协调和实施保护区承诺方面进行高度的双边和多边合作。国际层面上包含法律安排的治理框架对制定保护区十分重要，它是最基本的要素，为治理框架提供了合法性，并且是规划、实施、管理和执行的基础。虽然在北极中没有同 OSPAR 一样的公约，但 OSPAR 的模式值得借鉴。

欧洲议会议员呼吁在北极周围的公海地区建立保护区，该提议禁止在国家经济区之外进行开发。2014 年 3 月，欧洲议会通过了该提议。决议第 38 条支持北极五个沿海国商定临时预防措施，建立北极公海捕捞的适当的监管机制，并支持发展北极保护区网络，特别是保护沿海国经济区以外北极周围的国际海域。但此次文件没有完全禁止资源开采的行为。允许进行油气开发和大型钻井船活动，这对北极海洋哺乳动物生存环境的保护存在威胁。绿色和平组织在其“拯救北极”运动中要求在北极周围建立全球保护区，并禁止在北极地区进行海上钻探和破坏性的工业。欧洲议会还强调，北极理事会在以往有关防止漏油协议的基础上，有必要就防止污染问题达成具有约束力的协议。这一举动与北极理事会成员国目前的立场背道而驰，遭到了除芬兰以外成员国的抵制。北极理事会其他成员反对建立类似《南极条约》的法律框架，强调北极理事会的重要性和 UNCLOS 作为北极地区法律基础的重要性。为确保防止漏油，所有北极国家都有必要采取类似措施。

北极理事会是促进建立北极保护区合作的最佳论坛，包括通过一些受 OSPAR 启发的促进谈判的法律文书及对有效合作行动的正式承诺，CAFF 作为北极理事会的一个关键机构，可以率先制定一项协调战略，以建成一个管理良好的保护区网络，此网络也是保护北极海洋哺乳动物的重要因素，在 CBMP 中有所涉。CBMP 是一个由科学家、政府机构、土著组织和环保组织共同合作协调和整合监测北极生物资源的国际网络，其目标是促进对影响北极地区生物多样性的相关因素和压力进行更快速的检测、交流和响应。重视全球保护区的建立和北极观测网络的建立，可以针对北极海洋哺乳动物进行保护，保持北极地区的生物多样性。

2. 建立北极海洋哺乳动物保护区的具体路径

联合国在最初讨论保护国家管辖海域外生物多样性（BBNJ）时就提到要在国家管辖范围外建立海洋保护区网络。BBNJ 利用国际协定以确保海洋生物多样性的可持续利用为目标，并在 ABNJ 建立管理有效、以生态和生物地理学为代表的海洋保护区网络。随着全球气候变暖，北极生态环境也随之发生改变，人类在北极的活动也在不断增加，影响了北极海洋哺乳动物的生存，导致北极海洋生物多样性受到威胁。笔者认为，应该建立北极海洋哺乳动物保护区，以对北极海洋哺乳动物进行更好的养护。建立北极海洋哺乳动物保护区主要包含以下几个步骤：

首先，确定组织建立北极海洋哺乳动物保护区的机构。笔者认为，北极理事会应该发挥养护北极海洋哺乳动物的主导作用，积极组织工作。2004 年，联合国大会特设了一个不限名额的非正式特设工作组（也称国家管辖范围外海洋生物多样性工作组，以下简称工作组），研究 BBNJ 的可持续利用相关问题。2011 年工作组启动了一项程序，该程序包括海洋遗传资源（包括利益分享问题）、划区管理工具（包括海洋保护区）、环境影响评价问题、能力建设和海洋技术转让问题。启动该程序的目的是，检验是通过执行现有国际法还是在 UNCLOS 框架下制定多边协议来实现对 BBNJ 进行保护和可持续利用。[①] 这与养护北极海洋哺乳动物的问题正好切合，所以由北极理事会与工作组共同牵头组织建立北极海洋哺乳动物保护区的工作。

其次，划定保护区范围。海洋哺乳动物保护区可以根据物种分布、濒危程度、受影响的因素进行划分。例如，北极大部分鲸鱼种类都在 CITES 中，白鲸、独角鲸等常年生活在北极，可以对分布较多的区域进行划定；蓝鲸、虎鲸等属于迁徙动物，需要确定其迁徙路线，根据其迁徙路线划定保护区。在划定保护区的基础上需要对该保护区内物种对环境的要求标准进行调查、实验、研究，用数字形成标准，为下一步针对保护区建立相关法律提供与自然科学相关的基础知识。

再次，对保护区进行相关法律规制。建立北极海洋保护区应该借鉴

① 刘乃忠、高莹莹：《国家管辖范围外海洋生物多样性养护与可持续利用国际协定重点问题评析与中国应对策略》，《海洋开发与管理》2018 年第 7 期，第 11 页。

OSPAR 海洋保护区的经验，由工作组和北极理事会牵头召开会议，就划定的保护区的管理模式及管理方法征集建议。例如，养护迁徙的鲸鱼需要在其迁徙的主要路线范围内对船舶航行和油气资源勘探及开发进行规制。因为船舶航行过程中不仅会产生噪声污染，还会对鲸鱼产生撞击。在确定影响鲸鱼正常生活的声音范围基础上，通过达成国际协定的方式对保护区进行相关规定。

最后，确定监管机构。对北极海洋哺乳动物保护区的监管职责，可以由工作组担任。因为工作组的主要任务就是维护国家管辖范围外生物多样性，北极也在其管辖范围内。

（三）在北极环境影响评价中纳入对海洋哺乳动物养护的考量

1. 在《北极环境影响评价指南》中增加海洋哺乳动物养护

环境影响评价范围在环境影响评价机制中起到基础性作用。但目前还没有一部完全有效的法律文件适用于北极地区的环境影响评价，与北极环境影响评价最为直接的法律文件为《北极环境影响评价指南》。《北极环境影响评价指南》将评价范围规定为动植物群、非生物因子、自然资源，以及人类的健康、安全和幸福。其中提及了动植物群，但并未对影响动植物生存的具体标准进行规定。指南应该强调土著人民和掌握北极专业知识的其他当地社区在北极环境影响评价中的作用，提高其参与性，利用其对北极海洋哺乳动物的了解，充分考虑生态环境对北极海洋哺乳动物影响的具体因素，更好地制定环境影响评价的范围与标准。

《环境影响评价的目标及原则》是全球最早代表国际环境影响评价目标和基本程序的法律文件之一，它提供了实施环境影响评价的国际公认的最低要求。但其在本质上只规定了一般性原则，还需要在执行环境影响评价程序中进一步细化。

所以，为了更好地养护北极海洋哺乳动物，在北极环境影响评价的范围上，应该将北极海洋哺乳动物纳入其考量的范围，还应对开展项目的区域内北极海洋哺乳动物资源可持续性利用的潜在影响，特别是噪音和漏油对北极海洋哺乳动物的影响，以及拟议活动的可替代方案进行全面综合考虑。北极理事会的 CAFF 建立的监测北极海洋哺乳动物框架，也需要对影响北极海洋哺乳动物生存的因素的具体标准通过实验、检测等方法进行数字化，为评价影响北极海洋哺乳动物生存的环境水平提供数据支持。

2. 提高《北极环境影响评价指南》的法律效力

《北极环境影响评价指南》强调了北极环境的敏感性和脆弱性，并在环境影响评价过程的不同阶段考虑了北极的特殊状态，为北极国家开展国内环境影响评价程序提供了一般性指导。该指南不仅为北极各国在国内实施环境影响评价提出最低标准，还规定了在跨界背景下实施环境影响评价的要求。虽然北极国家同意适用《北极环境影响评价指南》中的相关规定，但是其并没有建立真正有效的后续机制来监督这些指导方针的有效实施。由此，在实践中，该指南的实施效果并不理想。

事实上，《北极环境影响评价指南》中对北极特殊性的关注有其现实价值，在未来的适用中，应加强在北极地区的宣传力度，使相关利益主体认识到指南对于促进北极地区实施环境影响评价的重要意义。同时，应加强《北极环境影响评价指南》工作组与北极理事会的交流、联系与合作。《北极环境影响评价指南》可以借鉴北极理事会关于北极海洋哺乳动物养护的工作数据，作为环境影响评价的标准的考量范围，从而更好地养护北极海洋哺乳动物，维护生物多样性。

（四）加强中国对北极海洋哺乳动物养护的参与

党的十九大把推动构建“人类命运共同体”作为新时代坚持和发展中国特色社会主义的基本方略之一，并写入新党章。“人类命运共同体”理念成为习近平新时代中国特色大国外交思想的重要组成部分，并在实践中不断落实与发展。

中国在地理位置上属于近北极国家，北极自然状况的变化会对中国的气候和生态环境、农林牧副渔等领域产生直接的影响。“人类命运共同体”下的共同利益观和可持续发展观表明，通过加强国际合作养护北极海洋哺乳动物不仅是推进中国特色大国外交的必然要求，也是促进北极生物资源可持续发展的有力推动力。2013 年中国正式成为北极理事会观察员国，这为参与北极事务争取到了更多的话语权、争取更多的合法权益提供了途径。中国在积极参与北极事务，承担国家责任，坚持可持续发展和国际合作。主要体现在航道开发利用、油气、矿产资源勘探与开发、旅游开发、科学考察等方面。

第一，在航道开发利用方面。北极冰雪融化使北极航道开通，商业性运营活动增加。北极航道有希望成为国际贸易运输的重要路线，对包括北极国家在内的世界航运大国都具有重要的现实意义和战略意义。由于北极生态环境极易受到外来活动的破坏，所以开发利用北极航道时需要对船舶在设计、硬件设备、人员操作技术、漏油事件的应急措施等方面进行规制，保护北极生态环境不受破坏，从而更好地养护北极海洋哺乳动物。为此，IMO 通过了《极地水域船舶作业国际规则》（以下简称《极地规则》），但仍具有其局限性。中国作为 IMO 的 A 类理事国应该在以下两个方面发挥作用。首先，中国应该积极参与到北极航运治理的工作讨论中，提高在 IMO 工作的技术工作组和法律工作组中的参与度，提出建设性的意见和方案，促使 IMO 对北极航行的船舶出台切实可行、有效的管理措施。[①]其次，中国为了更好地养护北极海洋哺乳动物和开发利用北极航道，需要根据《极地规则》完善我国相关立法。对于船舶航行过程中的漏油事故的应急措施需要中国与船东公司联合商讨制定，并学习挪威和俄罗斯在预防监测方面的做法，进行定期的演习训练。同时应该对海员进行专业的培训，提高海员应急业务能力。做到在事故发生时，能够有全套的应急措施，以及海员能够熟练、专业地实施应急措施。

第二，在油气、矿产资源勘探与开发方面。应该考虑对北极海洋哺乳动物的养护，承担起保护北极生态环境的责任。首先，中国应该在北极理事会对北极治理的框架下，积极参与国际合作，加强与其他国家就北极资源开发过程中遇到的生态环境问题的交流，共同寻找解决方案；其次，中国应该加强与国际组织的联系，支持其保护北极生态环境、养护北极海洋哺乳动物和保护生物多样性的工作；最后，中国作为崛起的发展中大国，应该加大对北极资源勘探开发过程中保护生态环境所需的技术投入，承担起大国责任，促进北极资源开发中环保技术的发展，这对保护北极生态环境、养护北极海洋哺乳动物具有重要意义。

第三，旅游开发方面。旅游业是北极的一项新兴的产业。中国作为北极游客来源国之一，应该从以下两个方面入手保护北极生态环境。首先，中国应该针对如何保护北极环境制定法律规定、监管机制和处罚条款，并对开展北极旅游业务的旅游公司及其内部工作人员进行专业培训；其次，

① 孙凯，刘腾：《北极航运治理与中国的参与路径研究》，《中国海洋大学学报》（社会科学版）2015 年第 1 期，第 3 页。

中国应该就如何保护北极海洋哺乳动物的生存环境在国内开展宣传教育，提高中国北极游客的素质和环保意识。

第四，科学考察方面。中国积极参与北极科学考察活动。可以通过科学考察，对北极海洋哺乳动物进行科学研究，对其自然状况和生存环境标准做进一步的了解和研究，从而为养护北极海洋哺乳动物提供自然科学知识基础，加强对北极海洋哺乳动物的保护。主要可以研究北极海洋哺乳动物的物种种类、分布区域、数量、迁徙路线、繁殖时间与地点等。

六、结论

北极海洋哺乳动物的养护是北极治理的重要部分，不仅仅涉及单一动物保护的问题，还包含对北极海洋哺乳动物的生存环境的保护。对北极海洋哺乳动物的保护，不仅影响着北极地区、北极国家的生产与生活，对世界和整个人类的生存与生活都密切相关。中国应该积极参与其中，努力承担起在北极地区和北极事务中的大国责任，为保护北极海洋哺乳动物甚至北极地区的可持续发展做出自己应有的努力和贡献。为保护北极海洋哺乳动物，中国可以在涉及航运、海洋环境保护、气候变化等各个领域和相关议题上充分发挥自己在联合国、国际海事组织等国际组织中的作用与影响力，运用好国家软实力，积极参与多边协商，在相关领域的制度涉及和规则制定进程中发挥建设性作用，加大对北极治理的贡献。

北极渔业资源管理法律问题研究

杨佳霖

摘　要：气候变暖正在影响着全球的生态系统，北极则更为明显。在气候变化背景下的北极海域渔业资源也正在发生改变，水温的上升、人类活动的增加等因素使得北极渔业资源的结构和分布也随之改变。北极渔业资源的管理问题需要国际社会共同关注。目前，北极国家在北极问题管理上具有领导地位，在北极事务管理上具有排他性，国际社会较难介入北极问题，不同国家的渔业政策和区域性的渔业资源管理限制了管理政策的执行效率。但鱼群的洄游动态性使得渔业资源的管理必须具有区域联动性，任何一个国家都无法独自完成北极渔业资源的管理，国际间的合作势在必行。2017 年 11 月 30 日，中国、美国、俄罗斯、加拿大、丹麦、挪威、冰岛、日本、韩国和欧洲联盟十方共同签署通过了《预防中北冰洋不管制公海渔业协定》，北极渔业资源管理问题的国际合作态势初步显现。本文综合分析北极渔业管理的现有法律文件和国际管理组织，在现有法律基础上提出建立"泛北极"的北极渔业资源管理体系的构想。我国应积极促进国际合作，保护我国在北极渔业问题上的合法权益，秉承科技先行原则，为北极渔业资源的有效管理贡献力量。

关键词：北极地区；渔业资源管理；合作治理；渔业协定

Research on the Legal Issues of Arctic Fishery Resources Management

Yang Jialin

Abstract: Global warming is affecting ecosystems around the world, especially in the Arctic. Under the background of climate change, the Arctic Ocean fishery resources are also changing, and the survival and distribution of Arctic fishery resources are also changing due to the rising water temperature and the increase of human activities. The management of Arctic fishery resources needs the common attention of the international community. At present, the Arctic states have a leading position in the management of Arctic issues and are exclusive in the management of Arctic affairs. It is difficult for the international community to get involved in the Arctic issues, and the fishery policies of different countries and regional fishery resources management limit the implementation efficiency of the management policies. However, due to the dynamic migration of fish stocks, the management of fishery resources must have regional linkage. No country can complete the management of Arctic fishery resources alone, so international cooperation is imperative. On November 30, 2017, China, the United States, Russia, Canada, Denmark, Norway, Iceland, Japan, the Republic of Korea, and the European Union signed *the Agreement on The Prevention of Fisheries on the High Seas In the Arctic Ocean*, marking the beginning of international cooperation on the management of Arctic fishery resources. Based on the comprehensive analysis of the existing legal documents and international management organizations of Arctic fishery management, this paper puts forward the idea of establishing a "pan – Arctic" Arctic fishery resource management system. China should actively promote international cooperation, protect its legitimate rights and interests in Arctic fishery issues, uphold the principle of science and technology first, and contribute to the effective management of Arctic fishery resources.

Key words: Arctic region; management of fishery resources; cooperative governance; fisheries agreement

一、北极渔业资源及其管理概述

（一）北极海域相关概念

1. 北极海域界定

根据联合国粮食及农业组织（FAO）的界定，66°N 以内的海域属于北极海域。[①] 北极理事会的定义更为宽泛，其把北极海域南部界线置于北极圈之外，在部分区域甚至延伸到 60°N 之外，[②] 把北极边缘海也划为北极海域的定义之内，以便基于生态系统开展更科学的海洋研究。

本研究中，北极海域与北极理事会定义下的北极海域范围大致相当，包括北冰洋及北冰洋的边缘海。北冰洋大致有 8 个边缘海，按顺时针方向分别为波弗特海、楚科奇海、东西伯利亚海、拉普捷夫海、喀拉海、巴伦支海、挪威海和格陵兰海。在北极拥有陆地的国家有 8 个，通常称为北极八国，分别为美国、俄罗斯、加拿大、瑞典、丹麦、芬兰、挪威、冰岛。

选择把北极边缘海域纳入研究的另一个重要原因是，当前北冰洋还未出现商业捕捞活动，大规模的渔业捕捞和管理实践都是在北极边缘海域，北极边缘海域因此存在较多的区域性的管理组织，对北极边缘海域渔业管理的研究能对北极渔业资源管理有借鉴作用。而且未来北极渔业管理的问题，应该依托相应的渔业组织承担管理职责，这种管理方式正是本文的关注所在。

2. 北极渔区界定

北极渔区有两种划分方法，根据 FAO 的划分，66°N 以内的海域为北极海域，包括 18 渔区、21 和 27 渔区的部分海域；[③] 按北极理事会定义，66°32′N以内的海域为北极海域，包括 18 渔区和 21、27、61、67 渔区的部分海域。[④] 按本文对北极海域的研究定义，应该为 18 渔区、21 渔区、27 渔区、部分 61 渔区和部分 67 渔区。18 渔区对应北冰洋、21 渔区对应西北大西洋、27 渔区为东北大西洋、61 渔区为西北太平洋、67 渔区为东北太平洋。[⑤]

（二）北极渔业资源

1. 北极渔业资源种类

北极海域渔业资源主要集中在东北大西洋巴伦支海与挪威海，中北大西洋冰岛和格陵兰岛外海域，加拿大西北部纽芬兰和拉布拉多海，北太平洋白

---

① 参见《联合国粮食及农业组织 2010 年渔业和水文统计年鉴》，http：//www. fao. org/fishery/publications/yearbooks/en，访问日期：2019 年 1 月 14 日。

② 参见“北极监测与评估项目”网站，网址：http：//www. amap. no。

③ 参见《联合国粮食及农业组织 2010 年渔业和水文统计年鉴》，http：//www. fao. org/fishery/publications/yearbooks/en，访问日期：2019 年 1 月 14 日。

④ 参见“北极监测与评估项目”网站，网址：http：//www. amap. no。

⑤ 参见《联合国粮食及农业组织 2010 年渔业和水文统计年鉴》，http：//www. fao. org/fishery/publications/yearbooks/en，访问日期：2019 年 1 月 15 日。请读者自行查找。

令海。[①] 2013 年北极理事会北极动植物养护工作组发布了《北极生物多样性评估》报告，该报告对北极地区的动植物的数量、种类、地理分布和动态发展等做了介绍，指出，北极淡水河和海河洄游鱼类共 127 种，北极地区的鱼类基本都是溯河性鱼类。《北极生物多样性评估》报告中定义的北极海域与本文研究的北极海域基本吻合。

虽然北极海域鱼类种群繁多，但个体数量较多的鱼群却不多。《北极生物多样性评估》报告对鱼群做了统计，具体见表 1。

表 1　北极海域主要鱼类种群信息[②]

所属科	鱼群种类	所在海域	总量估值（万吨）
鲭鲨科	大西洋鲱鱼	挪威海、巴伦支海	790
胡瓜鱼科	巴伦支海毛鳞鱼	巴伦支海	210
鲭科	大西洋鲭鱼	挪威海	300
鲽科	马舌鱼	巴伦支海	4 ~9
鳕科	北极鳕	巴伦支海	100
	阿拉斯加狭鳕	白令海	840
	太平洋真鳕	白令海	34. 5
	大西洋真鳕	巴伦支海	210
	黑线鳕	巴伦支海	35
	蓝鳕	挪威海	300
	青鳕	挪威海、巴伦支海	37. 5

2. 北极渔业资源动态

科学家们正在试图寻找气候变化条件下北极渔业资源的动态发展的真相，但可以发现其研究结果呈现多样性，无法一概而论。

美国阿拉斯加渔业科学研究中心的科学家们开展了一项针对气候变化条件下鱼类种群从次北极北上北冰洋的可能性的实验，这对揭示未来北极渔业

① 赵隆：《从渔业问题看北极治理的困境与路径》，《国际问题研究》2013 年第 4 期，第 70 页。

② 参见 The Conservation of Arctic Flora and Fauna of Arctic Council, *The sixth Chapter Fisheries in Arctic Biodiversity Assessment*, http：//www. caff. is。

资源发展具有一定指导性。[①] 实验选取 17 种广泛分布于次北极海域的鱼类作为研究对象，研究结果显示，6 种鱼类显示出天时、地利较好的前提条件下北上的一定可能性，而另外的 5 种则可能性不大。研究认为，次北极鱼类北上受一些重要因素的影响，如水温、食物、通往北冰洋洄游通道的水深等，而且鱼类具有不同的习性特点，其北上的可能性受外因影响的同时也受内因影响，甚难下统一定论。

《北极生物多样性评估》报告详细分析了北极海河洄游鱼类可能遭遇的负面影响。北极气候变化条件下，河流流向海洋的通道更为畅通，而北极地区的河流水基本是北上汇入海洋，影响鱼类生境的污染物质会随着河流北上汇集到河流下游，这些水域又恰是溯河性鱼类洄游的必经通道。另外，气候变化条件下的北极人类活动日渐频繁，如，油气开采的设施建造不仅带来污染、水流物理性质的改变，甚至可能拦截洄游鱼类的洄游通道。各个北极国家几乎都曾报道过溯河性鱼类资源衰竭的悲剧，本来在东北大西洋周围海域普遍存在的欧洲鳗鲡和大西洋鲟现在已经几乎绝迹，驼背白鲑和红点鲑在加拿大育空地区也已经难觅踪影。

3. 北极渔业资源利用现状

根据 FAO 的调查显示，18 渔区北冰洋海域的渔业产量几乎可以忽略不计，现阶段北冰洋尚未发展渔业，大部分原因是北冰洋常年被冰层覆盖，无法进行渔业捕捞作业。

东北大西洋（27 渔区）海洋渔业捕捞量总体呈现下降趋势。由表 3 可以看出，北极八国的总捕捞量总体呈下降趋势，据 FAO 显示，东北大西洋（27 渔区）62% 鱼类的种类处于完全开发状态，31% 过度开发，仅 7% 未完全开发。[②] 该数据一定程度上反映了东北大西洋北极渔区渔业资源的衰退。

FAO 27 渔区北极国家渔业产量见表 2。

根据 FAO 数据显示，61 渔区的年产量保持在 2 000 万吨左右，67 渔区的年产量大约为 300 万吨，由于 61 渔区和 67 渔区仅有部分海域为本文的研究对象，所以本文不再进行分析。

---

① Anne Babcock Hollowed, Benjamin Planque, Harald Loeng, "Potential Movement of Fish and Shellfish Stocks from the Sub-Arctic to the Arctic Ocean," *Fisheries Oceanography* 22, no. 5 (2013): 359。

② 参见 FAO, *The State of World Fisheries and Aquaculture*, 2012, 第 55 页。

表 2　FAO 27 渔区北极国家渔业产量①　　（单位：万吨）

国家	年份									
	2005	2006	2007	2008	2009	2010	2011	2012	2013	2014
挪威	238.9	224.4	233.6	236.4	248.5	255.7	217.6	204.4	194.6	213.2
冰岛	165.8	132.3	139.9	128.4	114.2	106	113.8	135.8	136.6	107.7
俄罗斯	89.8	89.1	85.3	83.1	92.6	99.4	93.2	94.7	99.1	99.9
格陵兰	4	4.7	3.9	3.9	3.6	3.4	4.2	5.9	11.8	13.6
法罗群岛	55.9	61.9	57.8	49.1	32.6	37.7	35	35.7	48.3	53.9
瑞典	25.5	26.8	23.7	23	20.2	21.1	18	15	17.7	17.2
芬兰	9.5	11.3	12.8	11.9	12.5	12.7	12.5	13.9	14.4	15.4
总计	589.4	550.5	557	535.8	524.2	536	494.3	505.4	522.5	520.9

（三）北极渔业资源管理的影响因素

1. 北极环境变化对渔业资源管理的影响

北极海域的生态环境较为特殊，阳光照射时间短且天气极度寒冷，这使北极海域生态系统十分脆弱并且自我修复能力薄弱。一个生态系统及其自我修复能力是否薄弱，与该生态系统的生产者和消费者有关。生产者和消费者的数量和种类越多，食物链越长，生态系统的稳定性和恢复性也就越强。但是北极海域环境决定了生产者的数量和种类较少，而且多对生态极为敏感，这些直接导致了整个北极生态系统稳定性和自我恢复能力较差。

北极海域的生态系统直接影响北极渔业资源，北极海洋生态系统的高度动态变化对北极渔业资源的影响（例如水温上升、海冰覆盖面和厚度减少、盐度降低和酸化增加导致的鱼类种群结构、数量、分布变化）很可能更广泛，也可能更难以预测。虽然多数的研究专家认为气候变化下的北极渔业面临着更多的机会，② 但也有少数专家认为，气候变化会给北极渔业带来严重影响，这些预测无法定论。但是，由于北极脆弱的生态环境因素，现有的鱼类资源的枯竭是不可恢复的，这是我们无法承担的后果，所

① 参见“联合国粮食及农业组织”官网。

② 参见 E. J. Molenaar, R. Corell, *Background Paper Arctic Fisheries Ecologic Institute*, *Ecologic Institute EU*,2009,第 12 页。

以笔者认为，在没有足够的科研评估的佐证下任何人的揣测都是不可取的。

另外，越来越多的人为活动影响着北极环境，进一步影响北极的渔业资源。随着北极海域冰层的消融，北极丰富的油气矿物资源的开采变成了可能，油气资源和矿产资源的开采活动，以及在未来可预见的时间内北极航道的开通带来的商业航运也随之增多。人类活动的增多会对北极环境造成影响，越来越多的船舶航行对北极海域的影响也是不可忽视的，噪音、破冰、船只的排放等因素有可能对生态系统产生负面影响。

2. 北极渔业捕捞配额制度对渔业资源管理的影响

捕捞配额制度是依据各种渔业资源的最大可捕量并根据捕捞能力合理分配渔获量份额的一种管理方式，是目前世界上一种比较科学的主动式的渔业管理方法。[①] 目前北极海域渔业捕捞配额问题值得我们关注，该问题主要集中在北极边缘海和北极八国的专属经济区，由于没有严格的捕捞配额的执行程序和相关制定主体没有强制执行力，捕捞配额制度形同虚设。

以北极欧洲国家为例。目前北极欧洲国家确定配额的方法是以欧洲联盟为主体，与第三国及有关国家协商双边协定。[②] 根据相关资料显示，2017 年欧洲各国鲭鱼的总捕捞配额为 102 万吨，这一数量是欧洲联盟与挪威、冰岛、法罗群岛等相关方共同商议后确定的。这比国际海洋开发理事会 2016 年建议的 94 万吨的捕捞配额高出了 8 万吨。2017 年的捕捞配额中，欧洲联盟的配额为 50. 3 万吨，挪威为 22. 9 万吨，法罗群岛为 12. 8 万吨，其余 15. 9 万吨捕捞配额分配给了冰岛、丹麦（格陵兰）和俄罗斯。[③] 然而，冰岛、俄罗斯、格陵兰三方并不满意捕捞配额的分配，并决定自行确定捕捞配额，所以实际捕捞量大大超出了国际海洋开发理事会测算的标准。超出鱼群的最大可捕捞量，会破坏鱼群的年龄结构组成，这将不利于鱼群的可持续发展，甚至影响鱼群的生存。

捕捞配额制度的不健全造成了 IUU 捕捞现象。IUU 捕捞是指非法的、

① 参见捕捞配额制度的百度百科，https：//baike. baidu. com/item/% E9% 85% 8D% E9% A2% 9D% E6% 8D% 95% E6% 8D% 9E% E5% 88% B6% E5% BA% A6/1464054。

② 刘佳英、黄硕琳：《欧盟的渔业政策与渔业管理》，《中国水产》2005 年第 4 期，第 30 页。

③ 缪卫朋、李励年：《2017 年欧洲各国大西洋鲭鱼的捕捞配额总计 102 × 10^4 t》，《渔业信息与战略》2017 年第 1 期，第 81 页。

不报告的和不受管制的捕捞活动，是国际上严重违规的捕捞活动。北极边缘海域渔业资源丰富，渔业产业是部分环北极国家的重要产业，捕捞配额的限制会影响国家的产业贸易，影响渔民的收入，所以 IUU 现象屡禁不止。要想杜绝 IUU 现象，捕捞配额制度必须科学化。

3. 北极渔业资源争端对渔业资源管理的影响

北极海域渔业资源争端由来已久，如俄罗斯和挪威的巴伦支海冲突、美国和俄罗斯白令海峡冲突等，但现在，这些冲突由北极国家间逐步发展为全球国家间的冲突。

由于北极海域公海的存在，包括我国在内的近北极国家越来越表明介入北极领域的倾向性，扩大自己在北极问题上的话语权。由于渔业管理问题的“低政治”性，这显然是一个介入北极问题的便捷渠道。与此相反，北极五国（俄罗斯、美国、加拿大、丹麦和挪威）一直在北极问题上显示出排他性，也一直努力建立起在北极渔业问题上的领导地位。2008 年的《伊卢利萨特宣言》就可以表明北极五国关于北极渔业管理的意愿，即“北极中央区域尚未出现大规模的商业捕捞活动，现阶段没有必要建立区域性渔业管理组织”“非北极国家在未来的某个时机可以被允许参与北极公海渔业相关问题讨论”。[①] 这就明确表明，非北极国家想要参与北极渔业管理事务，需要北极国家的同意，这也侧面想坐实北极五国在北极渔业管理事务上对非北极国家的领导地位。2015 年，北极五国发表《奥斯陆宣言》，发布了关于防止北冰洋中央公海不管制捕捞活动的宣言，后来历时两年，在加入各方参与国的同时并签署《预防中北冰洋不管制公海渔业协定》。由此观之，未来关于北极渔业资源管理问题，北极五国和非北极国家的潜在权益冲突会日益浮现。

（四）北极渔业资源法律治理的必要性

首先，北极海域生态系统十分脆弱，并且北极海域环境决定了生产者的数量和种类较少，导致自我恢复能力薄弱，如果破坏生态系统其中任何一环，都可能对北极生态环境造成极大的破坏。北极海域生态环境直接关系着北极鱼群的生存。

---

① 参见 A5 Meeting on Future Arctic Fisheries Chairman's Statement（Washington，D. C. of USA，April 29-May 1，2013）。

其次，北极周围边缘海域在历史上都曾遭遇过渔业管理危机。如巴伦支海的渔业管理危机，挪威政府颁布禁捕政策后鳞鱼资源得以养护、恢复，之后挪威的渔业政策则更强调鱼群的养护和可持续利用；白令海公海也遭受过渔业管理危机，20 世纪白令海峡鳕的渔获量达到了 145 万吨，过度捕捞导致峡鳕资源极速被破坏，峡鳕的渔获量急剧下降，1992 年的渔获量仅仅为 1 万吨。为了养护白令海峡鳕资源，美国、俄罗斯、日本、韩国、波兰和中国为首的六国共同签署了《中白令海峡鳕资源养护与管理公约》，从此白令海公海渔业资源开始进入有序的管理养护状态。当然，这仅仅是一两个北极边缘海域渔业资源过度开发的缩影。所以，北极海域的渔业资源应当未雨绸缪，建立可持续开发的管理政策，以避免北极海域再走先破坏后治理的老路。

最后，北极渔业资源权益争端需要法律规制。随着时间的推移，北极八国间的渔业争端日渐平息，但非北极国家和北极国家的渔业资源权益冲突却日渐凸显。但这种冲突现有法律体系也无法解决，因此北极渔业资源进行法律治理是十分有必要的。

二、北极渔业资源管理法律治理现状

（一）北极渔业资源管理的法律文件

1. 全球性法律文件

（1）《联合国海洋法公约》

1982 年，联合国正式通过了《联合国海洋法公约》，并于 1994 年生效，到目前为止已获 155 个国家批准。《联合国海洋法公约》第 116 条规定了所有国家都有公海捕鱼的权利。[①]《联合国海洋法公约》在规定相关权利的同时，也规定了各国需要相互合作来共同承担养护海洋生态的义务，其第 63 条、64 条、66 条和 67 条分别规定了跨界鱼群、高度洄游鱼种、溯河产卵种群和降河产卵鱼种的利用和养护。[②]《联合国海洋法公约》对倡导公海渔业资源养护和管理上的国际合作进行了规定，即“各国应相互合作养护和管理公海区域内的生物资源，按照当时情形下进行合作，设立分区

① 参见《联合国海洋法公约》第 116 条。

② 同上书，第 63、64、66、67 条。

域或区域渔业组织”。其第 61 条和第 119 条则体现了生态系统管理的理念，突出鱼种间关系对维护生态平衡的重要性。[①]

《联合国海洋法公约》也对捕鱼进行了相关限制，由洄游鱼种和溯游鱼种等特殊鱼群的相关条款体现。包括各国有采取必要措施的义务养护渔业资源、与其他国家合作来确定捕捞的具体方式、确定总捕捞量，各个国家应设立相关的部门或组织管理公海生物资源；在适当情况下，交换不同的科学信息，以及保护相关鱼类种群的数据资料；沿海国与捕捞国应通过适当的国际组织，致力于海洋渔业的管理、养护和研究等。

《联合国海洋法公约》是一个全球性的法律框架，当然也适用于北极海域，虽然其没有针对北极渔业的规定，但其全面性的海洋法律规范也为北极渔业资源的管理提供了重要依据。

（2）《执行 1982 年 12 月 10 日〈联合国海洋法公约〉有关养护和管理高度洄游鱼类种群和跨界鱼类种群的规定的协定》（以下简称《鱼类种群协定》）

《鱼类种群协定》在 1995 年 8 月 4 日由 110 个国家或地区的代表团一致通过，于 2001 年 12 月 11 日生效。在保护渔业资源和鱼群的可持续发展方面，《鱼类种群协定》规定了各国有义务评估和监测渔业资源被捕捞后这些种群的动态情况，以及对栖息地造成的影响，并采取相关措施审查捕捞行为和养护渔业资源，这是首次在重要的渔业协定中明确地表明上述义务。《鱼类种群协定》第 5 条和第 6 条旨在维护海洋生物资源的多样性，该规定的保护对象不仅包括渔业资源，还包括其他的海洋生物，期待各国尽量地控制目标鱼群的渔获量和因此造成的对其他非目标物种的捕获量，以维持区域海洋生态系统的完整性和稳定性，达到生物资源的可持续发展。[②]《鱼类种群协定》中的可持续性从生物学角度理解就是维持海洋生态系统和生物多样性的同时得到渔获量，显然，《鱼类种群协定》中的可持续发展提出了更高的要求。

在风险防控的适用方法上，《鱼类种群协定》第 6 条明确规定，其专门为不同的鱼群种类设立“风险预防性参考点”，并且采用多项指标综合

---

① 参见《联合国海洋法公约》，第 61、119 条。

② 参见《鱼类种群协定》第 5、6 条。

监测方法对鱼群进行全方位评估，如果检测的鱼类种群指标的估计值超出参考点，鱼群的养护和管理措施就必须接受检查，或采取措施对鱼群进行养护工作。

《鱼类种群协定》的亮点之一是专属经济区和公海海域鱼群保护措施的相容性。第 7 条规定各国专属经济区与和经济区相连接的公海海域关于渔业资源的养护和管理的措施应该是连贯的，并且鼓励相邻国家进行合作，在充分考虑相关海域生态平衡的同时，应用互不抵触原则，就相关渔业资源管理问题达成协议，以共同确保所有鱼类种群在各自的海域内可持续发展。①

《鱼类种群协定》在《联合国海洋法公约》的基础上更加突出了国际合作在渔业资源养护和管理方面的重要性，并且特别鼓励收集和提供资料及科学研究方面的国际合作。最重要的是，《鱼类种群协定》高度重视预防性措施。这也为以后的海洋渔业资源的管理提供了重要的思路。

2. 区域性法律文件

（1）《北太平洋溯河性鱼类种群养护公约》

1992 年美国及俄罗斯等国签订了《北太平洋溯河性鱼类种群养护公约》，管理的鱼种包括白鲑等 7 种鲑鳟鱼类，管辖的水域涵盖 33°N 以北的北太平洋公海区域。

《北太平洋溯河性鱼类种群养护公约》第 3 条规定，在公约区域内禁止针对溯河性鱼类的直捕，各方应根据国际法及其各自的国内法，单独或联合地采取适当措施，防止从事违反本公约条款所捕获的溯河性鱼类的交易，并对从事这种交易的人员进行处罚。第 7 条在公约区域内渔业及科学研究方面，适当在生物统计信息、渔业数据方面，包括渔获量和渔捞努力量统计，生物样本和其他的与公约目的有关的数据的收集、报告和交流方面进行合作。第 8 条为此建立一个国际组织，称为北太平洋溯河性鱼类委员会，委员会应具有法人地位，并在与其他国际组织的关系上和在各缔约方的领土内享有为履行其职责和实现其目的所需的这类法律地位。委员会及其官员在缔约一方的领土内享有的豁免和特权应取决于委员会和该缔约方之间的协议。

① 参见《鱼类种群协定》第 7 条。

（2）《中白令海峡鳕资源养护与管理公约》

各国为了在中白令海关于峡鳕资源的养护和管理措施达成合作，以保持各国在该海域的渔业行为的一致性，1994 年 2 月 11 日，《中白令海峡鳕资源养护与管理公约》由美国、中国、日本等正式签署通过，该公约于 1995 年生效。

《中白令海峡鳕资源养护与管理公约》的适用范围和目标在第 2 条进行了规定。该公约适用于中白令海公海海域，以维持白令海峡鳕的可持续发展和持续产量的水平为目标，各国共同维护峡鳕的养护和管理。同时，该公约也强调了资料数据的收集和科学信息的共享，并在委员会的主持下定期进行汇总、交流和讨论。公约还制定了严格的公海捕鱼许可制度和非法捕捞的处罚制度，各缔约国应确保本国的渔船被发放授权后才可以到规定的海域进行捕鱼作业，渔船必须配备实时卫星传送装置，以方便监控养护和管理措施的实行；经过授权的公务人员可以临登和检查公约规定的海域内的渔船，非缔约国方的国民、居民在该海域进行捕鱼作业时，只要是对峡鳕资源的养护和管理是不利的，都应阻止作业，并采取相应的措施。

（3）《预防中北冰洋不管制公海渔业协定》

2017 年 11 月 30 日，中国、美国、俄罗斯、加拿大、丹麦、挪威、冰岛、日本、韩国、欧洲联盟十方正式通过了《预防中北冰洋不管制公海渔业协定》（以下简称《协定》），北冰洋中部公海海域的渔业资源正式进入禁捕时代。

《协定》的达成经过了 6 轮的谈判，针对所有的争议焦点，缔约方大会采取协商一致的办法。该协定生效必须经过 9 个参会国和欧洲联盟的批准，并给予 9 个国家一票否决的权利。为避免北极公海临时性禁捕变成永久性禁捕，会议设置了日落条款，确定未来 16 年内禁止商业捕鱼，届时期满，若无签署国提出反对意见，自动延期 5 年。《协定》对北极公海的保护有以下亮点：

第一，开展联合科学研究和监测计划。《协定》第四条规定，在本协定生效后两年内制订出联合科学研究和监测计划，各缔约国国家应该指导计划的协调和执行，兼顾考虑原住民，并通过数据共享协议，加强缔约国间的数据共享，并通过联合科学会议来提出科学建议。《协定》第一次提出了“泛北极”的联合科学研究和监测计划，初步体现了建立“泛北极”的北极渔业管理体系的前景。《协定》强调缔约国之间的深度合作，并规定了合作的运行机制，保证计划的有序进行，可以说是总结了现有北极渔业管理体系的短板后的成果，也为以后北极渔业资源的法律治理提供了参考。

第二，限制了探捕的时间范围和规模，以尽量避免过多的探捕和以借探捕为名的商业捕捞。《协定》第五条进行了详细的规定，在《协定》生效后三年内，缔约方必须在可靠的科学研究基础上，申请试探性捕鱼，并且要向其他缔约国申报批准，批准的缔约国要严格行使监督权，充分监督试探性捕鱼行为，并报告各缔约国此类捕鱼的结果，北极土著人在内的社区代表均可参加该《协定》的执行。本条规定了缔约国试探性捕鱼的“双向责任”，即捕鱼国和批准国需要双向负责，类似条款在以往的条约中是没有的，“双向负责”形式大大加强了该条款的约束力。

《协定》也关注北极原住民，以及原住民的知识对北极海域生态系统的重要性。第四条第四款规定：“缔约方应确保联合科学研究和监测计划顾及相关科学与技术组织、机构和计划的工作，以及土著与当地知识。”第五条第二款规定：“缔约方可建立分委员会或类似机构，包括北极土著人民在内的北极社区代表均可参加。”[①] 这两条款都体现了对北极原住民和原住民知识的关注。《协定》的签署可以说为北极渔业资源管理的发展提供了思路，即加强国家间的联合科学研究，构建“泛北极”的法律管理体系，严格各缔约国的责任。

3. 环北极国家国内法律文件

美国从2009年起执行“北极渔业管理计划”[②]，宗旨是在未获取足够科学信息证明北极渔业可以可持续发展之前，在其阿拉斯加沿岸外的北极专属经济区执行禁捕政策。另外，在楚科奇海、波弗特海等的北极专属经济区也同样执行渔业禁捕政策。并且，美国一直积极倡导其他北极国家采纳类似的禁捕政策，但响应者寥寥。直至2010年开始，北极五国的北极渔业会议在美国的极力推动下才得以连续召开，从最初的关注“北极渔业”到2015年开始专注于“北冰洋中央公海海域渔业”，并最终在2015年奥斯陆会议上五国达成防止无管制捕捞活动的临时措施，并于2017年11月30日正式通过。对美国的北极渔业管理政策的总结是，主张实施负责任的

① 参见《预防中北冰洋不管制公海渔业协定》第4、5条。

② 参见North Pacific Fishery Management Council，*Fishery Management Plan for Fish Resources of the Arctic Manegement Area*。

渔业管理，采用综合管理方式，通过国际间的合作，通过科学的方法，加深对北极的认知，保护北极渔业资源的稳定性和可持续发展。

加拿大更倾向于以生态保护、社会经济发展平衡的理念对待北极渔业。①但从近几年来看，加拿大的北极渔业政策愈发的谨慎。由波弗特海渔业政策可以看出，波弗特海是加拿大五个大海洋管理区域之一，设立大海洋管理区域的目的就是通过采取生态系统和预防性措施的管理办法来达到资源利用与生态系统的平衡，渔业资源的养护也是其重要组成部分。2011 年，加拿大政府不再签发在波弗特海海域捕捞的新的许可证。2014 年，加拿大政府和当地原住民签署波弗特海综合海洋管理计划，确定在缺乏科学数据的前提下，不允许在该海域开展大规模的商业捕捞，仅限于原住民的小规模的生计捕捞。②

挪威目前虽然没有明确的北极海域渔业管理法律文件，但是，挪威有全面有效的国内渔业法律体系，这个体系对北极渔业资源管理具有积极意义。挪威在 1996 年就签署了《联合国海洋法公约》，并在此基础上制定了三项基本法令，分别是《1996 年渔业参与法令》《1983 年 7 月 3 日海洋渔业法令》和《2006 年 6 月 6 日海洋资源法令》。这些法令分别就入渔、渔业管理、渔业资源养护等进行规范和管理，并详细地说明了渔业捕捞的各种标准和禁止性规定。挪威的渔业管理体系是十分有效的，这对北极渔业资源的管理模式提供了思路。

丹麦在 2011 年制定了《2011—2020 年丹麦王国北极战略》，该战略表示尊重北极脆弱的气候、环境和自然生态，保持北极渔业资源的可持续发展。冰岛的《关于冰岛北极政策的会议决议》、芬兰的《芬兰北极战略》、瑞典的《瑞典北极地战略》也都表明在可持续的状态下开发北极渔业资源。笔者不再一一进行分析。

---

① Lorraine Ridgeway, "Issues in Arctic Fisheries Governance: A Canadian Perspective," in *Changes in the Arctic Environment and the Law of the Sea Editted by Myron* eds. H. Nordquist, John Norton Moore, Tomas H. Heidar (Boston: Martinus Nijhoff Publishers, 2010), p. 436.

② 参见 "Minister Aglukkaq Announces the Signatune of the Beaufort Sea Intergrated Fisheries management," http://news.gc.ca/web/article-en.do? nid=894639。

（二）北极渔业资源管理的国际组织

1. 北极理事会

北极理事会（Arctic Council）是由美国、加拿大、俄罗斯和北欧五国（挪威、瑞典、丹麦、芬兰、冰岛）八个领土处于北极圈的国家组成的政府间论坛，于1996年9月在加拿大渥太华成立。其宗旨是保护北极地区的环境，促进该地区在经济、社会和福利方面的持续发展。① 2013年5月15日，意大利、中国、印度、日本、韩国和新加坡成为理事会正式观察员国。

北极理事会是通过《渥太华宣言》设立的高级别论坛。北极理事会的任务非常广泛，涉及“北极常见问题”，特别涉及“北极地区可持续发展和环境保护问题”。然而，尽管委员会的任务非常广泛，但是到目前为止，北极理事会本身并没有明确参与渔业管理问题。

尽管北极理事会没有明确地改变其观点，但本文认为，北极理事会有潜力成为北极渔业资源管理的主体，虽然其还只是一个政府间高级论坛的性质机构，并不是一个国际组织，但是北极理事会的功能预测可以对北极渔业管理提供思路。目前来看，北极理事会吸收了非北极国家的参与，在架构上增添了国家观察员，初步显示了职能转变的决心。《北极搜救协定》的签署标志着“软法”治理的突破，初步体现了北极理事会在立法功能上的进一步探索。所以，北极理事会的“功能外溢”正在显现，未来职能覆盖北极渔业资源管理具有可能性，况且国际渔业管理问题已经出现在北冰洋审查（AOR）项目的背景下，该项目目前在理事会的北极海洋环境保护工作小组（PAME）中进行，其第二阶段旨在通过理事会2013年5月基律纳部长级会议的最终报告。基律纳部长级会议总结全球和区域文书的潜在弱点或障碍，以及对北极海洋环境纲要的管理办法，以解决这些弱点或障碍，并根据当前和新兴的趋势，为确保北极海洋环境的健康，达成一致意见。

由以上分析，北极海域渔业管理问题被纳入北极理事会是没有障碍的，北极理事会作为高层次国际论坛，是一个组织十分完善的管理主体，在其基础上组建一个管理北极渔业问题的国际管理主体是没有阻碍的。

2. 联合国粮食及农业组织

FAO是联合国的专门机构，其工作核心是实现人人粮食安全，其主要

---

① 刘佳：《中国加入北极理事会》，《中国新时代》2013年第6期，第16页。

目标之一是可持续地管理和利用自然资源，其战略目标之一是提高渔业生产率和可持续性。①

FAO 下设有渔业委员会。渔业委员会是全球唯一研究国际渔业管理问题的政府间论坛，并定期给各国、地区政府，区域性的渔业管理机构和非政府组织等提出建议，保证渔业资源稳定发展。渔业委员会在国际渔业管理上发挥着举足轻重的作用，其负责研究渔业管理的生态系统方法，汇总全球渔业捕捞生产数据。这些渔业资源数据包括全球的渔业捕捞产量、按鱼群的种类统计的捕获量和分区域海域的捕捞渔获量统计数据等，这些数据便于各国或区域性渔业组织以此为依据测算捕捞配额和及时制定及调整渔业管理措施以达到渔业的可持续发展。渔业委员会还鼓励各国实施港口国和船旗国预防，努力消除非法、不报告、不管制的捕鱼行为。目前 FAO 在渔业领域的主要成果有：汇编世界各国的渔获量；出版渔业资源管理出版物，为各国提供最前沿的管理信息；制定渔业数据统计，促进国家间的渔业数据交换。

FAO 不仅发挥着统计渔业资源数据和信息的作用，还一直坚定地推动、引导区域性的、国际性的渔业合作。为此，FAO 制定了一系列国际性指导文件，为全球和区域渔业管理提供参考性建议。以此来思考，FAO 渔业委员会的存在对北极海域渔业资源管理不仅仅存在一定的工具性作用，其制定的一系列指导文件也可能发挥指导作用。

三、北极渔业资源管理存在的法律问题

（一）北极渔业资源管理法律基础不充分

首先，北极渔业资源管理的相关公约和法律文件有很多，上文对北极海域渔业资源管理的法律体系进行了大量的整理和分析，可以看出，北极海域渔业资源管理的法律文件是缺乏针对性的。对于普适性的《联合国海洋法公约》来说，其仅仅是提供全球海洋渔业管理的法律框架，② 对于重要的高度洄游鱼类和跨界鱼群的管理，以及国家间的不同方面的合作和执

① 参见联合国粮食及农业组织网站，http：//www. fao. org/about/zh/，访问日期：2019 年 1 月 16 日。

② 邹磊磊、密晨曦：《北极渔业及渔业管理之现状及展望》，《太平洋学报》2016 年第 3 期，第 89 页。

行办法缺乏具体的意见，也缺乏对非法的、未报告的渔业行为的惩罚机制。正如学者赵颖所指出的，即使是被国际社会所广泛遵守的《联合国海洋法公约》，也无法有针对性地解决北极地区的资源开发、大陆架，以及海洋资源利用等问题。[①]《鱼类种群协定》关注的仅是跨界、高度洄游鱼类种群，其实《鱼类种群协定》的出台只是为了弥补《联合国海洋法公约》在跨界、高度洄游鱼类种群方面规定的不足，其分鱼性的法律特点限制了其在北极海域渔业资源管理上的广泛适用性。

对上述两个条约的分析，可以看出渔业资源的管理和养护逐渐得到了国际社会的关注，资源可持续利用的意识也在觉醒。随着时代观念的发展，国际社会引入了越来越多的元素来更科学地对渔业资源进行管理，一些新的管理理念也在近些年被国际社会所认可，如引入海洋环境影响评价、渔群持续监测、以保护生态系统的理念考虑渔业管理等，这些随着人类认知的提升产生的新理念在原有的公约中都不能被很好的体现。在生态环境脆弱的北极海域，制定与时俱进的具有针对性的法律条约才能更好地管理北极渔业。而《预防中北冰洋不管制公海渔业协定》的达成可谓是北极渔业资源管理所取得的重要性成果，这一成果决定了16年内中北冰洋禁止商业捕鱼，但其管理范围只有中北冰洋，没有公海海域，不能完全覆盖北极海域，由于鱼群的动态性，区域内的限制捕鱼是不够的。

其次，北极各国渔业管理的政策“各自为政”。美国主张实施负责任的管理，采用综合管理方式，通过国际间的合作，通过科学的方法加深对北极的认知，保护北极渔业资源的稳定性和可持续发展；加拿大鼓励采取预防性措施开展渔业管理，以促进渔业可持续性展；俄罗斯视北极海域为重要军事战略基地，其重视北极地区的地缘政治，随着管理深度的推进，前景并不明朗。对于北极五国来说，渔业是国家的重要支柱产业，据统计北极五国的北极渔获量占整个北极渔获量的90%左右。[②] 积极的渔业管理对北极五国来说，无疑是对本国渔业产业的打击。所以，这些阻止着北极地区形成一个统一标准的渔业法律管理体系。

---

① 赵颖：《浅析北极所面临的法律挑战及其对我国的影响》，《海洋开发与管理》2009年第3期，第19页。

② 邹磊磊、密晨曦：《北极渔业及渔业管理之现状及展望》，《太平洋学报》2016年第3期，第90页。

（二）北极渔业资源管理的组织基础不完善

1. 北极渔业管理组织能力不足

目前，北极海域渔业管理一般是通过不同层面的渔业管理组织开展，在全球性的、地区性的、多边双边层面的条约下均有相关的渔业管理组织的身影，但这些北极渔业资源管理组织无法胜任北极渔业管理职责。正如国外学者 Molenaar 得出的结论：这些组织具有分区域、分鱼类的特点，因此现阶段没有组织能完全胜任北极渔业管理的职责。[①]

就管理区域来讲，北极渔业组织大都仅仅覆盖北极海域的部分地区，作为管理海域最广泛的国际海洋开发委员会，从其文件中描述的北极海域管理职能可知，其主要关注巴伦支海、冰岛周围及格陵兰岛东部海域的渔业管理状况。[②] 东北大西洋渔业组织关注挪威海、巴伦支海的公海海域，而且仅涉及北冰洋中央部分公海海域，随着《预防中北冰洋不管制公海渔业协定》的达成，这一部分也失去了功能。其他的各个渔业组织管辖范围则更为受限，例如，北大西洋鲑鱼养护组织、北太平洋溯河鱼类委员会等，仅能在限定区域内发挥作用，并且各渔业组织也均未显示扩张自己管辖范围的潜力。就管理鱼类种群来看，只有国际海洋开发委员会未对管理鱼群做出限制性规定，其他的渔业管理组织则具有明显的分鱼群性的特点，即都只负责一类或一种鱼群，不能对北极海域渔业资源进行全方位的管理。

就目前的情况来看，北极区域各渔业管理组织是不具备综合性的管理职能的，这些管理组织大都是区域性条约的产物，未来也不太可能承担北极渔业管理的广泛职责。

2. 北极理事会对渔业管理能力不足

目前，北极理事会并不涉及北极渔业管理事务，但有迹象表明，北极理事会正在不断加强自身的管理职能。本文通过分析来探讨北极理事会成为北极渔业资源管理主体的可能性。

从北极理事会自创建后发展历程来看，北极理事会在加速机制化进程，设立副部长级会议和日常行政机构秘书处，已经具备了最高权力机构的所有架构。[③] 这种机制化的进程似乎意味着北极理事会要向正式国际组

---

① Erik J. Molenaar, "Arctic Fisheries Conservation and Management: Initial Steps of Reform of the Intenational Legal Framework," *The Yearbook of Polar Law* 1, no. 1 (2009): 451.

② 邹磊磊：《北极渔业及渔业管理与中国应对》，中国海洋大学出版社，2017，第 90 页。

③ 李欣：《北极理事会的法律性质及其走向研究》，硕士学位论文，中国海洋大学，2015，第 5 页。

织转变。其实北极理事会的性质仍未发生变化，其所有的项目都没有财政支持，只能由北极国家或者其他主体进行捐助；其不能强制实施自己制定的方针政策和建议，只能在北极国家接受后实施。目前，北极理事会对北极渔业管理问题并未过多涉及，但是，北极渔业资源的管理问题与北极海域生态环境息息相关，并且北极理事会的工作小组已经对北极的生物多样性进行了评估，渔业资源评估也是生物多样性评估的一部分，因此，北极理事会未来的职能走向是否会转向北极渔业管理尚未可知。

北极理事会的组织方式也需要改变，国内外的学者和专家普遍认可。北极理事会虽然具有开放性，其愿意让非北极国家、国际组织主体和其他非政府组织参与北极事务的管理，表现出了愿意将北极事务国际化的倾向，但其组织的制度却表现出了排他性，北极理事会规定只有北极国家才是北极理事会的永久正式成员，享有正式决策权，北极理事会的决议只有北极八国一致通过后才能通过，而被纳入北极理事会的原住民组织也仅仅享有建议权，不能参与表决，没有正式投票权。后加入的主体只能是观察成员，没有表决权，只能享有发言权和项目提议权，而且北极理事会的决议不用必须咨询观察成员的意见，2012 年确立的“努克标准”则更为严格地表明了北极理事会观察成员的准入程序。北极八国在北极事务的管理权上一直想掌握把控地位，导致北极理事会的管理方式被诟病。

就以上分析，北极理事会目前尚不能成为北极渔业资源管理的主体，而且北极理事会的运行一直被北极国家“控制”，运行机制存在缺陷，但也不能否定北极理事会在北极事务上的积极作用。未来，北极理事会转向北极渔业管理的方向，承担北极渔业资源管理的职责是极有可能的。

（三）北极国家对北极渔业捕捞配额的利益冲突

1. 北极海域渔业捕捞配额制度存在缺陷

《联合国海洋法公约》规定了各国的养护义务和总捕捞量的确定制度，但没有实行捕捞配额制度。北极渔业捕捞配额制度尚未全面展开。北极海域现有的施行海捕捞配额制度的条约为俄罗斯和挪威签订的《渔业事务合作协议》和欧洲联盟在东北大西洋海域适用的《共同渔业政策》。

捕捞配额制度在北极渔业资源管理上尚没有全面的推广开来，且现行的捕捞配额制度也存在着缺陷，部分国家由于经济利益等原因刻意规避捕捞配额制度的束缚。由于欧洲联盟执行的《共同渔业政策》，欧洲联盟下属的各国在东北大西洋海域进行渔业捕捞作业要遵守《共同渔业政策》中的总可捕量制度和捕捞配额制度。但是北极国家却有意规避。格陵兰岛属于丹麦，但其并不受欧洲联盟的管辖，其鲭鱼的捕捞配额一般由欧洲联盟等相关协议确定。但是渔业是格陵兰岛的重要产业，由于鲭鱼捕捞成本低，市场上较受欢迎，2014 年格陵兰岛自己提升了捕捞配额，由 6 万吨提升至 10 万吨，致使鲭鱼一直处在过度捕捞的状态下。法罗群岛也不例外，与格陵兰岛相同，作为丹麦的海外自治领地，其不受欧洲联盟的管辖，自行确定捕捞配额，这种行为使鱼群处在过度捕捞的状态下，极大破坏了捕捞配额制度的权威性。

作为目前最有效的渔业管理制度——捕捞配额制度，在北极渔业资源管理上没有发挥出应有的作用。

2. 北极渔业捕捞配额制度的执行存在缺陷

北极海域渔业资源管理有不同的法律文件对北极渔业捕捞配额制度进行了规定。现有阶段除了捕捞配额制度自有的缺陷，其执行也是存在缺陷的。《中白令海峡鳕资源养护与管理公约》中看似严谨的条款，存在着执行的问题。由于缔约国美国和俄罗斯的专属经济区不属于禁捕的区域，在专属经济区内，不实施捕捞配额制度。专属经济区和公海政策没产生联动效果，并且，各国也没有利用地缘优势在条约海域内开展联合监督和稽查机制制止白令海的非法的、不报告的、不管制的渔业捕捞，配额制度形同虚设，无法发挥应有的效果。

欧洲联盟的《共同渔业政策》规定了东北大西洋区域内的捕捞配额制度，任何一个国家进行渔业捕捞时，应该向欧洲联盟理事会申请核准确定渔业捕捞的船只资料，并采取渔业捕捞许可制度和限制渔具的方式养护渔业资源，2003 年最新修改的《共同渔业政策》加强了国家间的执法合作。但是，关于捕捞配额的执行也存在问题，由于格陵兰岛和法罗群岛不属于欧洲联盟《共同渔业政策》的适用范围，所以欧洲联盟捕捞配额的监管体系对于格陵兰岛和法罗群岛也不适用，这对于捕捞配额的执行来说，无疑是大大地降低了捕捞配额制度的公信力。

四、北极渔业资源管理法律体系完善建议

（一）确立北极渔业资源管理的法律原则

1. 基于生态系统科学管理原则

基于生态系统渔业管理理念的总体目标是保障海洋生态系统的健康和

渔业的可持续发展。[①] 在海洋的生态系统中，鱼群不是独立的，其与其他海洋生物和植物一起构成了海洋生态系统。渔业资源的开发和利用改变了海洋生态系统，因此基于生态系统科学的管理开发渔业资源作为原则是当前渔业资源管理的首要原则。基于生态系统的管理原则要求我们在生物学等自然学科的研究基础上，从整体的海洋生态系统出发，考虑渔业的开发和管理。尤其是从北极脆弱的生态系统考虑，基于生态系统的管理原则对北极渔业资源的管理尤为重要。

2. 国际合作原则

国际合作原则，是指各国不论在政治、经济及社会制度上有何差异，均有义务在国际关系的各方面彼此合作。[②] 1970 年的《关于各国依联合国宪章建立友好关系及合作之国际法原则之宣言》更是将国际合作原则列为国际法的七大基本原则之一，并规定了各国有彼此合作的义务。国际合作原则作为国际法的基本原则，当然适用于北极海域渔业管理问题。

北极渔业资源是人类的共同财产，人类命运共同体这一价值观包含的共同利益观、可持续发展观和全球治理观更能丰富国际合作原则的内涵。目前北极渔业资源需要全球共同治理，面对复杂的北极生态系统，北极国家自己无法在广阔的、水情复杂的北极海域进行全面的渔业管理，北极国家需要与非北极国家的合作。所以，在北极渔业资源管理问题上，北极国家要严格执行国际合作原则，不能过度考虑社会制度和政治问题，给予非北极国家在处理北极渔业管理问题上的正当权利，加强国家间的合作，吸收非北极国家的管理经验和建议，共同承担北极渔业资源管理的义务。

3. 预警原则

预警原则原本是国际环境法的内容，指的是“为了保护环境，各国应按照本国的能为，广泛适用预防措施。遇有严重或不可逆转损害的威胁时，不得以缺乏科学充分证据为理由，延迟采取符合成本效益的措施防止环境恶化”。[③] 预警原则的适用强调在没有充分的科学证据时，要及时采取预防性措施。

---

① EK. Pikitch, C. Santora, EA. Babcook et al, “Ecosystem-based fishery management,” *Science* (2004): 347.

② 参见《联合国宪章》第1条第3款。

③ 王曦：《国际环境法》（第二版），法律出版社，2005，第106页。

预警原则在许多国际条约中都有所体现，它能有效地适用在渔业管理上，尤其是地缘政治、海洋划分和渔业管理等问题复杂交错的北极海域。

由于目前各国缺乏北极渔业资源的数据基础和信息，没有充分的科学证据表明北极渔业应该如何开发才能进行有效的可持续发展。环境保护非政府组织皮尤慈善信托基金会和绿色和平组织也特别强调缺乏科学知识这个事实，它们用高度不确定性作为支持对北极海域渔业采取预防性行动的一个关键参数。预警原则的适用与目前北极渔业面临的问题高度吻合。由于鱼群的动态性，所以预警原则的遵守就需要以国际合作原则为基础。国际社会合作，共同承担北极海域渔业资源的科学信息和数据的收集义务，并以此为初步的基础设立“泛北极渔业开发预警指标或参考点”，当达到这一数值时就要停止相关目标鱼群或相关海域的捕捞作业。

（二）完善北极渔业资源管理的法律制度

1. 构建“泛北极”渔业资源管理法律制度

北极海域渔业资源管理的法律制度虽然很多，但这些法律条文和国际条约缺乏整体性、协同性。《联合国海洋法公约》仅仅是框架性的协定，不具备针对北极渔业的具体管理措施；《鱼类种群协定》有分鱼群性的特点，没有广泛的适用性；《预防中北冰洋不管制公海渔业协定》仅仅规制中北冰洋不管制公海的捕鱼作业，适用的海域范围有限制性。由此看来，目前北极海域渔业资源管理尚未形成一个有协同性、整体性的法律制度体系来有效地管理北极渔业资源，所以，构建全面的“泛北极”渔业资源管理法律体系不失为一个有效的途径。

不同的学者对这种观点有不同的见解。国外学者发出了反对该观点的声音，认为现有体系可以通过逐步完善来满足北极渔业资源管理的需求。但本文认为，构建全面的“泛北极”渔业资源管理法律体系才是有效的途径。目前，北极问题管理法律体系多是笼统性的，但是北极国家的排他态度是管理体系难以运行的阻碍，而北极国家在北极问题上的排他性的根本原因是出于从政治和国家安全上的考量，北极渔业管理问题敏感性较低，细分构建全面的“泛北极”渔业资源管理法律体系更多的是从地球生态安全出发，并不会侵犯北极国家在其他问题上的主导地位。从北极国家国内的渔业政策可以看出，北极八国的渔业政策的目的之一也是在可持续发展的基础上科学地开发渔业资源。《预防中北冰洋不管制公海渔业协定》的签署过程可以看出，从北极五国牵头发布的《奥斯陆宣言》，到非北极国家和国际组织的参与，共同协商该协定的起草和最终的签署，表明北极国家已有意愿通过国际合作来解决北极渔业问题。况且，早日达到北极渔业管理的可持续发展，保护北极的环境生态平衡，是每个国家的共同愿景。

虽说我们可以乐观地构思全面的“泛北极”渔业资源管理法律体系，但是，从现阶段来讲，《预防中北冰洋不管制公海渔业协定》的签署是共同治理北极渔业资源的良好开端，其在管理北极渔业问题上的运行效果对以后北极国家合作共同治理北极渔业资源的意愿会有巨大的影响。正面的管理效果势必会增加各参与国的信心和积极性，效果不理想也会成为北极国家拒绝其他国家介入北极渔业管理的理由。所以各国严格地执行《预防中北冰洋不管制公海渔业协定》是当前的重中之重。

2. 完善北极渔业资源管理组织

北极海域存在的管理组织呈现分鱼群性的特点，且各管理组织各自为政，缺乏统一、协调的北极海域整体性的渔业管理组织，导致各渔业管理组织存在管理“重叠区”和管理“盲点”。

就目前北极渔业管理的现状而言，未来北极渔业管理组织的发展方向有两种：一是在现有渔业管理组织在现有职能上拓宽业务，增强管理范围，各组织协同管理。但这也需要各组织之间的互相协调才能实现北极渔业管理的全覆盖性，这种思路相对复杂，各区域渔业组织间的协调并非易事，在协同管理的管理权和执行权问题上是否又会派生出新的制度也未可知。二是建立一个新的北极渔业管理组织来担任北极渔业管理任务，新组织可以建立更符合现代渔业管理的理念和制度。

本文倾向第二种发展方向，即在北极理事会的基础上进行北极渔业资源管理组织的全面构建。首先，北极理事会结构完善，下属领导的 6 个工作小组协调有序，开展的“北极监测与评估计划”也涉及渔业资源，因此其涉及渔业资源管理有基础；其次，北极理事会目前通过了《北极搜救协定》和《北极海洋油污预防与反应合作协定》两项具有法律约束力的国际条约，[①] 这也标志着北极理事会立法功能的出现。可以看出，北极理事会

① 马千里：《北极理事会观察员制度的国际法审视及中国因应》，硕士学位论文，中国海洋大学，2014，第 18 页。

在逐渐转变成硬法治理的同时，这两项国际条约都不涉及或较少涉及北极地区敏感的政治问题，这与北极渔业资源管理不谋而合，都具有“低政治性”；最后，目前北极理事会的性质为北极八国建立的政府间高级论坛，但种种迹象表明北极理事会正逐步向国际组织转变，非北极国家和组织正在逐步参与到北极理事会的建设中来，唯一的不足就是非北极国家和组织只能是国家观察员的身份，无法与北极国家平等地参与北极事务的管理。这一点需要改变，使各国平等地参与北极事务。

综上所述，北极理事会管理职能全面，管理经验丰富，《北极搜救协定》和《北极海洋油污预防与反应合作协定》施行效果显著，在处理北极问题上颇有成效。所以，依托北极理事会来组建一个全新的符合现代渔业资源管理的国际组织是实现北极渔业资源管理的有效途径，未来，北极理事会在北极渔业资源管理问题上将扮演越来越重要的角色。

3. 确立北极渔业资源捕捞配额的分配制度

捕捞配额制度是渔业管理的有效制度，由于北极海域复杂的划界问题，这需要北极国家间的合作，通过国家间的协商和进行配额谈判后开展。根据科学调查所获知的渔业资源状况，测算北极海域每年的实际配额总数。通过多边谈判确定总捕捞配额之后，再进行捕捞配额的分配，然后由北极国家发放给国内。为了体现分配的公正性和科学性，需要全体参与国的相关渔业部门参与，并邀请第三方进行总可捕捞量的测算。

一旦达成配额约定，各国家要严格执行配额制度，并通过配额制度实施严格的渔业管理。挪威的渔业管理对北极渔业管理是很好的思路，对挪威国内渔船而言，每艘渔船均有各自的配额，渔船在渔业活动中严格遵守该配额。对本国渔船配额执行情况的监管最主要通过两个途径开展：首先，渔船的监督与自我监督。每艘渔船均配置了船位监控系统，渔船活动情况尽在渔业管理部门掌控之中。渔船必须撰写捕捞日志，详细记录捕捞产量、捕捞地点、捕捞品种、误捕、兼捕情况等，并上报渔业局。其次，海岸警卫队的检查。海岸警卫队可以登临检查渔船，核查渔船配额、上报数据、渔船实际渔获物之间是否匹配。

北极海域的渔业资源管理也可以效仿，由国际合作共同授权北极渔业管理组织，制定统一的入渔原则规范，建立泛北极海域渔船档案。渔船档案是指记录渔船相关信息的档案，最初该制度的建立是为了便捷管理在公海捕捞作业的渔船，保护公海渔业资源的有序开发。北极海域可以实施统一的渔船档案制度，并在北极海域实行共同的船舶监控系统统一管理，监测北极海域的渔业作业，成立联合渔业管理执行小组，规制北极海域的非法渔业作业。

4. 规制超额捕捞国家的渔业贸易

超额捕捞的根本原因是为了经济利益，对其经济利益进行打击，能从根本上打击非法的渔业作业，保护北极渔业资源。

首先可以销售监督，即在销售环节监督渔船配额制度的执行情况。这点是挪威渔业管理的亮点，渔船捕捞作业完成后要向销售组织上报渔获物的数量、品种、规格、作业海域等信息，渔船信息也连带上报，销售组织根据渔船上报的渔获物信息进行网上拍卖，供买主竞价购买，一旦竞价完成，渔船可以直接把渔获物送交买主。渔业局通过销售部门的网络信息系统进一步核查渔船配额制度的执行情况，具体核实渔船上报渔业局的渔获物和销售的渔获物是否匹配。北极渔业资源管理也可以实施该办法，由北极渔业管理组织对北极海域作业的渔船进行统一的监督、上报，控制北极的出渔信息。

在北极海域实行统一的渔获原产地证制度。原产地证是出口国的特定机构出具的证明其出口货物为该国家（或地区）原产的一种证明文件。渔船出渔后可以由北极渔业管理部门给其制定合法捕获的原产地证书。渔获原产地证能够直接证明捕捞的渔获的来源地，在证书中表明出渔的鱼类、数量、时间等，这样，非法的渔业捕捞无法获得渔获原产地证，也就无法进入市场进行交易，进而失去了既得利益的驱动。

（三）加强对北极渔业科学研究的国际合作

1. 进行国际间联合科学考察

针对海洋生物资源的科学考察一般分两种：一种是纯科学研究，另一种是以海洋生物资源的开发为目的的科学研究。根据《联合国海洋法公约》第十三部分海洋科学研究的规定，任何国家和主管国际组织均享有纯科学目的的海洋科学研究权，在其他国家的领海、专属经济区和大陆架进行海洋研究时，需要经过沿海国同意，并承担相应的义务，如提交海洋科学研究计划、分享科学数据等。

在复杂的北极海域，仅凭某个单一国家的力量是不能完成整个海域生态系统的科学考察的。生态系统是最复杂的系统之一，现阶段我们对北极海域环境、鱼群的种类、数量和海域分布等只能说有了初步的掌控，外加气候变化因素和人类活动影响因素，使北极海域的生态系统更难把控，所以国际间合作联合科学考察势在必行。联合科学考察能加快获得相关数据信息的收集，收集这种数据信息是确定触发参考点、极限参考点、指标参考点、最大持续生产量和最大可捕量等一些渔业管理参考指标的必要数据支撑。

除了国际间的联合科学考察，科学信息的共享也要重视。由于非北极国家对北极渔业的科研调查较少，而北极国家在这方面则有数年的积累，并且不同国家的信息获取能力存在差异，科学信息和数据的共享有助于提高各国间科研的基础和联合科学考察的效率。联合科学考察也是增进各国共识的一种良好方式，可以增强国家间的合作进而建立互信。通过对北极海域渔业资源进行联合科学考察和评估后建立一个全面的北极渔业信息数据库，并通过实时监测不断地完善和更新数据库。渔业信息数据库的建立可以成为北极渔业资源管理制度设计的基础，全面的渔业资源数据必定对北极渔业资源的科学管理提供有力的支撑。

2. 坚持自然科学研究和社会科学研究相结合

国际上对北极开展的在自然科学方面的相关研究比较综合化，如生物多样性、海洋生态系统、大气等的相互影响，以及人类活动干扰因素等，研究方式和模型构建日趋成熟。我们必须认识到，自然科学的发现能够让人类更了解北极的自然奥秘，能够更加科学地制定适合北极渔业管理的措施，但社会科学的研究能使我们认知北极地区的地缘政治和国际关系等。只有理清这些问题才能使对北极渔业资源制定的措施顺利执行运转。

国际社会应该鼓励相关领域的专家学者进行交叉交流，使北极的渔业管理研究更加综合化和系统性。在渔业资源方面，自然科学的发展，能够对鱼群的年龄结构和种群数量进行更真实的测算，真实、全面的数据使得鱼群的最大产出量更加科学；而在渔业捕捞监管方面，渔船上的卫星定位系统能检测渔船所在的海域，大大地打击了 IUU 捕捞现象的出现；在交叉合作方面，国际北极社会科学协会和国际北极科学委员会有着悠久的合作历史，目的就是整合资源，提升双方在推进科学进步和向决策制定者献言献策方面的影响力。另外，自然科学的专家和学者发现，北极环境的变化对北极生物多样性乃至全球生态系统、经济和人类生活等都产生了由上而下的影响。正是由于这些专家学者在生态系统、气候变化和生物多样性方面的不断研究和发现，使得国际社会意识到保护北极生态环境、应对全球变暖的重要性，最终促使国际社会共同合作来维护北极的生态环境和加强对生物多样性的保护。

综合来说，自然科学和社会科学在北极渔业资源管理研究上是交相呼应的。坚持自然科学研究和社会科学研究相结合，会使北极渔业资源的管理更加科学化。

北冰洋公海渔业管理法律制度研究

王梦森

摘　要：全球气候变暖现象日益加剧，北冰洋公海海域海冰面积成倍速逐年消融，这将会为未来北冰洋公海渔业资源管理和养护增添隐患，而专门的管理和养护相关的法律制度的缺乏必将加剧这一现状。因之，建立统一的北冰洋公海区域性渔业管理法律制度无疑是必要的。通过对国内外研究的理论现状，以及北冰洋公海渔业管理法律规范和渔业管理组织的实践现状的分析，找准目前北冰洋公海渔业管理法律制度面临的现实困境，同时引入“人类命运共同体”理论，从国际和国内两个层面阐述“人类命运共同体”视角下北冰洋公海渔业管理法律规制系统化和体系化的完善路径，试图为中国参与北冰洋公海渔业管理法律制度的完善提供可行性建议。

关键词：北冰洋公海渔业；渔业管理法律规范；渔业管理组织；渔业管理法律制度

Research on the Legal System of High Seas Fisheries Management in the Arctic Ocean

Wang Mengsen

Abstract: The phenomenon of global warming is increasingly intensified, and the sea ice area of the high seas of the Arctic Ocean is shrinking rapidly year by year, which will increase the hidden danger for the management and conservation of the high seas fishery resources of the Arctic Ocean in the future, while the lack of specific management and conservation related legal system will exacerbate this situation. Therefore, the establishment of a unified arctic high seas regional fisheries management legal system is undoubtedly necessary. Through the theory of the status quo of research at home and abroad and the arctic ocean fisheries management laws and the practice of fishery management organization present situation analysis, find the arctic ocean fisheries management difficulties faced the reality of the legal system, introducing the theory of " human destiny community" at the same time, from the international and domestic two aspects in this paper, the " human destiny community" perspective of arctic ocean fisheries management systematization of legal regulation and the improvement of the systematic path, trying to China in the arctic ocean fisheries management to provide feasible Suggestions for perfecting the legal system.

Key words: Arctic Ocean high seas fishery; legal norms of fishery management; fishery management organizations; fishery management legal system

在2017年12月，北极沿岸五国与全球主要捕鱼国共37国达成了《预防中北冰洋不管制公海渔业协定》（以下简称《中北冰洋协定》），同意至少在接下来的16年里禁止在北冰洋的公开海域进行商业捕捞，与此同时科学家会在这段时间里研究该协定对北极野生动植物的潜在影响。《中北冰洋协定》的规定可以侧面反映出北冰洋公海渔业管理法律规制的不健全，短暂性的保护并不是一个明智的选择，但长期性的保护离不开北冰洋公海渔业管理法律制度的构建。对此，正如加拿大渔业部长多米尼克·乐博兰克所言："这是人类第一次在一片公海的商业捕鱼开启之前就达成的如此大规模的关于该区域渔业问题的协议。"① 但其保护期限也仅限于16年而已，那么16年后的北冰洋公海渔业将何去何从？

全球气候变暖，北冰洋海冰融化加剧，北冰洋公海渔业资源得以开发，这增加了缺乏法律制度保障的北冰洋渔业未来被过度开发的隐患。北冰洋无冰水域面积的增多和水温的升高，会直接造成中低纬度水域的鱼类

① "The Government of Canada." accessed March 12, 2018, https://www. canada. ca/ai/fisheries-oceans/news/2017/1l/minister_ leblanccommendshistoricinteniationalagreemeiittopreveQtaiitinl.

种群向高纬度水域流动，这将导致北冰洋不仅仅只有原有的鱼类种群，同时还会增加中低纬度的鱼类种群，这在一定程度上增加了北冰洋公海渔业资源。但是，我们应当知道，事物都具有两面性。这一方面增加了北冰洋公海渔业资源，另一方面也势必会招来捕鱼船只不断地向高纬度海域前进。虽然短期内北冰洋公海海域暂时不会出现商业性捕鱼活动，但以未来的视角观之，则极具不确定性，加之国际社会对于北冰洋渔业问题越来越重视。因之，国内学界需要有预见性地针对北冰洋公海渔业资源管理的法律制度进行深入研究，以免再次发生“公地悲剧”，同时为中国介入北冰洋公海渔业事务提供法律支撑。

一、文献综述与问题析出

相较于国内学界而言，国外学界对北极渔业资源保护问题的研究，无论从内容还是涉及场域的范围看，都更加全面而丰富，但很少有专门研究北冰洋公海渔业的文章。国外学者们大多从更广阔的研究视野来看待北冰洋渔业的相关问题，如从北极的气候变化、自然资源等方面来观照北冰洋渔业存在的相关问题，并提出许多具有建设性意义的真知灼见。具体而言，从北极气候变化的角度来看，美国亨利·胡廷顿教授等认为对北极气候变化导致海冰融化现行和中北冰洋渔业研究中存在的问题，应采取预防性措施。[①] 从北极区域治理的角度看，英国学者敦肯·弗兰奇和新西兰学者思克特·凯伦等人认为目前北极区域存在的最大问题是缺乏针对性的约束性规范和管理制度，同时认为综合性的、有约束力的北极制度的缺失无疑限制了各国对于目前北极环境变化采取适当的措施进行回应，并预测应对北极变化的法律文件很快将会出现。[②] 从国际法制定的角度来看，Erik J. Molenaar、Adam Soliman、Jennifer Jeffers、Bonnie A. Malloy 认为目前国际法存在不足，需要建立新的动态良性机制；与此同时，Alf Hikon Hoel 进一步认为北极国家有能力根据国际法规制北极海域的所有问题，包括北冰洋

① Huntington, Romanenko, “Mueter: The missing middle: Central Arctic Ocean gaps in fishery rearch and science coordination,” *Marine Policy* 85 (2017); Min Pan, P. Henry, “Huntington: A Precautionary Approach to Fisheries in the Central Arctic Ocean: Policy, Science, and China,” *Marine Policy*, *Issue* 63 (2016).

② Duncan French, “Scott Karen: International Legal Implications of Climate Change for the Polar Regions: too Much, too Little, too Late?,” *Melbourne Journal of International Law* 10, no. 2 (2009).

公海渔业的新问题。[①] 此外，还有一些学者从现存国际规范本身角度出发，认为《联合国海洋法公约》《捕鱼及养护生物资源公约》《负责任渔业行为守则》等法律制度足够应对北极渔业管理问题，不需要再签订相关综合性国际条约对此予以专门规定。[②]

国内学术界对于北冰洋公海渔业相关的研究大多集中在北极气候变化、北极渔业法律制度建构、中国介入北冰洋渔业事务的现实路径三个方面。从气候变化观照北极渔业资源的角度出发，学者们认为北极地区是地球上最脆弱、最敏感、最易受到气候变化影响的地区[③]，北极环境的变化致使海冰融化可能导致新的渔区的出现[④]。从制度建构的角度而言，学者们认为北极五国在北极公海渔业管理和法律制度构建中处于“领导者”地位[⑤]，厘清这一现状更有利于分析中国参与北极渔业治理的法律意义上的解决路径。[⑥] 从中国介入北冰洋渔业事务的路径的角度而言，学者们认为美国推动北冰洋公海治理的背后动因及实践，是主导北冰洋公海渔业治理的进程。中国也应该加强政策谋划，[⑦] 在北极科学考察中加大对北极生物资源的调查与研究，[⑧] 通过国际条约参与北极公海渔业管理，在国际合作和预防性原则的基础上在群岛附近开展远洋渔业，并借此为中国进入北极事务提供契机。[⑨]

---

① 邹磊磊、黄硕琳：《试论北冰洋公海渔业管理中北极5国的“领导者”地位》，《中国海洋大学学报》（社会科学版）2016年第3期，第6－13页。

② EJ. Molenaar, “Arctic Fisheries Conservation and Miagement: Initial Steps of Reform of Ihe International Legal Frmnework,” *Yearbook of Polar Law* 1 (2009).

③ 杨振姣、董海楠、唐莉敏：《北极海洋生态安全面临的挑战及应对》，《海洋信息》2014年第2期，第23－30页。

④ 夏立平：《北极环境变化对全球安全和中国国家安全的影响》，《世界经济与政治》2011年第1期，第122－133页。

⑤ 邹磊磊、黄硕琳：《试论北冰洋公海渔业管理中北极5国的“领导者”地位》，《中国海洋大学学报》（社会科学版）2016年第3期，第6－13页。

⑥ 焦敏、陈新军、高郭平：《气候变化对北极渔业资源的影响研究进展》，《极地研究》2015年第4期，第454－462页。

⑦ 赵宁宁、吴雷钊：《美国与北冰洋公海渔业治理：利益考量及政策实践》，《社会主义研究》2016年第1期，第128－134页。

⑧ 唐建业、赵嵌嵌：《有关北极渔业资源养护与管理的法律问题分析》，《中国海洋大学学报》（社会科学版）2010年第5期，第11－15页。

⑨ 卢芳华：《制度与争议：斯瓦尔巴群岛渔业保护区权益的中国考量》，《太平洋学报》2016年第12期，第12－20页。

从国内外的研究现状看，仅就专门地、系统地、体系化地研究北冰洋公海渔业的论文仍是相当少的，研究的深度也是不够的。特别是自习近平总书记提出“人类命运共同体”理论之后，在此理论的观照下，中国作为积极而负责任的大国，必然要求我们针对北冰洋公海渔业提出极具建设性的建议与构想，贡献中国的理论智识，体现中国的大国地位、大国身份、大国担当。因之，担负大国使命、奉献大国智识必然要求国内学术界从人类命运共同体理论的视角出发，积极关注并分析中国参与北冰洋公海渔业管理法律制度的建构的相关问题，以深厚的专业学识为中国参与北冰洋公海渔业管理法律制度的建构贡献积极的、现实的、适合的建议。

二、北冰洋公海渔业的现状分析

北冰洋在地理上有明确的海域划分。其最权威的划分界定出自世界海和洋的界限图，对北冰洋的地理界限定义为斯瓦尔巴群岛、法兰士约瑟夫地群岛、北地群岛上的莫托夫角、新西伯利亚群岛、弗兰格尔岛、阿拉斯加的巴罗角、加拿大群岛的西北角，以及格陵兰岛的莫里斯·杰赛普角以北的海域。公海在国际法上指各国内水、领海、群岛水域和专属经济区以外不受任何国家主权管辖和支配的海洋部分。① 1982 年《联合国海洋法公约》规定公海是不包括在国家的专属经济区、领海或内水或群岛国的群岛水域以内的全部海域。因之，在北极海域中有四个公海区域，其中最大的一块就是北冰洋中央海域，当前国际社会通常认为北冰洋中央海域就是北冰洋公海，得到普遍认可，其面积大约 280 万平方千米，位于北极沿岸五国专属经济区范围之外。

（一）北冰洋公海渔业资源的特征

北冰洋公海渔业资源极为丰富，其中有许多具有商业价值或潜在价值的海洋鱼类。但渔业资源无论再丰富终究仍是有限资源，如果过度捕捞就会产生渔业资源枯竭的状况，并引发区域性的海洋生物多样性的变化及整个北极海域环境的变化。北冰洋公海渔业资源属于“公共物品”，因此国际社会中的每个个体无须付费即可免费捕捞。贪婪的本性驱使各个国家的渔船蜂拥而至，对北冰洋渔业资源进行毁灭性捕捞，原因是北冰洋公海渔

① 周忠海：《国际法》，中国政法大学出版社，2017，第 340 页。

业的公共资源属性，这一属性会使其陷入必然枯竭的怪圈。打破这一怪圈的唯一长期可行的解决路径就是需要构建统一、完善的渔业管理法律制度。基于北冰洋公海渔业资源的特殊性，可将其属性分为三种，分别是脆弱性、竞争性、非排他性。

1. 北冰洋公海渔业资源的脆弱性

北极地区的地理环境较为特殊，气候常年严寒且光照时间极短，这些因素使得北极生态系统极为脆弱。脆弱的具体表现是生态的自我修复能力或自净能力较差。判断一个生态系统及它的自我修复或自净能力是否脆弱，应当从生产者、消费者、分解者、非生命物质化及能量四个方面的数量大小、种类多少、运行条件难易及相互之间的关系来分析。通过对北极地区的分析，生产者少，消费者少，分解者少，非生命物质化及能量是目前未知的因素，这种情况，直接决定了北极区域生态的脆弱性，当其中一环稍有破坏那么将会导致整个生态系统的崩塌。并且随着科技的发展，北极区域生态系统有越来越多的人为影响，如科学考察、极地旅游、油气开发等活动的增多，都将极大程度地影响乃至破坏北极生态，并使得北极生态更加脆弱。在没有合理的养护制度予以保护的前提下，北冰洋渔业开始商业化捕捞，基于北极区域的脆弱性和渔业资源的有限性，这种活动将会给北冰洋公海渔业生态系统带来毁灭性打击。

2. 北冰洋公海渔业资源的竞争性

在经济学概念上，竞争性是指一个单位的某种物品，它只能被一个个体来享用或消费，当出现两个或两个以上的个体要求共同享用或消费这类物品的时候，有关这种物品的使用和消费就会发生零和的竞争和对抗状态。[①] 北极公海渔业资源非常丰富，我们只能用大概的词汇予以描述，但无法用准确的数字进行精准描述，甚至数量的多少大多是由人们进行主观臆断的。人类的本性是贪婪的，这一本性促使人类毫无理智地进行毁灭性的开采，但无论再多的资源总会有枯竭的一天，因为北极公海渔业资源的有限性是客观存在的事实。在出于为自己国家利益的考量下，都想着保留自己国家的资源而无限制地去开采公共资源，而且由于渔业资源的具体所

① 严双伍，李默，《北极争端的症结及其解决路径——公共物品为视角》，《武汉大学学报》（哲学社会科学版）2009 年第 6 期，第 830 - 863 页。

有权并无明确的归属，对于过度消耗的责任和义务也无明确规定，两者结合就会导致“公共地的悲剧”。

当今国际社会中对于北冰洋公海渔业资源的竞争，究其本质就是因为北冰洋公海渔业资源属于“公共财产资源”。“从公共物品的视角来看，其属性在排他性、竞争性方面有其自身的特点。作为公共物品，几乎必然遭遇到市场失灵的问题，因而必须通过一定的机制、制度约束才能规范、协调公共物品的消费和支付。”① 通过这一视角的分析，我们在构建北冰洋公海渔业法律制度的时候就应当重视其公共属性，需要联合构建而不是某一国或者某几国进行构建，需要充分的谈判与协商才能建立。

3. 北冰洋公海渔业资源的非排他性

在经济学概念上，“非排他性”是指无法拒绝付费的消费者排除在公共物品的受益范围之外，任何人都可以消费，任何人都不可阻止其他人对该公共物品的消费份额。② 正是由于北冰洋公海渔业资源的非排他性，当利益驱使，会使得每个个体都会想要无节制地去开发，并且无法排除任何个体不去开发，但是在开发的过程中，资源的有限性是客观存在的，不会因为人们的忽视而不存在，无节制的开发似乎是必然的。当无节制捕捞高于北冰洋渔业资源本身可以承受的最大值时，则北冰洋渔业资源会出现毁灭性打击，进而整个北极生态环境也会呈现连带性破坏的局面。

在北极地区，似乎非排他性只是理论上的特性，与现实状况相比相差甚远。基于其公共物品和非排他的特性，北冰洋公海渔业资源的使用权和所有权应当属于全世界每个国家而非某几个国家，但在各种关系模糊复杂的北极地区，其渔业资源竟出现了被北极五国垄断局面的萌芽，将非排他性转换为排他性，这种局面是非常可怕的，也是全世界各个国家所不允许的。除此之外，为了长期霸占该地的自然资源，北冰洋沿岸五国甚至对北极地区提出了领土主权，这种违背国际法的做法是极其不合理的，既不会得到国际的认可，也不会缓和北极地区本来就复杂的政治关系，只会让北极地区的未来变得不再和平与安宁，同时使得北冰洋渔业资源的开发竞争形势也变得更加严峻，进而加快了北极生态环境的破坏进度。

---

① 严双伍、李默：《北极争端的症结及其解决路径——公共物品为视角》，《武汉大学学报》（哲学社会科学版）2009 年第 6 期，第 830 – 863 页。

② 潘寅茹：《北极争端研究》，硕士学位论文，上海外国语大学，2012，第 17 页。

（二）北冰洋公海渔业资源的分布现状

随着全球变暖的大趋势，北极海洋生态环境也随之发生变化，不再具有以前的稳定性，冰盖覆盖面积也随之减少，致使海水温度上升，海水温度对鱼类会产生直接的影响。中低纬度海域海水上升的温度超过了本海域鱼类承受的限度，那么这些鱼类或向高纬度游去或死亡，这极大地丰富了北冰洋公海区域的鱼类种群。由于北冰洋渔业资源的丰富性、多变性与复杂性，人类对于北冰洋渔业资源准确分布的认识仍是浅显的，需要更深入地对渔业资源进行综合性、变化性的评估。因此，这块拥有潜在财富的区域吸引了众多国家的目光，所以，知晓北冰洋公海渔业资源的大致分布概况是非常关键的。

北极公海渔业资源大致分为两大类，分别是具有潜在价值的海洋鱼类和经济鱼类。主要的海洋鱼类大致有鳕科鱼类、鲱科鱼类、鲽科鱼类、鲑鱼类、香鱼等；主要的经济鱼类大致有太平洋毛鳞鱼、格陵兰鳙鲽、北方长额虾、北极鳕、大西洋鳕、黑线鳕、狭鳕、太平洋鳕、蛛雪蟹、大王蟹等。而在北冰洋公海的核心鱼类主要是大西洋鳕、鳕形目、格陵兰大比目鱼、黑线鳕、硬骨鱼、北极鳕、圆吻窦吻鳕等。[①] 在北冰洋公海海域中，还有许多潜在的鱼类品种，而且这许多潜在的鱼类品种很有可能包含了北太平洋和北大西洋绝大多数的鱼类品种，因而目前而言关于其鱼类品种权威分布，以及种类总和并无定论。

（三）北冰洋公海渔业资源的捕捞现状

为了深入了解北冰洋公海渔业资源的捕捞概况，首先需要对整个北极海域的渔业资源捕捞概况有一个大致的了解，只有在整体上进行了解才能更好地预知和理解北冰洋公海渔业未来可能会发生的一系列现象。根据《联合国海洋法公约》规定，美国、加拿大、俄罗斯、挪威、瑞典、丹麦、芬兰、冰岛八个国家有权在北极内建立各自领海和专属经济区，并可以在北极海域长期进行捕捞鱼类。根据统计数据表明，最近十几年来北极海域渔业捕捞量占全球捕捞量的8% ~10%。[②] 在整个北极海域捕鱼业中，北极五国占据着绝大多数的分量，其捕捞量几乎可以占整个北极渔业捕捞量的

---

① 焦敏、陈新军、高郭平：《气候变化对北极渔业资源的影响研究进展》，《极地研究》2015年第4期，第454～462页。

② 北极问题研究编写组：《北极问题研究》，海洋出版社，2011，第320页。

九成以上。由于北极地区的资源属于公共财产，因而国与国之间的矛盾冲突在所难免。北极沿岸各国之间的争端一直从未间断，为了解决纠纷、如何合理分配北极沿岸各国在北极区域的利益，以及规范捕捞行为和保护资源，各国之间进行了多次谈判，签订了许多双边、多边协议，成立区域性组织，但仍是收效甚微。

近年来，北极公海已经出现了过度捕捞的情况，如巴伦支海、白令海和挪威海公海海域，由于缺乏统一的渔业法律制度和权威的渔业养护组织管理，这种情况仍在持续恶化。由于利益的驱使，北极沿岸八国进行疯狂捕捞，出现了许多违反国际生物养护常识的捕捞行动，极大程度地破坏了北极区域的生物多样性的养护及渔业资源的可持续性。因为北冰洋公海海域气温现阶段还是非常低的，融冰面积相对来说还不是非常大，因此大规模捕捞仍有难度，捕捞环境仍是恶劣的，这使得目前北冰洋公海海域渔业资源相对来说还是非常完整的，在北冰洋公海海域目前还未出现大规模的渔业捕捞现象。随着时间的推移，全球仍在持续变暖的过程中，大量的鱼群向公海海域迁移，终有一天北冰洋公海海域环境适宜大规模捕捞，届时，必然会出现大量的商业捕捞。

三、北冰洋公海渔业管理法律制度现状

基于北极复杂的地理与政治大环境，北冰洋公海渔业管理显现出极其复杂的局面，总体而言，该区域渔业管理长期处于支离破碎的状态，无论从现存法律规范的角度，还是从现存北冰洋管理组织的角度来看，都呈现出碎片化趋势，且存在部分有管辖重合或管辖空白的现象。具体而言，北极整体上生态环境极其恶劣并且复杂多样，使得北极沿岸各个国家捕鱼区内的渔业发展长短不一、参差不齐，并长期处于动态变化中，不便于集中、统一管理。此外，每个国家都有自己需要追求的国家利益，使得北冰洋公海渔业未来的一体化管理变得难上加难。虽然目前存在区域性渔业组织和双/多边条约，但终究都是杯水车薪，在没有强有力的执行力面前和巨大的国家利益面前，这些条约和区域性组织在目前阶段都未能奏效。而且以《联合国海洋法公约》为代表的国际公约多数适用于北冰洋公海海域，但不仅仅针对北冰洋公海海域。由此可见，构建有针对性、可行性的北冰洋公海渔业法律规制体系势在必行。

（一）现有北冰洋公海渔业管理法律规范现状

1. 国际性公约

国际性公约是由国际社会共同协商制定，属于全球性的公约，适用范围广。国际性公约可以适用于北冰洋公海渔业问题，但只是适用，并无任何的针对性。

第一，《联合国海洋法公约》（以下简称《公约》）。

1982 年第三次联合国海洋法会议通过了《公约》，1994 年《公约》生效。《公约》是世界上一百多个国家或组织的外交家经历了 9 年的谈判、博弈才得出的一致性结果，目前已经有 157 个国家批准。无论从会议的主体还是内容，都是历史上参与和讨论最广泛的一次国际性会议。尤其内容上几乎将与海洋有关的一切事项都涵盖在内，在诸多事项上的规定都具有一定的历史意义，如资源开发利用、世界海洋区域划分、海洋生物资源养护等，因而《公约》还有“海洋宪章”的美称。

《公约》规定的内容极其广泛，本文仅将与北冰洋公海渔业管理法律规制相关的条款进行逐一评析。《公约》第 87 条规定了沿海国和内陆国在公海享有的六大自由，其中包括在符合公海生物资源养护和管理条件下的公海捕鱼自由。而其中关于公海自由的规定当然适用于北冰洋公海海域，因而北冰洋公海海域是属于世界公海，各国在北冰洋公海享有自由捕鱼的平等权利。[①] 但从北极四片公海海域中的其他海域的捕捞现状看，情况却并非如此，非北极国家捕鱼量要远远少于北极国家的捕鱼量，此种状况长期发展则会加剧北极在国际社会中的争端位置，很可能引发更大的国际纠纷。虽然目前北冰洋公海海域渔业资源还没有进行商业性开发，但是其“公共地”的性质极易引发“公共地悲剧”。《公约》第 116 条、117 条规定了各国有义务采取必要的公海生物资源养护措施，和自行决定可捕捞量的权利。第 118 条规定在养护和管理公海生物资源时各国之间的国际合作义务，并应设立区域或分区域渔业组织。第 119 条规定各国应根据最可靠的科学证据采取公海生物资源养护措施，使得捕捞的鱼种的数量应该维持在或能恢复到保证最高持续产量的水平，并考虑到捕捞方式、种群的相互

① 杨蕾：《北极公海渔业管理制度研究》，硕士学位论文，武汉大学，2018，第 23 页。

依存，以及无论是分区域、区域或全球性的任何一般建议的国际最低标准。[①]《公约》第63条、64条、66条、67条分别规定了渔业养护发展，以及高度洄游鱼种、溯河产卵种群和降河产卵鱼种的利用和养护。[②] 这一系列关于渔业的规定，都适用于北冰洋公海渔业的管理与养护，因此《公约》中相关规定是北冰洋公海渔业资源法律制度构建的重要参考依据。

《公约》虽然涵盖全面，主体参与程度高，但是公约的具体规定因其这两个特点也决定了不可能过于详细，更多的则是框架式的规定，并未有较强的可操作性、针对性。但北冰洋公海的公共地属性要求北冰洋区域的渔业资源保护不能只是北极沿岸国家说了算，而应当是全人类共同出谋划策，制订相应的保护计划，以及相应渔业资源管理法律制度。气温升高，使得北冰洋公海渔业养护和管理问题迫在眉睫。我们应当未雨绸缪，明确管理主体，针对此问题成立管理组织，构建北冰洋公海渔业资源管理法律制度，实现此区域未来渔业资源的可持续发展。

第二，《执行1982年〈联合国海洋法公约〉有关养护和管理跨界鱼类种群和高度洄游鱼类种群的规定的协定》（简称《鱼类种群协定》）。

《鱼类种群协定》是根据联合国环境发展会议的要求和第47届联合国大会会议，以期促进《公约》关于跨界鱼类和高度洄游鱼类的各项规定得以有效实施，进而签订的一项国际性鱼类公约，该协定在1995年8月4日通过，于2001年12月11日生效。该协定具有很强的操作性，尤其是在跨界和高度洄游鱼种的养护和管理方面。但该协定保护的鱼类种群数量有限，使其发挥不了太大的作用。虽然该协定的适用客体具有局限性，但是其在操作性、针对性上具有很大亮点，对以后的北冰洋公海渔业法律制度的构建，具有积极意义。

第三，《斯瓦尔巴条约》（以下简称《斯约》）。

斯瓦尔巴群岛是指10°～35°E、74°～81°N的所有岛屿，[③] 位于北大西洋与北冰洋交界处。英国、美国、丹麦、法国、意大利、挪威及日本等18个国家于1920年2月9日在巴黎签订了《斯约》。1925年7月1日，中国

---

① 杨蕾：《北极公海渔业管理制度研究》，硕士学位论文，武汉大学，2018，第26页。

② 李芳芳：《论北冰洋公海渔业管理国际合作制度的构建》，硕士学位论文，武汉大学，2017，第22页。

③ 杨蕾：《北极公海渔业管理制度研究》，硕士学位论文，武汉大学，2018，第26页。

加入该条约，成为《斯约》的缔约国之一。[①]《斯约》的签订改变了斯瓦尔巴群岛无主地的法律地位，确立了挪威享有该岛的主权，但与此同时也赋予了其他缔约国在该岛的陆地及领海平等的采矿权、捕鱼权、资源开发权和科学考察权，由此也确立了“主权确定，共同开发”的原则。[②]依据《斯约》建立了面积130万平方千米的渔业保护区，并在保护区内设立渔业联合委员会，进而进行渔业资源存量评估，科学的评估后进行可持续的分配捕捞量。挪威以国内法令的形式对渔业保护区内的渔业活动进行管理，此种方式为北冰洋公海渔业管理法律制度的构建提供了可行性的建议。

第四，《关于预防、制止和消除非法、不报告和不管制捕捞的国际行动计划》（IPOA—IUU）。

2011年6月经联合国粮食及农业组织理事会批准通过IPOA—IUU，此计划是联合国粮食及农业组织通过的《负责任渔业行为守则》框架中的一系列行动计划之一。《负责任渔业行为守则》是自愿遵守的，其中某些部分以国际法规为基础，鼓励相关人员按照其进行渔业活动，适用范围很广泛，但其没有强制性。其内容为北冰洋公海渔业活动提供了指导性的行动指南。而北冰洋公海海域只是现在还不完全具备大规模商业捕捞的条件，所以还未出现不管制捕捞活动，但是以通常的逻辑来推测，在该海域公共地的属性和不存在任何的渔业管理机构，以及专门针对性的渔业管理规范的情况下，该海域一定会出现逃避国际法养护责任的不管制捕捞活动，而且形势会更加严峻。而IPOA—IUU能很好地给我们提供限制捕捞的国际法基础。在北冰洋公海渔业管理法律制度构建中不可缺失的条款，一定会有管制捕捞条款，那么此条约可以为其构建提供一定的框架，具有一定积极意义。

2. 区域性渔业公约

区域性渔业公约是指专门针对特定海域所制定的公约或协定，能建立安定、和谐的区域渔业秩序。在范围上此种公约、协定更具有针对性。

---

① 夏立平、谢茜：《北极区域合作机制与“冰上丝绸之路”》，《同济大学学报》（社会科学版）2018年第4期，第48－59、124页。

② 卢芳华：《斯瓦尔巴德群岛渔业保护区制度与中国北极权益的拓展》，《中国海商法研究》2016年第3期，第64－70页。

第一，《中白令海狭鳕资源养护与管理公约》（简称《狭鳕公约》）。

《狭鳕公约》是由中国、美国、俄罗斯等6国在1994年签订的适用于白令海公海区域的公约，于1995年12月8日生效。该公约目的在于保护白令海公海海域狭鳕资源。对于未来构建北冰洋公海渔业管理法律规制极具借鉴意义。其公约签订的背景是在1980年，中国、韩国等国的远洋渔船在白令海域大规模商业捕鱼，在接下来的短短10年间，狭鳕的数量急剧下降，基于此签订了该公约对狭鳕进行保护。《狭鳕公约》规定了严格的可捕鱼的数量，在未达到这一数量时，该海域施行休渔期。虽然签订公约后，狭鳕数量有所回升，但至今仍未恢复到原来的狭鳕总量。该海域的狭鳕资源的保护走的是先捕捞后管理的路径，这给我们带来了深刻的反思。类比北冰洋公海海域，我们需要走先养护、后合理开发的可持续发展的道路，而不能走白令海狭鳕养护的老路。只有这样预先养护渔业资源，才能使北冰洋公海海域渔业资源可持续发展，乃至保护整个北极海洋生态环境。

第二，《预防中北冰洋不管制公海渔业协定》（简称《中北冰洋协定》）。

美国、俄罗斯、丹麦、中国、日本等9国与欧洲联盟（28国）代表国于2017年11月30日在美国华盛顿举行了北极公海渔业政府间第6轮会议并达成了《中北冰洋协定》。《中北冰洋协定》首次体现了对北冰洋公海渔业资源“预防为主”的养护理念，而不是走先开发后养护的老路。该协定最重要的成果就是达成了在北冰洋公海海域在未来的16年时间里停止商业性捕捞，待到16年期满后，如果没有任何一个缔约方反对，则协定自动延期5年。这只能说未来16年时间内，北冰洋公海海域不会出现任何形式的商业捕鱼活动，这对全人类都是一件好事，对北极科学研究以及整个北极渔业生态环境都是福音。但16年后是否会出现白令海狭鳕的悲剧事件，这是我们所不能知晓的，但从目前来看想要防止该区域未来出现过度商业捕捞的现象，需要构建北冰洋公海渔业资源保护的法律制度，并明确管理主体，加强国际合作，实现该区域渔业资源的可持续发展。

第三，《东北大西洋渔业协定》。

该协定覆盖的范围包括了小部分的北冰洋公海海域，其目的是保护该区域渔业资源的可持续发展，为了确保保护的有效性还设立了渔业委员会作为专门的管理机构。该协定的亮点在于设立了长期存在的管理机构。需要做的是进一步明确管理机构的主体，将主体明确化、责任明确化、义务明确化。

第四，《保护东北大西洋海洋环境公约》（简称《OSPAR 公约》）。

在《公约》中有规定保护海洋环境的条文，但并没有刻意、有效控制污染源，于是需要制定新的公约来进行规制，从而以规制污染源来实现资源的可持续发展，因而出台了《OSPAR 公约》，旨在保护东北大西洋资源养护。虽然该公约并不是专门针对渔业出台的，但是良好的海洋环境是渔业资源可持续发展的必备条件，需要予以重视。该公约对于以后出台北冰洋海域渔业资源养护的法规具有积极意义。在构建法律制度时需要从多个角度进行考量，不仅从捕鱼的角度考量，还需要从海洋环境对于渔业资源的影响的角度考量，这些因素的考量，有助于法律制度的全面与完善。

3. 双边条约

在北极海域适用的法律规制，除了国际性公约、区域性渔业公约，还有双边、多边条约这一重要的规范形式。在北极区域，沿岸国家长期以来都是以第一产业为国家的支柱性产业，而第一产业中渔业占绝大多数的比重，因而渔业对于大部分北极沿岸国家来说都是非常重要的，但是对于有限的北极渔业资源来说，沿岸国家的需要要远远大于资源的供给。资源有限的现状势必引来国家之间的竞争与冲突，为了解决产生的渔业冲突，国与国之间更多的是依靠双边、多边条约的规范形式进行解决。其中典型的有挪威－苏联（俄罗斯）《渔业事务合作协议》、美国－苏联（俄罗斯）《共同渔业关系协议》等双边协议，还有《保护东北大西洋海洋环境公约》（简称《OSPAR》公约）、《东北大西洋渔业协定》等多边协议。

挪威和苏联于 1975 年签订了《渔业事务合作协议》，并在之后成立了挪威－苏联联合渔业委员会，两国在巴伦支海域的捕捞数量分配就由该委员会进行确定。[①] 协议规定，允许第三国在获得委员会许可的前提下进入巴伦支海进行特定鱼种或剩余配额的渔业捕捞。[②] 两国的渔业协议目前已经有效运作了四十余年，并且在协议区域内进行了科研合作、海洋资源信

① 杨蕾：《北极公海渔业管理制度研究》，硕士学位论文，武汉大学，2018，第 31 页。
② 同上。

息交流，以及渔业资源养护和管理等，都开展了双边积极的合作。可见地区资源开发，无论是否处于争议之中，只要能够处在一个有效积极的运作体制中就能够起到积极的作用。因而，该区域的良性机制运行经验对北冰洋公海渔业管理具有一定的借鉴意义。

（二）现有北冰洋公海渔业管理法律规制的相关管理组织

在政治环境复杂、利益纠纷不明的北极区域，除了有法律规范的约束外，北冰洋公海渔业的管理离不开管理组织，其中典型的有北极理事会、联合国粮食及农业组织（FAO）、区域性渔业管理组织等。

1. 北极理事会

北极理事会是由北极八国（美国、加拿大、俄罗斯、挪威、瑞典、丹麦、芬兰、冰岛）在1996年9月成立的政府间论坛，其性质是一个高层次的国际论坛而并非国际组织。其关注的核心是临近北极的国家和原住民所面对的问题。其宗旨在于保护北极地区生态环境，促进区域经济的可持续发展。理事会成员主要由北极八国和六个北极原住民组织构成，永久观察员有法国、德国、荷兰、波兰、西班牙、英国、国际红十字会、北极议会人等，以及在2013年被接纳为正式观察员的中国、韩国、印度、意大利、日本、新加坡。[①] 北极理事会作为一个高层次国际论坛，其涉及方面比较单一，以环境保护为核心。其下设六个工作小组，分别是永续发展工作小组，北极动植物保护工作小组，紧急、预防、准备和反应工作小组，北极监督和评估计划小组，保护北极海洋环境小组，减少北极污染行动计划小组。各个工作小组的目标都不同，但主要围绕生态环境的保护展开。北极理事会虽然核心是生态环境保护，但是这种处理北极事务的形式是非常新颖的，开创了北极事务机制化的先例，为之后北极事务处理提供了一种全新的解决思路，对北极事务规范化、体制化具有一定的积极意义。与此同时，北极理事会也有其自身的弊端。第一，北极理事会是由北极八国牵头组建的高层次的政府论坛，其参与主体具有局限性，长期为北极八国所主导。第二，北极理事会并非正式的国际组织，而仅仅是政府间的高峰论坛，其所做的决议不具有国际法律效力，其决议的实践效果会大打折扣。北极理事会的弊端决定了其不能够成为北冰洋公海渔业管理的国际性机

① 杨蕾：《北极公海渔业管理制度研究》，硕士学位论文，武汉大学，2018，第33页。

构，由于其自身局限性会使区域决议毫无公平可言。北冰洋公海是属于全人类的财产，对于其渔业的养护和管理应当由全人类共同进行。

2. 联合国粮食及农业组织

联合国粮食及农业组织在 1945 年 10 月 16 日成立，是国际上成立非常早的国际组织，其成立时间比联合国还要早，于 1946 年 12 月 14 日之后成为联合国的专门机构之一。其主要从事环境保护和农业可持续发展、推动农业技术合作、世界粮食农业安全等项目。而渔业资源捕捞状况也是其关注事项之一，因为其下设的渔业及水产养殖部，是专门对全球渔业资源的捕捞数据进行归纳并公布，具有重要的参考意义。① 联合国粮食及农业组织关于全球渔业资源现状的评估和数据的公布，对于北冰洋公海渔业资源的管理与养护十分重要。同时，其制定的一系列国际指导性文件，为国际或区域渔业发展提供了参考意见，这些文件在一定程度上赶到了国际规范的作用。虽然其管理范围有涉及北冰洋公海渔业资源，但其根本目的是保证人类免于饥饿，维护世界粮食安全，并且其关注渔业资源的点仅是捕捞量，并没有着眼于渔业资源的管理和养护，因而其并不能够成为北冰洋公海渔业管理的国际性机构。

3. 区域性渔业管理组织

区域性渔业管理组织最具代表性的就是西北大西洋渔业组织（NAFO）。在 20 世纪 50 年代，美国、加拿大之间意识到渔业资源是有限的，如果过度捕捞，必然导致渔业资源的枯竭。为了规范捕捞行为，以及资源的可持续性养护和管理，于是制定了《西北大西洋渔业公约》，进而成立了西北大西洋渔业委员会。伴随着 1973 年联合国海洋法第三次会议中 200 n mile 专属经济区制度被美国及其他成员国采纳，重新划定了各成员国的专属渔区范围。1978 年 10 月 24 日，加拿大、古巴等 7 国签订了《西北大西洋渔业合作公约》，于 1979 年 1 月 1 日生效，并成立了西北大西洋渔业组织。② 西北大西洋渔业组织主要有科学技术理事会、秘书处、委员会等机构。其每年都会对公约区域内的渔业捕捞设定捕捞数量限制，以及各缔约国的分配捕捞数量。该组织成立至今，仍对该区域渔业资源有序捕

① 杨蕾：《北极公海渔业管理制度研究》，硕士学位论文，武汉大学，2018，第 34 页。
② 同上书，第 35 页。

捞及资源可持续养护和管理具有重大影响。此外，还有东北大西洋渔业委员会。东北大西洋渔业委员会是依据《东北大西洋渔业协定》成立的专门的渔业管理组织，但遗憾的是该组织仅仅能够管理北冰洋公海 8% 的海域，虽然其对渔业的养护和管理具有针对性，但其管理范围并不能够涵盖绝大部分的北冰洋公海渔业资源。但其在管理北极渔业方面，还是有很多值得借鉴的地方，如采取有针对性的渔业管理措施且措施呈现多样化。

三、北冰洋公海渔业管理法律制度面临的现实困境

通过上文的总结，可以分析出目前北冰洋公海渔业管理中法律规范不完善、管理组织缺位等现象非常突出，准确分析和把握北冰洋公海渔业管理法律规制面临的困境对如何更好地建构北冰洋公海渔业管理法律制度意义重大。

（一）北冰洋沿岸国参与国际合作的意愿低

北极的地理环境极为特殊，是呈现出陆地包围海洋的地理形态，陆地上的北极八国围绕着整个北极，国家之间利益纠纷不断，这导致了该区域不便于统一管理。由于长期形成的格局，很难有非北极国家插手该海域的核心利益，同时沿海国对北冰洋公海海域表现出强烈的主人意识，这些都使北极国家参与国际合作的意愿不强，更导致了该区域统一管理极为困难的现状。

目前而言，北极五国（俄罗斯、丹麦、挪威、美国、加拿大）在北冰洋海域掀起了新一轮的“蓝色圈地运动”。目前俄罗斯、丹麦（格陵兰）和挪威都向大陆架界限委员会提交了北冰洋 200 n mile 外大陆架申请方案，大陆架界限委员会基本同意了挪威的申请。美加两国也不甘落后，积极获取北冰洋外大陆架的基础数据。Macnab 等依据现有公开数据，研究认为只有位于加拿大海盆的小梯形和北冰洋中脊两个区域不可能成为外大陆架。[①] 也就是说，北冰洋剩下的部分都可能成为北极五国的外大陆架。这样北极五国将主导北冰洋区域。从《伊卢利萨特宣言》就可以看出，北极五国试图维护目前北极区域的现有利益格局，试图寻求一种区域内的合作，而并

① 李芳芳：《论北冰洋公海渔业管理国际合作制度的构建》，硕士学位论文，武汉大学，2017，第 38 页。

非国际合作。从北极五国单方面召开会议出台北冰洋公海禁捕规定就从侧面反映出其试图维护固有利益格局，并表现出强烈的主人翁意识，想要表明其拥有北冰洋公海渔业管理的便利条件。

20 世纪 40 年代以后，北极地区的资源争夺就一直没有停止过，尤其是美国与俄罗斯（苏联）之间的争夺。随着全球气候环境的变化，北极区域也发生了显著的变化，丰富的渔业资源浮出海面，除了美、俄以外，会引发更多的北极国家前来争夺，每个国家都试图取得该地区的主导权，形成了非常态的北极治理格局，即“北极国家主导、域外国家无实权”。究其原因，北极国家通过最早参与北极理事会的构建，进而参与很多北极事务，从一开始便取得了该区域的主导地位，在之后其他国家想要成为北极理事会的正式观察员是非常困难的，且北极大国对非北极国家参与北极事务向来持消极态度。北极国家对于国际合作参与意愿较低的原因很复杂，其一，北极国家对该区域主导权的把控不容挑战；其二，目前北冰洋公海渔业资源尚未开发，但具有极大的开发可能性，非北极国家一旦借助渔业资源管理为切入点参与北极事务，那么未来很有可能进而打破北极地区固有的利益分配格局；其三，非北极国家对北极渔业管理的参与，会导致北冰洋渔业管理法律制度构建变得复杂，从区域性条约要上升为国际条约，磋商谈判极为复杂，最后的结果一定会触及北极国家的既得利益。

（二）《联合国海洋法公约》缺乏针对性及规制的有效性

《公约》被称为“海洋宪章”，其适用于世界所有海域，性质是全球性公约。正是其覆盖面特别全，所以注定其规制条款一定是提取出公共的部分归纳而成的条款。在其大而全的表面下，其本身有很多问题，具体应用在北冰洋公海渔业资源管理中，更是漏洞百出，毫无应用意义。具体来说就是其内容过于广泛，并且在执行机制、分配机制、惩罚机制方面有许多不合理和不完善的地方，因而其在北冰洋公海海域并不能够起到很大的作用，但对于构建北冰洋公海海域渔业资源管理法律制度具有积极的借鉴意义。

《公约》第 63 条中“应达成协议”“直接或通过适当的分区域组织”等规定了相关国家的义务，但并未规定具体细节内容，更没有具体的渔业管理的可行方案，只是一种倡议性提议，完全背离了其全球性法律规范的本意。而且其也并未给沿海国设定养护和管理渔业资源的义务。内容太过于宽泛，使得在执行时缺乏具体的实践措施，无法起到法律规范的强制性。而北冰洋公海相比北极其他海域具有一定的特殊性，首先北冰洋公海渔业资源目前属于一种尚未开发的状态，并不存在渔业捕捞行动，建立法律规章制度是为了预防性地规避“公共地悲剧”的出现。法律规范有两种作用：一种是预防性规范，把控风险，将风险降到最低；另一种则是问题出现后出台法律规范予以规制。显而易见，渔业资源具有唯一性，如果出现了资源枯竭现象后，再进行法律规制，可谓亡羊补牢，为时晚矣。其次，北冰洋公海海域生态系统极其脆弱，这是由于其特殊的地理位置所决定的。由于长年低温，该海域自我调节和自我恢复能力都是非常弱的，因而该海域是最需要养护的海域。在构建北冰洋公海渔业管理法律制度时，条款的针对性一定是重中之重。

（三）北冰洋公海渔业缺乏统一完善的国际法规制

北冰洋公海渔业资源是近些年才逐渐走入人们的视野，随着《中北冰洋协定》的签订，引发了国内外学者们思考此区域渔业资源的何去何从。目前，北冰洋公海海域并无统一完善的基本法规制。现有可适用于北冰洋公海渔业管理的法律规范主要有《公约》《鱼类种群协定》《生物多样性公约》《狭鳕公约》《中北冰洋协定》，以及各国之间的双边、多边渔业协定等。目前上述公约，整体上呈现出针对性不足、操作性差等缺点，法律规范多以分散化、碎片化存在，并且规范的可操作性、针对性、合法性都有待讨论。在北极区域由于缺乏统一的渔业管理法律制度，已造成了挪威海公海和巴伦支海公海捕捞泛滥的现象，更是导致了白令海公海狭鳕资源枯竭，这些惨痛的教训都证明了统一完善的渔业管理法律制度的构建迫在眉睫。在前文所述，《公约》缺乏针对性和可操作性，完全不符合作为北冰洋公海渔业资源保护基本法的要求。《生物多样性公约》则更多侧重于保护生物多样性，不只是针对渔业资源的养护和管理，且缺乏具体实质性的措施，落实到极其特殊的北冰洋公海海域更收效甚微。2017 年底签订的《中北冰洋协定》参与主体具有广泛性，但规范本身仍然只是一些临时性禁捕条款和建立科研合作的规划，仍未有达成统一完善的渔业管理法律制度。

（四）北冰洋公海渔业管理组织缺失及管理主体混乱

谈到北冰洋公海渔业管理组织，需要从北极区域整体化的角度下来看渔业管理组织的问题。现有的管理组织有权管理北极渔业的有北极理事会、联合国粮食及农业组织、东北大西洋渔业委员会、西北大西洋渔业组织、中西太平洋渔业委员、挪威渔业联合委员会，以及北极五国之间非正式渔业组织等。北极理事会成立的主要宗旨是保护北极生态环境，维护北极区域的可持续发展，并不仅仅针对北冰洋公海渔业而设立，并且对于关乎海洋资源等敏感问题，北极理事会从来都是采取漠视的态度。虽然北极理事会是北极地区最有国际影响力的国际平台，但是针对北冰洋公海渔业资源问题仍是杯水车薪。联合国粮食及农业组织设立的宗旨是为解决饥饿和粮食问题，主要为了保护全球粮食安全，渔业资源只是粮食来源的一种而不是唯一，所以在关注度上一直相对较低，因而其也不是北冰洋公海渔业管理组织的理想选择。区域性渔业组织都是缺乏强有力的执法机构，并且过于碎片化，其中任意一个都无法独自担负管理北冰洋公海渔业的职责，并且相互之间存在职责交叉和管辖空白。北极国家之间都是由于国家利益驱使“自管家门”，绝不过多承担国家责任，导致同一海域中出现多个国家的“责任交叉”或“权利交叉”，管理主体非常不明确，进而引发冲突，这也直接导致北冰洋公海海域管理前景存在不确定性，进而北冰洋公海渔业管理、监管组织几乎处于缺失状态。

四、北冰洋公海渔业管理法律制度的完善及中国的参与路径

（一）建立统一的北冰洋公海区域性渔业管理法律制度

1. 签订《北冰洋公海渔业资源养护公约》

2009 年，美国首先发现了北极冰层的融化，为了规范渔业捕捞，维护美国在北极地区的国家利益，其开启了新一轮的渔业协定谈判；2014 年，北极沿岸国家曾达成共识，对北极公海制定临时措施；2015 年 5 月，北极沿岸国家签订协议，规定在没有充分的科学支持下，不得在北冰洋公海海域进行渔业活动；2017 年底，37 国签订了《中北冰洋协定》，虽然协定规定了北冰洋公海海域未来 16 年内禁止商业性捕鱼活动，但这只是暂时性禁捕措施，并非是最终的解决路径。

在南极大陆有《南极海域海洋生物资源养护公约》（简称《南极养护公约》）对南极海洋生物资源进行养护和管理，并设立了南极海洋生物资源养护公约委员会进行处理南极生物资源的相关事务。《南极养护公约》作为时代的产物，其自身有许多值得关注的成功经验和亮点，如先进的管

理经验、完善的管理组织、针对性的管理措施、有效的监督制度等。在管理理念方面，《南极养护公约》核心理念就是维护渔业生态系统，同时也要维护整个海洋生态系统的和谐。其渔业管理预防性措施经过实践的检验是可行的，这套措施至今仍在处理南极事务中发挥着重要作用。北冰洋海域完全可以借鉴《南极养护公约》而制定《北冰洋公海渔业资源养护公约》，关注渔业资源种群间关系，致力于将“预先防范”和“生态系统”理念相结合，制定出完善、有针对性的养护和管理措施。在条文中可以明确规定“养护”一词的明确内涵，不仅包含渔业资源有计划的管理，同时还要包含未来如何合理利用，这更能体现公约的完备性和预设性。在对鱼类种群捕捞活动进行管理的同时，也应对捕捞行为本身进行详细规定，如渔船作业适用的渔具需要进行严格限制等。

2. 成立新的区域性渔业管理组织并明确管理主体

目前北极渔业有关的国际性或区域性组织在上文中已逐一分析，可以看出上述组织都存在一定的缺陷，均不能够成为治理北冰洋公海渔业问题的管理组织，因此需要建立有针对性的治理北冰洋公海渔业事务的区域性组织，以便于更好地对北冰洋公海渔业资源进行养护和管理，同时也更有利于开展国际合作与对北冰洋海域生物的科学考察。

现北冰洋管理现状总体上呈现出碎片化，存在着诸多区域“交叉管理”和“权利空白”，这使得北冰洋公海渔业管理规范化的道路变得异常艰难。为解决这种难治理的现状，需要借鉴南极海洋生物资源养护委员会的成功经验，建立区域性北冰洋公海渔业管理组织。《南极养护公约》第七条设立了南极海洋生物资源养护委员会，[①] 该委员会下还特别设立了养护南极海洋生物资源的科学分委员会，[②] 又依据公约设立了秘书处。秘书处主要为了协助委员会和科学分委会的日常工作，执行委员会和科学分委会委托的事项。虽然北冰洋公海海域渔业资源与南极海洋生物资源存在着诸多差异，政治状况也比南极更加复杂，但同样的机构设置也可以应用于北冰洋公海海域。北冰洋公海渔业资源管理机构应当借鉴南极海洋生物资

① 南极海洋生物资源养护委员会是承担南极海洋生物资源和海洋生态系统的调查和研究任务，确定公约区域内各资源的不可捕捞量。

② 养护南极海洋生物资源科学分委员会是专门进行南极海洋生物资源信息收集、研究和交换，为委员会促进科学研究领域的合作提供强有力的数据支持。

源养护委员会下设科学分委会管理科学研究事项。同时明确北冰洋公海渔业管理组织的主体地位，统筹北冰洋公海渔业的科研、开发和养护、管理。唯有如此，才能使北冰洋公海渔业资源可持续养护和管理，才能维持北冰洋海域的生物多样性和生态平衡。

3. 设立有效的监督管理制度

《南极养护公约》在签订时就很好地考虑到执行后的监督机制建构。为了有效地执行该公约，公约在第10条规定了非缔约方和缔约方的注意义务，第21条和22条规定缔约方向委员会提交养护措施的情况及报告义务，第24条规定了检查和观察制度。委员会应当明确检查员和观察员去查证时需要遵循的规定，检查员和观察员在规定范围内的查证报告可以在诉讼程序中作为证据形式予以使用，同时要求缔约方、观察员、检查员进行合作，这为获取最后报告提供了便利性，此措施增加了缔约方诉讼程序的可操作性和可证性。《南极养护公约》在2005年5月7日生效的“捕获证书计划”要求所有登陆、转船和进口鱼类到签约国家时都需要提供一个填好的捕获文件以便于跟踪。其设置的公示制度，对IUU船舶名单进行公示，凡是被公示国的名单里的成员，绝对禁止再次进入某一渔区。这一系列的监督措施都是行之有效的，非常有效地杜绝了非法捕捞活动，很好地监督了渔业资源状况。

在《狭鳕公约》第11条中规定了中白令海观察员计划。①中白令海的观察员计划在该海域起到了积极作用，形成了良好的监督管理机制。②在《北冰洋渔业资源养护公约》中，应当借鉴南极、中白令海的一系列监督措施，以避免日后北冰洋公海渔业陷入“公共地悲剧”。

（二）“人类命运共同体”理论下北冰洋渔业事务的中国参与

2017年1月，习近平总书记在联合国日内瓦总部的演讲主题为“共同构建人类命运共同体”；③ 2017年10月，在中国共产党第十九次全国代表大会上，习近平总书记呼吁“构建人类命运共同体”。习近平总书记多次

① 参见《狭鳕公约》第十一条5（1）（5）规定：“每一在公约区域捕狭鳕的渔船应接受除船旗国之外的以缔约方的一名观察员。若没有这一观察员，该渔船应有一名船旗国的观察员。”同时，观察员应当“将他们所发现的情况告知船旗国缔约方和观察员所属缔约方。”

② 杨蕾：《北极公海渔业管理制度研究》，硕士学位论文，武汉大学，2018，第43页。

③ 仰叶齐：《习近平人类命运共同体倡议形成的主观源头和客观基础》，《兵团党校学报》2019年第1期。

在不同场合呼吁人类命运共同体的构建，认为这是一项巨大的工程，不仅仅需要中国贡献力量，更需要世界各国共同贡献积极的力量。构建人类命运共同体不仅仅是新时代中国的重要外交方略，其中也反映了中国在逐步走向伟大复兴，走向现代化强国。随着国力的强盛，中国在国际社会需要话语权，在北极也同样。中国作为近北极国家，对于北极事务也应当秉承“人类命运共同体”理念，全球共呼吸、共命运，你中有我、我中有你，积极参与北极事务的磋商与政策的制定，为北冰洋公海渔业法律制度的构建积极贡献中国智慧，最终实现共赢、共享，营造出“人人为我，我为人人”的国际氛围。

1. 积极参与国际规则的制定

北冰洋公海海域属于全人类，其“公共地”的属性说明中国也是北冰洋公海渔业的利益相关方。中国长期以来一直都是北极事务积极的参与者，因而在北冰洋公海渔业管理法律制度的构建上，也应当发挥积极的作用，贡献中国方案、中国智慧，承担大国的国际责任，与此同时也应当维护中国在北冰洋公海渔业的国家利益。虽然在国际上有北极国家排斥中国的全面参与，但是中国作为一个负责任的大国，要求中国不可缺席北冰洋公海渔业秩序的构建，更不可缺席北冰洋公海事务的磋商，更不会使中国方案缺席北冰洋公海渔业事务，中国有权利也完全有能力参与到北冰洋公海渔业事务的磋商中。随着中国综合国力的增强，中华民族伟大复兴的中国梦的实现，以及中国海洋强国战略的号召，都要求中国需要积极参与国际规则的制定。而中国介入北极事务需要北冰洋公海渔业事务作为桥梁，北冰洋公海渔业事务作为弱政治事项是一个很好的切入点，中国应当抓住和充分利用这一事项，积极维护中国在北极的合法海洋权益。中国在参与北冰洋公海渔业法律制度构建中需要重视以下几个方面：

其一，承认北极沿岸国家在北冰洋公海海域的既有权利。中国作为《公约》的缔约国，需要尊重北极国家在北极既有的主权权利，同时也要承认存在的能够适用于该海域的相关规定仍旧适用。在承认北极国家在北极地区的权利的同时，也应当积极主张自己在北冰洋公海海域的合法权利。

其二，承认北极土著人利益。目前北极区域土著居民人口总数有将近200万人，人本主义是现代国际社会和国际法需要考虑的关键因素，中国应当尊重原住居民的既有利益，尊重原住居民的既有风俗习惯。

其三，将中国在北冰洋公海利益明确化。目前北极国家对于大陆架及专属经济区的权力主张影响了北冰洋公海的权力划定。并且近年来，北极沿海国家多数采取“先到先得”等手段对北极公海中的稀缺资源进行掠夺。北冰洋公海属于全人类，中国也是北冰洋渔业资源利益共享的一分子，有权积极推动北冰洋公海渔业的法律制度的构建，维护中国在北冰洋公海的合法权益。

2. 加强北冰洋公海渔业科学考察与国际合作

北冰洋地理位置偏远，气候严寒，生态环境极其脆弱，人类在北极地区的科学考察活动不同于其他地方，需要有相应的科学知识、专门技术与技能的支持，因此“打铁还需自身硬”，我们想要加强在北冰洋公海的科学考察，首先自身技术条件需要过关。长期以来，地球科学和生命科学等基础研究一直是北极科学研究的主要领域。其中北冰洋渔业资源的研究就属于生命科学这一大类。随着北极开发利用的深入，如何可持续发展该区域资源越来越受到国际社会的关注与研究。由于北极沿岸国家从很久以前就对北极进行科学考察，其自身具有地缘、先发等优势，因而最核心的北极科学考察资料仍掌握在北极国家手中。中国的北极科学考察研究尚处于初级阶段，对于北极特殊地理条件下的硬件技术研究几乎处于空白状态，为了以后更好地参与北冰洋公海渔业事务，中国需要注重在北极应用技术的进步和发展，如北极软科学研究、北极冰区航行技术研发、生物勘探技术研发等。在人类命运共同体的理念下，通过自身技术的提升，积极履行中国在北极事务中的大国责任，为北冰洋公海渔业科学考察贡献中国智慧、中国创造。

国际合作是中国维护北冰洋公海渔业权益的一条主要途径，北极事务的特殊性决定了合作是各国普遍采用的一种基本方式。中国作为一个近北极国家，通过合作途径参与北冰洋公海渔业的管理和法律制度的构建，实现和维护其在北冰洋公海的合法权益，完全是合情合理。在北冰洋渔业事务中，为了有效地维护中国在北冰洋的合法权益，需要进行深度广泛的国际合作，同北极地区的国际机构和组织、北极国家、全球性组织、原住民团体等相关组织进行国际合作。在人类命运共同体的理念下，我国采取国际合作的方式是顺应时代的潮流，是开放包容的世界的体现，地球只有一个，是我们共同的生存家园，不仅仅是经济全球化，人类命运也日趋变成密不可分的整体。

3. 加强对北冰洋公海渔业相关国际法律制度的研究

在北冰洋海冰融化加剧的大背景下，北极沿岸国家早已对北冰洋渔业资源进行了深入的研究。虽然目前北冰洋公海渔业尚未进行大规模的商业开发，但未来该海域渔业资源的保护具有不确定性，在无完善的渔业法律保护制度的情况下，理论上分析该海域未来有很大的可能性进行大规模的商业开发。北冰洋渔业问题近几年在国内也逐渐引起了关注，国内也有学者进行专门研究，但目前来看学术成果并不丰盛。截至目前，CNKI 收录的“北冰洋渔业”主题的文章仅仅 60 余篇，专门研究“北冰洋渔业”的专著更是寥寥数本，并且研究水平相对较浅，文章内容大多存在重复国外观点的情况，并无太多建设性建议。中国想要在研究深度和广度上都有所提升，需要加大对“北冰洋公海渔业”的科研支持，引发国内更多相关领域的资深学者进行研究，提升国内对于此问题的研究水平。一方面可以加深中国对于该问题的研究深度，为维护中国在北冰洋公海渔业的合法权益提供智力支持；另一方面，可以为中国在国际中争夺关于北冰洋渔业法律制度构建的话语权，向世界贡献真正的中国方案、中国智慧。

五、结语

全球气候变暖的大背景下，北冰洋公海海域夏季无冰区面积在持续增加，该海域未来很可能会出现大规模的商业捕鱼活动。2018 年底出台的由 37 国签订的《中北冰洋协定》，虽然规定了 16 年内在该海域禁止渔业捕捞活动，并且规定了如果 16 年后仍有必要，经过法定程序仍可以延长禁捕期。但无论如何延长，却也仅是延缓措施，终究未来不可能一直延长下去，16 年或更久后北冰洋公海渔业该何去何从？

当前在北冰洋公海海域渔业管理方面存在法律体系和管理体系碎片化局面。应当从国际角度和国内角度进行分析，寻找对策。从国际角度，通过促进建立统一的北冰洋公海区域性渔业管理法律制度来进行根本性解决北冰洋公海渔业问题；而从国内角度来看，在人类命运共同体的理念下，中国应当积极参与北冰洋公海渔业事务，贡献中国方案、中国智慧，需要加强北冰洋公海渔业的科学考察和国际合作，以及国内对北冰洋公海渔业相关国际法律制度的研究，积极参与国际规则的制定。中国应当抓住北冰洋公海渔业法律制度构建这一机遇，以弱政治事项作为介入北极事务的切入点，积极维护中国在北极的合法海洋权益。中国始终都是北极事务的积极参与者、建设者和贡献者。同时中国作为一个负责任的大国，愿意同国际社会一同积极维护北冰洋公海渔业资源的养护和管理，促进北极地区的和平、稳定和发展。

国际船舶油污损害赔偿机制的适用问题探析*

袁　雪

摘　要： 当前的国际船舶油污损害赔偿机制是以1969年的《国际油污损害民事责任公约》和1971年的《建立国际油污损害赔偿基金公约》，以及二者的一系列议定书为基础建立起来的。为了适应国际海运的发展和损害后果日益严重的船舶油污事件的需要，其内容随着公约的修订而不断变化。而每次修订产生的最重要变化就是油污损害赔偿限额的逐渐提高，这导致了对于是否应该设置赔偿限额，以及该机制适用性的质疑。另外，船舶油污损害赔偿责任主体的排他性、油污损害赔偿范围的局限性、国际船舶油污损害赔偿机制参加国的局限性也是导致该国际机制适用性不足的重要原因。应当扩大船舶油污损害赔偿、责任主体及机制参加国的范围，设置合理的赔偿限额，提高国际船舶油污损害赔偿机制的适用性和完整性。

关键词： 国际船舶油污损害赔偿机制；适用；赔偿限额；责任主体；环境损害赔偿

* 本文发表于《中国海洋大学学报》（社会科学版）2017年第5期。

Analysis on the Application of the International Compensation Mechanism for Oil Pollution Damage from Ships

Yuan Xue

Abstract: The current international compensation mechanism of oil pollution from ships has been built based on the *International Convention on Civil Liability for Oil Pollution Damage* 1969, the *International Convention on Establishment of Oil pollution damage fund* 1971 and series of protocols to the two conventions. In order to adapt to the increasingly changed international shipping environment and more and more serious damage results of oil pollution accidents, the contents of the mechanism have changed according to the revisions of these conventions. The most important change about the contents of every revision of conventions is that the compensation caps had been increasingly raised, which has brought the attention of the doubts about setting a cap and the applicability of the system. In addition, the exclusiveness of the compensation liability subject of oil pollution from ships, the limitation of compensation realm of oil pollution and the limitation of participating countries of the mechanism are important issues which can result in the applicable defect of the mechanism. The realm of oil pollution damage, liability subject and participating countries should be expanded to improve the applicability and integrity of international compensation system for oil pollution damage from ships.

Key words: the international compensation mechanism for oil pollution damage from ships; application; compensation caps; liability subject; environmental compensation

随着国际贸易的发展，越来越多的石油和危险品需要通过海上运输来完成交易，这将不可避免地导致对海洋环境污染的风险和威胁。自从 1967

年发生的“Torrey Canyon”号①严重油污灾难之后，海上油污成为全球关注的环境问题，一系列规范油污问题的国际立法也应运而生，内容涉及有关防止漏油的船舶安全管理、石油泄漏应急计划，以及船舶油污损害赔偿等方面。本文以国际船舶油污损害赔偿机制的发展演进为研究进路，以船舶所有人赔偿责任限额的不断提高为研究的切入点，结合国际船舶油污损害赔偿理论与实践中存在的船舶油污损害赔偿范围、责任主体的范围，以及参加国的局限性等问题，探讨国际船舶油污损害赔偿机制的适用问题。

一、问题的提出——由船舶油污损害赔偿限额的演变引发的思考

（一）国际船舶油污损害赔偿机制的发展演进

综观船舶油污损害赔偿国际公约和各主要航运国家油污立法的制定背景和产生过程，不难发现这样一种现象：从国际公约到国内立法，无不是在一个前所未有的突发性船舶油污事件发生之后，为了及时和有效地赔偿油污导致的损害，或者弥补现行立法赔偿数额的不充分，而制定新法或修订旧法。构成当前国际船舶油污损害赔偿机制主体的两个公约——1969 年的《国际油污损害民事责任公约》（以下简称《1969 年民事责任公约》）和 1971 年的《建立国际油污损害赔偿基金公约》（以下简称《1971 年基金公约》）的出台，就是在 1967 年发生的“Torrey Canyon”号油轮漏油事件的结果。该油污事件的发生，引发了很多涉及污染损害赔偿的私法问题，而在此之前，国际立法对海事侵权行为的关注主要集中在船舶碰撞方面，对船舶污染侵权行为不进行特殊调整，而是适用一般侵权法。② 该事件中，英、法两大受害国虽然最终在索赔诉讼中通过和解获得了 300 万英

① 1967 年 3 月 8 日，载运 12 万吨原油的利比里亚籍油轮“Torry Canyon”号从波斯湾驶往美国米尔福港，该油轮行驶到英国东南沿海英吉利海峡附近因舵机失灵，结果船舶在失控中触礁，造成船体断裂，溢油约 10 万吨。溢油造成附近海域和沿岸大面积严重的污染，使英、法两国蒙受了巨大损失，两国为清除污染付出了巨额费用。此次油污事件暴露出来的船舶污染损害责任和赔偿问题，以及船长代理权问题直接促成了《1973/78 国际船舶防污染公约》、1969 年的《国际油污损害民事责任公约》和 1989 年的《海难救助公约》的出台。

② 张湘兰、张辉：《国际海事法新发展》，武汉大学出版社，2012，第 282 - 285 页。

镑的赔偿，但实践表明，在传统的过错责任下，受害人难以得到救济。[①] 该油污事件的发生，明显暴露出传统海事侵权法对于船舶油污损害赔偿提供救济功能的不足，引起了国际社会的普遍关注，因此，该事件直接受害国英国政府建议政府间海事协商组织（IMCO）[②] 抓紧制定相关的国际立法。《1969 年民事责任公约》和《1971 年基金公约》由此得以出台。[③] 自此，国际船舶油污损害赔偿机制初步建立起来。

《1969 年民事责任公约》规定了漏油船舶所有人应当承担严格的油污损害赔偿责任，同时赋予其损害赔偿责任限额，即单次事故赔偿最高额不超过 2.1 亿金法郎。为了能更充分地补偿油污受害人、弥补责任公约赔偿限额的不足，该公约的赔偿责任体制又被随后出台的《1971 年基金公约》所补充。尽管现在这两个公约已经被各自 1992 年的议定书所取代，而且经过了数次修订，但这两个公约为国际船舶油污损害赔偿机制确立的框架性基础的地位是不可动摇的，为许多国家的油污立法和油污损害赔偿机制的构建提供了基础。其中，《1969 年民事责任公约》为油轮所有人规定了严格赔偿责任的同时又赋予其享有赔偿责任限制的权利；为保障油轮所有人承担油污损害赔偿责任，设置了强制责任保险制度，由海上保险人分担海上油污风险。《1971 年基金公约》通过为油类货主设定义务的方式来解决油轮所有人赔偿不足的问题，将船东从沉重负担中解脱出来，[④] 初步形成了国际油污损害赔偿的“双重赔偿机制”，体现了“污染者付费”原则与“船东和货主风险分担”原则的结合。由于这一“双重赔偿机制”需要《1969 年民事责任公约》和《1971 年基金公约》共同运行，因此，两个公约始终保持同步发展、同步变动的状态，以维持该赔偿机制的协调和船、货双方利益的平衡。

随着造船技术的提高，船舶油污事件的发生频率大大降低，但是在单

---

① WU Chao, “Pollution from the Carriage of Oil by Sea: Liability and Compensation,” *Kluwer Law International* (1996): 14-26.

② 政府间海事协商组织（Inter-Governmental Maritime Consultative Organization）成立于 1959 年，是联合国负责海上航行安全和防止船舶造成海洋污染的一个专门机构，总部设在伦敦，1982 年改名为国际海事组织（International Maritime Organization）。

③ 徐国平：《船舶油污损害赔偿法律制度研究》，北京大学出版社，2006，第 6－10 页。

④ X. Chen, *Limitation of Liability for Maritime Claims: A Study of US Law, Chinese Law and International Conventions* (The Hague: Kluwer Law International, 2001), pp. 142-143.

壳油轮向双壳油轮转型过程中，一旦发生船舶碰撞等事故，仍不可避免地发生油类泄漏，尤其是载重量和吨位越来越大的油轮发生油污事件就会导致更加严重的损害后果，逐渐地原来公约机制下的赔偿限额就不足以赔偿油污受害人的损失了。因此，有效的国际船舶油污损害赔偿机制的重要性就显现了出来。后来发生的许多严重油污事件，导致了油污损害赔偿机制分别于 1976 年、1984 年、1992 年、2000 年和 2003 年的修订。

1976 年，两个油污公约的第一个议定书通过，主要是将赔偿限额的货币单位由金法郎改为国际货币基金组织（IMF）的特别提款权（SDR），每船舶吨位赔偿 133 SDR，最高不超过 1 400 万 SDR。1978 年发生的“Amoco Cadiz”号油轮事件直接导致了两公约 1984 年议定书的产生，相应提高了赔偿限额。但是该议定书设置了较高的生效条件，由于美国未加入，直接导致了该议定书的夭折。然而，1991 年发生的 Haven 事件所导致的损害结果显示，国际油污损害赔偿机制急需改进，1976 年确定的赔偿限额已无法满足油污损害赔偿的需要，尤其是应当使 1984 年议定书中拟增加的赔偿数额得以实现，这样就有了两公约 1992 年议定书的出台。1992 年议定书将赔偿总额提高到 5 970 万 SDR，而且，除了油轮船东要承担限额的严格赔偿责任之外，石油公司与运输企业共担风险的基本原则仍然适用，基金仍然对船东赔偿限额不足的部分进行补充赔偿。随后，1997 年的 Nakhodka 海难和 1999 年的 Erika 灾难所导致的油污损害数额又超出了 1992 年议定书规定的赔偿限额，使得 IMO 法律委员会于 2000 年 10 月又通过了新的公约修正案，同意在 1992 年议定书项下将赔偿数额提高 50%，船舶所有人最高赔偿额可以达到 8 977 万 SDR，从 2003 年 11 月起开始生效。然而，就在这一新的机制生效之前，2002 年 11 月“Prestige”号油轮的沉没所引发的油污损害赔偿问题，又开始令人质疑这一新的油污损害赔偿机制能否有效解决重大的油污事件，最终导致了《1992 年基金公约》的修订，即达成了 2003 年的《关于油污损害赔偿基金的补充议定书》（以下简称《2003 年补充议定书》），在原有“双重赔偿机制”的基础上，设置对油污受害人的“第三重赔偿”——补充油污基金。这样，发生油污事件后受害人通过三重赔偿获得的最高赔偿限额可以达到 7. 5 亿 SDR，相当于 11. 15 亿美元，基本上达到了美国和欧洲联盟设定的赔偿水平。但这只是对基金公约的补充性修订，并没有导致任何一部新的公约得以诞生。①

另外，为了能在油轮船东和石油货主之间合理分摊由三重赔偿机制支撑的船舶油污损害赔偿、表达船东对国际船舶油污损害赔偿机制的支持，以及避免公约缔约国对现行公约的频繁修改，在国际船东保赔协会集团的倡议下，与国际油污基金秘书处和代表货主的石油公司共同拟定了两个协议草案，即2006年的《小型油轮油污赔偿协议》和2006年的《油轮油污赔偿协议》。② 按照这两个协议，国际船东保赔协会集团根据与其会员达成的保险条件，对于运输持久性油类货物且吨位不超过29 548总吨油船的船东，承保其根据协议应向1992年基金摊款货主补偿的按照《1992年民事责任公约》下船东的责任限额与2 000万SDR之间的差额；对于运输持久性油类货物的油船船东，承保其根据协议承诺的当有任何索赔由2003年补充基金支付时其应提供的50%补偿。这两个协议的出台，不仅减轻了油轮船东与石油货主之间在发生油污事件导致损害赔偿时各自应承担的赔偿负担，而且减缓了公约缔约国主张修改公约提高赔偿限额的进程，维持了国际船舶油污损害赔偿机制的稳定性。但是这两个协议并未从根本上解决国际船舶油污损害赔偿机制本身的问题，协议并未提高油污受害人应得到的赔偿额度。

（二）赔偿限额的不断提高引发对国际油污损害赔偿机制适用性的思考

船舶油污损害赔偿责任是侵权法中严格赔偿责任与海商法中海事赔偿责任限制制度的结合。国际船舶油污损害赔偿机制具有不同于传统民事赔偿责任制度的特点，该机制通过公约为油轮所有人设置了严格赔偿责任的同时又赋予他们享受责任限制的权利，允许油轮所有人将自己的油污损害赔偿责任限定在法律规定的限额之内。这种赋予油污责任人赔偿限额的传统来源于海商法中的海事赔偿责任限制制度。海事赔偿责任限制制度是海商法中特有的具有悠久历史传统的法律制度，该制度的设计与海上航运的高风险性密切相关。现代各国侵权法一直将完全赔偿作为基本原则之一，

---

① Jose M. Alcantara：《“威望”号船事件之后的油污立法》，闫新译，《中国海商法年刊》2005年第1期，第458－467页。

② 岳岩：《油船油污赔偿协议评介及中国应采取的对策》，《中国海商法年刊》2006年第1期，第362－369页。

不管是过错责任还是严格责任，均要求责任人对其行为导致的损害给予完全赔偿。但是在海商法中船舶污染损害赔偿领域，完全赔偿原则受到了冲击。从国际油污损害赔偿机制到大部分国家国内油污立法，都规定了油污责任人应承担限额的赔偿责任，例如中国1993年施行的《中华人民共和国海商法》第208条第二项、[①] 美国的《1990年油污法》第1004条、英国1995年的《商船航运法》第157条及2003年的《商船航运（油污赔偿责任限制）法令》对其的修改、加拿大2001年的《海事责任法》第54条和55条、挪威1994年的《海商法》第194条和208条、俄罗斯1999年的《俄罗斯联邦商船航运法典》第320条等，[②] 都是有关船舶油污损害赔偿责任限额的规定，而且随着国际油污立法中赔偿责任限额的逐渐提高，各国国内油污损害赔偿限额也随之提高，除了保持与国际立法的一致性外，更主要目的是为了满足越来越严重的油污事件所导致的损害赔偿的需要。

因此，从国际船舶油污损害赔偿机制发展演进的历史来看，该机制是能对某些油污事件做出反应的，因为损害结果日益严重的油污事件的不断发生导致了两个国际油污公约的不断修订，其直接结果就是油污损害赔偿限额的不断提高；同时，这一现象也表明，此前公约规定的赔偿限额无法满足对更严重的油污损害的赔偿。各国国内油污立法的发展历程也说明了赔偿限额问题的重要性，不管是公约参加国还是非参加国，修订本国油污立法的重点也是不断提高赔偿限额，以满足严重的油污损害的需要。这一现象引出了对于是否应当设置油污损害赔偿限额，以及赔偿限额的不确定性对于当前国际油污损害赔偿机制适用性的影响的质疑。

二、国际船舶油污损害赔偿机制适用中存在的问题分析

国际船舶油污损害赔偿机制建立几十年来，在其适用过程中，海商法理论和实务界不断地对其适用性提出质疑，除了引起质疑的直接原因即赔偿限额的不确定性，还存在其他影响其作用发挥的问题。

---

① 《中华人民共和国海商法》第208条是关于限制性债权的规定，其第二项规定，本法第十一章规定不适用于“中国参加的国际油污损害民事责任公约规定的油污损害的赔偿请求”。虽然在中国海商法理论研究和司法实践中对于这一条款颇多争论，但是该条款是《中华人民共和国海商法》中唯一与船舶油污损害赔偿相关的规定。

② 韩立新：《船舶污染损害赔偿法律制度研究》，法律出版社，2007，第259－267页。

（一）船舶油污损害赔偿限额的不确定性

船舶油污损害赔偿制度是传统侵权法中严格责任制度与海商法中海事赔偿责任限制制度相结合的产物，赔偿限额的提出其实是与油轮船东对于油污损害赔偿的严格责任密不可分的。船舶油污属于广义的海上侵权行为范畴，但各国在海商法理论中都将其作为特殊侵权行为，要求油轮船东承担严格的损害赔偿责任。同时，为了维护国际航运秩序，各国在设置船东严格责任的同时又赋予其可以享受赔偿责任限制的权利，可以享受特定的责任限额。在国际船舶油污损害赔偿机制发展过程中，赔偿限额问题尤其值得关注，因为油污公约的每次修订都导致赔偿限额的提高。每当发生新的较大的油污事件时，公约规定的赔偿限额就明显过低，不足以赔偿油污受害人的损失，于是通过修订公约来提高赔偿限额。经过修订，赔偿限额逐渐提高，虽然加上第三重补充基金的补偿，使油污损害赔偿金额最高可达到7.5亿SDR，有学者也认为这一赔偿额度基本上能满足一般发生的船舶油污事件的赔偿。但是由于船舶油污事件的发生具有很大的或然性，或者与海上航行特殊风险有关，或者有时掺杂船舶管理因素等，而且近些年来世界范围内并未发生超过当前赔偿限额的油污事件，因此对于该赔偿限额适当和足够与否还有待检验。发生实际损害超过赔偿限额的油污事件的可能性不可避免，也由此使得赔偿限额的提高成为每一次公约体系修订的主要内容。因此赔偿限额的不确定性必然会使国际油污损害赔偿机制的适用性受到越来越多的质疑。

在《1969年民事责任公约》讨论通过过程中，各国争议点集中于船舶油污损害赔偿责任的归责原则和责任限制制度。有的国家反对建立这一损害赔偿机制，认为该机制建立在船东对于损害无法预见的严格责任基础上，是对以过错责任为基础的传统海商法的严重偏离，背离了海商法的船东本位主义。[①] 还有的国家担心该机制所采用的赔偿限额过低，在涉及大型油轮的油污损害案件中可能会出现赔偿不充分，从而主张船东承担无限赔偿责任或者要求设置一个非常高的限额。[②] 而且，还有学者认为，对油

---

① 参见 *IMCO Official Records of the International Legal Conference on Marine Pollution Damage, 1969, LEG/CONF/C. 2/SR. 7*，第650页。

② P. Bennelt, "Mutual risk: P & I Insurance Clubs and Maritime Safety and Environmental Performance," *Marine Policy* 1 (2001): 13-21.

污责任主体设置赔偿限额会导致有关企业的“不负责任化”，而且责任限制可能会与“污染者付费”原则相矛盾，污染者应当对其可能导致的损害承担全部责任，从而能够为防止油污或环境污染提供一个适当的激励机制。但是对应向油污受害者承担的金钱赔偿责任进行数量限制，则可能会削弱该激励机制的效力。①

在调查“Prestige”号油轮事件的过程中，欧洲联盟委员会发现，在油污公约2000年修正案中被增加了的赔偿限额，再次明显地大大低于1999年发生的Erika事件所造成的损失，对于“Prestige”号油轮事件的损失更是不足赔偿。因此，欧洲联盟委员会的目标是争取大约10亿美元的赔偿总额，其中一部分赔偿可能由欧洲联盟油污损害赔偿基金支付，而不必由责任方支付。② 而且，恰恰在《2003年补充议定书》中，IMO通过的作为“第三重赔偿”的补充油污基金，将赔偿总额提高到7.5亿SDR，超过了10亿美元，而这恰好是欧洲联盟委员会希望的数额。然而，一方面，欧洲联盟委员会通过极力争取，为油污受害人获得了超过10亿美元赔偿的合理依据；另一方面，作为对“Prestige”号油轮事件的反应，欧洲联盟委员会也强调了应当更严格地适用“污染者付费”原则。在其关于“Prestige”号油轮事件的通讯中再次强调了这一事实，认为船舶所有人责任限制不应该是牢不可破的，因为当前的国际油污损害赔偿机制无法为油污受害人提供足够的赔偿。③

但是，如果不为船舶所有人设置赔偿限额，船舶所有人可以通过很多办法，如设立所谓单船公司、申请破产等来逃避这一无限赔偿责任，结果可能会使船舶所有人的无限赔偿责任成为一纸空文。这时，就需要采用强制责任保险来为船舶所有人设定最大范围的损害赔偿责任。因此有学者认为，船舶油污损害赔偿限额的设定为确定保险范围提供了可能，因为如果

---

① M. Faure, D. Grimeaud, “Financial Assurance Issues of Environmental Liability,” in *Deterrence, Insurability, and Compensation in Environmental Liability, Future Developments in the European Union* ed. M. Faure (Berlin: Springer, 2003), pp. 194-206.

② Michael Faure, Hui Wang, “The International Regimes for the Compensation of Oil Pollution Damage: Are They Effective?,” *Review of European Community and International Environmental Law* 3 (2003): 249-250.

③ 参见 Communication from the Commission of 5 March 2003, Report to the European Council on action to deal with the effects of the Prestige disaster, COM (2003) 105 final。

赔偿限额是不可预见的甚或是不受限制的，保险人将无法评估风险的大小，也无法设置一个合适的赔偿金额，而且船东也很难将这些风险转换成他们的责任保险。相反，如果船东要承担无限赔偿责任，保险人将会据此设置极高水平的保险费，从而又会使船东可能无法承受。① 当前适用的《1992 年民事责任公约》采用的就是这一理念，保险范围可以作为为油污损害设置赔偿限额的依据。但在具体操作中，应当对油轮所有人请求扩大保险赔偿范围的主张进行必要的限制，使其能对风险完全承担责任，增强油污损害的可保性，这样或许会为防止油污损害提供一个补充的激励机制。但当前采用的法定赔偿限额似乎有失均衡，而且对防止油污的激励机制可能具有某种消极影响。

（二）船舶油污损害赔偿责任主体的排他性

从《1969 年民事责任公约》到《1992 年民事责任公约》，在船舶油污损害赔偿责任主体的规定上，都主张发生油污事件的油轮所有人应当向受害人承担第一位的油污损害赔偿责任，虽然可以将其赔偿责任限定在一定数额范围内。从公约的措辞及其适用的实践来看，该油轮所有人是狭义的船舶所有人，即船舶登记所有人，而排除了船舶所有人之外的其他人对油污损害的赔偿责任。虽然，从船舶油污事件发生的原因来看，有时会牵涉到众多责任人，如船舶所有人、租船人、船舶经营人、托运人或收货人甚至第三人等，但是，作为《1969 年民事责任公约》的议定书，《1992 年民事责任公约》在其第 3 条第 4 款特别规定了追究船舶所有人责任时要排除下列人员：a.船舶所有人的受雇人、代理人及海员；b.引航员及海员之外任何为船舶提供服务的人；c.租船人、船舶运营人和管理人；d.救助作业人；e.采取防污措施的人；f.上述 c、d、e 的受雇人和代理人。而只有这些主体对于油污的发生具有故意或重大过失的情况下，才可以作为油污责任人直接向受害人进行赔偿。公约这样规定的用意很明显，主要是为了便于受害人在索赔过程中能很容易地确定索赔对象，因为船东相比其他船舶相关人来说更容易认定，从而保证了油污受害人的索赔权的行使。这种硬性确定油污损害赔偿责任主体的标准避免了实践中船舶所有人识别上的困

① 参见 E. Rosoeg，"The Impact of Insurance Practices on Liability Conventions Legislative approaches in maritime law" in *Proceedings from the European Colloquium on Maritime Law*（2000）。

难，也体现了油污公约最初的立法宗旨，即迅速有效地给予油污受害人赔偿。1996 年的《国际海上运输有毒有害物质损害责任和赔偿公约》（简称《1996 年 HNS 公约》）也沿袭了该做法。[①]

中国已经加入《1992 年民事责任公约》，过去的海事司法实践表明，中国法院审理船舶油污损害赔偿案件基本上遵循赔偿责任专属制度，将船舶所有人作为承担船舶油污损害赔偿责任的唯一责任主体。尤其是 2011 年《最高人民法院关于审理船舶油污损害赔偿纠纷案件若干问题的规定》的通过，船舶所有人作为船舶油污损害赔偿的唯一民事责任主体得到了更加明确的法律支持。[②]

确实，在船舶油污损害赔偿实践中，明确船舶所有人作为承担油污责任的排他性主体，具有很明显的实用主义优势，可以避免为油污受害人在请求损害赔偿时带来经济上的浪费或过重的负担。但是，这种排他地追究船舶所有人油污赔偿责任的方法的缺陷也很明显，对船舶所有人施加了过重的责任，其他许多人如船舶所有人的受雇人、船舶经营人、船舶承租人或者第三人，都被排除在应当承担船舶油污损害赔偿责任的主体之外，这样会削弱他们预防油污的意识，也被视为导致某些企业“不负责任化”的一个原因，[③] 也不利于船舶油污损害赔偿机制遏制船舶油污事件功能的发挥。

其实，在《1969 年民事责任公约》讨论过程中，这一问题也困扰着立法者。各缔约国对于由船方还是货方承担油污赔偿责任、船方指船舶所有人还是经营人等问题无法达成一致，最终在确保货方能进行第二重赔偿的基础上，将严格的油污损害赔偿责任赋予了船舶所有人，而且是登记所有人。但在国际海运实践中，船舶登记所有人往往并不直接参与船舶的运营和管理，因此要求其承担严格的油污损害赔偿责任，而不考虑对船舶的控制因素，虽然有基金公约提供的货主基金的背后支持，以及海事赔偿责任限制制度与强制责任保险制度的保障，但这种严格追究船舶所有人油污责任的做法值得认真思考。

---

① 朱强：《船舶污染侵权法上的严格责任研究》，中国方正出版社，2008，第 58 - 61 页。

② 马亚东：《论船舶油污民事责任主体的扩张性》，《中国海商法研究》2013 年第 4 期，第 22 - 28 页。

③ M. Joransson, “The 1984 and 1992 Protocols to the Civil Liability Convention 1969 and the Fund Convention 1971,” in *Liability for Damage to the Marine Environment* ed. C. De La Rue (London: Lloyd's of London Press, 1993), pp. 95-96.

（三）船舶油污损害赔偿范围的局限性

国际船舶油污损害赔偿机制在其适用的几十年中遇到了许多困难，除了赔偿限额过低导致对油污受害人赔偿不充分，以及赔偿主体范围狭窄这些问题，其实还有一个更本质的问题，就是油污损害赔偿范围过于狭窄，主要体现为对于环境损害赔偿的局限性。船舶油污损害赔偿范围是指船舶造成油污损害后，受害人可以向油污责任主体索赔损失的范围。这一赔偿范围的大小直接关系到油污责任人与油污受害人的切身利益。如果赔偿范围过大，会加重油污责任人的负担，而如果赔偿范围过小，又会起不到遏制油污事件发生和保护海洋环境的作用。因此，在立法中设置适当的船舶油污损害赔偿范围是非常重要的。但从当前的国际油污公约到各国国内立法，关于油污损害赔偿范围的规定分歧很大，极易导致法律适用的混乱。①

《1969 年民事责任公约》第 1 条第 6 款规定，“污染损害”是指由于船舶溢出或排放油类，在运油船舶本身以外因污染所造成的灭失或者损害，不论此种溢出或排放发生于何处，并包括采取预防措施的费用，以及由于采取此种预防措施而造成的进一步灭失或损害。可见，该公约规定的油污损害赔偿范围包括两部分内容：第一部分，即船舶溢出或者排放油类物质而导致的船舶以外的灭失或损害；第二部分，为减轻或防止油污损害而采取的预防措施的费用，以及由于采取预防措施而造成的进一步灭失或损害。根据《1992 年民事责任公约》第 2 条关于“污染损害”的定义，主要包括两类损害：其一，由于船舶泄漏或排放油类，而在船舶之外因污染而造成的损失和损害，不论这种泄漏或排放发生于何处。但是，对环境损害的赔偿，除这种损害所造成的利润损失外，应限于已实际采取或将要采取的合理的恢复措施的费用。其二，预防措施的费用及预防措施所造成的进一步灭失或损害。

对这两个公约关于油污损害赔偿范围的规定进行比较，《1992 年民事责任公约》在《1969 年民事责任公约》的表述基础上增加了一句话，即“对环境损害（不包括此种损害的利润损失），应限于已实际采取或将要采取的合理恢复措施的费用”。这一补充规定表面看来似乎是扩大了油污损

① 韩立新：《船舶污染损害赔偿法律问题研究》，载司玉琢主编《海商法专题研究》，大连海事大学出版社，2002，第 410 页。

害赔偿范围，但其实是进一步明确和限定了赔偿范围。[①] 即强调了只有已经采取的或者将要采取的合理的恢复环境的措施才可以列为油污损害赔偿范围，对这一损害进行了时间、技术和目的上的限制。而在船舶燃油溢出或排放导致的油污损害赔偿领域，根据《2001 年燃油公约》第 1 条第 9 款和第 4 条第 1 款规定，该公约调整的油污损害赔偿范围是对《1992 年民事责任公约》的补充，适用于后者调整之外的船舶所载燃油造成的污染损害，基本上与后者所适用的油污损害赔偿范围没有本质区别。《1996 年 HNS 公约》第 1 条第 6 款规定的由有毒有害物质造成的污染损害除了包括由有毒有害物质在载运船上或船外造成的人身伤亡，其他范围与前两个公约相同。

有学者深入探讨了当前国际油污立法关于油污损害赔偿范围的规定，认为不仅很难查明哪些恢复措施是合理的，而且对于环境本身的无法修复的损害也将无法获得赔偿，因为《国际油污损害赔偿基金》仅仅赔偿在经济上可计算的损失。[②] 即从严格意义上说，在当前的国际船舶油污损害赔偿机制下，油污导致的环境损害很难获得赔偿，而预防油污的措施可以获得赔偿。但是，限定油污损害赔偿范围对于海上保险人非常重要。因为在海上保险实践中，保险人需要限制对不可量化的损失的赔偿，往往强调保险标的的可保性，尽可能缩小赔偿范围。欧洲在环境保险领域的经验也表明，对生物多样性的破坏是无法获得保险赔偿的，但是合理的恢复费用可以获得保险赔偿。在关于“Prestige”号油轮事件的通讯中，欧洲联盟委员会也认为当前的国际油污体制不会为环境损害提供足够的赔偿。[③] 因此，国际油污公约中“污染损害”的定义需要修改，应当进一步扩大油污损害赔偿范围，将环境损害纳入进来。

（四）国际船舶油污损害赔偿机制参加国的有限性

国际船舶油污损害赔偿机制在近半个世纪的适用中，为统一全球船舶油污损害赔偿立法做出了很大的贡献，然而，仍然存在差强人意的地方，

---

① 司玉琢：《海商法专论（第三版）》，中国人民大学出版社，2016，第 570－572 页。

② E. H. P. Brans, *Liability for Damage Assessments* （Kluwer Law International，2001），pp. 344-360.

③ 参见 Communication from the Commission of 5 March 2003，Report to the European Council on action to deal with the effects of the Prestige disaster COM （2003） 105 final。

其中就存在着其参加国范围的有限性问题。如美国至今也未加入任何有关油污损害赔偿的国际公约；中国并未全面参加国际油污损害赔偿机制。

1989 年发生在美国阿拉斯加海域的“Exxon Valdiz”号油轮溢油事件是促使美国放弃加入国际油污损害赔偿机制而建立自己国内油污损害赔偿机制的直接动因。在此之前，设置了严格生效条件的两个油污公约的 1984 年议定书也是由于美国未加入而夭折。美国不加入国际油污公约的主要原因就是嫌国际船舶油污损害赔偿机制赔偿限额太低，无法为油污受害人提供全面的保护，于是通过了《1990 年油污法》，并以此为基础构建了一个相当完备的国内油污损害赔偿体系。《1990 年油污法》第 1004 条规定的油污责任方的赔偿责任限额为：3 000 总吨或以下的油轮，每吨 1 200 美元或总额 200 万美元；3 000 总吨以上油轮，每吨 1 200 美元或总额为 1 000 万美元，以高者为限。与公约赔偿机制相比，美国的油污赔偿责任制度要更严格，对船舶所有人的要求也更苛刻，首先，赔偿限额要比同时代的国际公约机制高很多，使油污受害人会得到更为有效和充分的赔偿；其次，《1990 年油污法》还设立了 10 亿美元的油污损害赔偿基金，当污染损害超过船舶所有人责任限额时，由基金提供补充赔偿。可见，在美国，基金的赔偿仍然是一种补充性的赔偿，这一特点与公约体制和大多数国家相同，只有当船舶所有人的责任限额无法足够赔偿受害人损失时才启动基金的补充性功能。但是，美国油污损害赔偿机制中采用的极高的责任限额事实上使美国许多州法引入了无限责任条款，这极大地冲击了国际油污损害赔偿机制中的责任限制制度。[①] 总之，美国拒绝加入国际油污损害赔偿机制着实为国际社会强调协同控制船舶油污的努力设置了一个障碍。作为世界航运大国和贸易大国，美国缺席国际船舶油污损害赔偿机制，使得该机制的适用性和完整性受到很大影响。

另外，虽然近年来中国在船舶油污损害赔偿立法的国际参与程度逐步提高，但是其参与是不全面的，因为中国只加入了《1992 年民事责任公约》，没有加入基金公约（除香港地区），因此，中国的油污受害人就不能得到油污基金更不用说补充基金的保障。虽然中国未加入基金公约有各种

① 张秋荣、顾云龙：《论国际油污损害赔偿机制发展趋势》，载《2004 年全国船舶防污染学术年会论文集》，2004，第 148 – 155 页。

各样的考虑，但国际油污损害赔偿机制没有中国的充分参与也显得不完整，其效力范围也是受到影响的。

三、提高国际船舶油污损害赔偿机制适用性的思考

（一）设置合理的赔偿限额，不足时通过国内机制补充

在船舶污染损害赔偿领域，传统侵权法中的完全赔偿原则受到了冲击，从国际油污公约到多数国家国内油污立法，都将海事赔偿责任限制制度与严格侵权责任结合在一起，都规定了船舶所有人应承担的最大赔偿限额，这在一定程度上反映了对于油轮船舶所有人应承担的严格环境侵权责任给予一种数额上的平衡。

国际油污损害赔偿机制的发展带来的问题是，在当前的国际油污损害赔偿机制下，是否能使油污损害获得充分赔偿，也就是国际油污损害赔偿机制是否能真正发挥其功能。这一问题在一些重大油污事故发生后越来越多地受到关注。持续不断的重大油污事件的损失明显暴露出赔偿数额的不充分，这就导致了一些区域性组织和一些国家采取自己的补救行动，如欧洲联盟倡议采取它们自己的补救措施，即采用补充的欧洲基金；而美国在其《1990 年油污法》项下制定自己的补救措施；加拿大在参与国际油污损害赔偿机制的同时运行一套以《加拿大航运法》为中心的国内油污损害赔偿机制，来补充油污受害人在国际机制项下得不到补偿的差额部分。而且，也正是由于“Prestige”号油轮事件促使《2003 年补充议定书》的出台，使得国际船舶油污损害赔偿机制项下的赔偿限额与欧美等国的限额基本趋于平衡。因此，《2003 年补充议定书》出台之后，根据国际船舶油污损害赔偿机制，油污受害人可以获得三重、最高超过 10 亿美元的赔偿。然而，近些年国际上并未发生比较重大的船舶油污事件，国际油污损害赔偿机制所提高的赔偿限额是否足够还未受到严重油污事件的检验，短期内看来，该赔偿额度应当能够满足一般的油污事件的损害赔偿，但是发生实际索赔额超过责任限额的油污事故的可能性永远存在。

随着船舶吨位增大，载运货油数量增多，有时船舶油污损害赔偿机制设定的赔偿限额无法满足油污导致的损害赔偿的需要，因此，是否有必要设置油污损害赔偿限额确实值得思考。但是，要求国际油污损害赔偿机制设置一个所有国家都满意的赔偿限额确实非常困难，而通过船舶油污损害

赔偿机制自建立以来的历次修订的内容和结果也可以看出该机制对于不断提高赔偿限额已经做出了很大努力，但还是无法满足所有国家的要求。因此，各国应当通过国内的油污损害赔偿机制来补充，在这一问题上可以借鉴加拿大的做法，即既参加国际油污损害赔偿机制，又建立国内油污损害赔偿机制，发生油污事件后，油污受害人可以通过国际油污损害赔偿机制获得一部分赔偿，不足部分还可以通过国内机制补足，这样尽可能最大限度地满足油污受害人的利益。

（二）扩大船舶油污损害赔偿责任主体的范围

《1992 年民事责任公约》主要以船舶所有人甚至是船舶登记所有人作为油污责任主体，要求船舶所有人承担严格的限额损害赔偿责任。而且，除非对油污的发生具有故意或者重大过失，否则公约还排除了船舶所有人的受雇人或代理人、引航员、承租人、经营管理人、救助人等其他主体的油污损害赔偿责任。《1996 年 HNS 公约》第 7 条第 1 款采用了与《1992 年民事责任公约》相同的关于污染责任主体的规定，强调船舶所有人的严格赔偿责任，排除了其他相关主体的非故意或重大过失导致的油污损害赔偿责任。这样规定有利于油污受害人对责任主体的认定，并能保证其索赔权的行使。

然而，在国际海运实践中，存在多种认定或识别船舶所有人困难的情况。如在发生油轮所有权变更的情况下，原所有人已经注销了船舶所有权登记，但新所有人还未来得及进行所有权登记，此时认定油污损害赔偿责任主体就无法以“登记”作为标准，而应以对船舶行使实际控制权的标准来认定船舶所有人，进而由其承担油污损害赔偿责任。另外，许多船舶所有人为了规避本国高额税收和经营风险或者其他原因，往往不在其本国注册登记船舶，而借助单船公司的形式使船舶悬挂方便旗经营，造成船舶实际所有人与其登记所有人的分离。这样不仅对油污受害人来说在认定油污责任主体上存在困难，而且法院在审理油污纠纷案件时，有时也不得不“揭开公司的面纱”，寻找船舶的真正所有人来承担责任。如 1978 年 Amoco Cadiz 油污案件中，法院就认定利比里亚 Amoco 运输公司只是该轮船的名义所有人，而实际控制该轮船设计、建造、运营和管理的美国标准石油公司才是其实际所有人，母公司应当对子公司的侵权行为承担责任。

因此，应当扩大船舶油污损害赔偿责任主体的范围，而不拘泥于国际油污公约单纯地以船舶登记所有人作为认定责任主体的标准。如在欧洲联盟委员会关于“Prestige”号油轮事件的通讯中，曾要求成员国支持旨在“从损害赔偿请求中剥夺其他主要当事人，尤其是租船人、船舶经营管理人的豁免权”的建议。[①] 关于扩大船舶油污损害赔偿主体范围，可以借鉴美国的船舶油污损害赔偿制度，美国没有加入任何有关油污损害赔偿的国际公约，其以《1990 年油污法》为基础的国内船舶油污损害赔偿机制将油污损害民事责任人确定为造成污染的船舶一方，认定责任主体采用广义的范围，即包括任何所有、经营或光租船舶的人，个人、公司、合伙或联营，而不仅仅局限于船舶所有人，充分发挥了侵权法的损害预防功能，对于实际控制船舶的船舶经营人或光船承租人能够积极地防止和减少船舶油污损害具有很好的激励作用。当然，在实践中，船舶所有人和光船承租人较易认定，而船舶经营人则不易认定。为了保证“污染者付费”原则的实施、保护油污受害人的损失得以赔偿，美国在立法和实践中对于船舶经营人基本上采用更加广义的范围，即任何经营船舶或对经营船舶负责的人，都可以列入经营人的范围。[②] 因此，在识别船舶经营人中强调“控制”因素。

《2001 年燃油公约》借鉴美国《1990 年油污法》的立法经验，在《1992 年民事责任公约》和《1996 年 HNS 公约》的基础上扩大了油污责任主体范围，虽然其第 3 条第 1 款规定，事故发生时的船舶所有人应当承担船载燃油导致的或者由船舶引起的油污损害责任，但是该公约第 1 条中关于“船舶所有人”的范围非常广泛，包括了登记所有人、光船承租人、船舶经理人和经营人。究其原因是因为其并未设置双重赔偿机制，受害人的损失得不到基金的赔偿，从而通过扩大责任主体的范围，以最大限度地保障油污受害人的索赔权的行使。

为了更加方便油污受害人索赔权的行使，保护受害人的合法权益，更加有利于“污染者付费”原则在船舶油污损害赔偿领域的贯彻，油污责任主体扩大化的发展趋势无疑是一种保障。虽然，扩大承担油污损害赔偿责

---

① 参见 Communication from the Commission to the European Parliament and to the Council of 20 December 2002 on Improving Safety at Sea in response to the Prestige Accident, COM (2002) 681 final。

② 张湘兰、徐国平：《试论船舶油污损害赔偿义务主体》，《武汉大学学报》（哲学社会科学版）2004 年第 3 期，第 386 - 391 页。

任主体范围，将会导致油污受害人索赔程序的复杂甚至漫长，但是，从公平角度考量，以追究其他主体过失油污责任补充油轮船舶所有人的严格油污责任，无疑有利于保护船舶所有人的利益，可以减轻其过重的经济负担和心理压力，也会达到一种利益的平衡，又能提高各相关主体预防油污、保护海洋环境的意识。但是，如何扩大船舶油污责任人的主体范围，有学者认为应当进行利益衡量，应当综合考量油污受害人、油污责任人以及社会公共利益之间的利益关系，应当通过责任限制制度和强制责任保险制度的既能保证油污受害人得到相应的赔偿，又能将赔偿责任限制在一定数额范围内，平衡了油污损害双方之间的利益，也通过制度约束赋予保险人对船舶所有人的监督权限，达到社会利益的最优化。[①]

（三）扩大船舶油污损害赔偿的范围

国际船舶油污损害赔偿纠纷中涉及越来越多的环境问题，随着环境问题有关公共利益的日益增多，国际船舶油污损害赔偿法律在赔偿数额、赔偿范围和责任主体等方面会出现越来越多的法律适用问题。这也是美国决定通过《1990 年油污法》而不加入国际油污损害赔偿机制的原因。美国《1990 年油污法》具有许多与国际油污损害赔偿机制不协调之处，如油污损害赔偿责任主体和赔偿范围都扩大了，而且为责任主体设置了相当高的责任限额。

美国《1990 年油污法》第 1001 ~ 1006 条对油污损害赔偿范围做了较明确的规定，其第 1002 条“赔偿责任的要素”部分规定，向可航水域或相邻海岸线或专属经济区排放油类物质，或者造成油类排放实质威胁的船舶或设施的责任方，应当对由该事件引起的清污费用和损害负赔偿责任。同时列举了六种损害及其评估费用可以作为油污损害赔偿范围，包括自然资源、不动产或个人财产、生活用途、总收入、利润和盈利能力及公共服务的损害。《1990 年油污法》明确将油污损害赔偿的范围扩大到自然资源损害，在第 1006 条专门规定了“自然资源”的损害赔偿问题。一般情况下，自然资源损害的计算包括恢复、修复、替代或获得受损害的自然资源的等价物的成本；等待恢复的自然资源价值的减少；评估这些损害的合理

① 王小军、戴超：《船舶油污损害赔偿民事责任主体探析》，《中国海洋大学学报》（社会科学版）2014 年第 5 期，第 19 – 24 页。

的成本。为了配合利用《1990年油污法》的规定计算自然资源损害赔偿，1995年美国国家海洋和大气管理局还出台了油污法配套实施文件——《〈1990年油污法〉框架下自然资源损害评估指导文件》，对油污导致的资源损害的评估问题进行了详尽的规定。

当前油污公约关于“环境损害”的条款都规定，除了这种损害所造成的利润损失，还应限于已实际采取或将要采取的合理的恢复措施的费用。但在油污实践中，很难查明哪些恢复环境的措施是合理的，而且对于环境本身的无法修复的损害也无法获得赔偿，尤其是有些油污导致的环境损害是持续性的而且无法准确计算的损害，这些在公约体制下都无法获得赔偿。因此，应当参考美国立法修改油污公约中关于“油污损害”的定义，明确环境损害的赔偿范围，不仅包括实际采取或将要采取的合理的恢复措施的费用，还应当包括对无法恢复或修复的环境损害的赔偿，以及对潜在的环境损害的赔偿等。同时对于环境损害的评估费用也应当计算在内。

四、结语

之所以对当前的国际船舶油污损害赔偿机制的适用问题提出质疑，最直接的动因是，国际船舶油污损害赔偿机制自1969年建立以来，在其发展演进过程中，随着公约的不断修订，油污损害赔偿限额也逐渐提高的现象。虽然国际油污公约的每一次修订并非仅局限在赔偿限额上，但是许多次油污损害事件暴露出来的每一次修订后提高的赔偿限额对于后来发生的油污损害赔偿的不充分，说明了赔偿限额的演变其实就是国际油污损害赔偿机制需要数次修订的根本原因。每次国际油污公约修订时，赔偿限额的不断提高可以作为质疑国际船舶油污损害赔偿机制适用性的突破口，但实践中该机制还存在着赔偿责任主体的排他性、赔偿范围的局限性、参加国的局限性等一系列问题，制约着机制的发展。因此，应当设置合理范围，进而提高该机制的适用性和完整性，以便更充分地保障油污受害人的利益。国际船舶油污损害赔偿机制是一个严格但有限制的船舶油污损害民事责任体系，其宗旨是通过在油轮船东和石油货主之间分摊责任，不管油污发生在何处，确保油污受害人能得到充足的补偿，并协调油污损害赔偿的法律适用和管辖权冲突。因此，该国际机制如何能获得广泛的承认并得到其成员国很好的执行，是机制成功运行的保障，加入该国际机制的国家普遍认为“公约的统一适用是非常重要的”。[①] 国际公约的执行是通过缔约国国内法院的适用实现的，但各国国内法律制度和政策各异，无法保证其能被有效地纳入国内法并被国内法院统一解释，这就为实现国际公约的统一适用带来了较大的挑战。[②]

国际船舶油污损害赔偿机制为国际船舶油污事件受害人提供了三重赔偿机制，由石油货主和油轮船东分摊赔偿责任，并实行强制责任保险和直接诉讼制度，在一定程度上缓解了大型船舶油污事件中船东的损害赔偿压力。当前中国船舶油污损害赔偿机制的赔偿模式与加拿大一样，采用的是国内和国际两套赔偿机制同时运行的模式，互相补充和促进，共同致力于船舶油污损害赔偿制度的运行。但是，由于中国不是基金公约的成员国，所以中国对国际机制的参与不充分，对于油污受害人来说，在发生有涉外因素的船舶油污事件时，只能获得第一重赔偿，而无法获得第二、三重赔偿。而随着 2012 年《船舶油污基金征收使用管理办法》的出台，使油污受害人在国内船舶油污事件中的损害可以获得基金的补充赔偿，单一油污事件基金最大赔偿额度会达到 3 000 万元。《船舶油污基金征收使用管理办法》的出台使中国船舶油污损害赔偿机制逐渐趋于完善，弥补了一直以来由于中国未加入《1992 年基金公约》而导致的船舶油污损害第二重赔偿机制的空白，有利于油污受害人在非涉外船舶油污事件中的损害能得到比较充分的赔偿。但是，从长远来看，中国还应当通过对中国石油进出口的发展趋势及石油运输过程中潜在的污染风险导致的损失进行充分的调查研究，仔细权衡加入《1992 年基金公约》的利弊，为中国将来是否加入 IOPC 基金的立场提供充分的依据。如果条件成熟，中国应当加入基金公约，既可以通过“环境外交”展示中国政府的形象，同时也为中国船舶油污损害赔偿机制的完善创造条件。[③] 随着中国经济的持续快速增长，中国相关立法还应当紧跟国际油污机制的发展步伐，逐渐提高油污损害赔偿限额，以适应不断提高的油污损害后果的需要。中国当前的船舶油污损害赔

---

① 参见 First Report of the Third Intersessional working group，Document 92Fund/WGR. 3/3 第 7. 2. 7 号文件。

② 参见 James Harrison，“Promoting the integrity of the international regime on oil pollution compensation and liability，” 第 3 – 4 页，http：//ssrn. com/abstract = 1371157。

③ 朴占峰、黄恺锋：《国际船舶油污损害赔偿机制的现状及对中国的建议》，《海事研究信息参考》2008 年第 12 期，第 36 – 43 页。

偿立法相对分散，缺乏位次较高的专门立法，应当进一步整合各个法律规范，厘清各个规范之间的关系，避免法律适用过程中不同层级法律规范相互冲突的麻烦，并逐渐完善船舶油污损害赔偿立法。有必要在《中华人民共和国海商法》中对船舶油污损害赔偿制度进行专门规定，这样既有利于中国船舶油污损害赔偿立法的统一，也有利于司法实践中法律适用的统一。

论“共同但有区别的责任”原则在国际海运减排领域的适用*

袁　雪

摘　要：“共同但有区别的责任”（CBDR）原则是国际环境法的一项重要原则，在气候变化领域广泛适用，是《联合国气候变化框架公约》（UNFCCC）框架下气候谈判的基础。国际海事组织（IMO）根据《联合国气候变化框架公约的京都议定书》（简称《京都议定书》）的授权从事国际海运减排工作，其确立的平等减排原则与CBDR原则在海运减排适用中的冲突成了海运谈判中发展中国家和发达国家分歧的焦点。2016年11月4日生效的《巴黎协定》中的CBDR原则要求缔约国全员自主减排与IMO要求的所有缔约国的船舶平等减排的理念和方法越来越接近，冲突不断弥合。国际海运业应当充分利用《巴黎协定》生效后全球气候治理的新机遇，认识到CBDR原则适用于海运减排的可行性，在坚持IMO减排思路的基础上，采用基于市场的措施、引入清洁发展机制、为发展中国家提供资金、技术和能力建设方面的支持等手段，作为整合CBDR原则与平等减排原则的冲突，以及将该原则融入国际海运减排领域的可能路径。

关键词：气候变化；海运减排；“共同但有区别的责任”原则；《巴黎协定》；平等减排

基金项目　中央高校基本科研业务费项目“中国北极安全法律问题研究”（HEUCFP201831）、黑龙江省哲学社会科学规划项目“北极水域航行海事安全法律体系构建及中国参与路径研究”（17FXB07）、黑龙江省哲学社会科学规划项目“极地通航法律问题研究”（16FXB01）。

* 本文发表于《中国海商法研究》2018年第3期。

On the Application of the Principle of Common but Differentiated Responsibilities in International Shipping Emission Reduction

Yuan Xue

Abstract: The principle of common but differentiated responsibilities is one of the important principles in international environmental law and it is widely used in climate change and is the basis of the climate negotiations under the UNFCCC. IMO has been dealing with the international shipping emission reduction under the mandatory of UNFCCC. And the equity principle established by IMO is different from CBDR and it becomes the point of the shipping negotiations between developing countries and developed countries. The *Paris Agreement* has came into being in November 4, 2016. The CBDR principle in the *Paris Agreement* requires that all parties to the agreement should take emission reduction measures. The concept and method of the CBDR are increasingly close to each other with the IMO and the conflict is constantly bridging. The international maritime industry should take full advantage of the new opportunities for global climate governance after the entry into force of the *Paris Agreement* and recognize the applicability of the CBDR principle to maritime emission reduction. Based on the idea of emission reduction of IMO, the international maritime industry should take market-based measures and CDM to provide financial, technical and capacity-building support for developing countries and make it the possible route to incorporate CBDR principle into international maritime emission reduction area.

Key words: climate change; shipping emission reduction; the principle of common but differentiated responsibilities; the *Paris Agreement*; equal emission reduction

"共同但有区别的责任"（CBDR）原则是国际环境法领域的一项重要原则，强调在国际环境法框架下应当从公平和正义的角度考虑责任承担问题。从国际环境法理论与国家实践来看，该原则在气候变化领域适用最广泛，许多国际气候变化谈判和法律文件都以该原则为依据来分配各国之间应对气候变化的责任。但是，由于发展中国家和发达国家对于应对气候变化的态度不同，对该原则的适用也持不同的观点，这种分歧也为如何在国家之间分配应对气候变化的责任带来了大量的困难和挑战。2015 年 12 月 12 日在巴黎国际气候变化大会通过、2016 年 4 月 22 日在纽约签署、2016 年 11 月 4 日生效的《巴黎协定》，是继《联合国气候变化框架公约》（UNFCCC）和《京都议定书》之后第三个有法律约束力的具有里程碑意义的全球气候协议，形成了 2020 年后的全球气候治理格局。虽然 CBDR 原则仍然是《巴黎协定》坚持的应对全球气候变化的基本原则，但其适用已经与之前不同。《巴黎协定》中虽然并未提到有关海运的减排条款，但是丝毫不会降低国际海事组织（IMO）继续解决国际海运排放问题的决心，反而会促使 IMO 加快国际海运减排工作的进程。在国际海运减排领域一直是 UNFCCC 和 IMO 两条轨道运行，发达国家和发展中国家在不同的机制下承担的减排责任不同，发展中国家不愿接受 IMO 确立的平等减排方案，认为这些方案减弱了其在 UNFCCC 框架下的位置。[①]《巴黎协定》生效后会对全球气候变化领域尤其是国际海运领域减排带来更多的一致性，将会促使 IMO 在应对气候变化领域的更多合作。IMO 应当积极响应巴黎大会倡导的全球努力减缓气候变化的号召，进一步加强海运减排的努力。后巴黎时代，国际海运业减排何去何从，以及如何适用减排原则进而应对气候变化，笔者从《巴黎协定》的 CBDR 原则内容和适用方式的变化为切入点，探讨该原则的历史变迁并分析其在国际海运减排领域适用的可行性及可能路径。

一、CBDR 原则在《巴黎协定》下的新发展

一般认为，CBDR 原则来源于国际法中的衡平原则。真正将其确立为气候变化基本原则的法律文件是 1992 年的 UNFCCC 及其 1997 年的《京都议定书》。该原则从产生发展到现在，其含义和内容也经过了不断的演变，采纳该原则的各法律文件对其内容的解读也有所差别，各国在气候变化谈

① 徐华：《航运业失约巴黎协定》，《中国船检》2016 年第 1 期，第 56－59 页。

判过程中对其含义和适用的争议也一直持续至今。《巴黎协定》之前，各国关于 CBDR 原则的争议是基于 UNFCCC 及其《京都议定书》的框架定义。《巴黎协定》坚持了该原则的基础性地位，但是对其含义和适用进行了发展，赋予了该原则新的内涵和新的使命。

《巴黎协定》是全球气候治理发展历程中里程碑式的文件，开创了全球气候治理新格局。《巴黎协定》仍然坚持 CBDR 原则在应对气候变化领域的原则性地位，该原则作为一个明确的术语在协定中共出现四次，分别在序言、第 2.2 条、第 4.3 条和第 4.19 条的规定中。①

《巴黎协定》与 UNFCCC 和《京都议定书》的要求不同。UNFCCC 及其《京都议定书》赋予了附件一发达国家缔约方强制性的量化减排义务，却并未要求发展中国家缔约方承担同样的减排义务。《巴黎协定》明确了“自主承诺 + 年度评审”的减排模式，虽然不如京都机制确认的强制减排机制在数据层面的约束力，但是实现了全成员参与的国际减排目标，并通过国家信息通报和透明度原则加强遵约机制。②《巴黎协定》强调所有国家应对气候变化的自主贡献，以实现长期的气温控制目标。在设定国家自主贡献方面，协定遵循 CBDR 原则，发达国家缔约方应当继续带头努力实现全经济绝对减排目标，发展中国家缔约方应当继续加强减缓努力，应鼓励它们根据不同的国情，逐渐实现全经济绝对减排或限排目标。同时，发达国家应向发展中国家提供资金和技术方面的帮助，加大它们的行动力度。③

---

① 参见《巴黎协定》序言第三段：“根据《公约》目标，并遵循其原则，包括以公平为基础并体现共同但有区别的责任和各自能力的原则，同时要根据不同的国情。”第 2.2 条：“本协定的执行将按照不同的国情体现平等以及共同但有区别的责任和各自的原则。”第 4.3 条：“各缔约方下一次的国家自主贡献将按不同的国情，逐步增加缔约方当前的国家自主贡献，并反映其尽可能大的力度，同时反映其共同但有区别的责任和各自能力。”第 4.19 条：“所有缔约方应努力拟定并通报长期温室气体低排放发展战略，同时注意第二条，根据不同国情，考虑它们共同但有区别的责任和各自能力。”

② 李威：《从〈京都议定书〉到〈巴黎协定〉：气候国际法的改革与发展》，《上海对外经贸大学学报》2016 年第 5 期，第 62 – 73 页。

③ 参见《巴黎协定》序言第五段和第六段：“又认识到《公约》所述的发展中国家缔约方的具体需要和特殊情况，特别是那些对气候变化不利影响特别脆弱的发展中国家缔约方的具体需要和特殊情况，充分考虑到最不发达国家在筹资和技术转让行动方面的具体需要和特殊情况。”第 4.4 条：“发达国家缔约方应当继续带头，努力实现全经济绝对减排目标。发展中国家缔约方应当继续加强它们的减缓努力，应鼓励它们根据不同的国情，逐渐实现全经济绝对减排或限排目标。”第 4.5 条：“应向发展中国家缔约方提供支助，以根据本协定第九条、第十条和第十一条执行本条，同时认识到增强对发展中国家缔约方的支助，将能够加大它们的行动力度。”

《巴黎协定》继续坚持 CBDR 原则作为指导 2020 年后全球气候治理的基本原则，仍然坚持划分发达国家和发展中国家之间的不同责任和义务，坚持了国际气候治理机制一直以来提倡的公平和实质性平等的制度特征。该协定坚持 CBDR 原则也有利于在发达国家和发展中国家之间达成一种妥协，保证赢得发展中国家的继续参与以实现协定缔约方的普遍性，并保证国际气候机制的稳定性。但是，仔细研究协定中 CBDR 原则的措辞不难发现该原则的适用发生了变化，每一次表述中都有“根据不同的国情”字样。虽然《巴黎协定》强调所有成员国共同参与减排、承担共同的应对气候变化的责任，这是“共同责任”的要求；但是针对发达国家和发展中国家不同的排放责任、发展现状和应对气候变化能力等，要求各国应当根据自己的国情采取与自己的能力相当的应对措施，尤其是发展中国家，不仅要根据自己的能力减排，同时还可以获得发达国家对其进行能力建设的支持，这是“有区别的责任”的要求。

二、IMO 框架下国际海运减排原则的适用

（一）规制国际海运温室气体排放的必要性——应对气候变化

国际海上运输承担着全球 90% 以上的贸易量，是全球贸易的重要环节和经济全球化的重要驱动因素。[①] 因此，将有关国际海运对气候变化影响的任何讨论置于国际贸易对全球运输的需要这一语境中，是非常重要的。[②] 随着全球经济的发展，国际海上运输量在过去几十年里持续增长。当然，国际海上运输除了对全球经济发展具有重要的推动和促进作用，也导致了一些全球性的环境问题。2009 年 IMO 发布的《第二次温室气体研究报告》指出，国际海上运输排放了大量的温室气体，导致了全球气候变化。如果任其发展，国际海运服务当前的和预计的需求可能会对气候变化造成更加不利的影响。2014 年 10 月 IMO 通过的《第三次温室气体研究报告》更新了全球船舶温室气体排放数据：2012 年，国际海运排放 7.96 亿吨，占全球排放的 2.2%，虽然比《2009 年第二次温室气体研究报告》统计的 2007

---

① “United Nations. Review of Maritime Transport 2010,” accessed June 17, 2018, http://www.unctad.org/en/docs/rmt2010_en.pdf.

② Hinchliffe P., “International shipping and climate change,” in *Maritime transport and the climate change challenge* ed. R. Asariotis, H. Benamara (London: Routledge Earthscan, 2012), p. 209.

年国际海运排放量（8.7 亿吨）及所占比例（2.7%）有所下降，但 IMO 预测，随着经济和能源的发展，到 2050 年排放有可能会增长 50% ~ 250%。[①] IMO 通过应用"IPCC 关于整个海运和国际海运温室气体排放的未来全球发展方案"计算得出，从 2007—2050 年，每年航运业 CO_2 排放量增长大约在 1.9% ~2.7% 的幅度内。根据该方案和所使用的变量，到 2020 年，总的国际海运 CO_2 排放量能达到 9.25 亿 ~10.58 亿吨的范围，到 2050 年将会达到 19.03 亿 ~26.81 亿吨。因此，如果海运服务需求继续增长和缺乏调控政策，海运业排放到 2050 年可能会比 2007 年增长 150% ~ 250%。[②] 因此，由于国际海运排放在全球温室气体排放量中所占份额的逐渐增加，随着全球经济的预期增长，国际海运将成为未来全球运输中温室气体排放的主要驱动力之一，并将持续产生影响。

由于国际海运的流动性和全球性等特点，海运业的排放是没有边界的，如果任其发展，将会成为全球温室气体排放的主要来源。所以，为了规范排放，需要国际社会的联合行动并制定一个具有全球约束力的监管机制。联合国通过 UNFCCC 及其《京都议定书》来规范和协调跨国的和跨部门的全球行动，以应对和减轻气候变化对全球带来的不利影响。IMO 作为联合国专门机构，致力于调整国际海上运输和海洋环境保护，获得 UNFCCC 的授权负责国际海运领域的应对气候变化工作。IMO 应当与 UNFCCC 联合起来，在应对海运温室气体排放导致气候变化领域充分合作，作为联系 UNFCCC 与各国政府之间的桥梁，协调各国在海运减排谈判中的利益，使气候变化谈判目标落实，有效地解决国际海运温室气体排放问题。

（二）IMO 确立的国际海运减排原则及其适用中的分歧

虽然 UNFCCC 及其《京都议定书》为各国应对气候变化提供了一个原则性合作框架，然而，并非所有关于气候变化的合作必须要在 UNFCCC 的框架下进行。由于国际海运和航空运输流动性强的特点，《京都议定书》第 2.2 条规定："附件一缔约国应分别通过国际民用航空组织和国际海事

---

① "IMO's MEPC progresses work on air pollution and energy efficiency," accessed December 2, 2014, http://www.imo.org/MediaCentre/PressBriefings/Pages/34-mepc-67-emissions.aspx#.VE7brXlxldg.

② IMO, "Second IMO GHG study 2009," accessed December 2, 2017, http://www.imo.org/en/OurWork/Environment/PollutionPrevention/AirPollution/Documents/SecondIMOGHGStudy2009.pdf.

组织做出努力，谋求限制或减少航空和航海舱载燃料产生的《蒙特利尔议定书》未予管制的温室气体的排放。”① 该条款是 UNFCCC 授权 IMO 管辖国际海运温室气体排放问题的法律依据。尽管对于该规定是否赋予 IMO 排他的权力来规范海运温室气体排放还有争论，但说明了 IMO 应在国际海运领域率先行动。IMO 应对船舶温室气体排放工作主要由海洋环境保护委员会（MEPC）进行。《国际防止船舶污染公约》（MARPOL）附则Ⅵ是关于船舶空气污染的规则，关于附则Ⅵ的修改问题一直是 MEPC 会议讨论的主要焦点。随着 2011 年 MEPC 第 62 次会议附则Ⅵ第四部分“船舶能效规则”修正案的通过，在发展中国家和发达国家之间又掀起了关于国际海运减排原则的争论。一个主要分歧点是，这些规则应当是中性地、非歧视地统一适用于所有缔约国的船舶，还是应当根据 CBDR 原则仅仅适用于 UNFCCC 及其《京都议定书》附件一国家的船舶。② 早在 2008 年 4 月 MEPC 第 57 次会议上，各缔约国经过讨论，就船舶温室气体排放问题的法律规制达成了一系列原则性共识，其中包括规则应当强制、平等地适用于所有船旗国，也就是所谓的平等减排原则，即公约所规定的标准与要求应当平等无差别地适用于所有缔约国的船舶，包括对发展中国家船舶的优惠待遇。因此，“船舶能效规则”也是平等地、无歧视地强制适用于所有公约缔约国的船舶，而不考虑其船旗和船舶所有人。因此，MARPOL 公约附则Ⅵ的通过，使航运业成为后《京都议定书》时代气候变化国际立法中率先突破 CBDR 原则的领域，缩小了发展中国家在温室气体减排中的权利空间，从技术层面突破了 CBDR 原则的规定，使该原则下的温室气体减排责任承担方式在国际立法中的生存空间被大大压缩。③

在 IMO 组织的国际海运减排谈判中，发展中国家与发达国家争论最多的无疑是国际海运减排原则问题。基本上分成两派，一派以发展中国家为代表支持适用 CBDR 原则；另一派以发达国家为代表支持 IMO 的平等减排原则。

发展中国家大多认为 IMO 的国际海运减排原则与 CBDR 原则是相悖

① 参见《京都议定书》第 2. 2 条：“本协定的执行将按照不同的国情体现平等以及共同但有区别的责任和各自的原则。”

② IMO, “Report of the 60th Session of the Marine Environment Protection Committee,” accessed December 2, 2017, https: //studfiles. net/preview/5177020/.

③ 李志文：《船舶温室气体减排国际立法的新发展及其启示》，《法商研究》2012 年第 6 期，第 142 – 143 页。

的，不符合国际环境正义理念。因此，中国、巴西、印度、沙特阿拉伯、南非和委内瑞拉等发展中国家提出了保留。[①] 许多参与 IMO 谈判的发展中国家都认为，UNFCCC 和《京都议定书》已经确立了气候变化的基本原则和法律框架，也应当成为 IMO 应对国际海运排放的法律依据。因此，法律文本应当反映 CBDR 原则，应当承认海上运输具有特殊性，坚持 CBDR 原则对于发展中国家的责任是非常重要的。而且，在国际海运中不采用 CBDR 原则可能会产生一个在“无区别”模式下部门减排的先例和对发展中国家的强制减排。

而支持采取平等减排原则的发达国家认为，首先，IMO 是一个独立的机构且其本身不受 UNFCCC 条款的约束。很显然，IMO 作为联合国专门机构，可以通过其自己独立的文件，无须征得 UNFCCC 的允许；其次，认为国际法要求任何关于气候变化的文件都应遵循 CBDR 原则的观点是不准确的。与规则不同，原则不能决定一个具体的结果，而是提供一个讨论问题的方向。[②] 因此，尽管 CBDR 在国际气候变化应对机制中是一个可采纳的原则，[③] 谈判者也没有义务采纳一个在发达国家和发展中国家之间有区别的机制，一定会存在其他原则来提供一个可选择的“方向”，而且可能比 CBDR 原则更为适用。况且，CBDR 原则在 UNFCCC 框架下自其产生起就一直有争论，也无法成为该原则能在所有气候变化领域适用的理由。其实，大多数国家和航运企业、船舶企业都倾向采用以无差别为基础的规则，反对在海运排放标准方面设置有区别的义务。因为那些强制约束在发达国家建造的船舶而不约束在发展中国家建造的船舶的规则，很明显会在谈判中被抗拒。确实，平等减排原则在航运规则中被广泛采用存在着非常重要的现实原因，即当下船舶登记管理制度缺乏统一规范甚至不健全，方便旗盛行，使得有些发达国家船东为了规避复杂的能效标准而轻易改变船旗，从而享受发展中国家在 UNFCCC 框架下的有区别的待遇。因此，大多数 IMO 成员国倾向采用平等减排原则，这里的平等适用是针对船舶的平

---

① 王彦斌、李卫国：《IMO 船舶温室气体减排机制原则法律分析》，《中国水运》2009 年第 2 期，第 94－95 页。

② R. Dworkin, *Taking rights seriously* (London: Duckworth, 1977), p. 25.

③ A. E. Boyle, C. Chinkin, *The making of international law* (Oxford: Oxford University Press, 2007), p. 222-225.

等，即所谓的“船旗中立”。船旗中立是指不论船舶在发达国家登记还是在发展中国家登记，或悬挂哪国国旗，都平等适用 IMO 船舶能效规则。

三、《巴黎协定》视角下“共同但有区别的责任”原则适用于国际海运减排的理由

（一）《巴黎协定》中的 CBDR 原则与 IMO 确定的平等减排理念更加契合

《巴黎协定》延续了 UNFCCC 及其《京都议定书》确立的既有的国际气候治理机制的基本特征，同时又在具体的规则制定方面实现了创新，恰当地糅合了一项国际治理机制的连续性与变化性。① 该协定形成了一种全缔约方参与、以“自主承诺 + 年度评审”为中心的全面涉及减缓、适应及其支持的全球应对气候变化新模式。这一模式在继承 CBDR 原则的基础上，明确了发达国家和发展中国家各自的责任，通过国家自主贡献的方式充分动员所有缔约方根据自己的国情采取应对气候变化的行动，促进可持续发展。《巴黎协定》从文义上接受了 CBDR 原则，但改变了该原则的适用方式。其既强调了应当从不同国情出发，又强调自主贡献减排，为真正履行有区别的责任提供了基础。该协定的规定实际上已经改变了 CBDR 原则原有的表述机理，目的是弥合发达国家和新兴发展中大国之间的分歧。《京都议定书》确立的“自上而下”的减排模式在适用中障碍重重，根本无法实现应对国际气候变化的目标，从 2010 年第 16 次联合国气候变化大会——坎昆会议开始了改革减排模式的进程，经过德班会议、多哈会议、华沙会议、利马会议等谈判，最终于巴黎会议上确立了“自下而上”的减排模式。

《巴黎协定》虽然坚持 CBDR 原则的基础性地位，但是其要求所有缔约国均应自主减排，首先承担“共同的”应对气候变化的责任，“有区别”则体现在发达国家应当向发展中国家提供必要的资金和技术帮助以提高其自主减排能力方面。可见，在《巴黎协定》框架下，CBDR 原则作为应对气候变化基本原则的核心地位虽然还保持着，但是其具体内容及适用已经

① 薄燕：《〈巴黎协定〉坚持的“共区原则”与国际气候治理机制的变迁》，《气候变化研究进展》2016 年第 3 期，第 243－250 页。

发生了改变，至少今后全球应对气候变化领域更加强调“共同的”责任，而“有区别”的责任是建立在发展中国家首先与发达国家一起承担“共同的”责任基础上的。这与《巴黎协定》之前的 CBDR 原则的内涵及其适用不同，之前的原则更强调的是“有区别的责任”，而且“区别”体现在发达国家承担量化的减排义务而发展中国家不承担量化的减排义务，“共同的责任”对于发展中国家来说更是一种理想化的应然的义务。

如前所述，发展中国家和发达国家对于 IMO 确定的各国平等进行海运减排的原则的适用存在较大分歧，发达国家主张坚决支持 IMO 平等减排的适用，认为不区分船舶所有人和船舶国籍，所有船舶一律平等减排。这不仅在一定程度上能防止方便旗现象的发生，而且能从实质上提高全球海运业的发展水平。但发展中国家认为要求发展中国家和发达国家平等减排是不公平的，应当按照 UNFCCC 框架下的 CBDR 原则，应当对发展中国家和发达国家区别对待，发展中国家不应承担量化减排义务。而《巴黎协定》下的 CBDR 原则较之以前的含义及适用方式均发生了变化，虽然仍然承认发展中国家和发达国家之间的“有区别”的责任，但是这种“区别”是建立在二者承担“共同”责任的前提基础上的，强调国家自主贡献，而不是像之前框架下的发展中国家可以不承担减排责任。根据新的 CBDR 原则，后 2020 时代的全球应对气候变化机制要求所有国家均要承担减排责任，但是由于各国的国情不同，因此发展中国家与发达国家的减排要求不同，而且要求发达国家应当在资金、技术和能力建设方面积极支持发展中国家，尽快提升其减排能力。后 2020 时代的全球减排机制与 IMO 确立的海运减排机制有着异曲同工之处，都强调各缔约国承担平等减排责任，强调各国应当承担“共同”应对气候变化的责任，但是 IMO 在坚持共同减排基本原则的基础上也通过立法和努力体现了对于发展中国家缔约方的“有区别”的对待，如为发展中国家设置履约的宽限期、要求发达国家向发展中国家提供相应的资金援助和技术支持、讨论采取基于市场的机制等，而这些恰恰可以视为 CBDR 原则在 IMO 海运减排领域的协调性适用。如果在海运减排领域通过强调技术和营运措施强硬推行各国平等减排，不可避免会遇到发展中国家、海运不发达国家的阻力。如果将 CBDR 原则中的“有区别”的对待融入海运减排中，则会使海运减排实践进展顺利很多。

（二）IMO 解决国际海运排放问题的权限来自 UNFCCC 的授权

IMO 对于国际海运排放问题的管辖权来自 UNFCCC 及其《京都议定书》的授权。虽然国际海运温室气体排放是导致全球气候变化的一个因素，但是其排放的温室气体及其对地球大气环境的影响与其他人类活动排放的温室气体及对地球大气环境的影响无异，而且最初也是由 UNFCCC 统一进行规范的，其实当下 UNFCCC 框架下的气候变化谈判仍然将国际海运谈判作为一项重要内容之一。但是，由于国际海运的跨界性、流动性和专业性等特点，UNFCCC 当然将规制国际海运减排任务授权给 IMO 进行。这一授权的法律依据来自《京都议定书》第 2.2 条的规定。因此，原则上，IMO 主持的有关国际海运减排谈判都应当在 UNFCCC 的 CBDR 原则指导下进行，应当坚持发达国家和发展中国家承担共同的海运减排责任，考虑到发达国家的历史排放、发展中国家的经济发展需要和减排能力，尤其是经济最不发达国家的发展状况，要求发达国家率先减排，发展中国家暂缓减排或者不承担减排责任，以达到实质上的公平。但是，鉴于国际海运领域的特殊性，IMO 一直以来都要求所有国家的船舶平等地承担国际海运减排责任，这种平等减排对 CBDR 原则确实是一种背离，对发展中国家施加了过重的负担，带来了极大的挑战。《巴黎协定》出台后，全球减排均应在新 CBDR 原则指导下进行，新的 CBDR 原则恰恰要求发展中国家即使可以根据自己的国情承担与发达国家“有区别”的责任并得到发达国家的资金和技术支持，也应当采取实际的减排措施，与发达国家一样承担“共同”的责任。《巴黎协定》下的 CBDR 原则与 IMO 框架下的平等减排原则均强调发达国家和发展中国家都应当承担“共同的”减排责任，但根据国情和能力，可以承担“有区别”的责任；新的 CBDR 原则要求各国自主贡献的前提也是所有国家承担“共同的”减排责任，应当说，该原则与 IMO 的平等减排原则在应对气候变化的宗旨和措施方面异曲同工，均要求发展中国家与发达国家承担“共同的”实质的减排责任，“有区别”体现在发展中国家根据国情和能力采取可行的减排措施，同时可以获得发达国家的资金和技术支持。因此，《巴黎协定》下的 CBDR 原则为 IMO 在国际海运领域推行平等减排提供了框架支持，虽然《巴黎协定》最终并未就国际海运减排做出规定，但并不意味着海运业被排除在全球应对气候变化的努力之外，IMO 应当继续在 UNFCCC 的授权下行使其对国际海运减排的管辖权。

（三）IMO 已经为满足《巴黎协定》要求积极采取减排行动

巴黎气候大会之后，迫于欧洲联盟单边监测—报告—检查机制的压力，国际航运公会（International Chamber of Shipping，ICS）向 MEPC69 提案，呼吁制定与《巴黎协定》中国家自主贡献相呼应的航运自主贡献，并向 UNFCCC 报告。2016 年4 月，在《巴黎协定》通过后 MEPC 召开的第一次会议即 MEPC69 会议上，MEPC 认可《巴黎协定》，并对其持欢迎态度，还重申了 IMO 在全球航运业温室气体减排领域的领导角色。① 对航运业温室气体减排提出了“制定长期减排目标”和“责任分摊”，确定必须遵循“三步走”方式，并将建立船舶油耗数据收集机制作为优先事项。② 2016 年 10 月 MEPC70 会议成立了温室气体减排工作组，制定了航运减排战略，通过了 MARPOL 附则Ⅵ修正案，建立了强制性船舶油耗数据搜集系统，确定了路线图，路线图总体上仍然体现基于数据收集和分析制定决策的“三步走”原则，并决定在 2018 年完成初步战略的制定，2023 年形成正式战略。在 2017 年7 月 MEPC71 会议上，根据 MEPC70 确定的 IMO 船舶温室气体减排的路线图，讨论了第一次会间会工作组就 IMO 船舶温室气体减排的初步战略形成的一个结构性框架草案的内容，批准了第二次和第三次会间会工作组的工作范围。会议制定了“2017 IMO 船舶燃油消耗数据库建立和管理导则”，建立了 IMO 船舶燃油消耗数据库，秘书处向 MEPC72 报告数据库开发情况。③

（四）有利于对发展中国家特殊利益和需要的考量

虽然平等减排原则能在一定程度上缓解方便旗现象，但是要求发展中国家与发达国家承担同样的减排义务，对于发展中国家来说确实有失公平。虽然有调查数据预计，未来的温室气体排放量中，发展中国家要大大超过发达国家，尤其是以中国、印度、巴西等国家为代表的新兴经济体的排放量要占相当大的比例，但不能因此而剥夺发展中国家发展的权利。有

---

① 参见航运行业温室气体减排现状简介，2017 年 6 月 30 日发布，http：//www. tanjiaoyi. com/article-21808-1. html，访问日期：2017 年 7 月 10 日。

② 韩佳霖：《巴黎大会后的航运业温室气体减排》，《上海船舶运输科学研究所学报》2017 年第 1 期，第 20 – 23 页。

③ “Marine Environment Protection Committee（MEPC），71st session 3-7 July”，accessed August 1，2017，http：//www. imo. org/en/MediaCentre/MeetingSummaries/MEPC/Pages/MEPC-71. aspx.

学者主张碳排放权是一种新的发展权。[①] IMO 应当在 CBDR 原则指导下从事国际海运排放的规制，充分考虑发展中国家的特殊发展需要和技术现状，在坚持“船旗中立”基础上，采取具体的措施对发展中国家缔约方进行技术和资金的帮助，采用过渡期帮助发展中国家渐进地减排。其实，在 IMO 框架谈判过程中，有很多发展中国家提出发达国家应当给予发展中国家经济援助和技术支持，IMO 也通过制定一些有关经济和技术帮助的条款来实现船旗中立的船舶能效规则在发达国家和发展中国家共同生效，尤其是能满足发展中国家发展的特殊需要。例如，MARPOL 附则Ⅵ第四章规则 23 “关于资金和技术援助的规定”，以及 2013 年 5 月 MEPC 第 65 次会议通过的“关于促进有关提高船舶能效的技术合作和技术转让的决议”充分反映了 IMO 对发展中国家特殊利益的考量。虽然有些规定过于概括和含糊，而且没有为任何国家设定具体的义务，[②] 但是足以看出 IMO 为了协调当前国际海运减排原则的冲突所做出的努力。

（五）有利于促进 UNFCCC 气候变化法律制度的完整性和有效性

UNFCCC 是涵盖全球各行业的应对全球气候变化的框架性国际法律文件，基于海运业和航空业的特殊性，才将这两个行业的全球减排授权给 IMO 和国际民用航空组织（International Civil Aviation Organization，ICAO）进行。虽然 IMO 是独立于 UNFCCC 框架的一个联合国专门组织，但是从 UNFCCC 框架下的气候变化谈判进程可以看出，凡是与国际海运减排有关的谈判，其实都有 IMO 的参与，IMO 一直作为 UNFCCC 与各海运国家之间联系的桥梁进行着国际海运减排的努力。国际海运减排谈判虽然在 IMO 主持下进行，但一直是在 UNFCCC 框架范围内，因为每一次 UNFCCC 缔约国大会，IMO 都要将本行业应对气候变化采取的措施、通过的规范性文件等内容向 UNFCCC 提交，并积极参与谈判，督促各海运国家履行国际海运业应对气候变化的义务。但是，在 IMO 组织的国际海运减排谈判中，由于国际海运业的特殊性，以及存在的一些特殊的传统和法律制度，是否应当适用，以及如何适用 CBDR 原则成为发达国家和发展中国家争议的一大焦

---

① 杨泽伟：《碳排放权：一种新的发展权》，《浙江大学学报》（人文社会科学版）2011 年第 3 期，第 40－49 页。

② J. Harrison, “Recent developments and continuing challenges in the regulation of greenhouse gas emissions from international shipping,” *Edinburgh school of law research paper series* 12 (2012): 17.

点。因此，在推行国际海运减排过程中，应当不但考虑整个国际海运业发展的需要，更要考虑到大多数发展中国家航运利益的需要；不但要推行平等减排，更要在减排过程中适用 CBDR 原则，尤其是考虑到发展中国家的减排能力，鼓励发展中国家根据自己的国情采取减排措施。因此，将 CBDR 原则应用于国际海运减排领域，补充 IMO 平等减排的适用，协调不同国家海运减排的利益冲突，有利于保证 UNFCCC 框架的完整性和有效性。

四、“共同但有区别的责任”原则适用于国际海运减排的路径

2011 年 MARPOL 公约附则Ⅵ“船舶能效规则”是 IMO 通过的第一个专门针对国际海运船舶温室气体排放的强制性行业规范，平等减排原则又是 IMO 一直以来长期遵行的原则，因此想要突破非常困难。《巴黎协定》在坚持 CBDR 原则性地位的基础上，要求所有缔约国全员减排，虽然通过强调“根据自己的国情”体现对于发展中国家的“有区别”，但是该协定创建的“国家自主承诺 + 年度评审”机制要求发展中国家与发达国家承担同等的减排义务，与 IMO 确立的平等减排机制异曲同工。所以，要在国际海运减排领域适用 CBDR 原则，在该原则与平等减排原则之间寻找一个折中路径，还应当顺应 IMO 的减排思路，尊重 IMO 自身建立的减排机制，以体现 CBDR 原则更加灵活性的措施缓解平等减排机制在海运减排领域适用的僵化和严苛。

（一）建立基于市场的国际海运减排机制

随着世界人口和贸易的快速增长，IMO 提出的技术和营运手段已经不足以应对削减国际海运温室气体排放，因此基于市场的措施应运而生。所谓基于市场的措施，是指通过基于市场的经济措施，使温室气体排放量超过限定额度的船东或船舶经营人在经济上相对“损失”，而排放量低于限定额度的船东或船舶经营人在经济上“盈余”。[①] 其主要有两方面功能：其一，为海运业致力于更加能效的航行模式提供一个财政激励手段；其二，能补偿不断增长的船舶温室气体排放。[②] 自从 IMO 提出采用基于市场的措

① 黄何：《直面国际海运减排挑战，提升中国航运整体实力》，《中国海事》2011 年第 1 期，第 22 – 25 页。

② IMO，“Greenhouse gas emissions,” accessed November 31，2017，http：//www. imo. org/OurWork/Environment/PollutionPrevention/AirPollution/Pages/GHG-Emissions. aspx.

施来缓解船舶温室气体排放以来，国际社会曾提出了多种模式，如以挪威为代表的欧洲联盟国家的国际海运排放交易机制（EU-Emission Trade System，EU-ETS）、美国提出的船舶效率和信用交易机制、世界海运协会提出的向国际航行船舶征收燃油税等模式，但是 IMO 至今也没有就采用哪种模式的基于市场的措施达成一致。

近年来，许多学者提出，在基于市场的措施中，也许存在更多的创新思维的空间。例如，有人认为，虽然基于市场的措施是船旗中立的，在某种意义上说，它可适用于所有船舶，但通过该机制而筹集的资金可能被部分用于支持发展中国家的项目开发，从而满足 CBDR 原则的要求。① 然而，CBDR 是一个非常灵活的概念，而且参与谈判的人对于该原则在基于市场的措施下的具体要求持有不同的看法。因为，在船舶能效规则方面，IMO 的压力是在不同的观点之间尝试达成一种折中，这样不仅保证构建一个适用于尽可能多的船旗国的有效机制，而且能预先阻止任何 IMO 成员国的单方面行动。② IMO 应当充分利用已有的相对成熟的技术和营运机制，结合当前国际海运减排谈判的进展，建立符合发展要求的基于市场的措施，例如，建立国际海运排放交易体系、征收国际海运船舶燃油税和建立国际海运船舶温室气体排放基金等，使其在坚持 IMO 平等减排原则的基础之上，体现 CBDR 原则对发展中国家特殊需要的考量，实现实质上的公平。

（二）引入清洁发展机制，使发达国家向发展中国家提供资金和技术支持

清洁发展机制（CDM）是《京都议定书》通过的发达国家在境外实现部分减排承诺的一种灵活履约机制，是唯一与发展中国家直接相关的机制。通过实施海运 CDM，发展中国家从发达国家获得资金和技术，然后通过改造现有船舶的设计和建造技术、开发节能环保燃料、提高船舶营运管理效率等，实现双赢的目标。CDM 的目的是帮助未列在 UNFCCC 附件一中

---

① British Chamber of Shipping，*Shipping's carbon emissions：design and implementation of market-based mechanisms Part 1：a cap-and-trade emissions trading system*（London：British Chamber of Shipping，2011），p. 5.

② European Commossion，"Commission launches consultation to address greenhouse gas emissions from ships，" accessed November 30，2017，https：//ec. europa. eu/clima/news/articles/news_2012011901_en.

的缔约国实现可持续发展，使附件一缔约国在《京都议定书》项下能够履行其减排承诺。于是，发展中国家通过允许 CDM 行动的实施来履行其应承担的共同责任份额，而发达国家应通过遵守其减排承诺和 CDM 计划的义务来履行其有区别的责任。因此，CDM 实际上是 CBDR 原则的一个分支，因为它强调发达国家和发展中国家之间的合作，同时，为了应对全球气候变化问题，要求各自承担有区别的承诺。

五、结语

基于国际海运业的全球性特点，为了应对气候变化，应当在全球框架下规制国际海运排放。由于海运具有较强的技术性，海运减排措施不同于其他行业，因此 IMO 获得授权进行专门的国际海运减排工作。当下的国际海运减排谈判分别在两个框架下进行，不论 UNFCCC 还是 IMO 框架下的谈判，宗旨都是为了削减海运温室气体排放，应对气候变化，其主要焦点是 UNFCCC 的 CBDR 原则与 IMO 平等减排原则之间的冲突与协调，即发展中国家是否应当与发达国家承担共同的海运减排责任。《巴黎协定》改变了 CBDR 原则的内容和适用方式，其确立的“自下而上”的减排模式要求发展中国家与发达国家承担共同的“自主减排”责任，虽然根据国情减排数量有所不同。《巴黎协定》下的 CBDR 原则与 IMO 的平等减排原则的理念更加接近，越来越强调共同的责任，淡化有区别的责任。毫无疑问，为了应对气候变化，世界各国都有义务进行国际海运减排。但是各国国情不同，应对气候变化的能力有所不同，发展中国家确实无法达到 IMO 技术和营运机制所要求的硬性的与发达国家同样的减排要求，因此，IMO 可以在坚持平等减排的原则基础上，引入代表 CBDR 原则的灵活性的措施和机制，缓解国际海运减排过程中的冲突。具体来说，可以实行基于市场的机制，采取建立国际海运排放交易体系、征收国际海运燃油税和成立国际海运温室气体排放基金等措施。在具体使用过程中，引入 CBDR 原则，对发展中国家的利益进行充分考虑，将 CDM 作为发展中国家从发达国家获得资金和技术支持的载体，在双赢的基础上实现国际海运温室气体减排的共同目标。

我国船舶企业的环境保护社会责任探析
——以削减船舶温室气体排放为视角

袁　雪

摘　要：国际海上运输的高速发展便利了国际贸易交往，也极大地威胁了海洋环境。船舶在运输过程中泄漏的油类物质、排放的废气不仅造成了严重的海洋环境污染，同时也污染了大气环境，导致全球气候变化。近些年来，国际社会已经开始积极采取措施应对气候变化。国际海事组织已经在国际航运界推行了一系列船舶能效标准，对新造船舶和现有船舶排放提出了更高的要求。企业在追求经济效益的同时，应当注重环境保护社会责任的承担。船舶企业在设计和建造船舶过程中，应当承担环境保护的社会责任。具体而言，我国船舶企业应当坚持绿色造船理念，设计和建造符合国际船舶能效要求的船舶，采用强调环境保护内容的造船合同文本，以及在船舶建造、修理和拆解过程中注重对环境的保护。

关键词：船舶企业社会责任；环境保护；船舶温室气体排放；绿色造船；EEDI

基金项目　中央高校基本科研业务费专项资金资助项目“国际海上运输中船舶侵权相关法律制度研究”（HEUCF20121308）。

Analysis on Ship Enterprise's Social Responsibility of Environmental Protection:

In the Perspective of the Reduction of Ship GHG Emissions

Yuan Xue

Abstract: The rapid development of international maritime transport has made the international trade exchange convenient, but it also has greatly threatened the marine environment. Ship oil substances and emissions leaking during transport not only causes serious marine environment pollution, but also pollutes the atmosphere, leading to global climate change. In recent years, the international community has been taking active measures to address climate change. IMO has launched a series of ship energy efficiency standards in the international shipping industry, and put forward higher requirement for new ships and existing ships. In the pursuit of economic efficiency, enterprises should focus on the commitment of social responsibility of environmental protection. In the process of ship design and shipbuilding, ship enterprises should bear the social responsibility of environmental protection. Specifically, the ship enterprises should adhere to the concept of green shipbuilding, the ship design and construction should meet the international ship energy efficiency standards, use those shipbuilding contract texts which focus on environmental protection, and pay attention to environmental protection in the process of shipbuilding, repairing and dismantling.

Key words: the social responsibility of ship enterprise; environmental protection; ship GHG emissions; green shipbuilding; EEDI

国际贸易的迅猛发展催生了为国际贸易提供服务的国际海上运输的繁荣发展，而船舶作为最主要的海上运输载体，在航行过程中，通过温室气体排放，燃油或货物油泄漏，废水、废物、废气的排放等行为会造成非常严重的大气、海洋及沿岸的环境污染，导致全球气候变化、海洋生态环境破坏，以及沿海生活、生产环境破坏等后果。国际海事组织（IMO）多年前就提出了“让海洋更清洁，让航行更安全”的口号，也出台了一系列有关海洋环境保护、船舶安全航行管理等内容的法律规范，尤其是2008年修订了《1973/78年防止船舶造成污染公约》（MARPOL）附则Ⅵ，增加了船舶排放温室气体污染大气环境的规定，可见船舶航行对大气和海洋环境的污染问题之严重和亟待治理，以及国际社会应对气候变化、防止船舶污染和保护海洋环境的决心。这就要求船舶所有人、船舶设计和建造企业、航运企业等各方面主体共同采取措施，努力防止船舶污染事故的发生，减少排放，共同保护全球海洋和大气环境，共同为世界航运业健康、安全发展贡献力量。当然，船舶对海洋和大气的污染，究其源头，还是应当在船舶设计和建造环节多下功夫，设计和建造符合国际航运标准的环保、低碳、节能、绿色船舶，这也是船舶企业应当承担的环境保护社会责任的主要内容。

一、国际海运业的发展对船舶企业提出环保要求

（一）IMO对船舶温室气体排放问题的关注和最新动态

近些年来，随着全球气候变化越来越受到国际社会的关注，温室气体排放问题就成了解决气候变化必须考虑的因素，而限制和减少国际海运业的温室气体排放就是国际海运界的责任和义务。IMO是1948年作为联合国的一个专门机构成立的，目的是为海运问题的讨论与海运标准的通过和修订提供一个固定的场所。由于IMO最初的关注点在于海运和航行的安全，所以，1975年IMO公约修订后扩大了管辖范围，第1条（a）规定允许其“采用最具可行性的标准，来规范与防止和控制船源污染有关的事项”。同时，IMO设立了海洋环境保护委员会（MEPC），作为讨论海洋环境保护问题的主要机构。① 自从20世纪70年代以来，IMO已成为许多有关海洋环境保护的规范性条约的磋商谈判场所，其中最重要的是《1973/78年国际防止船舶造成污染公约》。该公约最初包括五个附则，每个附则包含有关船舶造成的一种海洋污染类型的规则，即油污、有毒有害物质、包装形成的有害物质、污水和垃圾。前两个附则强制适用于所有公约缔约国，其他

① L. de la Fayette, “The Marine Environment Protection Committee: The Conjunction of the Law of the Sea and International Environment Law,” *Int'l J. Marine and Coastal L.* 16 (2001): 155.

三个附则是选择适用的。[1] 应当说，最初该公约不规范船舶的温室气体排放问题，直到1997年，公约才通过了一个议定书增加了附则Ⅵ，规范船舶造成的空气污染。然而，该文件仅涉及了特定种类的排放，尤其是特定的臭氧耗损物质、氮氧化物、硫氧化物和颗粒物质。同一年，空气污染会议通过决议，要求IMO与UNFCCC合作，承担CO_2排放的调查研究。《IMO第一次温室气体研究报告》于2000年发布，可以看作是IMO在温室气体排放领域取得的初步进展。[2] 2003年，在IMO第23次全体会议上，开始讨论船舶温室气体排放这一主题，并达成了“IMO关于船舶温室气体减排的政策与实践”的决议，该决议强调了IMO这一组织在应对船舶温室气体排放中的重要地位和作用，也推动了MEPC“建立一个或多个实现船舶温室气体减排或限制目标所需要的机制。”[3] 以此为契机，2005年，MEPC在第53次会议上通过了《试航中使用的船舶二氧化碳排放指数自愿临时导则》,[4] 鼓励船东搜集有关的数据，包括航行距离、载运的货物、使用燃料的数量和类型，以及其他能影响碳排放数量的燃料的其他信息等。在2006年第55次会议上，MEPC又通过一个“开发和设计实现国际航运中温室气体减排目标所需的机制的工作计划草案”,[5] 要求MEPC设计一个CO_2排放指数方案和排放基数，以及解决温室气体排放的技术的、操作的及市场的方法。2008年10月，MEPC第58次会议通过的决议“经修订的MARPOL附则Ⅵ《防止船舶造成空气污染规则》”，已于2010年7月1日生效。2009年7月，IMO制定了《新船能效设计指数计算方法临时导则》和《能效设计指数自愿验证临时导则》，推出了“新造船舶能效设计指数”（EEDI）这一概念作为新造船舶能效衡量标准。之后，又通过了数个决议，对MARPOL附则Ⅵ内容进行具体补充，最受关注的是2011年7月MEPC

① 参见MARPOL公约第14条。

② 参见《IMO第一次温室气体研究报告》，http://www. imo. org/blast/mainframe. asp?topic_ id=1823. 访问日期：2013年11月9日。

③ 参见IMO Policies and Practices Related to the Reduction of Greenhouse Gas Emissions from Ships，IMO Document A. 23/Res. 963，第1部分。

④ 参见Interim Guidelines for Voluntary Ship CO_2 Emission Indexing for Use in Trials，Document MEPC/Circ，第471页。

⑤ 参见Report of the 55th Session of the Marine Environment Protection Committee，Document MEPC 55/23，附件9。

第 62 次会议通过的决议“MARPOL 附则Ⅵ中包括对船舶能效的新规定”，这一修正案将有关 EEDI 和船舶能效管理计划（SEEMP）的内容纳入其中，预计于 2013 年 1 月 1 日开始生效。2013 年 5 月，MEPC 第 65 次会议通过了“关于促进有关提高船舶能效的技术合作和技术转让的决议”，并将该决议提交给 2013 年 11 月华沙联合国气候变化大会，作为 IMO 在国际海运温室气体排放领域的一项工作成果，同时提交的还有要求继续被授权从事国际海运温室气体排放的立法和规制工作，以及要求澄清在 IMO 框架范围内规范所有船舶的非歧视原则的法律地位问题。①

在此过程中，2008 年 8 月 IMO 发布技术规范，要求 2009 年 1 月 1 日后开始建造的客货船必须满足最新修订的《国际海上人命安全公约》（SOLAS）规范，包括油船和散货船共同结构规范（CSR）、涂层新标准（PSPC）、燃油舱保护规则，以及船舶气体排放标准等规范，这对造船业也提出了更大的挑战。此外，根据 IMO 的规定，2010 年，满 25 年的单壳船必须拆解，未满 25 年的可以在港口国和船旗国的批准下继续运营到 2015 年。2009 年 IMO 颁布的《船舶回收拆解指南》及其修正案中特别规定，船厂和船舶设计单位在设计和建造船舶时必须尽可能采用可安全回收的材料，最小化使用对人体健康和环境有害的材料；船用设备制造商要提供由船级社开具的绿色证书；对于船上的潜在有害材料要列表说明其产地和用量。而这些环保要求都已经被 2007 年波罗的海国际航运公会 BIMCO）修改的造船合同格式和 2011 年中国海事仲裁委员会（CMAC）拟定的造船合同文本所采纳。

作为全球性航运组织，几十年来，IMO 承担着国际航运业温室气体减排的重任。其不遗余力地致力于领导、协调全球航运界制定船舶安全航行标准、制定和修订有关防止船舶污染方面的国际公约，与 UNFCCC 一起，承担防止大气环境污染、应对全球气候变化的责任。自 2009 年哥本哈根会议之后，低碳经济的概念被提升到了前所未有的高度，而低碳船舶必然是未来船舶的发展方向。这就对全球造船业和航运业提出了绿色造船、使用节能燃料、采用合理航速等采取各种航运减排措施的挑战，以应对全球大

---

① “IMO at COP 19,” accessed December 30, 2013, http://www.imo.org/OurWork/Environment/PollutionPrevention/AirPollution/Pages/COP-19.aspx.

气污染和气候变化。目前，国际上许多知名船厂和航运公司都纷纷出台措施，积极应对低碳时代的到来。

（二）2007 年 BIMCO 新标准造船合同增加了环境保护内容

BIMCO 是目前国际上最大的非政府国际航运组织，在全球航运中的地位非常重要。其主要功能之一是制定并推广标准合同和条款，其中就包括造船合同。由于 BIMCO 的国际地位，其推行的标准合同获得全球各大航运公司、造船企业及各国船东的欢迎和认可，适用范围非常广泛。目前应用的造船合同文本是 BIMCO 于 2007 年拟定的《新标准造船合同》。而较之之前的合同文本，此合同格式更加注重对环境的保护。

BIMCO 格式中，“环境保护”条款分别规定在第四、五、六三个条款中。BIMCO 有关环保的规定为：建造方应遵守 IMO 关于船舶回收的决议 A. 962（23）指导方针，及其在签约日前生效的修正案。包括设计和建造船舶时，应尽量地考虑船舶的最终拆除。尽可能采用可安全回收的、符合环境要求的材料；最小化地使用对人体健康与环境有害的材料。与设备生产商协商，提供给买方一份由船级社开具的绿色证书，包含船舶的船壳号及主要参数，列举所有的在船舶及其设备、系统建造过程中使用的有害的材料。有害材料的列表中应包含每种在船舶上使用的有害材料的具体位置和大概的数量和体积。船舶双舷侧处和专用海水压载舱的涂装应满足技术规格书的要求，若在技术规格书中缺失，则满足 IMO《船舶专用海水压载舱和散货船双舷侧处所保护涂层性能标准》[IMO PSPC 215（82）号决议]的要求，若适用，还应满足国际船级社协会《散货船和油船共同结构规范》及其后续修改的要求。而且，若买方提出要求，建造方应标识厂商表与规格书中列举的所有主要部件的原产地。

（三）2011 年 CMAC《标准新造船合同》更加注重环境保护

2011 年 3 月 1 日起施行的 CMAC《标准新造船合同》（简称《上海格式》）考虑到了世界船舶科技发展的核心问题——低碳、绿色、环保等全人类共同关注的话题，紧密结合世界科技发展。在合同第四条专门规定了“环境保护”内容。《上海格式》中有关环境保护的规定，与 2007 年底通过的 BIMCO 标准新造船合同中的规定类似。其第四条要求：船舶建造方应根据国际海事组织关于拆船公约的决议，应当在设计和建造船舶时尽量合理地考虑到船舶的最终处理方式；最大限度地使用绿色、低碳、可安全拆解和有利于环境保护的材料；最少地使用已知的对人体健康和环境有潜在危险的材料。另外，建造方在造船时，在船舶双舷侧部位和专门的海水压载舱应根据技术说明书的要求进行特涂，涂层标准应符合船级社和主管当局的法规、规范、规则和要求。还列明了对有害物质、保护涂层原产地等的标准。不仅涉及船厂本身，还与钢材、油漆、木料等原料厂商和设备制造厂商息息相关。该条款明确了责任归属，避免了因新造船不符合合同约定或环保标准而产生的“扯皮”现象，适应了当今世界和船东对绿色、环保船舶的需求。

二、船舶企业的社会责任之一——环境保护

随着世界经济一体化和国际经济全球化的发展，国际贸易越来越活跃。各国之间的贸易往来主要依靠的是海上运输，因此船舶企业、航运企业承担着重要的繁荣国际贸易发展的任务。船舶企业是海上贸易的重要载体——各类船舶的建造者。作为企业，船舶企业与其他企业一样，在追求经济利益的同时，也不断地强化社会责任意识，承担着越来越多的社会责任。所谓企业社会责任（corporate social responsibility）是指企业在创造利润、对股东承担法律责任的同时，还要承担对员工、消费者、社区和环境的责任，即“企业在谋求股东利益最大化之外所赋予的维护和增进社会利益的义务”。[①] 企业社会责任的概念是基于商业运作必须符合可持续发展的想法，即企业除了考虑自身的财政和经营状况外，也要加入其对社会和自然环境所造成的影响的考量。企业的社会责任要求企业必须改变把利润作为唯一目标的传统理念，强调要在生产过程中对人的价值的关注，强调对消费者、环境和社会的贡献。

企业社会责任理论在20世纪中后期起源于西方发达国家，如今已经为各国普遍认可和采用。1970年，经济学家弗里德曼在其题为《商业的社会责任是增加利润》的文章中指出：“企业的一项、也是唯一的社会责任是在比赛规则范围内增加利润。”“为了实现这一点，他们必须承担社会义务以及由此产生的社会成本。他们必须以不污染、不歧视、不从事欺骗性的广告宣传等方式来保护社会福利，他们必须融入自己所在的社区及资助慈

① 卢代富：《企业社会责任的经济学与法学分析》，法律出版社，2002，第96页。

善组织，从而在改善社会中扮演积极的角色。”20 世纪 80 年代以后，企业社会责任的内涵逐渐从赢利至上转向追求环保、劳工、人权等方面的内容。企业社会责任理论，不再将企业看作是纯粹的牟利性经济组织，改变了视利润最大化作为唯一目标的一元主义的传统思想，而将企业在社会中的角色或目标多元化，强调在生产过程中对人的价值、对消费者、对环境的关注。①

尤其是近几十年来世界经济的高速发展，企业在追求经济利益的同时往往忽视对环境的保护，导致了许多环境问题的产生，如大气、水、海洋污染严重，气候变化显著，生物多样性危机等环境问题，人类环境日益恶化。因此，近些年来各国企业都非常重视对环境的保护，联合国和其他国际组织也非常重视企业环境保护责任的承担，出台了一系列关于企业社会责任的文件。如联合国全球盟约从《世界人权宣言》《关于工作中的基本原则和权利宣言》和《里约环境与发展宣言》等几个国际法律文件中，总结出各国企业在各自的影响范围内应当遵守及实施一套在人权、劳工标准及环境方面的基本原则，其中就包括环境方面的内容，如企业界应支持采用预防性方法应对环境挑战；采取主动行动促进在环境方面更负责任的做法；鼓励开发和推广环境友好型技术等。《OECD 多国企业指导纲领》是各国政府对多国企业营运行为的建议事项，是一套符合相关法律规范的自发性商业行为及标准，共有 10 项内容，其中包括环境保护，如企业应适当保护环境，致力永续发展目标，应重视营运活动对环境可能造成的影响，强化环境管理系统。

环境保护是世界科技发展的必由之路，船舶企业也不能例外。本身作为企业，船舶企业在追求经济利益的同时，就应当承担更多的经济利益之外的社会责任，包括对员工利益、消费者利益、船东利益、环境保护要求等多种因素的考虑。而由于其设计、建造、拆解的船舶这一客体的特殊性，使得船舶企业应承担的环境保护社会责任相比其他类型的企业而言更加重要。它不但体现在造船、修船、拆船过程中具体的生产活动要注意安全生产，保护环境，更重要的是还要保证所设计、建造的船舶符合国际安

---

① 殷苗：《从社会责任角度看企业的环境保护责任》，《和田师范专科学校学报》2006 年第 1 期，第 72 – 73 页。

全航行、船舶能效设计等的法律和标准。这也无疑为船舶企业提出了更高、更严格的要求。虽然金融危机以来全球造船业发展普遍不景气，但是船舶企业不能为了多接订单而忽视环境保护的社会责任的承担。

承担社会责任是企业通向可持续发展的重要途径，加强对环境的保护更是企业可持续发展的根本要求。随着国际贸易和国际海上运输的迅猛发展，船舶在建造过程中、海上航行过程中、拆船回收过程中等都会对海洋、大气，以及陆地环境造成损害，如船舶油污导致的海洋环境污染损害、温室气体排放导致的气候变化影响；船舶污水、废弃物排放导致的沿海、沿岸及海洋环境污染等。为了解决这些环境问题，还要从船舶的来源入手，即船舶企业在造船环节就应当严格承担和履行环境保护社会责任，从合同订立、船舶设计、船舶建造、船舶试航交付，以及拆船回收等整个造船环节都应当考虑对环境的保护。对于船舶企业来说，环境保护社会责任是其承担的社会责任中非常重要的内容，是船舶企业实现可持续发展的重要考量因素。

三、我国船舶企业应承担的环境保护社会责任的具体要求

（一）坚持绿色造船理念

如上所述，IMO 的 EEDI 自 2013 年 1 月 1 日起实施，以国际航运船舶为对象，实施温室气体排放规制，对新造船舶实施排放量限制，力争到 2025 年，分四个阶段使减排幅度达到 3 成。① 此外，原油价格也持续居高不下。以前包括船舶折旧费、保养费和海员人工费等在内，在航行所需的所有费用中，燃料费的比例仅为 3 ~4 成，而如今已经达到了 4 ~5 成。许多造船大国都在积极采取各种节能减排措施来应对。如日本各造船公司汇集节能技术开发出“环保船”，并已开始接受订货。这种船舶可减小水和风的阻力，并充分利用太阳能及风力，燃效可改善 2 ~3 成，将来甚至能达

① EEDI 的基准值取决于船舶类型和船舶吨位的大小。船舶能效规则规定了以现有样本船舶（英国劳氏费尔普勒数据库）的回归平均值（50% 符合率）为基线，确定了四个阶段的 EEDI 折减率，其中对大于 20 000 总吨散货船 EEDI 折减率的要求是：2013—2014 年底为零，2015—2019 年底为 10%，2020—2025 年底为 20%，2026—2030 年底为 30%。船舶吨位越小，EEDI 基准值越大。其他船舶的 EEDI 基准还在进一步研讨当中，具体就样本空间及修正系数的问题，各国争论较大。参见《EEDI 指数评估及 GHG 减排措施》，http：//www. shipol. com. cn/jszl/lwbg/210592. htm，访问日期：2013 年 11 月 7 日。

到5成。由于环境规制强化及原油价格高涨，环保船舶需求增大。这或许会成为日本造船业恢复活力之策。[①] 美国采用激光切割钢材，明显降低了造船成本，缩短了建造周期。英国采用一种专利含氟不沾污涂料，减少了船体清洗、燃油消耗和 CO_2 排放。韩国在造船时积极倡导为新造船提供节油装置，据说这种装置可使每艘油轮每年可节约100万美元的燃油费。[②] EEDI的实施赋予发展中国家4—6年的过渡期，因此，虽然我国是MARPOL公约缔约国，但作为发展中国家可以享有4—6年的宽限期，原则上应对EEDI问题不大，但是形势其实很严峻。因为，我国推迟使用EEDI来造船，但如果其他国家按时实施EEDI，就会使我国造船业处于弱势、被动地位，就会有不少船型被强制淘汰或者进入优化序列。而且，即使我国船厂推迟使用EEDI，但船东在买船时会主动选择符合EEDI的船舶，因为符合EEDI的船舶节能效果会较好，会为船东避免受到航行区域限制或者航行检查的风险。此外，随着欧洲联盟ETS法案的实施，欧洲联盟很可能会采取单边行动，将海运业也纳入其排放交易机制中来。而我国船舶企业大部分船东都来自欧美发达国家。因此，即使我国推迟使用EEDI符合IMO规定，但是从各方面因素考量，对于我国船舶企业来说，新造船舶必须要满足EEDI要求，才能不被国际航运市场和造船市场淘汰，否则就不仅仅是丧失订单的问题了。

船舶能效规则的强制性实施对船舶设计、生产工艺技术、配套设备、新能源技术应用等提出了更高要求。我国是造船大国和航运大国，船舶温室气体减排措施在全球范围的强制实施，势必会给我国相关产业带来重大的影响，但这是低碳经济发展的必然趋势。因此，面对低碳要求，积极开发新技术，转变产业发展方式，加速船舶产品结构调整与优化升级，促进船舶从建造到运营、再到拆解的全寿命周期的绿色环保是中国造船业的必然选择，也是中国造船业应对低碳挑战，顺应世界造船业发展的突破之路。具体来说，船舶企业应加快步伐，多管齐下，从船舶的设计阶段开始，到船舶建造、运营和拆解的全过程，始终贯穿绿色、低碳理念，通过

① 日本发力“环保船”，欲使燃效改善5成。参见 http://news.machine365.com/content/2013/0219/400434.html，访问日期：2013年5月14日。

② 刘祯祺：《国外先进绿色船舶技术》，载《2009造船企业节能减排工艺技术学术交流会论文集》，2009，第124-127页。

运用新技术、采用新设备和开发新船型打造低碳船舶，为增强在未来船舶市场中的竞争力增添筹码。围绕船舶设计、建造环节，积极开展节能降耗技术研究，推广应用低能耗、低物耗、高效自动化装备，以及环境友好型防污漆等材料，努力构建绿色环保、高效节约的先进制造体系。同时应加紧对国际和国内相关立法进行研究，完善我国有关航运减排的立法，使之国际化，为船舶行业绿色低碳发展提供法律保障。

（二）造船合同文本的选择

对于我国船舶企业来说，顺应国际造船界和航运界的发展潮流，就应当选择符合环境保护发展要求的造船合同文本，在与船东谈判合同内容时，将环境保护作为其承诺之一。一直以来，我国造船企业对外、对内承接订单签订的造船合同采用的都是20世纪80年代由原中国船舶工业总公司和中国船舶工业贸易公司参照3个国际标准造船合同，结合我国当时的国情制定的通用造船合同格式，该合同文本在我国已经沿用了30余年，被我国各类船厂普遍采用。30余年来，我国的通用造船合同对我国船舶企业在建造船舶尤其是出口船舶时如何防止疏漏、加快合同谈判和拟定的步伐等方面起到了极大的指导作用，不仅被国有骨干船厂大量采用，也被众多民营船厂奉为经典，同时也得到了各国船东的广泛认可。在国际造船界，标准化、格式化造船合同的制定不仅是权威性的体现，更是彰显话语权的一个标志。国际航运规则标准的话语权，长期掌握在西方发达国家和地区手中。其实，包括中国在内的亚洲造船界长期以来一直都是沿用西方国家传统的造船合同格式的。因此，其中的某些条款也有显失公平的地方。由于历史的原因，随着社会的发展变化，我国的通用造船合同也有其不足、需要改进的地方，因此对其进行补充完善，也有现实紧迫性。而BIMCO顺应IMO环境保护的号召，已于2007年出台了《新标准造船合同》并向全球推行，所以就有了我国《上海格式》出台的动因。

如前所述，无论是BIMCO造船合同还是我国的《上海格式》，都在原来造船合同文本的基础上强化了环境保护的内容。造船合同中的环境保护条款对造船提出了新的环境保护要求，但这些要求不仅涉及船厂本身，还与钢材、油漆、木材等原料厂商和设备制造厂商的利益有关。虽然这些造船环境保护规定在理论上是极具合理性和前瞻性的，但是在实践中是否具有可操作性还有待时间的检验。但无论如何，在客观上明显增加了船厂的工作量，对船厂的合同履行提出了更高的要求。总体上来说，对造船企业提出环境保护要求是符合国际造船业发展趋势和科技发展的要求的。因此，我国船舶企业应当选择含有环境保护内容的新的造船合同格式，以严格的环境保护条款要求自己履行造船合同，是船舶企业承担社会责任的表现。然而，据笔者调研发现，我国当前船舶企业中，无论是国有大型船厂还是中小型民营船厂，都没有采用《上海格式》作为对外签订订单的格式合同，都在持观望态度，可以说，《上海格式》在当下的我国船舶企业推行中遭遇了冷遇。调研发现，船厂不愿采用新格式合同的原因主要有以下几点：第一，《上海格式》毕竟是一个可供选择适用的格式合同文本，非强制适用于船舶企业；第二，当前采用的合同格式是已经使用几十年的通用合同格式，船厂和船东都非常熟知其内容，尤其是对船东来说，无法立刻接受新的格式，尤其是2008年金融危机以来造船业普遍不景气，企业也不愿冒失去订单的风险去改变现状；第三，受访船舶企业普遍认为，其实采用什么形式和内容的造船合同格式并不重要，重要的是与船东之间的良好的合作互信关系。因此，关于新格式增加的环境保护条款，船舶企业认为也可以在原来的格式中加入环保的内容，而且我国船舶企业在设计、建造船舶过程中是非常严格地遵循IMO的一系列标准的。至于新格式修改的争议解决条款，船舶企业都认为，外国船东还很难接受在中国使用中国法进行仲裁的方式，所以，发生纠纷尽量协商解决。因此，在签订合同过程中，协商合同条款要特别谨慎，该争取的利益不能放弃。

当然，随着国际造船业逐渐回暖、IMO船舶设计和建造标准逐渐严格、造船技术的不断提高，以及应对全球气候变化主张航运减排的压力越来越大，船舶企业环境保护社会责任意识会逐渐提高。尤其是如果BIMCO《新标准造船合同》被世界造船界普遍采用，《上海格式》应该就能迎来其适用的春天了。因此，对于我国船厂来说，采用新的合同格式是大势所趋，只是时间问题。而我们应当有足够的耐心和信心，因为对于船舶企业环境保护社会责任的承担来说，《上海格式》是首选的造船合同格式。

（三）船舶设计应符合一系列船舶能效标准和设计要求

第一，油轮应采用双壳设计。

随着第二次世界大战以后各国经济繁荣发展、国际贸易交往频繁，国际海上货物运输也越发活跃，同时也导致了船舶油污事故的频发。如1967

年的“Torrey Canyon”号油轮事故、1989年“Exxon Valdez”号油轮事故、1999年“Erika”号油轮事故和2002年“Prestige”号油轮事故等是近几十年来造成海洋污染非常严重、全球影响非常大的油污事故。虽然单壳油轮并不是导致这些油污事故的必然原因，但是单壳油轮碰撞以后，由于它的船体只有单舷侧保护，一旦发生碰撞或外板损坏，很容易发生油类泄漏。而如果是双壳油轮，对货物有双重保护，发生油污的概率就小很多。据统计，由于质量和技术上的缺陷，单壳油轮失事率比双壳油轮要高出5倍。[①]其实，建造双壳油轮的目的：一是节省运送需要加热的液体时的能量和价钱，因为两层壳的隔热性能比较好；二是提高安全性，防止油外泄，但两层船壳之间的空间也被用来做压载舱按照船载货的情况平衡船身，作为压载的是抽入船壳间的海水。[②]

许多国际公约与国内立法的制定和修改通常都是源于事故。如1977年“Amoco Cadiz”号油轮重大溢油事故，促使IMO同时修改了SOLAS74和MARPOL73，制定了MARPOL73的78议定书。1989年“Exxon Valdez”号油轮事故，导致了美国《1990年油污法》的出台，该法规定，1990年6月20日以前建造的油轮为现有油轮，按吨位大小、船龄等从1995年开始改装为双壳船，最后期限是2010年，或淘汰；具有双层底，或双层旁板的现有油轮改装为双壳船的最后日期延长至2015年。另外，不到美国本土港口而只到离美国海岸60 n mile以外的海上石油装卸站的现有油轮改装的最后日期也可延长到2015年。[③] IMO也于1991年11月通过了MEPC52（32）决议、于1992年3月通过了MARPOL73/78附则Ⅰ修正案，规定新造油轮必须具有双壳或中高甲板，对单壳油轮采取逐渐淘汰的机制。1999年“Erika”号油轮油污事故、2002年“Prestige”号油轮油污事故，促成了MARPOL公约附则Ⅰ2001年和2003年的再次修订，修订了公约附则Ⅰ的13G和13H条，对单壳油轮淘汰日期做了限定，加快了单壳油轮的淘汰步伐。2001年4月召开的MEPC第46届会议通过决议规定逐渐淘汰单壳油轮，自2005年起禁止2万载重吨以上的单壳油轮在国际海域航行，2010

---

① 张雨华：《关于淘汰单壳油轮议题的综述》，《中国修船》2004年第2期，第25－27页。

② 参见双壳油轮的百度百科，http：//baike. baidu. com/view/3209162. htm，访问日期：2013年11月10日。

③ 刘建峰：《油轮单壳改双壳的变形控制实施研究》，《江苏船舶》2009年第4期，第9－11页。

年满25年的单壳船必须拆解，未满25年的可以在港口国和船旗国的批准下继续运营到2015年。欧洲联盟从2003年起禁止单壳油轮进入欧洲联盟港口。韩国由于2007年发生的一起严重油污事故直接导致了提前淘汰单壳油轮，2010年开始实施。

由于2008年国际金融危机影响，2009年中华人民共和国国务院通过了《船舶工业调整和振兴规划》，其中包括“加快老旧船舶报废更新和单壳油船淘汰”的内容。中华人民共和国交通运输部根据规划要求，组织开展了国内航线单壳油轮管理对策调查研究，对国内航行的5 200多艘油轮（包括1 497艘沿海运输油轮）的具体情况进行了调查研究，于2009年发布了《关于发布提前淘汰国内航行单壳油轮实施方案》，[①] 决定自2010年起按照新船、老船及其载重量提前逐步淘汰国内航行的单壳油船。规定新造600载重吨及以上国内航行油船从2010年1月1日起必须设置防污染双壳结构。而对于600载重吨及以上的油船，从2011年1月1日起，应满足防污染双壳结构要求，最迟不能晚于2015年。[②]

我国是造船、修船工业大国，承接大量国内外订单。随着单壳改双壳政策的实施，确实会对我国航运业运力和运量产生短期的影响，但对大型航运企业影响不大，中小航运企业会有一定影响。[③] 但对于船舶企业来说是一个商机。因为很多单壳油轮需要改建或拆解，大大刺激了国内造船、修船和拆船市场。这也对船舶企业在造船、修船、拆船时提出了更高的技术要求，不仅要保证新造船符合船东约定的用途、吨位、载重量、油耗等要求，更要严把质量关，保证所造船舶符合国际公约和国内法关于海洋环境保护的要求，将船舶运营中污染海洋环境的风险降至最低。

第二，符合船舶能效标准。

《联合国气候变化框架公约》（UNFCCC）第15次和第16次缔约方会议，使温室气体排放问题受到高度重视，IMO秘书长表示要响应缔约方会议的号召，限制和减少国际航运业的温室气体排放。为此，从2008—2012

---

① 彭晓峰、洪辉：《国内航行单壳油轮淘汰政策分析》，《世界海运》2010年第9期，第70－73页。

② 参见2009年12月7日中华人民共和国交通运输部发布的《关于发布提前淘汰国内航行单壳油轮实施方案》的公告。

③ 贝少军：《淘汰单壳油轮：企业受何影响》，《中国海事》2009年第12期，第7－8页。

年，IMO 的 MEPC 在其第 58～62 届会议上通过了一系列决议，对《1973/78 年防止船舶造成污染公约》附则Ⅵ进行了一系列修正，例如，增加了《防止船舶造成空气污染规则》，增加了船舶能效的新规定，把有关 EEDI 和 SEEMP 的内容纳入其中，并预计 2013 年 1 月 1 日生效。[①] 这是第一个专门针对国际海运温室气体减排的强制性法律文件。随着 IMO 提出的船舶能效标准在全球范围内的强制实施，对世界海运业产生了重大影响，我国作为造船大国和海运大国也不例外。

EEDI 适用于新造船舶，是衡量船舶设计和建造能效水平的一个指标，即根据船舶在设计最大载货状态下以一定航速航行所需的推进动力，以及相关辅助功率消耗的燃油计算出的 CO_2 排放量，EEDI 越大，说明船舶能耗越高。EEDI 可以简单表示为：

$$EEDI = CO_2 \text{ emission/transport work}$$

对于所有 400 总吨及以上的新船，除了不适用达到的 EEDI 指数公式的船舶，均需计算并验证其达到的 EEDI 值，并由主管机关签发“国际能效证书”。船旗国当局根据情况可适当延缓 EEDI 的生效日期，可至 2017 年 1 月 1 日。

SEEMP 是针对现有船舶提出的能效概念，要求船舶经营人在船舶营运过程中，建立一种有效的船舶能效管理机制，通过详细的规划、实施、监控和自我评估与改进五个步骤来不断完善船队的整个经营结构。对于所有 400 总吨及以上的船舶，均应编制 SEEMP 并置于营运的船上。

EEDI 和 SEEMP 两项能效标准的提出，督促船舶技术革新，提高船舶的科技含量，同时要求船队内部加强管理，合理降低能效。从船舶运营的角度，有利于行业的长远发展，既能节省成本，又能保护环境。

对于船舶企业而言，接受 EEDI 带来的挑战是应对气候变化、减少温室气体排放所必不可少的。我国船舶企业必须认真了解 EEDI，按照 IMO 提出的 EEDI 的四个实施阶段的要求，分阶段提高造船技术，保证新造船舶达到要求的 EEDI 能效指数。这一挑战是重大的，尤其是对我国大部分船舶企业来说，现有的造船技术水平如果不提高，很难全面满足 EEDI 的

① 中国船舶工业集团公司第 708 研究所：《船舶规则规范参考》，国防工业出版社，2012，第 152－153 页。

要求。要降低新船的 EEDI 指标，需要同时运用多种节能手段。初期阶段可以采用使用节能设备、降低船速、使用节能燃料等手段，但到了第三、四阶段，必须要在船型开发设计和设备研发等方面取得创新才能达到要求。笔者通过赴船舶企业调研了解到，当前我国大中型国有船舶企业应对 EEDI 最大的瓶颈：一是技术的创新问题；二是造船的成本问题。在国内，为应对 EEDI，中国船级社（CCS）制定了一些造船规范、质量和检验标准，相对于国际标准较低，但成本也低。为了达到国际造船技术标准，就需要更新设备，加强配套设施建设；为达到节能减排，需要设计高新船型，优化型线设计，对型线进行水动力性能和结构分析，但国内船舶企业普遍缺少设计人才。另外，在船舶节能减排上，压载水置换、采用双燃料主机，以及环保涂层等都是船舶设计中应当系统考虑的问题，这些都是设计和制造绿色船舶的瓶颈。因此，EEDI 的推行符合国际造船界和航运界普遍遵循的船舶安全航行、保护海洋环境的理念，长远看来有利于保护海洋和大气环境，减少船舶对海洋和大气的污染，缓解气候变化。但对我国造船业和航运业来说，既是机遇也是挑战。这就要求我国船舶企业在设计和制造船舶环节应当严格遵循 IMO 的标准，设计和制造出符合 EEDI 能效标准的船舶，降低船舶航行中的温室气体排放，实现船舶节能减排，保护海洋和大气环境，缓解全球气候变化。

第三，符合清洁发展机制（CDM）要求。

CDM 是《联合国气候变化框架公约》的《京都议定书》通过的发达国家在境外实现部分减排承诺的一种履约机制，是三个灵活履约机制之一，也是唯一与发展中国家直接相关的机制。[①] 这一机制让发达国家通过在发展中国家投资减排项目并计算由此产生的减排量来实现其部分减排义务。发展中国家也可从中获得资金和技术，促进减排项目的开展。其核心是允许发达国家和发展中国家进行项目级的减排量抵销额的转让与获得。根据“共同但有区别的责任”原则，已完成工业革命的发达国家应对全球变暖承担更多的历史责任，因此，《京都议定书》只给发达国家制定了减排任务，但没有对发展中国家做这个要求。按其规定，发达国家缔约方为实现温室气体减排义务，从 2005—2012 年必须将温室气体排放水平在

---

① 另外两种履约机制是联合履行（JI）和排放贸易（ET）机制。

1990 年的基础上平均减少 5.2%。[①] 发达国家通过在发展中国家实施具有温室气体减排效果的项目，把项目所产生的温室气体减少的排放量作为履行《京都议定书》所规定的一部分义务。首先，对发达国家而言，给予其一些履约的灵活性，使其得以较低成本履行义务；其次，对发展中国家而言，协助发达国家利用减排成本低的优势，可从发达国家获得资金和技术，促进其可持续发展；最后，对世界而言，可以使全球在实现共同减排目标的前提下，减少总的减排成本。因此，CDM 是一种双赢的选择。

CDM 的实施有助于降低附件 I 国家的履约成本，如果只有联合国履行机制和排放贸易机制而没有 CDM 市场，附件 I 国家的总履约成本将比目前的碳市场情景高 67%；中国 CDM 市场的存在，使附件 I 国家在第一承诺期的履约成本降低 23%。因此，加强发展中国家的履约能力建设，有助于促进 CDM 市场的快速发展。[②] 中国是 CDM 市场最大的减排额度提供者，据最新统计数据，截至 2013 年 10 月 15 日，中华人民共和国国家发展和改革委员会共批准了 4 962 个 CDM 项目，[③] CDM 概念已经逐渐为中国企业所接受，一些成本低廉、减排规模大的 CDM 项目得到了充分的开发。在第二承诺期，中国提供的减排量可能主要来自节能项目和可再生能源项目，这将有利于我国的可持续发展，也有利于我们更好地为应对气候变化贡献力量。[④] 这一机制促使中国企业通过利用发达国家的技术转让和资金，来实现技术进步并提高能效，在很大程度上符合了我国实施可持续发展战略、清洁生产、保护环境的要求。

中华人民共和国工业和信息化部于 2012 年 2 月发布《船舶工业“十二五”发展规划》，指出国际海事新标准、新规范频繁出台，船舶安全、绿色、环保要求全面提高，先进造船国家加强技术封锁，不断构筑技术壁垒；世界造船竞争格局面临深度调整，市场竞争将更加激烈。在新的历史

---

① 参见 UNFCCC, *Kyoto Protocol to the United Nations Framework Convention on Climate Change* (FCCC/CP/1997/L. 7/Add 1, 1997)。

② 王灿、傅平、陈吉宁：《清洁发展机制对温室气体减排的贡献》，《清华大学学报》（自然科学版）2008 年第 3 期，第 357－361 页。

③ 参见中国清洁发展机制网，http://cdm.ccchina.gov.cn/NewItemAll0，访问日期：2013 年 11 月 19 日。

④ 杨圣明、韩冬筠：《清洁发展机制在国际温室气体排放权市场的前景分析》，《国际贸易》2007 年第 1 期，第 37－41 页。

时期，我们必须科学判断和准确把握发展趋势，充分利用各种有利条件，加快结构调整和转型升级，积极创造产业发展和国际竞争新优势。[①] 因此，我国各船舶企业应密切跟踪、研究国际船舶科技发展趋势和海事规则规范最新要求，以技术先进、成本经济、建造高效为目标，充分利用 CDM 项目提供的契机，在利用发达国家提供的技术转让和资金支持的情况下，认真测算自身现有船型及主机的 CO_2 排放情况，进行型线的水动力性能分析，积极进行技术创新，优化船型型线设计，降低船舶能效设计指数和燃料消耗，设计、建造出更绿色、环保、清洁的船舶，提升船型综合技术经济性能和市场竞争力。

（四）造船、修船、拆船过程中应注重对环境的保护

在生产经营过程中，保护环境是任何企业都应当履行的社会责任。企业在追求经济效益的同时，还要注意对环境的保护，是企业社会责任的重要内涵。我国当前面临的环境污染中，大气污染和水污染是最大的问题。企业生产过程中容易造成的环境污染主要是废水、废物、废气的排放，噪声等污染。关于企业的环境保护，不同类型的企业有不同的要求，遵循不同的行业标准。我国当前从国家层面、地方层面甚至行业层面都制定有具体的企业的环境保护规范。具体而言，船舶企业在生产时主要执行国家颁布的行业环境保护标准和产品质量标准，在船舶设计中执行的是技术性标准和相关国际公约。如 2011 年中华人民共和国交通运输部发布的《中华人民共和国船舶及其有关作业活动污染海洋环境防治管理规定》要求进行船舶拆解、打捞、修造和其他水上水下船舶施工作业的，应当遵守相关操作规程，并采取必要的安全和防治污染措施。作业前，应当将船舶上的残余物和废弃物进行有效处置，将燃油舱、货油舱中的存油取出，进行洗舱、清舱、测爆等工作，并按照规定取得船舶污染物接收证明和有效的测爆证书。在船坞内进行船舶修造作业的，船厂应当将坞内污染物清理完毕，确认不会造成水域污染后，方可沉起浮船坞或者开启坞门。施工作业结束后，应当及时清除污染物并向海事管理机构报告。2012 年中华人民共和国生态环境部发布《环境标志产品技术要求船舶防污漆标准》，对船舶

① 参见 2012 年 2 月 12 日中华人民共和国工业和信息化部发布的《船舶工业“十二五”发展规划》内容。

防污漆中的禁用物质、有害物质限量和使用说明书做出了要求。因此，船舶企业要采用符合标准要求的物质油漆船舶，严禁使用标准列出的六种禁用物质。船舶企业在生产过程中，还应当严格遵循我国《船舶工业污染物排放标准》，以防治船厂造船、修船、拆船过程中产生的废水、废气对环境的污染。有时在具体执行国家、行业标准时，如果不符合船舶企业所在当地的实际情况，应当以地方环境保护标准为准，而且我国许多地方性行业环境保护标准都要比国家标准严格。

四、结语——我国船舶企业应对船舶温室气体减排的立场

随着国际社会对气候变化问题的关注程度越来越高，国际海运界削减船舶温室气体排放的要求也会越来越严格。保护环境是船舶企业应承担的主要社会责任之一，对企业的健康发展，以及海洋和大气环境保护非常重要。IMO 出台的一系列有关船舶污染大气的规则一律采用非歧视原则，平等对待所有船舶，不问船旗和船舶所有人，这与 UNFCCC 项下应对气候变化的“共同但有区别的责任和各自能力”原则相冲突，这种冲突是多原因的，既有政治原因，也有国际海运界自身发展的原因。这一冲突也是当前国际海运减排谈判中发达国家和发展中国家争议的主要焦点之一，国际社会目前也在为协调二者的冲突而不懈努力。作为发展中国家，我国应当在国际海运减排谈判中争取自己的利益，主张以“共同但有区别的责任和各自能力”原则为基础进行减排，并争取获得实施船舶能效标准的宽限期。但是，提高造船的技术标准是国际海运业发展的大势所趋，作为造船大国，我国应当承担起大国保护海洋和大气环境、应对气候变化的责任，船舶企业也应当顺应国际海运业的发展趋势，以此为契机和动力，承担起环境保护的社会责任，为保护海洋和大气环境、应对全球气候变化做出贡献。